GRUNDRISSE DES RECHTS

Schöbener/Knauff · Allgemeine Staatslehre

Vorwort

Keine andere Institution prägt weltweit die Geschicke der Menschheit seit Jahrhunderten ähnlich intensiv wie der Staat. Jeweils eingebunden in einen temporären und regionalen Kontext weist er zahlreiche Erscheinungsformen auf, ohne dass diese jedoch seinen spezifischen Charakter als Staat in Frage stellen würden. Die Allgemeine Staatslehre befasst sich mit diesen übergreifenden Grundfragen der Staatlichkeit, die nicht immer einer rechtsnormativen Regelung zugänglich sind oder bedürfen. Sie ist damit zugleich das zentrale Grundlagenfach des Öffentlichen Rechts, weil sie den Staat über seine rechtliche Dimension hinaus disziplinübergreifend hinterfragt.

Das vorliegende Lehrbuch soll Studierenden der Rechts- und der Politikwissenschaften als ebenso kompakte wie sachlich umfassende Einführung in das Phänomen der Staatlichkeit dienen. Es nähert sich diesem daher aus verschiedenen Richtungen. Historische, philosophische, gesellschaftliche, politische und rechtliche Aspekte der Staatlichkeit werden ebenso wie ihre internationalen Bezüge dargestellt. Als Grundform moderner Staatlichkeit findet der freiheitliche Verfassungsstaat besondere und gemäß dem generellen Erklärungsanspruch der Allgemeinen Staatslehre modellhafte Berücksichtigung. Umfangreiche Literaturhinweise am Ende der einzelnen Kapitel sollen den Studierenden zudem ermöglichen, sich vertieft mit Einzelfragen der Staatslehre zu befassen.

Die bisherigen drei Auflagen (2009, 2013 und 2016) haben eine äußerst freundliche Aufnahme gefunden, wofür wir uns bei Studenten und Kollegen herzlich bedanken. In der Neuauflage haben vor allem die nationalen und internationalen Entwicklungen der letzten Jahre Berücksichtigung gefunden. Erweitert wurden zudem die Ausführungen zum Verhältnis von Staat und Gesellschaft und zur *rule of law*.

Für seine Unterstützung bei der kritischen Durchsicht des Manuskripts, für die umsichtige Erstellung des Sachverzeichnisses sowie die Recherche aktueller Literatur dürfen wir insbesondere Herrn Wiss. Mit. Lars Kroemer vom Kölner Lehrstuhl herzlich danken.

Anregungen der Leser sind uns selbstverständlich ebenso willkommen wie kritische Bemerkungen und werden an eine der folgenden

Anschriften erbeten: Prof. Dr. Burkhard Schöbener, Lehrstuhl für Öffentliches Recht, Völker- und Europarecht, Universität zu Köln, Gottfried-Keller-Straße 2, 50931 Köln, E-Mail: burkhard.schoebener@uni-koeln.de, oder Prof. Dr. Matthias Knauff, LL.M. Eur., Lehrstuhl für Öffentliches Recht, insbesondere Öffentliches Wirtschaftsrecht, Friedrich-Schiller-Universität Jena, Carl-Zeiß-Straße 3, 07743 Jena, E-Mail: LS-knauff@uni-jena.de.

Köln und Jena, im September 2018

Burkhard Schöbener
Matthias Knauff

Inhaltsverzeichnis

§ 4. Rechtfertigung, Funktionen, Ziele und Aufgaben des Staates

§ 6. Einheitsstaat und Staatenverbindungen

§ 7. Der Staat in der internationalen Rechtsordnung

Literaturverzeichnis

Gesamtdarstellungen (chronologisch)

1900–1950

G. Jellinek, Allgemeine Staatslehre, 1900, 3. Aufl. 1914
H. Kelsen, Allgemeine Staatslehre, 1925
C. Schmitt, Verfassungslehre, 1928
R. Smend, Verfassung und Verfassungsrecht, 1928, in: ders., Staatsrechtliche Abhandlungen und Aufsätze, 3. Aufl. 1994
H. Heller, Staatslehre, 1934, 6. Aufl. 1983

1951–1980

H. Nawiasky, Allgemeine Staatslehre, 5 Bände (1945–1958) – Erster Teil, 2. Aufl. 1958, Zweiter Teil Bd. I 1952, Bd. II 1955; Dritter Teil 1956; Vierter Teil 1958
C.J. Friedrich, Der Verfassungsstaat der Neuzeit, 1953
H. Krüger, Allgemeine Staatslehre, 2. Aufl. 1966
E. von Hippel, Allgemeine Staatslehre, 2. Aufl. 1967
F. Ermacora, Allgemeine Staatslehre, 2 Bände, 1970
R. Herzog, Allgemeine Staatslehre, 1971
O. Kimminich, Einführung in das öffentliche Recht (Methodik, Allgemeine Staatslehre, Sozialwissenschaftliche Grundlagen), 1972
E.-W. Böckenförde (Hrsg.), Staat und Gesellschaft, 1976
G. Küchenhoff/E. Küchenhoff, Allgemeine Staatslehre, 8. Aufl. 1977
F. Berber, Das Staatsideal im Wandel der Weltgeschichte, 2. Aufl. 1978
F. Ermacora, Grundriss einer Allgemeinen Staatslehre, 1979

1981–2000

I. Staff, Lehren vom Staat, 1981
H.H. von Arnim, Staatslehre der Bundesrepublik Deutschland, 1984
G. Haverkate, Verfassungslehre, 1992
F. Koja, Allgemeine Staatslehre, 1993
K. Brinkmann, Verfassungslehre, 2. Aufl. 1994
A. Bleckmann, Allgemeine Staats- und Völkerrechtslehre, 1995
P. Saladin, Wozu noch Staaten? – Zu den Funktionen eines modernen demokratischen Rechtsstaats in einer zunehmend überstaatlichen Welt, 1995
P. Pernthaler, Allgemeine Staatslehre und Verfassungslehre, 2. Aufl. 1996
S. Breuer, Der Staat – Entstehung, Typen, Organisationsstrukturen, 1998
N. Luhmann, Die Politik der Gesellschaft, 2000

Seit 2001

M. Kriele, Einführung in die Staatslehre: Die geschichtlichen Legitimationsgrundlagen des demokratischen Verfassungsstaates, 6. Aufl. 2003
R. Zippelius, Geschichte der Staatsideen, 10. Aufl. 2003
G.F. Schuppert, Staatswissenschaft, 2003
K. Doehring, Allgemeine Staatslehre – Eine systematische Darstellung, 3. Aufl. 2004
T. Fleiner/L.R. Basta Fleiner, Allgemeine Staatslehre – Über die konstitutionelle Demokratie in einer multikulturellen globalisierten Welt, 3. Aufl. 2004
E.-W. Böckenförde, Geschichte der Rechts- und Staatsphilosophie (Antike und Mittelalter), 2. Aufl. 2006
K.-M. Reineck, Allgemeine Staatslehre und deutsches Staatsrecht, 15. Aufl. 2007
W. Haller/A. Kölz/Th. Gächter, Allgemeines Staatsrecht, 4. Aufl. 2008
A. Gamper, Staat und Verfassung – Einführung in die Allgemeine Staatslehre, 2. Aufl. 2010
W. Leisner, Institutionelle Evolution. Grundlinien einer Allgemeinen Staatslehre, 2012
R. Zippelius, Allgemeine Staatslehre (Politikwissenschaft) – Ein Studienbuch, 17. Aufl. 2017
T. Vesting, Staatstheorie, 2018

Handbuch- und Lexikonartikel (alphabetisch)

M. Heintzen, Der moderne Verfassungsstaat des Grundgesetzes, in: Handbuch der katholischen Soziallehre, 2008, S. 813 ff.
J. Isensee, Staat und Verfassung, in: Isensee/Kirchhof (Hrsg.), Handbuch des Staatsrechts, Bd. II, 3. Aufl. 2004, § 15
Ders., Verfassungsrecht als „politisches Recht“, in: Isensee/Kirchhof (Hrsg.), Handbuch des Staatsrechts, Bd. VII, 1992, § 162
Ders., Artikel „Staat“, in: Görres-Gesellschaft (Hrsg.), Staatslexikon, Bd. 5, 7. Aufl. 1989, Sp. 133 ff.
Ders., Artikel „Staat“ in: Handbuch der katholischen Soziallehre, 2008, S. 741 ff.
Ders., Die Staatlichkeit der Verfassung, in: O. Depenheuer/Chr. Grabenwarter (Hrsg.), Verfassungstheorie, 2010, § 6
C. Möllers, Artikel „Staat“, in: Heun u. a. (Hrsg.), Evangelisches Staatslexikon, Neuausgabe, 2006, Sp. 2272 ff.

Abkürzungsverzeichnis

a. F.	alte Fassung
Abs.	Absatz
AEUV	Vertrag über die Arbeitsweise der Europäischen Union
AJIL	American Journal of International Law
AL	Ad Legendum
allg.	allgemeine
Allg.	Allgemeines
AMRK	Amerikanische Menschenrechtskonvention
AöR	Archiv des öffentlichen Rechts
APuZ	Aus Politik und Zeitgeschichte
ArchVR	Archiv des Völkerrechts
ARSP	Archiv für Rechts- und Sozialphilosophie
Art.	Artikel
AStL	Allgemeine Staatslehre
Aufl.	Auflage
AVR	Archiv des Völkerrechts
Baden-WürttVerf	Verfassung des Landes Baden-Württemberg
BayVBl.	Bayerische Verwaltungsblätter
BayVerfGH	Bayerischer Verfassungsgerichtshof
Bd.	Band
BGHSt	Entscheidungen des Bundesgerichtshofs in Strafsachen
BMI	Bundesministerium des Innern
BMJ	Bundesministerium der Justiz
BR	Bundesrepublik
Bsp.	Beispiel
BV	Bayerische Verfassung
BVerfG	Bundesverfassungsgericht
BVerfGE	Entscheidungen des Bundesverfassungsgerichts, amtliche Sammlung
bzw.	beziehungsweise
ca.	circa
CAN	Andengemeinschaft
CARICOM	Karibische Gemeinschaft

CCPR	International Covenant on Civil and Political Rights (Internationaler Pakt über bürgerliche und politische Rechte)
CDU	Christlich Demokratische Union
d. h.	das heißt
DA	Durchführungsanordnung
DDR	Deutsche Demokratische Republik
ders.	derselbe
dies.	dieselbe
Diss.	Dissertation
Diss.iur.	Dissertation iuris
DÖV	Die Öffentliche Verwaltung
DSB	Dispute Settlement Body (Streitschlichtungsorgan der WTO)
dt.	deutsch
Dt.	Deutsche
DVBl.	Deutsches Verwaltungsblatt
E	Entscheidung
ebd.	ebenda
EG	Europäische Gemeinschaft, auch: Vertrag zur Gründung der Europäischen Gemeinschaft
EGKS	Europäische Gemeinschaft für Kohle und Stahl
EGMR	Europäischer Gerichtshof für Menschenrechte
EinlALR	Einleitung des Preußischen Allgemeinen Landrechts
EMRK	Europäische Menschenrechtskonvention
engl.	englische
etc.	et cetera
EU	Europäische Union
EuGH	Gerichtshof der Europäischen Gemeinschaften
EuGRZ	Europäische Grundrechte-Zeitschrift
Euratom	Europäische Atomgemeinschaft
EUV	Vertrag über die Europäische Union
f.	folgende, -r, -s (Singular)
FDGB	Freier Deutscher Gewerkschaftsbund
FDJ	Freie Deutsche Jugend
ff.	folgende (Plural)
FG	Festgabe
FP	Fakultativprotokoll
FS	Festschrift
gem.	gemäß
GG	Grundgesetz

ggf.	gegebenenfalls
griech.	griechisch
GS	Gedächtnisschrift
GUS	Gemeinschaft Unabhängiger Staaten
GUUAM	Staatenbund von Georgien, Ukraine, Usbekistan, Aserbaidschan, Moldawien
h. M.	herrschende Meinung
HbgVerf	Verfassung der Freien und Hansestadt Hamburg
HdGR	Handbuch der Grundrechte in Deutschland und Europa
HRA	Human Rights Act
HRQ	Human Rights Quarterly
Hrsg.	Herausgeber
hrsg.	herausgegeben
HStR	Handbuch des Staatsrechts der Bundesrepublik Deutschland
HumFoR	Humboldt Forum Recht
i. d. R.	in der Regel
i. e. S.	im engeren Sinne
i. S.	im Sinne
i. S. d.	im Sinne des
i. S. v.	im Sinne von
i. V. m.	in Verbindung mit
i. w. S.	im weiteren Sinne
ICJ Rep.	International Court of Justice, Reports of Judgements,
ICLQ	International and Comparative Law Quarterly
IGH	Internationaler Gerichtshof
IKRK	Internationales Komitee vom Roten Kreuz
insb.	insbesondere
IPbpR	Internationaler Pakt über bürgerliche und politische Rechte
IPwskR	Internationaler Pakt über wirtschaftliche, soziale und kulturelle Rechte
IS	Islamischer Staat
IStGH	Internationaler Strafgerichtshof
IWF	Internationaler Währungsfonds
JA	Juristische Arbeitsblätter
Jhd	Jahrhundert
JÖR	Jahrbuch des öffentlichen Rechts der Gegenwart – Neue Folge
JOR	Jahrbuch für Ostrecht
Jura	Juristische Ausbildung

JuS	Juristische Schulung
JZ	Juristenzeitung
KJ	Kritische Justiz
KSZE	Konferenz für Sicherheit und Zusammenarbeit in Europa
lat.	lateinisch
LDPD	Liberal Demokratische Partei Deutschlands
lit.	litera
m. w. N.	mit weiteren Nachweisen
Mrd.	Milliarde, -n
n. F.	neue Fassung
N.F.	neue Folge
NATO	North Atlantic Treaty Organisation (Nordatlantische Allianz)
NdsVerf	Verfassung des Landes Niedersachsen
NILR	Netherlands International Law Review
NJW	Neue Juristische Wochenschrift
Nr.	Nummer
NSDAP	Nationalsozialistische Deutsche Arbeiterpartei
NSS	National Security Strategy (der USA)
NVwZ	Neue Zeitschrift für Verwaltungsrecht
OIC	Organisation of Islamic Cooperation
OSZE	Organisation für Sicherheit und Zusammenarbeit in Europa
PVS	Politische Vierteljahresschrift
Rdn.	Randnummer, -n
RuP	Recht und Politik
RuStAG	Reichs- und Staatsangehörigkeitsgesetz
S.	Satz
S.	Seite, -n
s.	siehe
s. o.	siehe oben
SED	Sozialistische Einheitspartei Deutschlands
SGB	Sozialgesetzbuch
SJZ	Süddeutsche Juristenzeitung
sog.	so genannt, -e, -er

Sp.	Spalte
SRÜ	Internationales Seerechtsübereinkommen
StAG	Staatsangehörigkeitsgesetz
StGB	Strafgesetzbuch
StWissStPrax	Staatswissenschaft und Staatspraxis
u.	und
u. a.	unter anderem, und andere
UdSSR	Union der Sozialistischen Sowjetrepubliken
UN-Charta	Charta der Vereinten Nationen
UN	United Nations (Vereinte Nationen)
UNO	United Nations Organization (Organisation der Vereinten Nationen)
US	United States (Vereinigte Staaten)
USA	United States of America (Vereinigte Staaten von Amerika)
v. H.	von Hundert
v.	von
v. a.	vor allem
v. Chr.	vor Christus
VG	Verwaltungsgericht
vgl.	vergleiche
VR	Verwaltungsrundschau
vs.	versus
VVDStRL	Veröffentlichungen der Vereinigung der Deutschen Staatsrechtslehrer
WHO	World Health Organization (Weltgesundheitsorganisation)
WRV	Weimarer Reichverfassung
WTO	World Trade Organization (Welthandelsorganisation)
WVRK	Wiener Vertragsrechtskonvention (Wiener Übereinkommen über das Recht der Verträge) vom 23. Mai 1969
z. B.	zum Beispiel
z. Z.	zurzeit
ZaöRV	Zeitschrift für ausländisches öffentliches Recht und Völkerrecht
ZAR	Zeitschrift für Ausländerrecht
ZEuS	Zeitschrift für Europarechtliche Studien
ZfGSW	Zeitschrift für die gesamte Staatswissenschaft
ZfP	Zeitschrift für Politik

ZfRV	Zeitschrift für Rechtsvergleichung, Intern. Privatrecht und Europarecht
ZHF	Zeitschrift für das gesamte Handelsrecht und Wirtschaftsrecht
ZNR	Zeitschrift für Neuere Rechtsgeschichte
ZRG GA	Zeitschrift der Savigny-Stiftung für Rechtsgeschichte, Germanistische Abteilung
ZSR	Zeitschrift für Schweizerisches Recht

§ 1. Allgemeine Staatslehre als Teilgebiet der Rechtswissenschaft

A. Der „Staat“ als Untersuchungsgegenstand der Allgemeinen Staatslehre

1 Der Untersuchungsgegenstand der Allgemeinen Staatslehre ist der *Staat*. Allerdings befasst sie sich nicht mit bestimmten Staaten (z. B. Bundesrepublik Deutschland oder Frankreich), sondern nimmt das Phänomen Staat in seiner historischen, politischen und rechtlichen Vielgestaltigkeit in den Blick. Das Erkenntnisinteresse der Allgemeinen Staatslehre besteht darin, durch eine möglichst umfassende, interdisziplinäre wissenschaftliche Betrachtung und Analyse allgemeine Einsichten zu gewinnen über das Wesen der Staaten sowie darüber, was die Staaten an rechtlichen und politischen Gemeinsamkeiten, aber auch signifikanten Unterschieden aufweisen. Die Allgemeine Staatslehre lässt sich deshalb nicht mit einer einfachen Definition erfassen. Ihre Funktion als Staats-Grundlagenforschung erzwingt geradezu die Einbeziehung verwandter Disziplinen, weil sich nur dadurch sicherstellen lässt, dass auch das nicht-juristische (historische, politikwissenschaftliche, soziologische, wirtschaftliche und philosophische) Umfeld hinreichend berücksichtigt wird.

I. Staat und Rechtsordnung – interne und externe Sichtweise

2 Wir sprechen heute in den verschiedensten Zusammenhängen und teilweise schlicht in der Form eines Sammelbegriffs vom Staat. In der juristischen Betrachtung sind hingegen grundsätzlich zwei Perspektiven zu unterscheiden, nämlich die interne und die externe Sicht des Staates. Diese Perspektiven kennzeichnen zugleich zwei verschiedene Rechtsordnungen. Die *interne Sicht des Staates* ist gemeint, wenn wir sagen, „der Staat“ (z. B. die Bundesrepublik Deutschland) habe die Renten gekürzt oder ein bestimmtes Gesetz erlassen. In dieser internen Perspektive ist „der Staat“ der Oberbegriff für alle Formen der

Ausübung hoheitlicher Gewalt (Legislative, Exekutive, Judikative) auf den verschiedenen Ebenen (z. B. Bund, Länder, aber auch im Rahmen der sog. mittelbaren Staatsverwaltung von Gemeinden oder öffentlich-rechtlichen Selbstverwaltungskörperschaften). Für hoheitliche Gewalt ist als Synonym auch der Begriff der *Staatsgewalt* gebräuchlich. Die *externe Sicht des Staates* ist gemeint, wenn wir sagen, dass sich mehrere Staaten in einer Internationalen Organisation wie den Vereinten Nationen oder der NATO zusammengeschlossen haben oder dass bestimmte Staaten an einer internationalen Konferenz teilnehmen. In diesem Fall geht es nicht – wie bei der internen Sicht – um das Handeln des Staates im Innern, sondern um das Handeln des Staates nach außen, zusammen mit anderen Staaten.

3 Der Begriff des Staates ist somit ein Schlüsselbegriff der Rechtsordnung: zum einen (in der internen Perspektive) bezogen auf die *innerstaatliche Rechtsordnung*; zum anderen (in der externen Perspektive) bezogen auf die *zwischenstaatliche* (internationale) *Rechtsordnung*. Letztere wird – begrifflich ungenau – als *Völkerrecht* bezeichnet (→ Rdn. 1/44 f.).

II. Staat als politische und historische Realität

4 Der Staat ist aber nicht nur in seinen rechtlichen Strukturen für die Allgemeine Staatslehre von Interesse. Auch die sonstigen Strukturen, die nicht durch Rechtsnormen vorgegeben sind, sondern sich nach politischen Maßgaben entwickeln, sind in den Blick zu nehmen, weil sie das Erscheinungsbild des Staates in seiner Gesamtheit wesentlich mitbestimmen. Die *politische Realität* eines Staates wird in der Rechtsordnung nur zum Teil erfasst; teilweise überlagern die politischen Fakten und Strukturen die rechtlich vorgegebenen Handlungsmuster.

Das wird deutlich, wenn man sich die Realität der kommunistischen Staaten bis 1989/90 ins Gedächtnis ruft. Sowohl die in den Verfassungen garantierten Rechte als auch staatsorganisationsrechtliche Verfassungsvorgaben hatten oftmals nur symbolische Bedeutung. Die staatliche Realität war vielmehr beherrscht von nicht verfassungsrechtlich legitimierten Herrschaftszirkeln der kommunistischen Parteien.

5 Außerdem verkörpert der Staat eine *historische Realität*. Denn Staaten waren in den vergangenen 500 Jahren zunächst in Europa, seit dem 18./19. Jahrhundert aber auch auf den anderen Kontinenten

die maßgeblichen politischen Ordnungsfaktoren. Es gibt allerdings nicht *den* Staat als historisches Kontinuum, sondern immer nur ein besonderes Herrschaftssystem in der jeweiligen historischen Epoche, das durchgängig als Staat bezeichnet wird, in seiner Verfasstheit und in den politischen Strukturen aber erheblichen Veränderungen unterworfen war und nach wie vor ist.

III. Aufgabe einer Allgemeinen Staatslehre

Vor diesem Hintergrund ist es die vornehmliche *Aufgabe der Allgemeinen Staatslehre*, der Frage nachzugehen, was einen Staat ausmacht. Unter welchen Voraussetzungen können wir das Zusammenleben einer Vielzahl von Menschen als Staat definieren, welche Herrschaftsstrukturen zeichnen Staaten aus, welche Wandlungen haben sie in den letzten Jahrhunderten erfahren? Der Begriff Staats*lehre* impliziert bereits, dass es nicht nur darum gehen kann, allgemeine Kriterien für die Begrifflichkeit des Staates aufzustellen. Eine Lehre vom Staat geht darüber hinaus und hat auch nach seiner philosophischen Legitimation, seiner historischen Wandelbarkeit, seinen Aufgaben und seiner Verantwortung innerhalb eines weltumspannenden Staatensystems zu fragen. Die Bezeichnung als *Allgemeine* Staatslehre besagt, dass es jedenfalls nicht vorrangig um die Besonderheiten der rechtlichen Struktur einzelner Staaten geht, sondern vor allem um das den Staaten oder bestimmten Gruppen von Staaten typischerweise Gemeinsame. Beim Vergleich innerstaatlicher Strukturformen handelt es sich dann um einen Teil der Allgemeinen Staatslehre, wenn diese Struktur nicht nur einen einzelnen Staat prägt, sondern als allgemeine Erscheinung für eine Mehrzahl von Staaten Bedeutung erlangt (z. B. als typisches Merkmal des sog. modernen Verfassungsstaates). 6

Betrachtungsobjekt der Allgemeinen Staatslehre sind (jedenfalls theoretisch) die heute auf der Erde bestehenden fast 200 Staaten. Von diesen sind 193 Staaten Mitglied der Vereinten Nationen (UNO). Die Mitgliedschaft ist unabhängig von Größe und politischer Mächtigkeit. Zu den Mitgliedern zählen die Vereinigten Staaten von Amerika als zu Beginn des 21. Jahrhunderts einzig verbliebene Supermacht (politisch, wirtschaftlich und militärisch) mit einer Gesamtfläche von 9.826.975 km^2 und einer Einwohnerzahl von ca. 327 Millionen Menschen und aufstrebende Regionalmächte wie die Volksrepublik China, die über eine etwas geringere Gesamtfläche als die USA verfügt, aber mit ca. 1,3 Mrd. Menschen den bevölkerungsreichsten Staat der Erde bildet, 7 ebenso wie Mikrostaaten, z. B. Liechtenstein mit einer Gesamtfläche von 160 km² und einer Einwohnerzahl von 38.000 Menschen oder Nauru in Ozeanien mit einer Größe von knapp 22 km² und 9.500 Einwohnern.

8 Die Allgemeine Staatslehre ist gerade angesichts aktueller Wandlungen im Staatsverständnis und bei den Staatsaufgaben, wie sie durch die ökonomische Globalisierung, die Bedrohung durch einen weltweit operierenden Terrorismus und die rechtlichen und politischen Besonderheiten der europäischen Integration deutlich zutage treten, als Teildisziplin der Rechtswissenschaft unverzichtbar. Denn nur sie ermöglicht – richtig verstanden – dem Rechtswissenschaftler einen der Vielgestaltigkeit gegenwärtiger Herausforderungen adäquaten methodischen Problemzugriff (zur Methode → Rdn. 1/11 ff.), der auch die anderen sich mit dem Staat befassenden wissenschaftlichen Disziplinen (→ Rdn. 1/27 ff.) mit Bedacht auf das gemeinsame Erkenntnisinteresse gewinnbringend einbezieht. Eine Allgemeine Staatslehre ist wissenschaftlich nicht legitimationsbedürftig. Der hin und wieder angestimmte „Abgesang auf die Allgemeine Staatslehre" geht nicht selten mit einer die Tatsachen ignorierenden Realitätsferne und einem ahistorischen, statischen Staatsverständnis der Betrachter einher (Staat als „Auslaufmodell"). Richtig ist vielmehr, „dass vor dem Hintergrund der aktuellen methodischen und thematischen Herausforderungen, denen das gesamte Öffentliche Recht gegenübersteht, eine Revitalisierung der Allgemeinen Staatslehre als eines übergreifenden interdisziplinären Reflexionsrahmens für grundlegende Ordnungsfragen des Gemeinwesens dringend erforderlich ist" (*A. Voßkuhle*, JuS 2004, S. 2 f.).

IV. Staat und Verfassung – Staatslehre und Verfassungslehre

9 Unsere heutige Vorstellung vom Staat ist maßgeblich bestimmt durch dessen *rechtliche Verfasstheit*, d. h. durch dessen Verfassung. Diese Vorstellung zeigt sich gerade in den beiden Wortkombinationen *Staatsverfassung* und *Verfassungsstaat*. Der Begriff *Staatsverfassung* bezeichnet die rechtliche Grundordnung eines Staates. Sie gibt dem Staat erst sein politisches Gepräge, normiert auf rechtlich verbindliche Weise sein politisches Selbstverständnis. Der Staat als eine Art „wertneutrale Hülle" erhält dadurch eine inhaltlich-programmatische Ausrichtung, die ihn in der Vielgestaltigkeit der Staatenwelt

unverwechselbar macht. Bestimmte inhaltliche Festlegungen sind mit dem Begriff Staatsverfassung hingegen nicht verbunden. Der Begriff *Verfassungsstaat* verdeutlicht demgegenüber eine gewisse qualitativ-inhaltliche Erwartung. Damit ein Staat den Anforderungen an den Staatstypus des Verfassungsstaates entspricht, muss die Verfassung auch eine grundsätzliche Gewährleistung von Grund- und Menschenrechten, des Demokratieprinzips sowie rechts- und sozialstaatlicher Prinzipien enthalten.

„Staat und Verfassung bilden im Verfassungsstaat eine integrale 10
und spezifische Einheit" (*J. Isensee*, HStR I, 1. Aufl. 1987, § 13 Rdn. 3). Eine Allgemeine Staatslehre hat diesen Zusammenhang zu berücksichtigen; sie ist deshalb in gewisser Form immer auch Allgemeine Verfassungslehre. Doch verhält es sich mit dem Begriff der Verfassung ähnlich wie mit dem des Staates. Beide sind überlieferte Grundbegriffe zur Kennzeichnung bestimmter Erscheinungsformen der politischen Existenz eines Gemeinwesens. Beide unterliegen aber auch einem zeitbedingten inhaltlichen Wandel, so dass das Staats- und Verfassungsverständnis (auch in seiner Wechselbezüglichkeit) nicht zuletzt abhängig ist vom jeweiligen historisch-politischen Kontext. Auch unser heutiges Staats- und Verfassungsverständnis ist nicht mehr als eine Momentaufnahme, die in den historischen Entwicklungszusammenhang einzuordnen, aber auch nur aus diesem heraus zu verstehen ist.

B. Methode der Allgemeinen Staatslehre

I. Empirie als Grundlage

Wenn es Sinn und Zweck der Allgemeinen Staatslehre ist, eine von 11
singulären Strukturerscheinungen in einzelnen Staaten unabhängige, allgemeine Theorie des Staates zu entwickeln und zu formulieren, dann bedarf die Allgemeine Staatslehre zunächst einer empirischen, d. h. erfahrungswissenschaftlichen Grundlegung. Am Anfang muss die Aufarbeitung des zu untersuchenden Materials stehen, d. h. das Zusammentragen der Fakten und rechtlichen Gegebenheiten in mehreren Staaten. Auf die Sichtung dieses Materials folgt eine Systematisierung nach quantitativen und/oder qualitativen Gesichtspunkten (z. B. zahlenmäßige und/oder inhaltliche Gegenüberstellung parla-

mentarischer und präsidialer Regierungssysteme). Die Feststellung der tatsächlichen Grundlagen geschieht nach den methodischen Standards der empirischen Wissenschaften und wird ganz überwiegend als selbstverständlich vorausgesetzt. Dennoch ist es wichtig, ihre Relevanz für die Methodik der Allgemeinen Staatslehre ausdrücklich zu betonen. Denn nur auf einer umfassenden empirischen Grundlage lassen sich allgemeine wissenschaftliche Aussagen über das Wesen des Staates gewinnen.

II. Methodische Ansatzpunkte

1. Deduktive und induktive Methode

12 Rechtswissenschaftliches – wie überhaupt wissenschaftliches – Arbeiten kann grundsätzlich in zwei verschiedenen Formen stattfinden, nämlich durch Deduktion und durch Induktion. Die *deduktive Methode* geht von einer als wahr oder richtig angenommenen Grundprämisse aus, um aus dieser mehr oder weniger konkrete Ableitungen vorzunehmen. Der Erkenntnisprozess nimmt seinen Ursprung im Allgemeinen, um über verschiedene Ableitungen zum Besonderen zu kommen.

Dies soll folgendes Beispiel einer einfachen Deduktion (Syllogismus) verdeutlichen: Obersatz (Grundprämisse): Zweck eines Staates ist die Förderung von Gerechtigkeit. Untersatz (Sachverhalt): Die BR Deutschland ist ein Staat. Schlusssatz (*conclusio*): Zweck der BR Deutschland ist die Förderung von Gerechtigkeit.

Derartige Deduktionen sagen noch nichts über die inhaltliche Richtigkeit der *conclusio* aus. Der Schlusssatz ist immer nur so „wahr" bzw. „richtig", wie der Obersatz zutreffend ist.

13 Die Richtigkeit des Obersatzes zu beweisen, ist vielmehr Aufgabe der Induktion. Die *induktive Methode* verfährt entgegengesetzt. Über die Anschauung des Besonderen versucht sie bestimmte Erscheinungen zu isolieren, die sie als überall vorkommend erkannt hat. Diese Erscheinungen bilden das Allgemeine. Das heißt für das oben angeführte Beispiel: Durch einen Vergleich aller Staaten der Welt lässt sich sagen, ob deren Zweck wirklich regelmäßig (typischerweise) die Förderung von Gerechtigkeit ist. Das Beispiel macht deutlich, dass der im Syllogismus formulierte Obersatz in seinem An-

spruch auf Allgemeingültigkeit nicht zutrifft. Es hat in der Geschichte hinreichend Staaten gegeben, und es gibt solche auch noch heute, deren Zweck nicht die Förderung der Gerechtigkeit war bzw. ist, sondern der Eigennutz der Herrschenden und die Ausbeutung der Herrschaftsunterworfenen.

Die Unterscheidung von deduktiver und induktiver Methode reicht zurück 14
bis in die Antike. Sie zeigt sich besonders anschaulich bei *Platon* (427–347 v. Chr.) und seinem Schüler *Aristoteles* (384–322 v. Chr.). *Platon* ging deduktiv von der Idee eines Staates aus, dessen Sinn und Zweck die Förderung von Tugend und Gerechtigkeit sei. Daraus leitete *Platon* bestimmte Konsequenzen für die innere Gestaltung des Staates ab. *Aristoteles*, der den Naturwissenschaften verbunden war, ging induktiv vor, indem er zunächst das Wesen des Menschen zu ergründen versuchte. Erst aus der Erkenntnis heraus, dass der Mensch im Regelfall tugendhaft und auf Gerechtigkeit aus sei, entwickelte *Aristoteles* bestimmte Prinzipien der Staatsgestaltung.

Deduktive und induktive Methode schließen sich nicht gegenseitig aus. Sie 15
stehen vielmehr in einem Verhältnis der wechselseitigen Ergänzung, weil oftmals nur die Annahme einer Grundaussage als wahr (Obersatz) die Kriterien angibt, anhand derer dann – als Untersuchungshypothese – das Besondere auf das in ihm enthaltene Allgemeine hin untersucht wird. Die Induktion dient dann der Überprüfung der angenommenen Grundprämisse auf ihre Richtigkeit.

2. Analytisches und typisierendes Denken

a) Unterschiedliche methodische Denkansätze. Rechtswissen- 16
schaftliches Arbeiten – das gilt ganz besonders auch für die Allgemeine Staatslehre – steht regelmäßig vor der Aufgabe, aus der Unübersichtlichkeit und Komplexität des gesichteten Materials allgemeingültige Aussagen zu formulieren. Dieses Unterfangen gelingt nur, indem man einzelne Erscheinungen hervorhebt, andere in den Hintergrund treten lässt. Hier liegt der Kernpunkt wissenschaftlichen Arbeitens: Welche Erscheinungen sind so wesentlich, dass man aus ihrer Anschauung allgemeingültige Aussagen formulieren kann, welche sind so unwesentlich, dass man sie vernachlässigen kann? Der deduktiven und der induktiven Methode korrespondieren insoweit unterschiedliche Ansätze im (rechts-) wissenschaftlichen Denken.

aa) Analytisches Denken. Die *deduktive Methode* ist regelmäßig 17
verbunden mit dem analytischen Denken. Beim analytischen Denken wird die rationale Aufarbeitung und Bewertung komplexer Tatbestände dadurch geleistet, dass einzelne Momente und Zusammen-

hänge herausgehoben (isoliert) und auf ihre Wirksamkeit innerhalb des Gesamtgeschehens untersucht werden, um auf diese Weise gewisse Regeln abzuleiten. Das analytische Denken ist besonders ideologiegefährdet, sofern die Grundprämisse entsprechend der deduktiven Methode nicht vor dem Hintergrund der tatsächlichen und rechtlichen Gegebenheiten hinterfragt und ihr Wahrheitsgehalt bewiesen wird.

Wird die Grundprämisse ideologisch überhöht und als wissenschaftlich unangreifbar dargestellt, möglicherweise auch noch staatlich verordnet (wie z. B. das „Führerprinzip" während des Dritten Reiches, die marxistisch-leninistische Staatstheorie in den damaligen Ostblock-Staaten oder die „Juche"-Ideologie Nordkoreas), dann pervertiert (vermeintlich) analytisches Denken zur bloßen Legitimation von Ideologien.

Analytisches Denken ist aber unentbehrlich, weil nur durch das Aufstellen (zunächst unbewiesener) Grundaussagen Fragen aufgeworfen und Kriterien entwickelt werden, die Ausgangspunkt für neue wissenschaftliche Erkenntnisse sein können. Voraussetzung ist aber immer, dass auch die Grundaussage selbst zum Gegenstand der wissenschaftlichen Erkenntnis gemacht wird.

18 **bb) Typisierendes Denken.** Von besonderer Relevanz ist im Rahmen der Allgemeinen Staatslehre das typisierende Denken. Es ist eng verwandt mit der *induktiven Methode*. Aus der Vielzahl der Erkenntnisse zu mehreren Staaten werden die für alle geltenden typischen Erscheinungen als das Allgemeine isoliert und in einem Denkmodell ausgedrückt. Ausgangspunkt ist regelmäßig eine angenommene Grundprämisse. Anders als bei der deduktiven Methode steht allerdings die Überprüfung der generellen Aussage (Grundprämisse) anhand der besonderen Erscheinungen im Vordergrund, nicht die Ableitung weiterer Besonderheiten.

So könnte sich bei einem Vergleich aller Staaten erweisen, dass 98 % von ihnen die Verwirklichung der Gerechtigkeit als Verfassungsziel postulieren. Daraus ließe sich dann der Satz formulieren: Typischer Zweck eines Staates ist nach den Verfassungsvorschriften die Förderung von Gerechtigkeit. Dabei handelt es sich um eine rein empirische Erkenntnis. Sie erlaubt weder eine Deduktion dahin, dass alle diese Staaten typischerweise auch das Gerechtigkeitspostulat *in praxi* verwirklichen, noch besagt sie irgendetwas zum Inhalt des Gerechtigkeitsbegriffs. Um für diese beiden Fragestellungen allgemeine Aussagen formulieren zu können, bedarf es eines vielschichtigeren, anspruchsvolleren Analyseansatzes.

19 **b) Insbesondere: das typisierende Denken. aa) Allgemeine Staatslehre als Grundlagenforschung.** Das für die *Induktion* cha-

rakteristische *Denken in Typen* bzw. in *Modellen* hat in der Allgemeinen Staatslehre einen außergewöhnlich hohen Stellenwert. Dadurch unterscheidet sich die Allgemeine Staatslehre bereits in ihrem methodischen Grundansatz klar von den meisten anderen Teilgebieten der Rechtswissenschaft, die sich vor allem als Normwissenschaft verstehen und deshalb eher deduktiv-analytisch ausgerichtet sind. Dem spezifischen Erkenntnisinteresse der Allgemeinen Staatslehre als interdisziplinär ausgerichtetem Grundlagenfach der Rechtswissenschaft wird die induktiv-typisierende Methode in besonderer Weise gerecht. Im Unterschied zu den dogmatischen rechtswissenschaftlichen Fächern, die sich allein der systemimmanenten Analyse einzelner Rechtsnormen oder Rechtsgebiete widmen, ist der Allgemeinen Staatslehre weder ein bestimmtes rechtliches System noch eine bestimmte Begrifflichkeit vorgegeben. Der Wissenschaftler muss sich vielmehr System und Terminologie seiner Allgemeinen Staatslehre selbst erarbeiten. Er kann zwar an teilweise bis in die Antike zurückreichende wissenschaftliche Vorarbeiten anschließen. Das in den Vorarbeiten entwickelte System und die dort verwendete Begrifflichkeit sind jedoch – anders als das System und die Begriffe in einem Gesetz – nichts unverrückbar Vorgegebenes. Der Gesetzeswortlaut ist bei einer rechtsdogmatischen wissenschaftlichen Arbeit die Grundaussage im Sinne der deduktiven Methode. Aus dieser „normativen Grundaussage“ lassen sich (teilweise unter Rückgriff auf die induktive Methode, z. B. durch Formulierung und Heranziehung allgemeiner Rechtsgrundsätze) weitere Einzelaussagen ableiten, die den Rechtsanwender in die Lage versetzen, das Rechtsproblem zu entscheiden. An alldem fehlt es in der Allgemeinen Staatslehre. Deshalb ist die Allgemeine Staatslehre wie kaum ein anderes Spezialgebiet der Rechtswissenschaft – mit Ausnahme vielleicht noch der Rechtsphilosophie und der Rechtssoziologie – darauf angewiesen, System und Begriffe selbst zu bilden.

bb) Typusbildung als wissenschaftliche Erkenntnismethode. Das System und die Begrifflichkeit der Allgemeinen Staatslehre sind in weiten Teilen das Ergebnis typisierenden Denkens. Aus der Anschauung der tatsächlichen und rechtlichen Wirklichkeit entwickelt die Allgemeine Staatslehre Denkmodelle, die es erlauben, die komplexe Lebenswirklichkeit in einem wissenschaftlichen System mit entsprechenden Begriffen zu veranschaulichen. Dabei kann man insbesondere zwischen zwei Typen unterscheiden, nämlich zwischen dem *Re-* 20 *altypus* und dem *Idealtypus*. Der *Realtypus* bildet den Ausgangspunkt des induktiven wissenschaftlichen Denkens. So umfasst etwa der Realtypus *Staat* die Fülle der staatlichen Gebilde weltweit. Insofern ist der Realtypus ein bloßes Faktum, dessen Anschauung dem Wissenschaftler erst das Material an die Hand gibt, das er methodisch zu durchdringen hat.

Das gilt beispielsweise auch für den Begriff des Verfassungsstaates. Wir können eine Vielzahl von Staaten dem Begriff des Verfassungsstaates zuordnen, weil sie alle in ihrer Verfassungsordnung gewisse Grundprinzipien wie demokratische Willensbildung, Schutz der Grund- und Menschenrechte, Rechtsstaatlichkeit und Sozialstaatlichkeit verwirklichen. Im Detail sind diese Realtypen aber höchst unterschiedlich. Die demokratische Willensbildung durch Wahlen oder über bestimmte Staatsorgane findet z. B. im Vereinigten Königreich oder in den USA anders statt als in der Bundesrepublik Deutschland.

21 Aus der Vielzahl und Unübersichtlichkeit der staatlichen Realtypen entwickelt der Wissenschaftler sodann die Idealtypen. Im Unterschied zu den faktischen Realtypen ist der *Idealtypus* das Produkt wissenschaftlicher Erkenntnis; er ist ein *Deutungsmodell*. Gewonnen wird ein Idealtypus mittels der induktiven Methode, indem man die verschiedenen Realtypen im Hinblick auf ein oder mehrere Kriterien untersucht und aus dem Besonderen das allen Gemeinsame (Allgemeine) ableitet.

Der Idealtypus darf nicht missverstanden werden. Er ist *nicht* deshalb *ideal*, weil er etwa in seiner reinen Form politisch erstrebenswert wäre. Der Idealtypus ist deshalb ideal, weil er – zu rein wissenschaftlichen Zwecken – ein nur in der Theorie existierendes, möglichst vollkommenes Erklärungsmodell zur Verfügung stellt. Dem Idealtypus entspricht nie ein Realtypus.

22 Die wissenschaftliche Bildung von Idealtypen beansprucht vor allem Bedeutung für die modellhafte Veranschaulichung bestimmter verallgemeinerungsfähiger Staats- bzw. Herrschaftsstrukturen. Beispielhaft sollen hier nur drei Erkenntnisbereiche aufgeführt werden:

– *Darstellung von Staatsmodellen*: Zum einen lassen sich durch Idealtypen unterschiedliche Modelle entwerfen, in welchen rechtlich-politischen Formen Staaten existieren. Diese Modelle sind abhängig von historischen Entwicklungen. Während noch die antiken Klassiker (*Aristoteles*) drei Typen unterschieden (Monarchie, Aristokratie und Demokratie), können wir uns heute auf zwei Staatstypen (demokratischer Verfassungsstaat, Autokratie) beschränken (→ Rdn. 5/16 ff.).

- *Darstellung von Regierungsmodellen*: Zum anderen lassen sich innerhalb der Staatsmodelle zusätzlich verschiedene Regierungsmodelle unterscheiden, z. B. im Rahmen des Staatsmodells demokratischer Verfassungsstaat die Regierungsmodelle der parlamentarischen Demokratie und der Präsidialdemokratie (→ Rdn. 5/72 ff.).
- *Darstellung von Wirkungszusammenhängen*: Möglich ist es auch, bestimmte (zunächst vermutete) Wirkungs- bzw. Ursachenzusammenhänge darzustellen. So lässt sich die Behauptung (Grundaussage oder -prämisse) aufstellen, die Staatsform des demokratischen Verfassungsstaates sei im Vergleich zu allen anderen Staatsformen am besten geeignet, das persönliche Wohlergehen der Staatsbürger zu gewährleisten. Diese Grundaussage ist vor dem Hintergrund historischer Erfahrungen zu überprüfen. In der Wirklichkeit gibt es allerdings nicht *die* demokratische Staatsform, sondern eine Fülle unterschiedlicher Realtypen, die in sehr unterschiedlicher Weise in die ökonomischen Abläufe eingreifen und soziale Umverteilungspolitik betreiben. Eine Darstellung der idealtypischen Wirkungszusammenhänge hat sich deshalb auf einzelne typische Merkmale dieser Staaten zu konzentrieren, um auf dieser Grundlage vertretbare wissenschaftliche Aussagen über die Ursachenzusammenhänge treffen zu können.

Aus dem Verfahren der Typusbildung resultiert gleichzeitig auch die An- 23
greifbarkeit dieser Methode des wissenschaftlichen Denkens. Der Idealtypus ist immer nur so aussagekräftig wie die Grundprämisse, nach deren Kriterien er gebildet worden ist. So besitzt z. B. eine empirische Untersuchung zur Häufigkeit des Verfassungsziels „Verwirklichung von Gerechtigkeit" (→ Rdn. 1/18) keinerlei Aussagewert zur tatsächlichen politischen und rechtlichen Umsetzung dieses Verfassungspostulats.

3. Wissenschaftliche Erkenntnis als Falsifikation

Ein theoretisches Erklärungsmodell ist neben dieser methodenim- 24
manenten Angreifbarkeit auch im Übrigen nichts ein für allemal Gültiges. Das hat seinen Grund in der Zeitgebundenheit aller (auch und gerade wissenschaftlicher) Erkenntnis. Jede wissenschaftliche Erkenntnis steht unter dem Vorbehalt besserer gegenteiliger Einsicht. Man spricht deshalb im Anschluss an *Karl Popper* (1902–1994; Logik der Forschung, 1934) von *Falsifikation* im Unterschied zur *Verifikation*. Das gilt natürlich auch für die Allgemeine Staatslehre. Denn der Untersuchungsgegenstand – der Staat – ist nichts Statisches in Raum und Zeit. Die Erkenntnis des Staates hängt zu einem ganz erheb-

lichen Teil davon ab, in welcher historischen Epoche und gegebenenfalls in welchem Teil der Erde (Industriestaat, Entwicklungsland) das jeweilige Anschauungsobjekt angesiedelt ist. Das macht es erforderlich, selbst allgemein akzeptierte wissenschaftliche Aussagen immer wieder dahingehend auf den Prüfstand zu stellen, ob das entworfene Modell und die entwickelte Begrifflichkeit angesichts grundlegender neuer Phänomene in der Staatenwelt noch sachangemessen und zeitgemäß sind. Denn jede wissenschaftliche Erkenntnis „ist immer nur Annäherungswissen, das nicht volle Gewissheit vermittelt, sondern durch jede neue Erfahrung korrigierbar ist und sich insofern immer nur auf dem neuesten Stand unwiderlegten möglichen Irrtums befindet“ (BVerfGE 49, S. 89/143).

4. Retrospektives und perspektivisches Denken

25 Angesichts der Zeitgebundenheit wissenschaftlicher Erkenntnis darf auch die Allgemeine Staatslehre sich nicht auf die Beschreibung der Historie des Staates und seiner vergleichbaren Erscheinungsformen beschränken (*retrospektives Denken*). In dieser verengten Sicht würde die Allgemeine Staatslehre lediglich Bestehendes, wenn auch unter Berücksichtigung seiner Entstehung, reflektieren und wissenschaftlich ergründen. Der Gegenstand der Untersuchung beschränkte sich dann auf die Entwicklung hin zum Nationalstaat des 19. Jahrhunderts und dessen Fortbildung durch den sog. Verfassungsstaat westlicher Prägung.

26 Umbruchzeiten, wie sie zurzeit wirtschaftlich durch die Globalisierung, sicherheitspolitisch durch die Bekämpfung der weltumspannenden Gefahr des Terrorismus und in besonderer Weise rechtlich-institutionell durch die Europäische Union zu Tage treten, dürfen von der Allgemeinen Staatslehre nicht ignoriert werden. Es ist vielmehr gerade in solchen Zeiten die Aufgabe der Allgemeinen Staatslehre, aus ihrem reichen theoretisch-systematischen und begrifflich-inhaltlichen Fundus zu schöpfen und diese Entwicklungen nicht nur zu beobachten, sondern sie wissenschaftlich durch Vergleich und Differenzierung mit dem bekannten Instrumentarium zu konfrontieren und durch neue Erklärungsmodelle und – wenn nötig – Begriffe verständlich zu machen, um auch mögliche zukünftige Entwicklungslinien prognostizieren zu können (*perspektivisches Denken*).

C. Abgrenzung der Allgemeinen Staatslehre von anderen Wissenschaftszweigen

I. Interdisziplinarität der Allgemeinen Staatslehre

Die Allgemeine Staatslehre weist vielfältige Berührungspunkte und Überschneidungsbereiche mit anderen wissenschaftlichen Disziplinen auf. Das ist kein Nachteil, im Gegenteil: Es zeigt nachdrücklich, dass man Wissenschaft – zumal im Bereich der Grundlagenforschung – nicht isoliert betreiben kann. Die Erkenntnisse anderer Wissenschaftszweige sind ein wesentlicher Bestandteil der Allgemeinen Staatslehre. Diese Zusammengehörigkeit mit anderen Disziplinen wurde früher dadurch deutlich, dass Juristen, Nationalökonomen (Volkswirtschaftler) und Soziologen an den deutschen Universitäten unter dem Dach der *Rechts- und Staatswissenschaftlichen Fakultäten* institutionell verbunden waren und die Disziplin der *Staatswissenschaft* ihnen hinreichend wissenschaftlichen Freiraum für ihr gemeinsames Erkenntnisinteresse ermöglichte. Auch die Politikwissenschaft fand unter diesem Dach einen angemessenen Platz. 27

Erst die zunehmende Verfeinerung und Spezialisierung der einzelnen Disziplinen seit Beginn des 20. Jahrhunderts, die Betonung der jeweils eigenen wissenschaftlichen Methode und die Vernachlässigung der anderen Disziplin als (allenfalls) Hilfswissenschaft für den eigenen Bereich ließen die wissenschaftliche Zusammengehörigkeit, das Bewusstsein vom (zumindest teilweisen) aufeinander Angewiesensein zur Lösung einzelner Problembereiche in den Hintergrund treten. Erst in jüngster Zeit sind wieder verstärkt Versuche zu erkennen, diese Einheit der wissenschaftlichen Disziplinen neu zu begründen (vgl. *G.F. Schuppert*, Staatswissenschaft, S. 24 ff.). 28

II. Einzelne interdisziplinäre Schnittbereiche

Schnittbereiche der Allgemeinen Staatslehre zu anderen Wissenschaften offenbaren sich vor allem bei den nachfolgend angesprochenen Disziplinen. 29

1. Geschichtswissenschaft

30 Unser heutiges Staatsverständnis ist in der inhaltlichen Erfassung und Strukturierung ganz wesentlich abhängig von der bisherigen Entwicklungsgeschichte dieses besonderen Herrschaftsverbandes (retrospektives Denken → Rdn. 1/25). Um Kontinuitäten ebenso aufzeigen zu können wie Brüche in den Entwicklungslinien, ist es unerlässlich, der geschichtlichen Betrachtung hinreichende Aufmerksamkeit zu widmen. Dies hat auch auf die Gefahr hin zu geschehen, sich dem Vorwurf einer etatistischen Verengung des historischen Verständnisses auszusetzen. Diese Verengung ist für die Allgemeine Staatslehre wesensnotwendig, ist der Begriff und das Wesen des Staates doch die erkenntnis- und methodenleitende Grundidee. Die meisten der heute zur Erkenntnis der Eigenarten und Eigenschaften des Staates verwendeten Grundbegriffe (z. B. Souveränität, Verfassung) lassen sich gerade in ihrem inhaltlichen Wandel nur in der historischen Dimension aufklären.

2. Politikwissenschaft

31 Die Politikwissenschaft hat sich in Deutschland erst nach dem Zweiten Weltkrieg zu einer eigenständigen Wissenschaftsdisziplin entwickelt. Federführend und prägend waren deutsche Soziologen und Juristen, die während der nationalsozialistischen Diktatur in die USA emigriert waren und zunächst in der Besatzungszeit und später in der neu gegründeten Bundesrepublik die Politikwissenschaft in Deutschland verbreiteten (z. B. *Arnold Bergstraesser*, 1896–1964; *Ernst Fraenkel*, 1898–1975). Damit verbunden war die Erwartung, die Politikwissenschaft sei in der Lage, nach dem Scheitern der ersten deutschen Demokratie (Weimarer Republik) ein politisches Umdenken und eine stärkere Akzeptanz der Demokratie im deutschen Volk herbeizuführen, auf deren Grundlage erst das erforderliche demokratische Bewusstsein und das Funktionieren demokratischer Staatsstrukturen gewährleistet seien.

Die Politikwissenschaft ist jedoch keine rein „amerikanische Erfindung". Deutsche Wissenschaftler (z. B. *Franz Lieber*, 1798–1872) legten in den Vereinigten Staaten bereits im 19. Jahrhundert den Grundstein der *political science*. In Deutschland wurde die Politikwissenschaft bis in das 20. Jahrhundert hinein als Teildisziplin – neben der Rechtswissenschaft, der Soziologie und der Nationalökonomie – der Rechts- und Staatswissenschaften betrieben.

Die Politikwissenschaft verfügt über keine einheitliche Erkenntnismethode. Sie geht – je nach Untersuchungsgegenstand – sowohl empirisch als auch analytisch vor. Während aber die Allgemeine Staatslehre als rechtswissenschaftliches Fach vor allem die rechtlichen Strukturen des Staates betrachtet, liegt der Schwerpunkt der politikwissenschaftlichen Untersuchung eher bei den *politischen Wirkungszusammenhängen* (z.B. Wahlanalysen, Analyse der Arbeits- und Funktionsmechanismen einer Regierung, einer Partei oder der Verwaltung). Rechtliche Strukturen und Institutionen sind dabei in der Regel aber nur als eine von mehreren Konstanten von Belang. Von besonderer Bedeutung für die Allgemeine Staatslehre ist die Teildisziplin der Vergleichenden Politikwissenschaft, insbesondere die Vergleichende Regierungslehre, deren Einbeziehung es nämlich erlaubt, auch die Wirkungszusammenhänge zwischen rechtsnormativer Verfassungsvorgabe und politischen Konsequenzen in den verschiedenen Staaten zu analysieren. 32

3. Soziologie

Die Soziologie befasst sich im Wesentlichen mit der *Gesellschaftsordnung* in ihren verschiedensten Ausprägungen. Im Mittelpunkt steht das Zusammenleben der Menschen in einem Gemeinwesen, z.B. die Mechanismen des Zusammenlebens der Menschen in einer bestimmten Gruppe (Familie, Sportverein, am Arbeitsplatz), das „Rollenverhalten“ und die Art und Weise der Konfliktbewältigung der Menschen in dieser Gruppe (*soziale Mikrophänomene*). Daneben ist es Aufgabe der Soziologie, gesamtgesellschaftliche Strukturzusammenhänge zu erforschen und offen zu legen (*soziale Makrophänomene*). Vor allem in diesem Bereich gibt es Berührungspunkte mit der Rechtswissenschaft, etwa bei der Frage, wie sich eine bestimmte Herrschaftsordnung auf die Ausbildung gesellschaftlicher Schichten (z.B. Arbeiterklasse, Bürgertum) auswirkt und welche rechtlichen Steuerungsinstrumente insoweit bestehen. 33

Zur Soziologie gehört nicht zuletzt auch die sog. *Institutionenlehre* (*Arnold Gehlen*, 1904–1976). Jede Gesellschaft bildet danach bestimmte Institutionen (Einrichtungen) aus, die das Individuum beeinflussen und seine Verhaltensweisen in eine bestimmte Richtung strukturieren („Rollenverhalten“). Neben den gesellschaftlich mehr oder weniger frei gebildeten Institutionen (z. B. Familie) existieren außerdem staatlich gebildete Institutionen, die den einzelnen Menschen 34 zwar auf der einen Seite mit einem rechtlichen Zwang der Mitgliedschaft belegen, ihm auf der anderen Seite aber gleichzeitig eine soziale Absicherung gewähren (z. B. Sozialversicherung). Gerade die moderne Industriegesellschaft, wie sie im Zuge der Industrialisierung im 19. Jahrhundert entstanden ist und sich im 20. Jahrhundert weiter ausgebildet und erweitert hat, mit ihren typischen Phänomenen der abhängigen Arbeit eines Großteils der Bevölkerung (Herausbildung des „Arbeiterproletariats") und der daraus resultierenden Abhängigkeit von wirtschaftlich mächtigen Unternehmen, hat zum verstärkten Ausbau staatlicher Institutionen geführt. Ein prägnantes Beispiel ist die Einführung des Sozialversicherungssystems seit 1883 unter Reichskanzler *Otto v. Bismarck* (1815–1898). Der Ausbau der staatlichen Unterstützung leistete aber auch der teilweisen Zerstörung gesellschaftlicher Institutionen (z. B. der Großfamilie in Form der Drei-Generationen-Familie) Vorschub. So ist die heute in Deutschland bestehende staatliche Pflegeversicherung eine logische Folge des Verschwindens der Großfamilie, die früher als generationenübergreifende Beistandsgemeinschaft entsprechende Schutz- und Pflegefunktionen wahrgenommen hat. Die familiäre Solidargemeinschaft wird auf diese Weise durch eine staatlich initiierte und überwachte Solidargemeinschaft ersetzt, der familiäre Zwang zur Solidarität wird abgelöst durch einen staatlichen Solidaritätszwang. Die moderne Industriegesellschaft hat auf diese Weise „Superstrukturen" (*A. Gehlen*) geschaffen, in denen die Abhängigkeit von der wirtschaftlichen Macht ersetzt wurde durch die Abhängigkeit von staatlicher Fürsorge.

35 Die methodische Vorgehensweise der Soziologie besteht insbesondere in der empirischen Aufarbeitung sozialer Phänomene. Dabei bedient sie sich vor allem des Mittels der Typisierung (*Max Weber*, 1864–1920), um aus der Komplexität und Vielschichtigkeit der Entwicklungszusammenhänge verallgemeinerungsfähige Aussagen gewinnen zu können. Staatswissenschaft und Soziologie waren in Deutschland besonders in der Zwischenkriegszeit stark miteinander verwoben. Führende Staatsrechtler der Weimarer Zeit (z. B. *Rudolf Smend*, 1882–1975; *Hermann Heller*, 1891–1933) untersuchten nicht nur die Rechtsordnung (insbesondere der Weimarer Reichsverfassung) auf ihren juristisch-normativen Sinngehalt, sondern fragten gezielt auch nach den außerjuristischen soziologischen und politischen Bedingungen und Funktionen des Staates und der Staatsverfassung.

4. Volkswirtschaftslehre

Die Volkswirtschaftslehre, die lange Zeit als Nationalökonomie bezeichnet wurde, befasst sich mit der *Wirtschaftsordnung*. Ihr Ziel ist die Erkenntnis des gesamten Aufbaus des Wirtschaftslebens sowie der ökonomischen Zusammenhänge, um das Allgemeingültige in der Wirtschaft, die „Gesetze" und „Gesetzmäßigkeiten" im Wirtschaftsablauf herausarbeiten und veranschaulichen zu können. Das vom Staat gesetzte Recht ist nur insofern von Relevanz, als es sich dabei um eine Konstante handelt, die in einer empirischen Untersuchung zwingend zu berücksichtigen ist, weil sie die Abläufe innerhalb der Wirtschaftsordnung (mit-) steuert. Die Rechtsnorm selbst wird grundsätzlich nicht auf ihre Sinnhaftigkeit oder Zweckmäßigkeit hinterfragt. Doch gibt es auch davon Ausnahmen, z. B. die *Freiburger Schule*, zu der neben Juristen auch Ökonomen gehörten (u. a. *Walter Eucken*, 1891–1950; *Franz Böhm*, 1895–1977), die den Wiederaufbau (West-) Deutschlands nach 1945 durch ihre Untersuchungen zur Interdependenz von Rechtsordnung und Wirtschaftsordnung maßgeblich beeinflussten. Eine seit etwa zwei Jahrzehnten im Vordringen befindliche Richtung ist zudem die *Lehre von der ökonomischen Analyse des Rechts*, die es sich zur Aufgabe gemacht hat, Rechtsnormen unter Kosten-Nutzen-Gesichtspunkten darauf zu untersuchen, ob und inwieweit sie die vom Gesetzgeber bezweckte Steuerungsfunktion erfüllen, und inwieweit die durch die Rechtsnorm verursachten gesamtwirtschaftlichen Kosten zu dem gesamtwirtschaftlichen oder gesamtgesellschaftlichen Nutzen in einem angemessenen Verhältnis stehen. 36

Im Übrigen bedient sich die Volkswirtschaftslehre vor allem der *Methode der Typisierung*, indem sie aus den in der Lebenswirklichkeit vorhandenen Wirtschaftsordnungen die Idealtypen herauskristallisiert. Idealtypische Wirtschaftsordnungen – ohne Entsprechung in der Lebenswirklichkeit (Realtypen) – sind das *Modell der freien Marktwirtschaft* auf der einen Seite und das *Modell der Zentralverwaltungswirtschaft*, wie es bis 1989/90 in den kommunistischen Staaten propagiert wurde, auf der anderen Seite. Beide Modelle unterscheiden sich grundlegend in der wirtschaftspolitischen Steuerungsidee: Das Modell der freien Marktwirtschaft geht davon aus, dass die privaten Wirtschaftsakteure sich marktrational verhalten und dadurch auch dem Gemeinwohl der Bevölkerung am besten gedient ist. Eingriffe des Staates in den Ablauf der Marktprozesse sollten deshalb 37 tunlichst vermieden werden (*Idee der individuellen Selbststeuerung*). Ausgangsthese des Modells der Zentralverwaltungswirtschaft ist hingegen die Annahme, dass das Marktgeschehen und die damit verbundenen wirtschaftlichen Austauschprozesse umfassend durch staatliche Stellen gelenkt werden müssen, weil nur dadurch die „Ausbeutung der Arbeiterklasse" durch die über die Produktionsmittel verfügenden „Kapitalisten" zu verhindern sei (*Idee der staatlichen Fremdsteuerung*).

38 Einen dritten Idealtypus, der die mit den beiden Extrempositionen einhergehenden wirtschaftspolitischen Defizite zu vermeiden suchte, gleichzeitig aber auch tief in der Idee der individuellen Selbststeuerung verwurzelt war, bildete das für das Deutschland der Nachkriegszeit prägende *Modell der sozialen Marktwirtschaft*, das auf wissenschaftlichen Vorarbeiten der Freiburger Schule (→ Rdn. 1/36) beruhte. Dieses Modell wurzelt in der Freiheit des wirtschaftlichen Austausches, nimmt aber gleichzeitig – im Unterschied zum Modell der freien Marktwirtschaft, dem bereits sprichwörtlichen „Manchesterkapitalismus" – den Staat in die Pflicht, damit dieser die Freiheit des einzelnen Marktteilnehmers auch gegen eine Vermachtung des Marktes durch andere private Wirtschaftsakteure (z. B. Bildung von Monopolen oder Oligopolen) schützt. Das wissenschaftliche Gedankengut der Freiburger Schule mündete in der politischen Praxis in das Modell der sozialen Marktwirtschaft (*Ludwig Erhard*, 1897–1977; *Alfred Müller-Armack*, 1901–1978), dessen politische Umsetzung sich im Laufe der Jahrzehnte von dem Freiburger Gedankengut jedoch immer weiter entfernte.

III. Einzelne intradisziplinäre Schnittbereiche

39 Auch innerhalb der eigenen Disziplin, der Rechtswissenschaft, treten teilweise Abgrenzungsnotwendigkeiten auf. Verschiedene Teildisziplinen befassen sich ebenfalls mit grundlegenden Fragen des Staates und seiner rechtlichen Grundordnung (Staatsphilosophie, Verfassungslehre) oder mit der externen Dimension des Staates (Völkerrecht). Auch hier gilt, dass die Allgemeine Staatslehre bestehende Berührungspunkte nicht ignoriert, sondern die jeweiligen Erkenntnisse (soweit erforderlich und verwertbar) in die eigene Teildisziplin aufnimmt.

1. Staatsphilosophie

Die *Staatsphilosophie* ist eine Teildisziplin der Rechtsphilosophie, 40
diese wiederum eine Teildisziplin der allgemeinen Philosophie. Im Mittelpunkt der Rechtsphilosophie steht die Frage nach der Gerechtigkeit: Gibt es und was ist Gerechtigkeit? Diese Frage ist so alt wie das Denken des Menschen. Sie lässt sich nicht generell beantworten, sondern muss immer wieder neu gestellt und für den jeweils zu ordnenden Lebenssachverhalt einer konkreten Lösung zugeführt werden. Die Staatsphilosophie fragt danach, auf welche Weise der Staat Gerechtigkeit verwirklichen kann; vorgelagert ist die Frage, ob es überhaupt einen „gerechten" Staat geben kann. Ebenso wenig wie die Gerechtigkeit als allgemeines Rechtspostulat lässt sich der „gerechte" Staat abstrakt näher erfassen. Auch insofern ist die konkrete Lage von entscheidender Bedeutung; erst die konkrete Lage gibt die Tatsachen an, die es erlauben, den Begriff der Gerechtigkeit zu präzisieren.

Der grundlegende Unterschied zur Allgemeinen Staatslehre ist da- 41
rin zu sehen, dass die Staatsphilosophie die Frage nach dem Staat vor allem normativ (bewertend) stellt, d. h. mit einer mehr oder weniger ausgereiften Vorstellung über das Verhältnis von Gerechtigkeit und Staat (Idealtypus) einen oder mehrere existente Staaten (Realtypen) konfrontiert. Methodisch beruht diese Vorgehensweise im Wesentlichen auf Deduktion. Dem gegenüber will die Allgemeine Staatslehre den Staat zunächst empirisch-induktiv (wertneutral) in allen seinen Erscheinungen erfassen und darstellen, um erst auf dieser Grundlage auch normative (bewertende) Elemente hinzuzufügen, etwa im Rahmen der Lehre von den Staatszwecken.

2. Verfassungslehre und -vergleichung

Die Allgemeine Staatslehre ist ohne die *Verfassungslehre* und die 42
Verfassungsvergleichung heute nicht mehr vorstellbar. Teilweise wird von einer vollständigen Identität von Staats- und Verfassungslehre ausgegangen. Das ist insofern sicher zutreffend, als die Allgemeine Staatslehre als rechtswissenschaftliche Disziplin ihren primären Untersuchungsgegenstand in den Rechtsordnungen der Staaten findet, und dort natürlich in der für das Selbstverständnis und das Funktionieren des Staates zentralen rechtlichen Grundordnung, der Staatsverfassung. Allgemeine Staatslehre ist deshalb zu einem großen Teil auch Verfassungsrechtsvergleichung. Das ist auch nicht weiter unge-

wöhnlich, wenn man den modernen Verfassungsstaat westlicher Prägung mit seinen Garantien der Demokratie, der Grundrechte, des Rechts- und Sozialstaates als Vergleichsgrundlage wählt. Der moderne Verfassungsstaat westlicher Prägung verfügt – bei aller Unterschiedlichkeit im Detail – über einen homogenen Kern, in dem sich die diesen Staaten gemeinsame Gerechtigkeitsidee ausdrückt.

43 Die Identität von Allgemeiner Staatslehre und Verfassungslehre lässt sich aber dann nicht mehr annehmen, wenn man sich vor Augen führt, dass Staaten, wie insbesondere bis Anfang der 1990er Jahre diejenigen des sozialistischen Blocks, aber auch andere Diktaturen, eine doppelte Rechtsordnung haben können: eine in der Verfassungsurkunde niedergelegte formale Verfassungsordnung einerseits und eine tatsächlich befolgte (materielle) „Verfassungsordnung" andererseits. Obwohl nach der Verfassungsurkunde die politischen Entscheidungen von den dazu berufenen Staatsorganen hätten getroffen werden müssen, sind es regelmäßig Organe oder Gremien der herrschenden Parteien oder Gruppen, die tatsächlich die für den Staat wesentlichen innen- und außenpolitischen Entscheidungen treffen. Versteht man die Allgemeine Staatslehre nur als auf die Verfassungsurkunde bezogene Verfassungslehre, dann gehören solche – für das staatsrechtliche Verständnis dieser und ähnlicher Herrschaftssysteme zentralen – Phänomene nicht mehr zum Gegenstand der Allgemeinen Staatslehre. Dadurch aber würde die Allgemeine Staatslehre ihrer Aufgabe als Disziplin der Grundlagenforschung nicht mehr gerecht werden.

3. Völkerrecht

44 Beim Völkerrecht handelt es sich um das Rechtsgebiet, das sich mit der internationalen, d. h. *zwischen* den Staaten (und anderen Völkerrechtssubjekten) geltenden Rechtsordnung befasst. Der Begriff *Völker*recht ist missverständlich, weil die Rechtssubjekte der zwischenstaatlichen Rechtsordnung nicht die einzelnen „Völker" als ethnische Gruppe oder die „Staatsvölker" als Gesamtheit der Staatsangehörigen sind, sondern die einzelnen Staaten selbst. Die Bezeichnung geht zurück auf das lateinische *ius gentium* und ist heute jedenfalls im deutschen Sprachgebrauch fest verankert. Im Englischen spricht man vornehmlich von *Public International Law*, nur noch vereinzelt von *Law of Nations*, im Französischen von *droit international public*.

45 Das Völkerrecht ist eng verwandt mit der Allgemeinen Staatslehre, weil die Frage, was ein Staat i. S. d. Völkerrechts ist, vom Völkerrecht

eigentlich nicht beantwortet werden kann. Denn das Völkerrecht setzt Staaten voraus, ist aber selbst nur beschränkt in der Lage, den Begriff *Staat* zu definieren (→ Rdn. 2/1 ff.; 7/17). Überdies umfasst das allgemeine Völkerrecht das allen (oder jedenfalls vielen) Staaten Gemeinsame an Rechten und Pflichten, nämlich das Völkergewohnheitsrecht und die allgemeinen Rechtsgrundsätze des Völkerrechts (→ Rdn. 7/7 ff.; 7/12 ff.). Für die externe Sicht des Staates (→ Rdn. 1/2) ist die Einbeziehung des allgemeinen Völkerrechts deshalb wesensnotwendig geboten.

Literatur zu A. und B.: *P. Genschel/S. Leibfried*, Schupperts Staat – Wie beobachtet man den Wandel einer Formidee?, Der Staat 47 (2008), S. 359 ff.; *C. Gusy*, Brauchen wir eine juristische Staatslehre?, JÖR 55 (2007), S. 41 ff.; *J. Isensee*, Staat und Verfassung, in: HStR I, 1. Aufl. 1987, § 13; HStR II, 3. Aufl. 2004, § 15; *J. H. Klement*, Das Schwinden der Legalität, JöR n. F. 61 (2013), S. 115 ff.; *J. Kokott*, Die Staatsrechtslehre und die Veränderung ihres Gegenstandes: Konsequenzen von Europäisierung und Internationalisierung, VVDStRL 63 (2004), S. 7 ff.; *O. Lepsius*, Braucht das Verfassungsrecht eine Theorie des Staates? Eine deutsche Perspektive: Von der Staatstheorie zur Theorie der Herrschaftsformen, EuGRZ 2004, S. 370 ff.; *M. Loughlin*, In Defence of Staatslehre, Der Staat 48 (2009), S. 1 ff.; *H. Schulze-Fielitz* (Hrsg.), Staatsrechtslehre als Wissenschaft, Beiheft 7 der Zeitschrift Die Verwaltung, 2007; *G.F. Schuppert*, Staatswissenschaft, 2003; *ders.*, Was ist und wie misst man den Wandel von Staatlichkeit?, Der Staat 47 (2008), S. 325 ff.; *C. Starck*, Allgemeine Staatslehre in Zeiten der Europäischen Union, in: FS J. Delbrück, 2005, S. 711 ff.; *C. Tietje*, Die Staatsrechtslehre und die Veränderung ihres Gegenstandes, DVBl. 2003, S. 1081 ff.; *T. Vesting*, Die Staatsrechtslehre und die Veränderung ihres Gegenstandes: Konsequenzen von Europäisierung und Internationalisierung, VVDStRL 63 (2004), S. 41 ff.; *A. Voßkuhle*, Die Renaissance der „Allgemeinen Staatslehre" im Zeitalter der Europäisierung und Internationalisierung, JuS 2004, S. 2 ff. 46

Zu C.II.1.: *H. Fenske*, Der moderne Verfassungsstaat – eine vergleichende Geschichte von der Entstehung bis zum 20. Jahrhundert, 2001; *H. Fenske/S. Mertens/W. Reinhard/K. Rosen*, Geschichte der politischen Ideen, 3. Aufl. 2008; *A. Gallus/E. Jesse* (Hrsg.), Staatsformen von der Antike bis zur Gegenwart, 2. Aufl. 2007. – **II.2.:** *H. Abromeit/M. Stoiber*, Demokratien im Vergleich – Einführung in die vergleichende Analyse politischer Systeme, 2006; *U. von Alemann* (Hrsg.), Politikwissenschaftliche Methoden. Grundriss für Studium und Forschung, 1995; *W. Bleek*, Geschichte der Politikwissenschaft in Deutschland, 2001; *G. Brunner*, Vergleichende Regierungslehre, 1979; *P. Burnham u. a.*, Research Methods in Politics, 2. Aufl. 2008; *B. Kempen*, Verfassung und Politik, in: O. Depenheuer/Chr. Grabenwarter (Hrsg.), Verfassungstheorie, 2010, § 27; *H.-J. Lauth*, Vergleichende Regierungslehre – eine Einführung, 3. Aufl. 2010; *D. Jahn*, Einführung in die vergleichende Politikwissenschaft, 2006; *A. Pelinka*, Vergleich politischer Systeme, 2005; *P. Stykow*,

Vergleich politischer Systeme, 2007. – **II.3.:** *M. Corsten*, Grundfragen der Soziologie, 2011; *O. Dimbath*, Einführung in die Soziologie, 2. Aufl. 2012; *M. Henkel*, Hermann Hellers Theorie der Politik und des Staates. Die Geburt der Politikwissenschaft aus dem Geiste der Soziologie, 2011; *H. Korte/S. Ernst*, Soziologie, 2. Aufl. 2011; *H. Meulemann*, Soziologie von Anfang an, 3. Aufl. 2012. – **II.4.:** *W. Eucken*, Grundsätze der Wirtschaftspolitik, 1952; *L. Gerken*, Walter Eucken und sein Werk – Rückblick auf den Vordenker der sozialen Marktwirtschaft, 2000; *F.A. Hayek*, Die Verfassung der Freiheit, 4. Aufl. 2005; *H.J. Hennecke*, Friedrich August von Hayek zur Einführung, 3. Aufl. 2014; *A.M. Schneider*, Ordnungsaspekte in der Nationalökonomik – eine historische Reflexion, 2004. – **III.1.:** *E.-W. Böckenförde*, Geschichte der Rechts- und Staatsphilosophie, 2. Aufl. 2006; *J. Braun*, Einführung in die Rechtsphilosophie, 2. Aufl. 2011; *R. Gröschner u. a.*, Rechts- und Staatsphilosophie, 2000; *E. Hilgendorf*, Recht durch Unrecht? Interkulturelle Perspektiven, JuS 2008, S. 761 ff.; *H. Hofmann*, Einführung in die Rechts- und Staatsphilosophie, 5. Aufl. 2011; *K. Seelmann*, Rechtsphilosophie, 6. Aufl. 2014. – **III.2.:** *S. Baer*, Verfassungsvergleichung und reflexive Methode, ZaöRV 64 (2004), S. 735 ff.; *R. Grote*, Rechtskreise im öffentlichen Recht, AöR 126 (2001), S. 10 ff.; *S. Haack*, Primitive Staatstheorie, Der Staat 51 (2012), S. 57 ff.; *P. Häberle*, Verfassungslehre als Kulturwissenschaft, 2. Aufl. 1998; *ders./M. Kotzur*, Europäische Verfassungslehre, 8. Aufl. 2016; *M. Jestaedt*, Verfassungstheorie als Disziplin, in: O. Depenheuer/Chr. Grabenwarter (Hrsg.), Verfassungstheorie, 2010, § 1; *H. Krüger*, Eigenart, Methode und Funktion der Rechtsvergleichung im öffentlichen Recht, FS für M. Kriele, 1997, S. 1393 ff.; *K. Loewenstein*, Verfassungslehre, 1959; *S. Müller-Franken*, Verfassungsvergleichung, in: O. Depenheuer/Chr. Grabenwarter (Hrsg.), Verfassungstheorie, 2010, § 26; *C. Schmitt*, Verfassungslehre, 1928; *H. Schulze-Fielitz*, Verfassungsvergleichung als Einbahnstraße? Zum Beispiel der Menschenwürde in der biomedizinischen Forschung, Liber Amicorum für P. Häberle, 2004, S. 355 ff.; *K.-P. Sommermann*, Die Bedeutung der Rechtsvergleichung für die Fortentwicklung des Staats- und Verwaltungsrechts in Europa, DÖV 1999, S. 1017 ff.; *C. Starck*, Rechtsvergleichung im Öffentlichen Recht, JZ 1997, S. 1021 ff.; *R. Wahl*, Verfassungsvergleichung als Kulturvergleichung, in: ders., Verfassungsstaat – Europäisierung – Internationalisierung, 2003, S. 96 ff.; *M. Tushnet*, The Possibilities of Comparative Constitutional Law, The Yale Law Journal 108 (1999), S. 1225 ff.; *U. Volkmann*, Zur heutigen Situation einer Verfassungstheorie, Der Staat 51 (2012), S. 601 ff.; *A. Weber*, Europäische Verfassungsvergleichung, 2010; *B. Wieser*, Vergleichendes Verfassungsrecht, 2005.

§ 2. Der Staat als historisches Phänomen

A. Begrifflichkeiten

Wer sich mit dem Phänomen *Staat* beschäftigen will, der sollte zunächst versuchen, Klarheit über die verwendete Begrifflichkeit zu erlangen. Der Begriff des Staates wird wie derjenige der Verfassung heute zwar weithin als selbstverständlich vorausgesetzt. Beide Termini bedürfen jedoch wegen ihrer Abstraktheit der inhaltlichen Bestimmung. Diese knüpft zwingend an die jeweilige (begriffs-) historische Entwicklung an. 1

I. Historische Einordnung des „Staates"

Der Begriff des *Staates* ist heute so gebräuchlich, dass seine Ursprünge regelmäßig nicht mehr hinterfragt werden. Dabei wird oftmals übersehen, dass er weder so althergebracht noch so eindeutig ist, wie dies bei oberflächlicher Betrachtung den Anschein haben mag. 2

Etymologisch ist das deutsche Wort „Staat" im 15. Jahrhundert entstanden. Begriffe mit vergleichbarem oder identischem Inhalt bildeten sich seit dem Beginn der Neuzeit außerdem in Frankreich (*état*) und in Spanien (*estado*) sowie im anglo-amerikanischen Sprachraum (*state*). Ihren gemeinsamen Ursprung haben diese Wörter im lateinischen *status*, das in seiner ursprünglichen Form aber nichts anderes bedeutete als *Zustand* (möglicherweise noch *Verfassung* → Rdn. 2/8 ff.) und im Mittelalter zudem gebräuchlich war zur Bezeichnung eines bestimmten (Rechts-) *Standes* (→ Rdn. 2/58) oder im Verständnis als „ständisches gutes altes Recht" (→ Rdn. 2/26 ff.). Ähnliche germanische Worte, etwa das gotische *status* oder das altsächsische *stedi* lassen sich nicht als Vorläufer des Staatsbegriffs deuten. Beide Worte haben allein den Sinngehalt von „Stätte" in der Bedeutung von „Ort".

Die Römer bezeichneten ihr Gemeinwesen nicht als *status*, sondern konkret als *populus romanus* oder abstrakt als *res publica*. In vielen Sprachen (z. B. im Französischen *état*, das allerdings in der Wortbedeutung von „Staat" mit großem É geschrieben wird, oder im Englischen *state*) – nicht aber im Deutschen – steht immer noch dasselbe Wort für Staat und Zustand und es lässt sich regelmäßig nur aus dem jeweiligen Sinnzusammenhang die einschlägige Bedeutung nachweisen. Das Wort *Staat* löste sich von seiner lateinischen Ursprungsform seit der Mitte des 16. Jahrhunderts und wurde in der Folgezeit zur Kennzeichnung der neu entstandenen Gemeinwesen in Europa verwandt. Als begriffsprägend erwies sich der italienische Politiker und Schriftsteller *Niccolò Machiavelli* (1469–1527). Er nahm die ersten oberitalienischen Fürstenstaaten zu Beginn des 16. Jahrhunderts zur Anschauung, die sich in etlichen Aspekten fundamental von den vorangegangenen Gemeinwesen unterschieden, und sprach erstmals in seinem Buch *Il Principe* (Der Fürst) in einem wegweisenden Sinn von *„Lo stato"*.

3 Angesichts der recht kurzen Wortgeschichte des Begriffes Staat stellt sich die Frage, ob es erlaubt ist, auch im Hinblick auf die bis zum Ende des Spätmittelalters (etwa 1500) bestehenden Gemeinwesen die Bezeichnung „Staat" zu verwenden. Nach der *Theorie vom geschichtlich-konkreten Staatstypus der Neuzeit* (*moderner Staatsbegriff*) ist die Staatlichkeit „kein allgemeiner, für alle Zeiten und Völker gültiger Begriff, sondern eine zeitgebundene, konkret-geschichtliche Erscheinung" (*C. Schmitt*, Nomos, S. 97). Die in der Antike und im Mittelalter existierenden Gemeinwesen waren danach keine Staaten im modernen Sinn, sondern ihrem Wesen nach gänzlich anders geartete Herrschaftsverhältnisse. So wird behauptet, „dass der Moderne Staat etwas ganz anderes ist als das Reich des Mittelalters und erst recht etwas ganz anderes als die entsprechenden Bildungen der Antike" (*H. Krüger*, AStL, S. 3).

4 Demgegenüber ist es nach der *Theorie vom Staat als Herrschaftsverhältnis* (*klassischer Staatsbegriff*) nicht gerechtfertigt, die Bezeichnung *Staat* den in Staatsform organisierten Gemeinwesen der Neuzeit vorzubehalten. Der Begriff des Staates ist danach – ungeachtet seiner spezifisch neuzeitlichen Prägung – nicht zeitgebunden. Er bezeichnet in seinem klassischen Sinn schlicht eine *Herrschaftsordnung*, durch die sich ein Volk auf einem bestimmten Gebiet zur Wahrung und Durchsetzung gemeinsamer Zwecke und Interessen einer Hoheitsgewalt unterwirft bzw. eine Herrschaftsordnung errichtet. Staat ist danach nicht mehr als ein Oberbegriff für unterschiedliche Herrschaftsordnungen im Laufe der Menschheitsgeschichte, die sich zwar in einer Vielzahl von Merkmalen unterscheiden, aber zugleich entwicklungsgeschichtlich aufeinander aufbauen. In diesem Verständnis ist der klassische Staatsbegriff gleichbedeutend mit einem Herrschaftsverband, unabhängig vom Wechsel der jeweils den Verband prägenden Eigenarten.

5 Mit der begrifflich-historischen Fixierung des Staates wird auch der Untersuchungsgegenstand der Allgemeinen Staatslehre einge-

grenzt. Es wäre aber geradezu willkürlich und ahistorisch, verstünde man das Gemeinwesen, das wir heute Staat nennen, als eine allein neuzeitliche Errungenschaft. Herrschaftsverhältnisse in Bezug auf Personen und Territorien existierten nämlich schon in den Jahrtausenden davor. Den Staat der Neuzeit, den *modernen Staat*, zeichnen allerdings etliche Besonderheiten aus. Aber auch er ist nur ein Idealtypus, die spezifische Ausgestaltung eines Herrschaftsverbandes, der in seiner territorialen Radizierung und der Beanspruchung des gebietsbezogenen Gewaltmonopols mit dem Beginn der Neuzeit im 16. Jahrhundert einsetzte (→ Rdn. 2/62 ff.). Der moderne Verfassungsstaat (→ Rdn. 5/1 ff.) hat diesen neuzeitlichen Staat zur Grundlage, hat ihn aber auch auf der verfassungsrechtlichen Ebene weiterentwickelt (z. B. Grund- und Menschenrechte, Demokratieprinzip) und ihm sein heutiges Gepräge verliehen.

Man sollte deshalb zwischen dem *Staat im engen Sinn*, dem neu- 6
zeitlichen (modernen) Staat, und dem *Staat im weiten Sinn* unterscheiden. Der Staat im weiten Sinn zeichnet sich dadurch aus, dass er ebenfalls ein Herrschaftsverhältnis bzw. einen Herrschaftsverband bezeichnet, sich die Merkmale dieses Herrschaftsverhältnisses aber in vielfältiger Weise vom Idealtypus des Staates im engen Sinn unterscheiden.

Die Allgemeine Staatslehre hat sich ungeachtet dieses Streits vor- 7
rangig mit dem Staat i. e. S. zu befassen: Prägend für das heutige Begriffsverständnis und deshalb unverzichtbar für die Darstellung einer Staatstheorie des 21. Jahrhunderts ist der Staat der Neuzeit. Der Staat i. w. S. ist aber dann noch bedeutsam, wenn es darum geht, z. B. die Schriften der antiken Staatsdenker (u. a. *Platon*, *Aristoteles*) auf ihre inhaltliche Relevanz für unser heutiges Staatsverständnis zu befragen.

II. Historische Einordnung der „Verfassung"

Eine ähnliche und eng mit der Bestimmung des Staatsbegriffs ver- 8
bundene Problematik stellt sich im Zusammenhang mit dem Begriff der *Verfassung*, der mit dem älteren Begriff der *Konstitution* weitgehend *synonym* verwendet wird. Unser heutiger Begriff von Verfassung ist stark geprägt durch den Bezug zum Staat. Verfassung in diesem Sinn meint eine *Staatsverfassung*, d. h. die rechtliche Grundordnung eines Staates. Ausgehend von der Prämisse, dass es Staaten im engen Sinn erst seit Beginn der Neuzeit gibt, liegt es

nahe, auch die Frage nach der historischen Entwicklung des Verfassungsrechts (Verfassungsgeschichte) erst mit dem Beginn der Neuzeit zu verbinden. Dies führt zwangsläufig zu einer Beschränkung der Verfassungsgeschichte auf die Zeit etwa seit dem Beginn des 16. Jahrhunderts.

9 Eine weitere zeitliche Beschränkung der Verfassungsgeschichte kann daraus resultieren, dass man unter den Begriff der Verfassung nur solche Ausprägungen staatsrechtlicher Grundordnungen fasst, die im Rahmen der Allgemeinen Staatslehre als moderner Verfassungsstaat westlicher Prägung (→ Rdn. 5/17; 5/110 ff.; 5/134 ff.) bezeichnet werden. Daraus folgt dann eine Einengung der relevanten Entwicklungszeit auf etwas mehr als zwei Jahrhunderte. Dies lässt sich damit begründen, dass erst mit den amerikanischen Verfassungen (seit 1776 als Teilverfassungen in Form der *Bills of Rights*, später auch unter Einschluss staatsorganisationsrechtlicher Regelungen; 1787 als Verfassung der Vereinigten Staaten) und der französischen Verfassung (1791) dieser Begriff eine gänzlich neue inhaltliche Ausrichtung erhalten hat, nämlich als schriftliche Kodifikation der rechtlich-politischen Gesamtordnung eines Staates unter Gewährleistung bestimmter, konstitutiver Grundprinzipien, z. B. Demokratie und Menschenrechte.

10 Im Zusammenhang mit der Allgemeinen Staatslehre ist dieser Ansatz allerdings zu eng. Zum einen muss sich diese aufgrund ihres Erkenntnisinteresses generell mit der Entwicklung politischer Herrschaftsverbände befassen, wenn sie das vielfältige Phänomen des Staates in einem umfassenden Sinn verstehen will. Daher ist eine Darstellung – ausgehend vom Begriff des Staates i. e. S. – auch vor-staatlicher Herrschaftsverhältnisse in ihren Grundzügen unumgänglich. Zum anderen ist der enge Begriff der Verfassungsgeschichte ungenügend, da der Verfassungsbegriff heute nicht mehr allein im Sinne einer Staatsverfassung verwendet wird. Vielmehr wird auch den rechtlichen Grundordnungen zwischenstaatlicher Organisationen, etwa der Europäischen Union (EU) und der Vereinten Nationen, Verfassungscharakter attestiert. Die völkerrechtlichen Gründungsverträge gelten als Verfassung der jeweiligen Organisation nicht zuletzt auch deshalb, weil etliche für Staatsverfassungen typische Regelungsgegenstände (z. B. Friedenssicherung im Rahmen der UNO), Organisationsprinzipien (z. B. Gewaltenteilung, zumindest eingeschränkte Normierung von Rechtsetzungs- und Gerichtskompetenz in der EU) und Gewährleistungen von Individualrechten (wirtschaftliche Grundfreiheiten in der EU, Menschenrechte im Europarat) in diesen Verträgen ebenfalls ihren Platz gefunden haben. Außerdem werden der Völkerrechtsordnung heute einzelne Konstitutionsmerkmale zugeschrieben

(→ Rdn. 7/32 ff.). Damit steht auch der Verfassungsbegriff im Spannungsfeld von retrospektivem und perspektivischem Denken (→ Rdn. 1/25 f.).

Derartige Entwicklungen sind im verfassungshistorischen Kontext nur zu erfassen, wenn man den Begriff der Verfassung nicht zwingend mit dem Begriff des modernen Staates verbindet. Verfassung lässt sich deshalb höchst abstrakt als „rechtliche Grundordnung des Gemeinwesens" (*K. Hesse*, Grundzüge, Rdn. 17) definieren. Gemeinwesen in diesem Sinn sind sowohl die eigentlich vorstaatlichen Herrschaftsverhältnisse der Antike und des Mittelalters als auch die überstaatlichen Gemeinwesen, die heute dem internationalen Bereich zugeordnet werden. 11

Der enge Zusammenhang von Staat und Verfassung ist in der historischen Dimension gesehen ebenso wie sämtliche Organisationsformen des Gemeinwesens zuvor wohl nur eine Übergangserscheinung zu anderen, größeren Strukturen von Herrschaftsverhältnissen. Auch diese Herrschaftsverhältnisse bedürfen einer rechtlichen Grundordnung, einer „Verfassung".

Der Allgemeinen Staatslehre ist deshalb ein *normativer Verfassungsbegriff* zugrunde zu legen. Entscheidend ist allein das Bestehen einer rechtlichen Grundordnung, mithin einer Ordnung, die bezogen auf die wesentlichen Grundentscheidungen sagt, was *gesollt* ist (zur Unterscheidung von Seins- und Sollensordnung → Rdn. 3/7 ff.). Ausgeschlossen aus der Betrachtung sind damit nur jene Herrschaftsstrukturen, die ihren Grund nicht im Recht, sondern in der bloßen faktischen Machtausübung finden. Jedoch kann auch eine faktische Machtausübung im Laufe der Zeit mit dem Anspruch auf rechtliche Geltung auftreten und von den Herrschaftsunterworfenen im Hinblick auf ihre Erscheinungsformen als Recht anerkannt werden. Der Begriff der Verfassung ist daher insbesondere nicht beschränkt auf die geschriebene Verfassung. Eine Verfassung im Rechtssinn kann ihren Geltungsgrund auch im überlieferten Gewohnheitsrecht bzw. im „guten alten Recht" finden. Dies ist gerade für die Erkenntnis der mittelalterlichen Verfassung von großer Bedeutung (→ Rdn. 2/24 ff.). 12

B. Herrschaftsordnung in vorstaatlichen Gemeinwesen

13 Mit der Diskussion über den modernen und den klassischen Staatsbegriff (→ Rdn. 2/3 f.) ist die Frage verbunden, welche Merkmale den Staat der Neuzeit in idealtypischer Sicht im Vergleich mit den Herrschaftsverhältnissen der Antike und des Mittelalters derartig prägen, dass ihm von den Vertretern des modernen Staatsbegriffs Ausschließlichkeitscharakter zugestanden wird. Rechtlich organisierte Herrschaft ist keine Erfindung der Neuzeit. Vielmehr kannten auch Altertum und Mittelalter Herrschaftsverhältnisse. Diese waren nicht nur für das Zusammenleben der Menschen in der damaligen Zeit, sondern auch für die Entstehung des modernen Staates von großer Bedeutung. Dies gilt – aus europäischer Sicht – insbesondere für die griechische Polis, das Römische Reich und die Herrschaftsordnung des Mittelalters.

I. Vorbemerkung: Staatsentstehungstheorien

13a Die Beantwortung der Frage, wie die ersten Staaten bzw. (allgemeiner) die ersten Herrschaftsverbände tatsächlich entstanden sein könnten, ist keiner monokausalen Antwort zugänglich. Ungeachtet der empirisch nicht möglichen Verifizierung der Erklärungsansätze sind in der Wissenschaft zahlreiche Theorien zu dieser Frage entwickelt worden, die zwar jeweils nicht den Anspruch der umfassenden Richtigkeit und Alternativlosigkeit erheben können, in ihrer Gesamtheit jedoch gerade vor dem Hintergrund der verschiedenen Zwecke von Herrschaft und Staat einen Eindruck von der Vielfalt möglicher und letztlich in unterschiedlichen historisch-kulturellen Entwicklungsstufen auch wahrscheinlicher Entstehungsmodelle – wenn auch in idealtypischer Form – vermitteln.

13b Nach der *Patriarchaltheorie* (Patriarch, griech. für „Erzvater") sind die Herrschaftsverbände ursprünglich aus Familien und Familienverbänden (Sippen) entstanden. An der Spitze dieser Gruppen stand regelmäßig ein männliches Familien- oder Stammesoberhaupt, bei dem die zentralen Befehlsbefugnisse angesiedelt waren. Die Gruppe nahm vor allem eine Schutzfunktion für ihre Angehörigen gegen von außen drohende Gefahren wahr. Daneben oblag ihr aber auch regelmäßig die Fürsorge für ihre Angehörigen im Falle der persönlichen Bedürftigkeit.

Die zunächst auf einer verwandtschaftlichen Beziehung basierenden Personalverbände haben sich dabei oftmals durch den Zusammenschluss mit anderen Gruppen über die Sippengrenzen hinaus entwickelt und Stämme sowie Stammesverbände gebildet. Die Gründe für die Führerschaft eines Patriarchen in einer solchen Gruppe waren durchaus unterschiedlich und umfassten neben herausragenden persönlichen Fähigkeiten (z. B. in der kriegerischen Auseinandersetzung) auch die besondere Stellung in der durch Abstammung geprägten Familienhierarchie. Beispiele für derartige Entwicklungen finden sich heute noch in den Sozialstrukturen von Naturvölkern.

Für die *Patrimonialtheorie* (Patrimonium, lat. für „väterliches Erb- **13c**
gut") ist das Entstehen von Herrschaftsgewalt und die Ausbildung von Herrschaftsordnungen untrennbar verbunden mit der Eigentumsordnung an Grund und Boden. Aus dem privaten Eigentum des Landesherrn am Territorium soll sich danach auch die staatliche Herrschaftsmacht (Staatsgewalt) ergeben haben. Die Eigentumsordnung war nach dieser Ansicht die Grundlage der daraus erwachsenden Staatsordnung.

Die *Patrimonialtheorie* findet ihr Anschauungsmaterial im mittelalterlichen Feudalsystem, das durch eine ausdifferenzierte Lehensordnung geprägt war (→ Rdn. 2/30 ff.). Aus dieser Ordnung heraus bildete sich dann unter Schwächung des Reiches die Territorialhoheit der Landesfürsten (Landeshoheit) mit einer eigenen Staatlichkeit (→ Rdn. 2/79 ff.). Diese Theorie sieht sich allerdings dem berechtigten Einwand ausgesetzt, dass die Entwicklung zur Landeshoheit sehr viel komplexere Ursachen hatte und sich nicht monokausal aus der Eigentums- und Besitzordnung des Spätmittelalters erklären lässt.

Die *Vertragstheorien* sehen dagegen den rechtlich verbindlichen **13d**
Konsens der Beteiligten oder auch nur der künftig Unterworfenen als Grund von Herrschaftsverhältnissen an.

Beispiele finden sich schon bei den Germanen, die den Stammeskönig aus einem bestimmten Geschlecht wählten. Auch die Wahlkapitulationen, die in Wahlmonarchien zwischen den Wählenden und dem Gewählten vor der Königswahl geschlossen wurden (→ Rdn. 2/84), legen den Gedanken einer vertraglichen Begründung von Herrschaftsverhältnissen nahe. Die Vertragstheorie weist eine deutliche Nähe zu den individualistischen Staatszwecklehren auf.

Regelmäßig gründet die Annahme eines Vertrages jedoch in einer bloßen Fiktion, wie sie z. B. in dem von *Thomas Hobbes* ersonnenen

Herrschafts- und Unterwerfungsvertrag (→ Rdn. 4/56) ihren Ausdruck findet.

13e Die in verschiedenen Varianten vertretenen *Machttheorien* gehen davon aus, dass die Bildung politischer Gemeinwesen einen wesentlichen Grund in dem Faktum der Machtposition hatte. Sie unterscheiden sich im Wesentlichen bei der Frage, worin diese Machtposition besteht, ob sie nämlich militärisch-kriegerischen, priesterlichen oder wirtschaftlichen Ursprung hat, und zu welchem Zweck sie ausgeübt wird.

Unterschieden wird im Übrigen zwischen der *endogenen* Herrschaftsbegründung, bei der sich innerhalb eines Stammesverbandes eine bestimmte Gruppe, etwa eine Familie, aus diesem Verband die Macht sichert, und der *exogenen* Herrschaftsbegründung, bei der fremde Eroberer eine ortsansässige Bevölkerung unterwerfen und sich selbst als herrschende Schicht installieren (*Eroberungstheorie*).

13f Alle diese Theorien sind für sich genommen nicht in der Lage, ein schlüssiges Modell für die Herrschaftsbegründung bzw. Staatsentstehung zu liefern. Das liegt zum einen daran, dass der Betrachtungsgegenstand zu unterschiedlich ist. Der Begriff des Staates ist gerade in der historischen Dimension so vielgestaltig (→ Rdn. 2/2 ff.), dass es ein einheitliches Erklärungsmodell nicht geben kann. Der moderne Territorialstaat (Staat i. e. S.) hat im Spätmittelalter gänzlich andere Entstehungsvoraussetzungen vorgefunden, auf deren tatsächlichem, rechtlichem und philosophischem Fundament er sich dann weiterentwickeln konnte, als die vorstaatlichen Gemeinwesen (Staat i. w. S.) im antiken Griechenland oder in der Römischen Republik. Zum anderen kann man den Organisationsgrad einzelner Gemeinwesen und ihre Herrschaftsstrukturen durchaus als primitiv bezeichnen (z. B. der Germanen), so dass sich schon allein deshalb ein Vergleich verbietet.

13g Die verschiedenen Modelle besitzen darüber hinaus aber durchaus Erkenntniswert für den Zusammenhang von Herrschaftsentstehung und Herrschaftslegitimation. So findet man vor dem Hintergrund der Legitimationsdifferenzierung von *Max Weber* (→ Rdn. 4/10 ff.) in der *Patriarchaltheorie* sowohl Belege für eine charismatische als auch für eine traditionale Legitimation. Die *Patrimonialtheorie* enthält sowohl rationale als auch traditionale Elemente. Offensichtlich ist zudem, dass den Vertragstheorien eine rationale Legitimation von Herrschaftsgewalt zugrunde liegt.

II. Griechische Polis

14 Ein Gemeinwesen, das zumindest in Teilaspekten unserer heutigen Vorstellung vom Staat nahe kommt, war die griechische *Polis*. Das Wort Polis bezeichnete zunächst eine Burg, später auch die Siedlung um eine höher gelegene Burg und schließlich den *Stadtstaat*, d. h. einen Staat i. w. S. mit einer einzigen Stadt als Mittelpunkt. Davon leitet sich u. a. die Bezeichnung *Akropolis* (Burgberg) ab.

15 Ursprünglich lebten die Griechen in Stammesverbänden (*Ethnos*). Ihre Siedlungen bestanden aus offenen Dörfern. Diese Dörfer boten den örtlichen Führern und ihren Familien aber nicht die nötige Sicherheit vor Übergriffen. Die Adligen einer Region verließen deshalb zwischen dem 7. und dem 5. Jahrhundert v. Chr. ihre verstreuten Orte und siedelten gemeinsam an einem günstigen Platz. Aus dieser Siedlung entstand die griechische Stadt, die Polis. Die meisten Städte wurden in der Nähe von Königsburgen gegründet. Mit der Zeit wurden sie zu Zentren des Handels und des Handwerks. Die jeweilige Polis umfasste neben der Stadt als Mittelpunkt noch die dazugehörigen Dörfer, in denen die Adligen ihre Landgüter besaßen, die von abhängigen Bauern und Sklaven bebaut wurden. Man kann im Hinblick auf die räumliche Ausdehnung und die Bevölkerungszahl allenfalls von „Kleinst- oder Mikrostaaten“ sprechen. Nur Sparta und Athen waren größer als die übrigen Stadtstaaten, die allenfalls wenige tausend Bürger zählten.

16 In den 600 bis 700 Poleis organisierte sich die politische und religiöse Gemeinschaft ihrer Bürger, der *Politen*. Zur Polis gehörte nicht jeder, der in ihrem Gebiet ansässig war. Vielmehr hatte sie einen personalen Charakter, der auch in der Bezeichnung ihrer Bürger (z. B. Athener, Korinther) zum Ausdruck kam und die Charakterisierung als *Personenverbandsstaat* rechtfertigt. Das von der Polis umfasste Territorium hatte – verglichen mit dem heutigen Verständnis von Staatsgebiet (→ Rdn. 3/44) – noch keine rechtliche Bedeutung. Ansässige Fremde (*Metöken*) und Unfreie (*Sklaven*) gehörten nicht zu den Politen, obwohl sie zahlenmäßig häufig die Mehrheit bildeten. Dasselbe galt für die Frauen. Die Gesamtheit der Bürger bezeichnete man als *Politeia* i. S. v. „Bürgerschaft“. Außerdem bedeutete Politeia die Anteilnahme des einzelnen Bürgers an der Polis, also das *Bürgerrecht*, das man durch Abstammung besaß oder durch einen Verleihungsakt erhielt. Oftmals wurde auch die rechtmäßige Ordnung Politeia genannt.

17 Die Blütezeit der Polis währte vom 6. bis zum 4. Jahrhundert v. Chr. Das Modell der Polis war noch in der nachfolgenden hellenistischen Epoche Vor-

bild für die kommunale Verfassung der vielen neuen griechischen Siedlungen in Asien. Als Idee wirkte die Polis vor allem durch die Staatslehren von *Platon* und *Aristoteles* über die Jahrtausende fort. So bezeichnete *Aristoteles* die „gute Demokratie" als *Politeia*. Ebenso nannte auch *Platon* seine Schrift über den Idealstaat.

18 Zur Politeia in der dritten Bedeutungsvariante (rechtmäßige Ordnung) heißt es bei *Aristoteles*: „Denn Politeia ist die Ordnung des Staates (Polis) hinsichtlich der Fragen, wie die Regierung aufgeteilt ist, welche Instanz über die Verfassung entscheidet und was das Ziel jeder einzelnen Gemeinschaft bildet. Die Gesetze sind aber getrennt von den Vorschriften, die die Verfassung charakterisieren, und geben die Richtlinien, nach denen die Regierenden zu regieren und die Übertretungen abzuwehren haben" (Politik IV, zitiert nach *Mohnhaupt/Grimm*, Verfassung, S. 7). Der hier verwendete Politeia-Begriff wird häufig mit Verfassung übersetzt. Dies begegnet jedenfalls dann keinen Bedenken, wenn man von einem unspezifischen, nicht notwendig die rechtliche Grundordnung eines Gemeinwesens betreffenden Verständnis ausgeht. Auf der Grundlage dieses Politeia-Begriffs diskutierte *Aristoteles* dann die verschiedenen Staatsformen (→ Rdn. 5/3 ff.).

19 Das politische Leben in der Polis war nach innen auf die Aufrechterhaltung ihrer Ordnung gerichtet. Nach außen verfocht die Polis ihre Freiheit, vor allem das Recht, sich ihre Verfassung selbst zu geben (Autonomie). Außerdem bemühte sie sich um wirtschaftliche Unabhängigkeit (Autarkie). Erweiterungen der Polis durch Einbeziehung der Bürgerschaft einer anderen Polis kamen nur selten vor.

20 Die Politen kamen regelmäßig in der Volksversammlung (*Ekklesia*) zusammen, konnten in den Rat (*Bule*) gewählt oder durch Los aufgenommen werden. Mitglieder des Rates oder gewählte oder erloste Amtsträger leisteten ihre Arbeit ehrenamtlich meist für die Dauer eines Jahres. Alle wichtigen politischen Fragen entschied die Volksversammlung. Ihr stand auch die Gesetzgebung zu. Außer den beschlossenen und aufgezeichneten Gesetzen war auch der „geheiligte Brauch" (*Nomos*) für die Bürger verbindlich.

III. Römisches Reich

21 Mit dem Begriff Römisches Reich (*Imperium Romanum*) wurden die Gebiete gekennzeichnet, die sich unter der Befehlsgewalt des rö-

mischen Volkes befanden, d. h. über die Rom Herrschaftsgewalt ausübte. Die einzelnen Gebiete waren aber keineswegs durch einen einheitlichen rechtlichen Status geeint. Ein abstrakter Staatsbegriff, durch den das Gemeinwesen eine von den Herrschaftsunterworfenen unabhängige Rechtspersönlichkeit erlangt, war den Römern fremd. Die Bezeichnung als *res publica* (Gemeinwesen) verdeutlichte ursprünglich nicht mehr, als dass es sich bei einer bestimmten Angelegenheit um eine solche der Gesamtheit der Bürger (Bürgergemeinde, *populus romanus*) handelte.

Wie schon die Griechen so verfügten auch die Römer über keine 22
geschriebene Verfassung. Zu den ungeschriebenen Rechtsregeln (Gewohnheitsrecht), denen eine gewisse Verfassungsfunktion zukam, gehörte vor allem der „Brauch der Vorfahren“ (*mos maiorum*). Aus ihm ergaben sich insbesondere Regeln über die Zuständigkeiten der Staatsorgane oder die Ämterordnung. Auch der Begriff *constitutio* ist nicht ohne weiteres als Verfassung zu übersetzen. Während der römischen Kaiserzeit (ab 30 v. Chr.) verstanden die Rechtsgelehrten unter *constitutiones* alle vom Kaiser erlassenen Rechtsregeln. Nur *Cicero* (106–43 v. Chr.) scheint mit *status rei publicae* bzw. *constitutio rei publicae* etwas Verfassungsartiges zu meinen, geht es ihm in diesem Zusammenhang doch um den Idealstaat (*optimus status rei publicae*).

IV. Mittelalter

Für das Verständnis der Grundlagen des modernen Staates ist es 23
aufschlussreich, wenn man sich vor Augen führt, welche Rolle das Recht im *Mittelalter* spielte, auf welche Weise die Rechtsfindung und Rechtsdurchsetzung erfolgte und wie die Herrschaftsverhältnisse rechtlich ausgestaltet waren. Erst vor diesem Hintergrund wird der grundlegende Wandel deutlich, der mit der in der frühen Neuzeit einsetzenden Ausbildung des modernen Staates und seiner prägenden Eigenschaften verbunden war. Um den grundlegenden Unterschieden zwischen den Rechts- und Gestaltungsformen der Neuzeit („institutionalisierter“ bzw. „monistischer Flächenstaat“) und des Mittelalters hinreichend Rechnung zu tragen, ist es mittlerweile üblich, für das Mittelalter von einem *Personenverbandsstaat* (erstmals *Th. Mayer*, Grundlagen, 1964) zu sprechen.

1. Mittelalterliche Rechtsstrukturen

24 Eine staatliche Gesetzgebung, wie sie im modernen Verfassungsstaat als primäre Rechtsquelle fungiert, war den mittelalterlichen Gemeinwesen noch weithin unbekannt. Auch der Begriff der *mittelalterlichen Verfassung*, der den Eindruck erweckt, dass fundamentale Rechtsregeln existierten, die man als „Verfassung" bezeichnen kann, ist – legt man einen staatsbezogenen Verfassungsbegriff zugrunde – zumindest missverständlich; insoweit ist auf den historischen Verfassungsbegriff (→ Rdn. 2/8 ff.) abzustellen. Denn die Entstehung von Recht und das, was man unter Recht verstand, wich im Mittelalter erheblich von unserem heutigen Verständnis ab.

25 **a) Personenverbandsrecht.** Welcher Rechtsordnung der Einzelne unterworfen war, war nicht in erster Linie eine Frage des Territoriums, auf dem er sich aufhielt, sondern seiner Zugehörigkeit zu einem bestimmten, rechtlich geordneten *Personenverband* (ständisches Recht). Solche Personenverbände waren regelmäßig berufsständisch organisiert (z. B. als Handwerkerzünfte oder Kaufmannsgilden), konnten aber auch für gewisse Personengruppen (z. B. Gesinde, abhängige Bauern, Kleriker) über die Zugehörigkeit zu einer Grundherrschaft begründet sein. Man spricht insoweit von einzelnen *Rechtskreisen*, die sich keineswegs wechselseitig ausschlossen, sondern mannigfaltige Überschneidungen aufweisen konnten. Von einer einheitlichen, möglichst widerspruchsfrei aufgebauten Rechtsordnung im modernen Sinn waren diese Personenverbände noch weit entfernt. Das Recht wies vielmehr eine Vielzahl von Regelungslücken auf. Es bestand eine „Verschachtelung von kleineren Rechtsgemeinschaften mit Teilkompetenzen" (*O. Sprandel*, zitiert nach *U. Eisenhardt*, Dt. Rechtsgeschichte, Rdn. 139).

26 **b) Das „gute alte Recht" (Gewohnheitsrecht).** Als Rechtsquelle im modernen Staat gilt uns heute das *gesetzte Recht* als selbstverständlich: Recht wird – in Form von Gesetzen – von den dazu nach einer Kompetenzordnung zuständigen Stellen, in der Regel dem Parlament, in einem bestimmten Verfahren „gesetzt". Das mittelalterliche Recht kannte weder eine umfassende Kompetenzordnung zur „Setzung" von Recht noch war die Rechtsetzung besonders ausgeprägt. Recht wurde zudem in der Regel nicht durch menschliches Handeln *geschaffen*, sondern *gefunden* (*U. Eisenhardt*, Dt. Rechtsgeschichte, Rdn. 143). Man spricht deshalb – zur Verdeutlichung des

Unterschieds zum modernen Rechtsetzungsstaat – von dem mittelalterlichen Rechtsbewahrungsstaat (→ Rdn. 2/36 ff.).

Eine Rechtsquellenlehre im heutigen Sinn war dem Mittelalter fremd. Allgemein akzeptiert wurde das sog. *gute alte Recht.* Damit war in der Regel das Gewohnheitsrecht gemeint. Die „Gewohnheit" als ein rein tatsächliches und gleichförmiges Handeln über einen gewissen Zeitraum wurde mit der Zeit als Recht anerkannt, ohne dass es auf den Nachweis einer damit einhergehenden „Rechtsüberzeugung" ankam (vgl. *U. Eisenhardt*, Dt. Rechtsgeschichte, Rdn. 141). 27

In unserem heutigen Verständnis bedarf die Entstehung von Gewohnheitsrecht neben einem tatsächlichen gleichförmigen Handeln noch der allgemeinen Überzeugung der Rechtssubjekte, dass dieses Handeln rechtlich geboten ist. Diese Unterscheidung kannte das Mittelalter noch nicht, wie überhaupt das generelle Verständnis von „Recht" strukturell gänzlich anders war. Der Rechtsbegriff des Mittelalters unterscheidet sich deutlich vom klassischen römischen (*ius*) und unserem heutigen Rechtsbegriff. Der Grund dafür liegt zum einen im Fehlen einer zentralen (staatlichen) Rechtsetzungsmacht, so dass eine Vielzahl unterschiedlicher Handlungsinstrumente zu einer sehr starken Ausdifferenzierung der rechtlichen Regeln für die politische Ordnung führte (u. a. Ausgestaltung durch Verträge, z. B. das Wormser Konkordat → Rdn. 2/48 ff.). Zum anderen war die Vorstellung vom *guten alten Recht* – jedenfalls in den zwischenmenschlichen Rechtsbeziehungen ohne machtpolitische Ordnungszwecke – oftmals nicht die von einem generell geltenden Rechtssatz (Normativität des Rechts), sondern beschränkt allein auf einzelne Rechtsbeziehungen. Auch bei dem, was man unter mittelalterlichem Gewohnheitsrecht versteht, dürfte es sich regelmäßig eher um eine *Rechtsgewohnheit* gehandelt haben als um einen allgemein und verbindlich anerkannten Rechtssatz. Das änderte sich dann im Hoch- und Spätmittelalter, als sich die Vorstellung durchsetzte, „dass das Recht von Gott kommt [...] und gut und alt ist und daher nicht geschaffen, sondern nur nach eventueller Verdunkelung wiederhergestellt werden kann. Andererseits wird aber auch schon seit dem 12. Jahrhundert unter Rückbesinnung auf die antiken Herrscher Recht stärker als zuvor bewusst gesetzt" (*G. Köbler,* Dt. Rechtsgeschichte, S. 109). 28

Geschriebenes Recht hatte neben dem Gewohnheitsrecht einen nur untergeordneten Stellenwert, wenn seine Bedeutung auch ab dem 13. Jahrhundert stetig zunahm. 29

Dies gilt umso mehr, als auch das geschriebene Recht nach damaliger Vorstellung vorrangig dazu diente, in Worte zu fassen, was ohnehin Recht war. Das Aufschreiben des geltenden Gewohnheitsrechts hatte also nur die Funktion, die Rechtsfindung, also die Ermittlung des Rechts im Einzelfall, zu verbessern. Damit wurden gleichzeitig etwaige Unsicherheiten über das, was denn nun „Recht" sei, so weit wie möglich beseitigt.

Das (auf)geschriebene Recht wurde als *Weistum* bezeichnet. Es bildete eine „Mitteilung über bestehende Rechtsverhältnisse durch eine dazu bestimmte Person oder Personengruppe auf eine erfolgte Anfrage hin" (*T. Bühler*), eine *Rechtsweisung* (vgl. *U. Eisenhardt*, Dt. Rechtsgeschichte, Rdn. 143).

30 **c) Lehnswesen.** Geprägt wurde die mittelalterliche Rechtsordnung im Heiligen Römischen Reich (aber z. B. auch in Frankreich und England) durch das *Lehnswesen*. Teilweise ist auch von einer „Lehnsverfassung" die Rede (*U. Eisenhardt*, Dt. Rechtsgeschichte, Rdn. 22 ff.), da das Lehnswesen die Rechts- und Gesellschaftsordnung maßgeblich bestimmte. Will man den Begriff des Staates überhaupt auf das Mittelalter anwenden, so lässt sich dieser am besten charakterisieren als *Personenverbandsstaat* in Form eines *Lehnsstaates*. Mit dem Begriff Lehnswesen bezeichnet man die auf dem Lehnsverhältnis beruhende Rechtsordnung, die eine fränkisch-westeuropäische Sonderform des Feudalismus darstellte. Der König war in dieser Ordnung der oberste Lehnsherr, der das Lehen (*feudum, beneficium*) durch einen feierlichen Akt (*Investitur*) an den Lehnsnehmer vergab. Die Befugnis des Königs, Lehen zu vergeben, war Ausdruck seiner Herrschaftsgewalt; er wurde hingegen nicht als (Ober-) Eigentümer des Reichsgutes angesehen.

31 Die förmliche Belehnung, bei welcher der Lehnsnehmer (*Vasall*) einen feierlichen Schwur (Lehnseid) zu leisten hatte, begründete das Lehnsverhältnis. Aufgrund des Lehnsverhältnisses schuldete der Lehnsnehmer (z. B. ein Bischof oder Graf) dem König Treue, insbesondere Hilfe und Rat (*auxilium et consilium*), wobei die Hilfe regelmäßig in der Unterstützung des Königs bei Kriegen lag (Heerfahrt bzw. Kriegsdienst). *Consilium* bezog sich auf die Pflicht zur Anwesenheit am Königshofe insbesondere zu den Hoftagen (Hoffahrt), um den König zu beraten und an der lehnsherrlichen Gerichtsbarkeit teilzunehmen. Von beiden Pflichten konnten sich die Lehnsnehmer aber durch Geldleistungen befreien. Umgekehrt war der König aus dem Lehnsverhältnis verpflichtet, seinem Vasallen Schutz und Trutz zu garantieren. Seinen grundlegenden Ordnungscharakter für das mittelalterliche Gemeinwesen verdankte das Lehnsverhältnis der Tatsache, dass die Vasallen (Kronvasallen) ihrerseits wieder Gefolgsleute an sich banden, indem sie an diese Untervasallen Teile ihres Lehens weiterverliehen und dadurch auch mit diesen ein wechselbezügliche Schutz- und Treuepflichten begründendes Lehnsverhältnis eingingen. Auf diese Weise entstand durch mehrfach gestufte, hierarchische Lehnsverhältnisse eine Lehnspyramide, die auf gegenseitigen persönlichen Abhängigkeitsverhältnissen beruhte. Wer zur Vergabe und zum Erwerb eines Lehens fähig war, ergab sich aus der *Heerschildordnung*, die sieben unterschiedliche Stufen vorsah.

Gegenstand des Lehnsverhältnisses war zunächst der Grund und Boden, an dem der Lehnsnehmer durch die Belehnung ein Recht auf Besitz und Nutzung erwarb (*beneficium*, dingliche Landleihe). Im Laufe der Zeit wurden aber auch Ämter, Rechte, insbesondere Regalien (nutzbare Hoheitsrechte, z. B. das Münz- oder das Zollregal), und ganze Gebietsherrschaften als Lehen übertragen. 32

Weil das Lehen personengebunden war, erlosch es mit dem Tod des Lehnsgebers (Herrenfall) oder des Lehnsnehmers (Mannfall). Allerdings waren die Reichsfürsten darauf bedacht, dass der König das aufgrund des Todes des Lehnsnehmers an ihn zurückgefallene Lehen (Heimfall) wieder vergab, um einen dauerhaften Machtzuwachs des Königs zu verhindern. So entstand mit der Zeit der Grundsatz des Leihezwangs, wonach der König innerhalb eines bestimmten Zeitraums („binnen Jahr und Tag") das Lehen erneut auszugeben hatte. Später wurde das Lehen dann erblich.

Das Lehnswesen überdauerte im Heiligen Römischen Reich – jedenfalls formal – das Mittelalter. Allerdings verlor es seit dem Spätmittelalter erheblich an Bedeutung. Das Aufstellen von Söldnerheeren machte die Pflicht der Vasallen zum Kriegsdienst weithin überflüssig, so dass das Lehnswesen keine Grundlage mehr bildete für die Heeresverfassung des Reiches. Gleichzeitig hatten die Reichsfürsten durch den Leihezwang und die Vererblichkeit des Lehns ihre rechtliche Stellung gegenüber dem König massiv gefestigt und ausgebaut, wodurch die Entwicklung der Landesherrschaft zur Territorialgewalt (→ Rdn. 2/79 ff.) begünstigt wurde. 33

Während im Heiligen Römischen Reich Deutscher Nation die Zentralgewalt des Königs zugunsten der dezentralen Herrschaftsausübung durch die Landesfürsten zunehmend in den Hintergrund trat, führte die Lehnsordnung in England und Frankreich zu einer Stärkung des Königtums. Endgültig beseitigt wurde die Lehnsordnung in England dann durch die Revolution von 1649 und eine königliche Verordnung von 1660, in Frankreich im Zuge der Revolution von 1789 durch entsprechende Beschlüsse der Nationalversammlung. Auf dem deutschen Territorium mussten die Vasallen seit dem 17. Jahrhundert keine Lehnsdienste mehr erbringen; die Reichslehen wurden aber erst nach dem Untergang des Reiches (1806) auch juristisch allodifiziert, d. h. sie wurden freies (lehnsungebundenes) Eigentum (*Allodium*). 34

2. Ansätze zur Ausbildung (verfassungs-)gesetzlicher Strukturen

Gesetzgebung bedeutet nach heutigem Verständnis die Möglichkeit des Staates, das Verhalten von Menschen durch eine bewusste und gezielte Veränderung der Rechtslage zu beeinflussen. Gesetze sind da- 35 mit ein Instrument zur Steuerung von Lebensabläufen. Man spricht nicht ohne Grund vom modernen Staat auch als einem *Rechtsetzungsstaat*.

36 **a) Von der Rechtsbewahrung zum neuen Recht (nova iura).** Kontrastiert wird dieser Begriff durch den *Rechtsbewahrungsstaat*, welcher die Gemeinwesen des Mittelalters charakterisiert. Hinter diesem Begriff steht die Erkenntnis, dass im Mittelalter eine aktiv-steuernde Rechtsetzung kaum vorkam. Recht spielte vor allem insoweit eine Rolle, als es im konkreten Rechtsstreit darum ging, das *gute alte Recht* aufzufinden und auf den neuen Fall anzuwenden (→ Rdn. 2/26 ff.).

37 Die Entstehung von neuem Recht (*nova iura*) kannte der vorrangig auf Rechtsbewahrung angelegte „Staat des Mittelalters" seit der Stauferzeit (1138–1268), allerdings nur in beschränktem Umfang. Dieses neue Recht wurde regelmäßig vom Kaiser oder den Landesherrn erlassen (z. B. in Form der Landfrieden → Rdn. 2/39 ff.) und enthielt strikte Gebote an die Rechtsunterworfenen. Der Gedanke einer ursprünglichen Gesetzgebungsmacht des Kaisers setzte sich aber erst im späten Mittelalter endgültig durch. Der Grund lag in der nun stärkeren Rezeption des römischen Rechts, so dass insbesondere die aus dem *Corpus iuris civilis* stammenden Rechtssätze „Der Kaiser ist an die Gesetze nicht gebunden" (*princeps legibus solutus est*) und „Was dem Kaiser gefällt, hat Gesetzeskraft" (*quod principi placuit, legis habet vigorem*) zur Legitimation einer Lösung des Kaisers vom guten alten Recht und der Begründung einer eigenständigen Rechtsetzungsbefugnis dienten.

38 Das Kaiserrecht, in dem die im Spätmittelalter allmählich anerkannte Rechtsetzungsbefugnis des Monarchen ihren Ausdruck fand, brachte aber zunächst nur eine beschränkte Rechtserneuerung (*renovatio*) und Rechtsbesserung. Insbesondere Gesetze zur Rechtsbesserung sollten noch vorrangig das alte Recht schützen und allenfalls in Teilbereichen Lücken schließen, um so der Rechtssicherheit bei der gerichtlichen Rechtsfindung zu dienen. Der rechtsbewahrende Charakter stand insoweit noch immer im Vordergrund.

39 **b) Beschränkung des Fehdewesens durch Landfrieden.** In einem verfassungsrechtlichen Sinn bedeutsam war das Kaiserrecht bei der Erklärung der Reichs- und Landfrieden (*constitutiones pacis*). Die Reichs- und Landfrieden bildeten Reaktionen auf die im frühen Mittelalter verbreiteten Privatkriege, die *Fehden*. Das Institut der Fehde

stand zunächst außerhalb der rechtlichen Ordnung und wurde erst im Laufe der Zeit rechtlich eingebunden und reglementiert. Die Fehde diente der Wiederherstellung der verletzten Ehre und darüber hinaus der Durchsetzung der (vermeintlich) verletzten Rechtsordnung.

Im Mittelalter versuchte man zunehmend, die Fehde durch die Wahrung „ritterlicher Formen“ zu begrenzen. Erste Beschränkungen des Fehdewesens enthielten bereits die „Gottesfrieden“ (*pax Dei*), die auf die Reformbewegung von Cluny (→ Rdn. 2/58) seit etwa dem Jahre 1000 zurückgingen. In den Gottesfrieden erklärten die Erzbischöfe in den deutschen Ländern u. a. die Durchführung von Fehden in der Zeit von Mittwochabend bis Montagmorgen für verboten.

Einen umfassenden Schutz des öffentlichen Friedens durch die Be- 40
schränkung der Fehde und jeglicher anderer Form der gewaltsamen Selbsthilfe sollten vor allem die „Landfrieden“ herbeiführen, die zunächst räumlich begrenzt, ab 1103 jedoch auch reichsweit erlassen wurden.

Interessant ist im Hinblick auf die Rechtsquellen des Mittelalters die Frage, wodurch die rechtliche Bindungswirkung der Landfrieden herbeigeführt wurde. König und Landesherrn hielten es offensichtlich nicht für ausreichend, dass sie selbst einen entsprechenden Frieden verkündet hatten. Die Landfrieden mussten, damit sie rechtliche Verbindlichkeit erlangen konnten, beschworen werden. So gesehen handelte es sich um eine Selbstverpflichtung, bei der Gott als Zeuge dafür angerufen wurde, dass der den Eid Leistende es ernst meinte (dazu *Kroeschell/Cordes/Nehlsen-von Stryk*, Dt. Rechtsgeschichte, Bd. 2, S. 167).

Die Landfrieden wurden jeweils für eine bestimmte Zeit errichtet und enthielten entweder ein umfassendes Fehdeverbot oder machten die Ausübung des Fehderechts von bestimmten Voraussetzungen abhängig. Zudem wurden zu ihrer Durchsetzung die Landfriedensgerichte geschaffen.

Eine Beschränkung des Fehdewesens wurde unter anderem dadurch herbeigeführt, dass man die Fehde erst nach Erschöpfung des Rechtsweges für zulässig erklärte, ihr eine Ankündigung (Fehdebrief) vorauszugehen hatte, ein Waffenverbot für Bauern verhängt und bestimmte Personen (Geistliche, Frauen, reisende Kaufleute, Bauern, Jäger und Fischer in Ausübung ihres Berufs) und Sachen (Kirchen, Wohnhäuser, Mühlen, Ackergeräte auf dem Feld, Königsstraßen) unter Friedensschutz gestellt wurden. Gefährdungen und Verletzungen des öffentlichen Friedens wurden mit peinlichen Strafen, also Strafen an Leib und Leben, bedroht. Im Unterschied zu den vorherigen Gottesfrieden, die nur für bestimmte Wochentage galten, waren die Landfrieden jeweils für mehrere Jahre gültig.

41 Der aus verfassungsgeschichtlicher Sicht bedeutendste Landfrieden war der im Jahre 1235 durch *Kaiser Friedrich II.* (1212–1250) erlassene Mainzer Reichslandfrieden.

Auf dem Reichstag zu Worms (1495) verkündete schließlich *Maximilian I.* (1459–1519) den Ewigen Landfrieden mit dem Ziel, das Fehderecht endgültig zu beseitigen. Aber erst der moderne Staat konnte nach und nach Rechtsschutz und Vollstreckungsgewalt in einem Maße festigen und institutionalisieren, dass das Fehdewesen endgültig überwunden wurde.

Der Mainzer Reichslandfrieden ist zugleich ein gutes Beispiel für erste Ansätze in Richtung auf eine über die Sicherung des inneren Friedens hinausgehende „verfassungsrechtliche Grundordnung". Neben den Vorschriften über das Fehdewesen finden sich nämlich weitere Bestimmungen u. a. über das Gerichts-, Münz- und Verkehrswesen. Damit ging der Mainzer Reichslandfrieden erheblich über die Bedeutung eines Verbots bzw. einer Reglementierung des Fehdewesens hinaus. Ihm kam in gewisser Weise schon die Funktion eines „Verfassungsgesetzes" als grundlegende Rechtsordnung für das Gebiet des Reiches zu. Er war „ein Verfassungsgesetz, dessen Wirkung auf die Verfassungsentwicklung des Heiligen Römischen Reiches nicht hoch genug veranschlagt werden kann" und „das nahezu die gesamte Reichsverfassung des 13. Jahrhunderts zum Gegenstand seiner Regelung gemacht hat" (*A. Buschmann*, JuS 1991, S. 453/457).

42 Im Unterschied zu früheren Landfrieden war der Mainzer Reichslandfrieden zudem auf eine dauerhafte Geltung angelegt. Überdies war er nicht nur in lateinischer, sondern – auch insoweit ein Novum – zusätzlich in deutscher Sprache abgefasst und verkündet. Seine Verfassungsqualität ergab sich aus einigen der in ihm enthaltenen *Konstitutionen* (zum Folgenden ausführlich *A. Buschmann*, JuS 1991, S. 453/455 ff.):

- Das Grundanliegen des Mainzer Reichslandfriedens war die wirksame Eindämmung der Fehde und ihre Einbindung und Reglementierung durch ein rechtlich geordnetes Verfahren. Zu diesem Zweck wurde in der *Konstitution über die Fehde* der Grundsatz formuliert, dass niemand das Recht habe, an ihm begangenes Unrecht selbst zu rächen.

Vielmehr traf jeden die Pflicht, zur Durchsetzung seines Rechts gerichtliche Hilfe in Anspruch zu nehmen: „Recht und Gericht sind geschaffen, damit niemand Rächer seines eigenen Unrechts werde; denn wo die Autorität des Rechts fehlt, herrschen Willkür und Grausamkeit." Eine Ausnahme wurde nur gemacht für die Fälle der Notwehr und der Rechtsverweigerung. Soweit die Fehde zulässig war, war ihre rechtmäßige Ausübung an bestimmte Formerfordernisse gebunden: Sie durfte nur bei Tage erklärt und erst nach Ablauf einer Friedensfrist von drei Tagen nach dieser Erklärung begonnen werden.

- Von besonderer Bedeutung war der in der *Konstitution zur Gerichtsbarkeit* enthaltene erstmalige Versuch, eine einheitliche Handhabung der Gerichtsgewalt im Reich sicherzustellen. Der Kaiser war danach Inhaber der Gerichtsgewalt im ganzen Reich.

Ausgeübt wurde die Gerichtsgewalt allerdings aufgrund einer entsprechenden Belehnung durch die Reichsfürsten. Eine Weiterübertragung auf nachgeordnete Lehnsträger war möglich.

- Zu den größten Errungenschaften des Mainzer Reichslandfriedens gehörte schließlich die erstmalige Errichtung eines höchsten Reichsgerichts (Reichshofgericht).

Die bisher allein vom Kaiser ausgeübte reichsweite Jurisdiktionsgewalt wurde zum größten Teil auf den Hofrichter übertragen, der dieses Amt nicht als Lehen erhielt, sondern ein auf Zeit bestellter Amtsträger war.

- Durch die *Konstitution über die Ausübung der Regalien im Reich* wurden die nutzbaren Hoheitsrechte (*iura regalia*) dem Kaiser erneut ausschließlich zugeordnet und einer neuen Belehnung zugänglich gemacht.

Die Regalien sicherten dem Kaiser wie auch den beliehenen Reichsfürsten, welche die Regalien ihrerseits weiter vergeben durften, eine Einnahmequelle und dienten zugleich der Ordnung der Ausübung von Hoheitsrechten im Reich. Zu den wichtigsten Regalien zählten das Marktrecht, das Zollrecht, das Münzrecht und das Geleitrecht. Später kamen das Bergwerksrecht (Bergregal) sowie das Judenregal hinzu (vgl. *U. Eisenhardt*, Dt. Rechtsgeschichte, Rdn. 18f., 49). Durch den Reichslandfrieden führte Friedrich II. eine *Regalienordnung* ein, um den verbreiteten Tendenzen zum Missbrauch und zur Anmaßung von Regalien entgegenzuwirken. Alle existierenden Zoll- und Münzrechte wurden grundsätzlich für ungültig erklärt, um sie anschließend neu verleihen zu können. Die Berechtigten aus den Zoll- und Geleitregalien wurden an ihre Verpflichtungen erinnert. Verstöße gegen die Regalienordnung durch Missbrauch oder Anmaßung von Regalien wurden mit Strafe bedroht.

- Die *Konstitution über den Schutz der Kirche im Reich* enthielt die verfassungsrechtliche Gewährleistung der geistlichen Rechte und Einrichtungen, die dem besonderen Schutz des Kaisers unterstellt wurden.

– Die *Konstitution über die Verhängung der Reichs- und Oberacht* verrechtlichte die als schwerwiegende Sanktion seit germanischer Zeit bekannte Ächtung von Personen.

Die *Acht* bedeutete den Ausschluss von Personen aus der Gemeinschaft wegen ihrer Missetaten. Der Ausgestoßene wurde dadurch für rechtlos erklärt. Er durfte von jedermann getötet werden, sein Vermögen ging verloren, seine Frau und seine Kinder wurden zu Witwen und Waisen. Während sich der Geächtete unter bestimmten Voraussetzungen von der normalen Acht lösen konnte, war dies nach Verhängung der Oberacht nicht mehr möglich. Dies war weit mehr als eine strafrechtliche Regelung. Reichs- und Oberacht stellten „außerordentlich bedeutsame verfassungsgerichtliche Machtmittel dar, deren Handhabung unter Umständen weitreichende Konsequenzen für die Verfassung des Reiches nach sich ziehen" konnte (*A. Buschmann*, JuS 1991, S. 453/456).

Im Mainzer Reichslandfrieden wurden das Verfahren und die Folgen der Verhängung der Acht im Einzelnen geregelt. Danach konnte die Verhängung der Acht nur in einem öffentlichen Gerichtsverfahren erfolgen. Hatte der Geächtete nicht innerhalb eines Jahres die ihm auferlegte Buße und Schadensersatz geleistet, verfiel er nach erneutem Gerichtsspruch der Oberacht. Dritten Personen war es unter Androhung der Acht verboten, einem Geächteten Unterkunft, Verpflegung oder sogar Schutz zu gewähren.

43 Mit seinem umfassenden Regelungsinhalt hob sich der Mainzer Reichslandfrieden deutlich von seinen Vorgängerregelungen ab. Als durch den Kaiser gesetzte und von den Fürsten beschworene mittelalterliche Reichsverfassung war er zudem ein wichtiger Schritt hin zu einer aktiven Rechtsgestaltung und -vereinheitlichung.

Trotz der Verkündung der Reichs- und Landfrieden nahmen der König und die Landesfürsten jedoch nur in sehr eingeschränktem Umfang gesetzgeberische Funktionen wahr. Das mittelalterliche Recht bildete weder begrifflich noch systematisch eine einheitliche und geschlossene Rechtsordnung. Das war auch deshalb kaum möglich, weil die Zersplitterung in die verschiedensten Rechtskreise – zumal in den Territorien und Städten – eine derartige Geschlossenheit kaum zuließ.

44 **c) Goldene Bulle als Reichsgrundgesetz.** Ein anderes wichtiges Reichsgesetz mit *verfassungsrechtlichem* Inhalt war die *Goldene Bulle* aus dem Jahr 1356. Die Bezeichnung geht auf die goldene Kapsel (Bulle) zurück, die an der Urkunde hing und das Siegel umschloss. Mit diesem *ersten Reichsgrundgesetz* regelte *Karl IV.* (1316–1378) die Wahl des Königs durch die Kurfürsten und deren Stellung im Reich. Ein solches kaiserliches Gesetzgebungsrecht erachtete *Karl IV.* angesichts des gewandelten Rechtsverständnisses (→ Rdn. 2/

37ff.) als selbstverständlich; er berief sich insoweit auf „die Fülle kaiserlicher Gewalt“ (*de imperialis potestatis plenitudine*). Der Regelungsgehalt der Goldenen Bulle entsprach, ungeachtet des Kompromisscharakters zur Austarierung der widerstreitenden Machtansprüche von König und Kurfürsten, im Wesentlichen den bis dahin beachteten Rechtsgewohnheiten im Wahlverfahren und bei den Wahlgrundsätzen. Der rechtsnormative Gebotscharakter dieser Rechtsgewohnheiten wurde durch ihre schriftliche Fixierung nunmehr klar ersichtlich.

Über die Königswahl bestimmte die Goldene Bulle, dass der Erzbischof von Mainz den Vorsitz bei der Wahlhandlung innehaben sollte. Wer von der Mehrheit der sieben Kurfürsten gewählt wurde, der war König. Die Bestätigung der Wahl durch den Papst war nicht erforderlich. Als Wahlort wurde Frankfurt am Main bestimmt, als Krönungsort Aachen. **45**

In der Goldenen Bulle wurden weiterhin die Vorrechte der Kurfürsten festgelegt. Zu diesen Privilegien, die zuvor teilweise dem König zugestanden hatten, zählten auch die Rechte, Bergwerke anzulegen oder Münzen mit dem eigenen Bild prägen zu lassen. Außerdem sollten die Bewohner kurfürstlicher Gebiete nicht mehr dem königlichen Hofgericht unterstehen; eine entsprechende Appelationsmöglichkeit wurde ebenso ausgeschlossen (*privilegium de non appellando*) wie das Recht des Königs, Prozesse an sich zu ziehen (*privilegium de non evocando*). Die Kurfürsten waren damit für ihr Territorium selbst die obersten Richter, wodurch vor allem ihre territoriale Gerichtshoheit gestärkt wurde. Um die Macht der weltlichen Kurfürsten, aber auch ihre zahlenmäßige Beschränkung dauerhaft zu sichern, wurde weiterhin festgelegt, dass die „weltlichen Kurlande“ ungeteilt an den ältesten Sohn vererbt werden mussten (Primogeniturordnung). Die Goldene Bulle bestätigte somit auch die Unabhängigkeit der Kurfürsten vom Kaiser, wie sie sich seit der Herrschaft *Friedrichs II.* (1212–1250) bereits tatsächlich herausgebildet hatte. Die in ihr enthaltenen grundlegenden Rechtsgewährleistungen (insb. territoriale Gerichtshoheit der Kurfürsten, Primogeniturordnung), begünstigen den Wandel der Landesherrschaft zum modernen (Territorial-) Staat (→ Rdn. 2/79ff.). **46**

Das wesentliche Organ des Reiches war und blieb aber auch über die nächsten Jahrhunderte zumindest formal der Kaiser, der weiterhin die „monarchische Spitze“ des Reiches darstellte. Er wurde bis zum Ende des Reiches im Jahre 1806 nach den in der Goldenen Bulle niedergelegten Grundsätzen durch die Kurfürsten gewählt (vgl. *U. Eisenhardt*, Dt. Rechtsgeschichte, Rdn. 80, 86; dort auch zu den Wahlkapitulationen: Rdn. 81f.). **47**

d) Kirchliche und weltliche Macht. Die *Macht der römischen Kirche* sowie die *weltliche Macht* des deutschen Kaisers waren während **48**

des Mittelalters in vielfältiger Weise miteinander verwoben, was zu heftigen machtpolitischen Konflikten führte. Gleichwohl blieb das Verhältnis zwischen König und Kirche, zwischen weltlicher und kirchlicher Gewalt, über die Jahrhunderte weitgehend offen. Einzelne Konflikte wurden in der Regel nicht kriegerisch ausgetragen, sondern in rechtsförmlicher Weise beigelegt, wie die Beendigung des Investiturstreits durch das Wormser Konkordat (1122) zeigt.

49 Bis zur Mitte des 11. Jahrhunderts war es üblich, dass die Übertragung eines Kirchenamtes an die kirchlichen Amtsträger (z. B. Bischöfe und Äbte) im Heiligen Römischen Reich, in England und Frankreich durch den jeweiligen Landesherrn erfolgte. Diese Amtseinsetzung wurde als *Investitur* (Einkleidung) bezeichnet. Die weltlichen Landesherrn beanspruchten dieses Recht aufgrund ihrer sachenrechtlich-treuhänderischen Herrschaft über den Kirchengrund (*Reichskirchengut*), woraus auch die Befugnis zur Ernennung der Geistlichen abgeleitet wurde (sog. *Eigenkirche*). Machtpolitisch war dies für die Landesherrn deshalb wichtig, weil die kirchlichen Amtsträger aufgrund ihrer Ehelosigkeit den Kirchenbesitz nicht vererben konnten, wodurch das Entstehen einer familiären Hausmacht verhindert wurde. Die Bischöfe und Äbte, die sich nicht selten ihre Einsetzung durch finanzielle Zuwendungen erkauften, waren regelmäßig treue Gefolgsleute des Landesherrn, so dass sie für ihn eine wesentliche militärische und wirtschaftliche Stütze darstellten.

50 Für eine grundsätzliche Neuordnung der römischen Kirche, auch in ihrem Verhältnis zur weltlichen Macht, setzte sich etwa seit dem Jahr 1000 eine Reformbewegung ein, die ihren Ursprung im Kloster Cluny (nördlich von Lyon) hatte. Zu ihren Forderungen gehörte u. a. die Beseitigung der *Simonie*, d. h. des Verkaufs geistlicher Ämter durch die Landesherrn, daneben aber auch die *Laieninvestitur*, d. h. die Amtseinsetzung durch die weltliche Macht. 1074 verbot *Papst Gregor VII.* (1020–1085) die Simonie, ein Jahr später untersagte er allen Laien (Königen und Herzögen) die Verleihung geistlicher Ämter und Würden. Der deutsche *König Heinrich IV.* (1050–1106) widersetzte sich dieser Entmachtung durch Rom und beschloss mit der Mehrzahl der deutschen Bischöfe, *Gregor* nicht mehr als Papst anzuerkennen. *Gregor VII.* sprach daraufhin den Bann über *Heinrich IV.* aus, belegte ihn also mit der Strafe des Kirchenausschlusses. *Heinrich IV.*, durch Machtkämpfe mit den deutschen Fürsten zusätzlich geschwächt, blieb nichts anderes übrig, als den Gang nach Canossa anzutreten (1077), wo er vom Papst, nachdem er Buße geleistet hatte, vom Kirchenbann gelöst wurde.

51 Der Streit um die Laieninvestitur schwelte aber weiter und wurde erst 1122 durch einen zwischen *Kaiser Heinrich V.* (1081–1125) und *Papst Kalixt II.* (1060–1124) geschlossenen Vertrag (Wormser Konkordat) vorläufig beigelegt. Zuvor hatten schon der französische (1104) und der englische König (1107) ihren Verzicht auf die Investitur mit den kirchlichen Insignien Ring und Hirtenstab erklärt, sich

aber die Belehnung mit dem Kirchenbesitz und das Verlangen des Treueids vorbehalten.

Das Wormser Konkordat enthielt ähnliche Regelungen. Die Wahl der Bischöfe und Äbte war danach allein Angelegenheit der Geistlichen einer Bischofskirche, des sog. Domkapitels. Allerdings hatte der König ein Anwesenheitsrecht und – bei umstrittenen Entscheidungen – ein Mitwirkungsrecht, das es ihm erlaubte, die Wahl durch seine Zustimmung auch zugunsten eines nur von der Minderheit getragenen Kandidaten zu entscheiden. Der König war hingegen nicht mehr berechtigt, den Gewählten zu weihen und ihm die Insignien der kirchlichen Würde (Ring und Hirtenstab) zu verleihen. Ihm blieb jedoch aufgrund seiner Verfügungsgewalt über das Reichskirchengut das Recht, dem Gewählten das Zepter als Zeichen der weltlichen Herrschaftsgewalt (*temporalia*) zu übergeben. Dadurch wurde der Betreffende mit den entsprechenden Gütern und Regalien belehnt, hatte gleichzeitig aber auch dem König die lehnsrechtliche Huldigung zu leisten und seine Vasallenpflichten zu erfüllen (zur Lehnsordnung → Rdn. 2/30 ff.). Die Erlangung der Regalienleihe musste vor der kirchlichen Weihe (*Konsekration*) erfolgen, was dem König praktisch eine Prüfung des Wahlvorgangs ermöglichte. Das Wormser Konkordat vermochte den fundamentalen Konflikt zwischen römischer Kirche und deutschem König zumindest einer vorläufigen Einigung zuzuführen. Schon mit Beginn des 13. Jahrhunderts machte der König seine aus dem Konkordat ersichtlichen Anwesenheits- und Mitentscheidungsrechte nicht mehr geltend; auch die Erlangung der Regalienleihe vor der Konsekration wurde nicht mehr praktiziert. 52

Eine endgültige Klärung der Machtverhältnisse zwischen König und Kirche war mit dem Wormser Konkordat allerdings nicht verbunden. Zur Lösung dieses generellen Konflikts von weltlicher und kirchlicher Gewalt griffen beide Seiten – in der für das Mittelalter typischen religiösen Symbolik – zur Legitimation ihres Herrschaftsanspruchs auf ein biblisches Bild aus dem Evangelium nach Lukas 22, 38 zurück, demzufolge kirchliche und weltliche Gewalt als zwei Schwerter aufgefasst wurden. Die Interpretation der *Zwei-Schwerter-Lehre* war jedoch abhängig davon, ob sie von kirchlicher oder von weltlicher Seite vorgenommen wurde. Nach der *kurialistischen Theorie* (u. a. *Bernhard von Clairvaux*, 1090–1153) hatte der Papst gegenüber dem König eine führende Stellung inne; der König war dem Papst untergeordnet. In der Konsequenz dieser Theorie lag die Folgerung, der Papst sei auch legitimiert, im weltlichen Bereich mitzubestimmen. Insbesondere habe er das Recht zur Bestätigung der Königswahl (päpstlicher Approbationsanspruch) und die Befugnis zur Absetzung weltlicher Herrscher. 53

Begründet wurde dies damit, dass Gott beide Schwerter – das geistliche und das weltliche – auf die Kirche in Person des Papstes als Nachfolger Petri übertragen habe. Während der Papst das geistliche Schwert behalte, habe er das weltliche Schwert an den König weitergegeben, der es im Dienst und auf Weisung der Kirche zu führen habe. Danach leitete der König seine Machtbefugnisse nicht unmittelbar von Gott ab; sie wurden ihm lediglich über den Papst vermittelt. Dahinter stand erkennbar ein am Lehnsrecht (→ Rdn. 2/30 ff.) orientiertes Legitimationsmodell.

54 Nach der entgegenstehenden *imperialen Theorie* (u. a. *Otto von Freising*, 1112–1158) waren kaiserliche und päpstliche Gewalt gleichrangig und in ihren jeweiligen Herrschaftsbereichen voneinander unabhängig. Insbesondere wurde dem Papst das Recht abgesprochen, auf die weltlichen Entscheidungen Einfluss nehmen zu dürfen.

Die imperiale Theorie nahm zwar auch die einschlägige Bibelstelle zum Ausgangspunkt. Aufgrund ihrer inhaltlichen Uneindeutigkeit legte man ihr allerdings das Verständnis bei, dass Gott nicht nur die geistliche Gewalt unmittelbar dem Papst verliehen, sondern auch die weltliche Gewalt unmittelbar dem Kaiser anvertraut habe. Angesichts der Unmittelbarkeit seiner Legitimation stand der Kaiser danach in keinem Abhängigkeitsverhältnis zum Papst. Ihren Niederschlag fand die imperiale Theorie u. a. im *Sachsenspiegel* (etwa 1230), dem ältesten mittelalterlichen deutschen Rechtsbuch (Verfasser: *Eike von Repkow*, etwa 1180–1233): „Zwei Schwerter ließ Gott auf Erden, um die Christenheit zu beschirmen. Dem Papst ist das geistliche Schwert bestimmt, dem Kaiser das weltliche."

55 Die Zwei-Schwerter-Lehre bestimmte über sechs Jahrhunderte hinweg das Verständnis des Verhältnisses von kirchlicher und weltlicher Macht. Welche der beiden auf dieser Lehre aufbauenden Theorien sich in Konfliktsituationen jeweils durchsetzte, war eine Frage der konkreten Machtverhältnisse. Im Laufe des 14. Jahrhunderts ging der Einfluss des Papstes jedoch merklich zurück, so dass auch die Zwei-Schwerter-Lehre ihre Bedeutung zunehmend einbüßte (vgl. *U. Eisenhardt*, Dt. Rechtsgeschichte, Rdn. 52 ff.).

3. Verfassungsrechtliche Entwicklung in den Landesherrschaften

56 Eine der bedeutendsten Entwicklungen des Mittelalters war die Ausbildung und Festigung der Landesherrschaften, die innerhalb des Heiligen Römischen Reichs entstanden. Im Laufe der Zeit konnten sich die Landesfürsten immer stärker von der (Reichs-) Gewalt des Kaisers lösen und eine weithin eigenständige, territorial radizierte Herrschaft aufbauen.

Die sich entwickelnde Unabhängigkeit der Landesherrn (Fürsten) gegenüber dem Kaiser kündigte sich bereits durch zwei Rechtsakte *Friedrichs II.*

(1212–1250) an, nämlich das Bündnis mit den Fürsten der Kirche (*Confoederatio cum principibus ecclesiasticis*) aus dem Jahr 1220 und das Statut zugunsten der Fürsten (*Statutum in favorem principum*) von 1232, die verschiedene Privilegien der Fürsten bestätigten. Zu diesen bereits vorher von den Fürsten beanspruchten Vorrechten zählten insb. das Münz-, Zoll-, Markt- und Geleitrecht, das Recht zum Burgenbau und zur Gründung von Städten sowie die Anerkennung der landesherrlichen Gerichtsbarkeit und der Befugnis zur Ernennung der Gerichtsbeamten (vgl. aber auch die Regelungen im Mainzer Reichslandfrieden von 1235 → Rdn. 2/41 ff.).

Allerdings waren auch die Landesherrn keine unumschränkten Herrscher. Es bildeten sich vielmehr neue Strukturen aus, die zu einer Art Herrschaftsteilung, zumindest aber zu einer Beschränkung der Herrschaftsgewalt der Landesfürsten durch die Landstände führten. 57

Der Begriff des *Landesherrn* findet sich erstmals in einem Reichsweistum von 1231, demzufolge die *domini terrae* (Herren des Landes, was teilweise auch i. S. v. Eigentümer des Landes begriffen wird) nicht berechtigt waren, ohne die Zustimmung der Vornehmen und Großen des Landes neue Gesetze zu schaffen. Mit den „Vornehmen und Großen“ waren die Landstände gemeint.

Als Landstände bezeichnete man die nach verschiedenen Ständen (*statūs*) gegliederten Vertretungskörperschaften des jeweiligen Landes. Ihren Ursprung fanden die Landstände in den sog. *Hoftagen*, zu denen sich die geistlichen und weltlichen „Großen des Landes“ versammelten, um den Landesfürsten zu beraten (zur *Hoffahrtspflicht* → Rdn. 2/31). 58

Die Gliederung der Landstände war in den Landesherrschaften keineswegs einheitlich. Weithin verbreitet war eine *Drei-Stände-Ordnung*, die aus der Ritterbank (Ritter und Herren einschließlich der Ministerialen des Landesherrn), der Prälatenbank (hohe Geistliche) und der Städtebank (Städte und Märkte) bestand. Teilweise hatten auch die Bauern teil an der *Landstandschaft* (z. B. in Ostfriesland und Tirol). Die Beratungen und Abstimmungen erfolgten nach den einzelnen Ständen, nicht nach deren Mitgliedern.

Über die bloße Beratung hinaus wurden den Landständen auch zunehmend Mitentscheidungsbefugnisse zugestanden, vor allem bei der Steuerbewilligung und der – im Mittelalter allerdings noch nicht besonders entwickelten – Gesetzgebung. Weitere Mitwirkungsbefugnisse betrafen die Abtretung von Teilen des Landes, die Einrichtung und Besetzung von öffentlichen Ämtern und Gerichten sowie das Kriegswesen und die Errichtung von Festungsbauten. Hinzu kam das Recht, sich über öffentliche Missstände zu beschweren, sowie 59 das Recht auf bewaffneten Widerstand gegen den Landesherrn, wenn dieser vertragliche Abmachungen nicht einhielt oder in anderer Weise seine Aufgaben nicht ordnungsgemäß wahrnahm. Die Landstände verfügten insoweit über autonome Rechte, die sie im eigenen Namen – nicht zuletzt gegenüber dem Landesfürsten – geltend machen konnten. Für das 14. Jahrhundert kann man bereits davon sprechen, dass durch die Kompetenzen und Privilegien der Landstände die landesherrliche Gewalt einer gewissen verfassungsmäßigen Beschränkung unterworfen war (sog. *Dualismus des Ständestaates*).

60 Die Bedeutung der Landstände für die Entwicklung der Landesherrschaften zu Territorialstaaten (→ Rdn. 2/79 ff.) bestand vor allem darin, dass sie für sich in Anspruch nahmen, das jeweilige Land in seiner Gesamtheit zu repräsentieren. Sie hatten ein großes Interesse am Erhalt und Ausbau ihrer eigenen Einflussmöglichkeiten und wurden dadurch im Spätmittelalter zu einem wichtigen Faktor für die Entstehung und Integration des durch feststehende Grenzen gekennzeichneten Territorialstaates. So kam es, dass im Heiligen Römischen Reich Deutscher Nation die Landesherrn, nicht der Kaiser, ihre Landesherrschaft zu souveränen Territorialstaaten ausbauten.

61 In den meisten Territorien nicht nur des Heiligen Römischen Reiches Deutscher Nation, sondern in ganz Europa wurden die Landstände im Zuge des Absolutismus im 17. Jahrhundert beseitigt. Auch soweit es ausnahmsweise nicht zu ihrer Auflösung kam, drängte der Absolutheits- und Souveränitätsanspruch der Landesherrn sie zumindest in ihrer Funktion entscheidend zurück. Die Blütezeit des Absolutismus begann unmittelbar nach dem Ende des Dreißigjährigen Krieges (1618–1648). Die gesamte Staatsmacht lag nunmehr in Form monarchischer Souveränität ausschließlich beim Fürsten, der sich regelmäßig selbst als mit dem Staat personenidentisch ansah, wie der berühmte Satz des französischen Königs Ludwig XIV. (1638–1715) *„L'État c'est moi!"* nachdrücklich belegt. Lediglich formal blieb die landständische Verfassung in einzelnen Territorien des Heiligen Römischen Reiches bis 1805 (z. B. Württemberg und Hannover) oder sogar bis 1918 (Mecklenburg) erhalten.

C. „Staatlichkeit" als Phänomen der Neuzeit: Die Ausbildung des „modernen Staates" in Deutschland

62 Im Spätmittelalter entstanden in Europa erstmals Herrschaftsstrukturen, die sich dann im Laufe der frühen Neuzeit verfestigten und den Anfang der *Entwicklung des modernen Staates* markieren. Aller-

dings verlief diese Entwicklung keineswegs einheitlich. Während etwa in Frankreich und England bereits im Spätmittelalter Territorialstaaten in Form zentralistischer Fürstenstaaten entstanden, war die Entwicklung im Heiligen Römischen Reich von dem Dualismus zwischen Kaiser und Landesfürsten geprägt, bei dem die eigentliche Staatsbildung in den Territorien der Landesfürsten erfolgte. Um diesen Wandel in seiner Grundsätzlichkeit begrifflich zu verdichten, spricht man von der *Reichsreform* bzw. der *Umgestaltung der Reichsverfassung* (*U. Eisenhardt*, Dt. Rechtsgeschichte, Rdn. 115ff.).

I. Vorbemerkung

Die Entwicklung des modernen Staates erfolgte dabei nicht aufgrund einer plötzlichen Erkenntnis besserer Formen des organisierten Zusammenlebens, sondern wegen der spezifischen, sich gegenseitig bedingenden tatsächlichen und geistigen Eigenheiten zu Beginn der Neuzeit. Der moderne Staat wäre nicht denkbar ohne wesentliche Veränderungen in den gesellschaftlichen und politischen Rahmenbedingungen gegen Ende des Mittelalters. 63

Diese historische Bedingtheit bezeichnet man als die „Lage“. Es bietet sich an, zwischen der äußeren und der inneren Lage zu unterscheiden (vgl. *H. Krüger*, AStL, S. 15ff.). Diese Unterscheidung ist allerdings insofern nur eingeschränkt richtig, weil vor der Existenz des modernen Staates eine Unterscheidung der „inneren Lage“ (d. h. der Lage innerhalb des Staates: Innenpolitik) und der „äußeren Lage“ (d.h. der Lage außerhalb des Staates: Außenpolitik) nicht vorgenommen wurde. Erst der moderne Staat hat die Unterscheidung von „innen“ und „außen“ herbeigeführt. 64

Ein wichtiger Katalysator für die Entwicklung hin zum modernen Staat war der sprunghafte Anstieg von Bevölkerungszahl und -dichte in Europa zwischen dem 11. und 16. Jahrhundert. Zahl und Nähe der Menschen bewirkten zugleich eine „Verdichtung des Lebens“, die sich den bisherigen Zuständen gegenüber als etwas Neues, Andersartiges darstellte. Berührungspunkte und Reibungsflächen vervielfachten sich. Das Bedürfnis nach Ordnung und Regelung der Lebensverhältnisse steigerte sich in einem unvergleichlichen Maß. 65

Für das „deutsche Territorium“ wird die Bevölkerung für das Jahr 1000 etwa auf 3 Millionen, für das Jahr 1500 hingegen schon auf etwa 15 Millionen Bewohner geschätzt. In anderen Gebieten Europas kam es zu vergleichbaren Entwicklungen. Eine Abwanderung der Bevölkerung in umliegende, teilweise noch nicht kultivierte Räume kam etwa gegen 1350 mit dem Ende der Ostwanderung zum Erliegen. Zur selben Zeit fand auch die Erschließung von Siedlungsraum innerhalb des bisherigen Territoriums in Form von Waldrodungen ein Ende (zum Ganzen vgl. *H. Krüger*, AStL, S. 17f.).

II. Geistige Voraussetzungen der Entstehung des modernen Staates

66 Wichtige Vorarbeiten für die Entstehung des modernen Staates leistete der italienische Denker *Niccolò Machiavelli* (1469–1527) bereits zu Beginn des 16. Jahrhunderts. Als besonders prägend erwies sich im Übrigen der Geist der Säkularisation (→ Rdn. 2/70ff.), des Rationalismus (→ Rdn. 2/74ff.) und der bewussten Veränderung und Verbesserung (→ Rdn. 2/78).

1. Ausgangspunkt: Das Staatsverständnis des Niccolò Machiavelli

67 Der *moderne Staat* der Neuzeit fand seine erste Analyse zu Beginn des 16. Jahrhunderts durch *Niccolò Machiavelli*. Er unterschied grundsätzlich zwischen Republiken und Fürstentümern.

In seinem 1531 posthum veröffentlichten Werk *Discorsi* (Abhandlungen) befasste *Machiavelli* sich mit den *Republiken*. Diese sah er als die ideale Form bürgerschaftlichen Zusammenlebens an. Als Vorbild diente ihm die römische Republik. Als kennzeichnende Integrationsmomente und bindende Kraft für die Gesellschaft einer geordneten Republik bezeichnete er die Religion, die Gesetze, denen sich die Gemeinschaft freiwillig unterwerfe, sowie die Bürgermiliz, welche die äußere Unabhängigkeit der Republik zu wahren habe. *Machiavelli* stand unter dem Eindruck des Emporkommens der jungen Nationalstaaten Frankreich und Spanien. Er musste jedoch erkennen, dass zu seiner Zeit in Italien kleinere republikanisch-freiheitliche Staatsgebilde keine Perspektive hatten.

Die *Fürstentümer* behandelte *Machiavelli* in dem Buch *Il Principe* (Der Fürst), das erst im Jahre 1532, fünf Jahre nach seinem Tod, veröffentlicht wurde. Er unterschied zwischen ererbten und neu gegründeten Fürstentümern, wobei er den neu gegründeten Fürstentümern seine besondere Aufmerksamkeit widmete. Sein Hauptinteresse galt der Staatsgründung und -erhaltung. Praxisbezogen ging es ihm vorrangig um die Schaffung eines soliden Staatsgefüges, das letztlich den Interessen des italienischen Bürgertums seiner Zeit dienen würde. Im Vordergrund seiner Betrachtungen standen daher die auf der Grundlage antiker Einsichten und zeitgenössischer Erfahrungen geführten Erörterungen über die taktischen und machtpolitischen Mittel, mit denen in wirksamer Weise eine dauerhafte Staatenbildung erreichbar sei.

Als entscheidende Aufgabe des Staates sah *Machiavelli* unabhängig von der Staatsform die Förderung der gemeinsamen Wohlfahrt seiner Bürger an. Als Voraussetzung für eine wirtschaftliche und kulturelle Entwicklung des Gemeinwesens müsse der Staat nach außen Sicherheit und nach innen Freiheit und Ordnung garantieren. Den einzelnen Menschen betrachtete *Machiavelli* vor allem als Staatsbürger. Dieser müsse im Interesse des Allgemeinwohls geformt und zum Patrioten erzogen werden. Das Staatswesen, das Machiavelli vorschwebte, sollten die Bürger als ihr eigenes auffassen, weil es ihnen durch ihre aktive Mitwirkung kulturelle und ökonomische Entfaltung ermöglichte. Ihre Interessen und diejenigen ihres Staatswesens fielen daher zusammen. 68

Angesichts der durch Kleinstaaten, Korruption und den Niedergang des Handels geprägten historisch-gesellschaftlichen Situation in Italien sann *Machiavelli* auf eine umwälzende Veränderung der staatlichen Verhältnisse. Die Kleinstaaten sollten durch den Gewaltstreich eines starken Fürsten zu einem einheitlichen Staatsgebilde verschmolzen werden. Dieses sollte sich allmählich zu einem Gemeinwesen mit patriotisch-freiheitlicher Prägung entwickeln und seine Bürger zu wahrhaften Staatsbürgern werden lassen.

Indem *Machiavelli* zur Begründung seiner Thesen auf theologisch-moralische Erwägungen verzichtete und eine wirklichkeitsnahe Betrachtung der italienischen Politik vornahm, leitete er zugleich einen neuen Abschnitt in der Geschichte des staatstheoretischen Denkens ein. Das Bemühen, ausschließlich anhand weltlicher Begründungsansätze, empirisch und rational zu allgemeinen Grundsätzen im politisch-gesellschaftlichen Bereich zu kommen, unterschied ihn von seinen Vorgängern und wurde – obwohl er hierfür noch Jahrhunderte später kritisiert wurde – für die neuzeitlichen Staatslehren prägend. 69

2. Geist der Säkularisation

Der Abschied von der Verwendung theologisch-moralischer Argumente zur Rechtfertigung von Herrschaftsverhältnissen im Anschluss an *Machiavelli* kann als *Geist der Säkularisation* (*H. Krüger*, AStL, S. 32 ff.) bezeichnet werden, der das gesamte neuzeitliche Staatsdenken kennzeichnet. 70

Säkularisation bedeutet im Allgemeinen die Wegnahme von Kirchengut durch die weltliche Macht. Durch Säkularisation wird dieses Gut seiner geistlichen Bestimmung entzogen und einer weltlichen Verwendung zugeführt. In großem Umfang geschah dies in Deutschland vor allem durch den Reichsdeputationshauptschluss im Jahre 1803. In unserem Zusammenhang ist – zur Abgrenzung von der eigentlichen Begriffsbedeutung – teilweise auch von *Säkularisierung* die Rede (so *W. Heun*, Artikel „Säkularisierung", in: Ev. Staatslexikon, Sp. 2073 ff.).

71 Der Staat wurde nunmehr ausschließlich als weltliches Gebilde angesehen. Eine Beziehung zu oder gar Abhängigkeit des weltlichen Staates von Gott oder dem Papst bzw. der Kirche wurde abgelehnt. Das Wohlergehen der Bürger wurde seitens des Staates nicht mehr in göttlichem Auftrag angestrebt, sondern als unmittelbarer Ausfluss der Bürger-Staat-Beziehung betrachtet. Für den so verstandenen Staat stellte sich die Frage der religiösen Wahrheit nicht; seine Legitimation war eine rein weltliche. Seine Aufgabe war es, als weltanschaulich-neutraler Staat Frieden und Sicherheit zu gewährleisten (→ Rdn. 4/53 ff.; 4/87), auch und gerade zur Vermeidung konfessioneller Konflikte.

Im Ergebnis führte das zu einer grundsätzlichen Trennung von Staat und Kirche, die noch heute etwa in den Kirchenartikeln des Grundgesetzes (Art. 140 GG i. V. m. Art. 137 WRV) sichtbar wird.

72 Zumindest für die frühe Neuzeit (bis Mitte des 17. Jahrhunderts) ist parallel zur Säkularisierung aber auch eine „Konfessionalisierung" der Staatlichkeit zu verzeichnen (vgl. *H. Dreier*, JZ 2002, 1/6 ff.). Der moderne Staat beanspruchte für sich die Oberhoheit über die Entscheidung religiöser Fragen und die Integration kirchlicher Einrichtungen in die moderne Staatlichkeit, z. B. durch das Recht zur Besetzung kirchlicher Ämter. Deutlich wird dies etwa in der im Augsburger Religionsfrieden (1555) den Territorialherrn eingeräumten Befugnis, für ihre Untertanen die Religionszugehörigkeit zu bestimmen (*cuius regio, eius religio*, sog. weltlicher Bekenntnisbann). Damit waren die Landesfürsten – nicht aber ihre Untertanen – frei in der Wahl ihrer Religionszugehörigkeit. Gleichzeitig stärkten die Fürsten dadurch ihre politische Unabhängigkeit von der Zentralgewalt des Kaisers, so dass der weltliche Bekenntnisbann schon bald als „Kernstück reichsständischer Landeshoheit" (*H. Rabe*, Reich und Glaubensspaltung, S. 439) begriffen wurde: „Im frühneuzeitlichen Territorialstaat setzt sich also die alte, ehemals das ganze Reich umfassende Glaubenseinheit fort. Wenn nicht alles täuscht, hat erst dieser Sachverhalt den Staat wirklich legitimiert und seine Stärke gegenüber den fortlaufenden feudalen und genossenschaftlichen Traditionen begründet." (*D. Willoweit*, Dt. Verfassungsgeschichte, § 18

III.2. Rdn. 11) Der den Dreißigjährigen Krieg beendende Westfälische Frieden (1648) (→ Rdn. 2/98 ff.) stabilisierte nach den vorangegangenen Verheerungen die Gleichberechtigung der Konfessionen und sah insbesondere verfahrensrechtliche Gewährleistungen zur friedlichen Beilegung von Religionsstreitigkeiten vor.

Die Prägung, welche die bisherigen Herrschaftsbeziehungen durch die Kirche über Jahrhunderte erfahren hatten, führte aber auch dazu, dass bestimmte religiöse Vorstellungen gleichsam analog auf den weltlichen Staat übertragen wurden. *Carl Schmitt* (Politische Theologie, 1922) prägte deshalb den Satz: „Alle prägnanten Begriffe der modernen Staatslehre sind säkularisierte theologische Begriffe." 73

So leitete die Vorstellung, dass es nur einen Gott gebe, über zu der Vorstellung, dass es nur einen Herrscher, den Monarchen, geben könne. Später entwickelte sich die Vorstellung, dass der Staat selbst einzigartig sei, es „Staaten im Staate", mithin den Bundesstaat, nicht geben könne (vgl. dazu *Krüger*, AStL, S. 51, 851, m. w. N.). Ähnlich verhält es sich mit dem Begriff der Souveränität.

3. Geist des Rationalismus und der Aufklärung

Als weiterer die moderne Staatlichkeit prägender Aspekt erwies sich der *Geist des Rationalismus* (*H. Krüger*, AStL, S. 53 ff.), der eng mit dem Gedanken der Säkularisation verbunden ist. 74

Die Ursprünge des Rationalismus lagen in den großen Erfolgen der Naturwissenschaft seit dem 16. Jahrhundert. Der Rationalismus war eine Geisteshaltung, die das rationale (vernünftige) Denken als einzige Erkenntnisquelle anerkannte. In Abkehr von der kirchlichen Lehre betrachtete er das Leben des Menschen auf Erden nicht als bloßen Übergang, eine „irdische" Vorbereitung und Prüfung im Hinblick auf das Leben nach dem Tod, sondern als eigenen Wert.

Der Rationalismus beruht auf der Überzeugung, dass die Lebenswirklichkeit in einer Weise logisch strukturiert ist, die es dem Betrachter erlaubt, unter Benutzung seines Verstandes anhand vernünftiger Überlegungen diese Zusammenhänge zu erkennen und weitergehende Folgerungen daraus abzuleiten. Ebenso wie der Geist der Säkularisation erkennt der Rationalismus Herrschaft nicht als „von Gott gegeben" an. Er hinterfragt sie vielmehr auf vernünftige Gründe. Zugleich stellten die Rationalisten an das Leben der Menschen den Anspruch auf Glück. Dieses zu verwirklichen sei oberste Aufgabe des Staates. 75

Gleichwohl konnte der Gedanke einer göttlichen Vorbestimmung durch den Rationalismus bis heute nicht vollständig zurückgedrängt werden, wie die folgenden Beispiele veranschaulichen. So wurde im 17. Jahrhundert erfolgreich der Kanalisierung des Tejo mit der Behauptung widersprochen, wenn Gott gewollt hätte, dass dieser Fluss schiffbar sei, hätte er ihn selbst schiffbar gemacht. Um 1820 wandte man sich in Pommern gegen die Errichtung einer Feuerversicherung, weil sie geeignet sei, Gott „einer Zuchtrute zu berauben" (vgl. *H. Krüger*, AStL, S. 62). Bis heute weigern sich etwa die Angehörigen der Religionsgemeinschaft der Zeugen Jehovas, sich und ihre Kinder einer medizinischen Behandlung zu unterziehen, die mit einer Bluttransfusion verbunden ist. Begründet wird dies mit dem Hinweis auf bestimmte Bibelstellen und das von Jesus Christus vergossene Blut.

76 Der Rationalismus mündete unmittelbar in die Epoche der *Aufklärung*, die gegen Ende des 17. Jahrhunderts einsetzte.

Die mit der Aufklärung verbundene Geisteshaltung lässt sich mit *Immanuel Kant* (1724–1804) als „Ausgang des Menschen aus seiner selbstverschuldeten Unmündigkeit" zusammenfassen (*Beantwortung der Frage: Was ist Aufklärung?*, 1784). Weiter heißt es dort: „Habe Mut, dich deines Verstandes zu bedienen!" Dahinter stand der Versuch, durch die dem Wesen des Menschen entsprechende Betätigung der Vernunft nicht zuletzt im Hinblick auf Staat und Recht zu neuen Erkenntnissen zu gelangen.

Die seinerzeit entwickelten philosophischen und rechtlichen Prinzipien wirken nach bis in unsere Zeit. Sie sind die Grundlage des westlichen Staats- und Verfassungsverständnisses. Dazu gehört u. a. die Erkenntnis, dass jeder Mensch frei geboren ist (*Samuel von Pufendorf*, 1632–1694; *Jean-Jacques Rousseau*, 1712–1778) und kraft seines Menschseins Träger unveräußerlicher, von staatlicher Gewährung unabhängiger Menschenrechte ist, etwa des Rechts auf Leben, Freiheit und Eigentum, die der Staat zu schützen hat (*John Locke*, 1632–1704). Ebenfalls auf die Aufklärung geht der Gedanke zurück, dass Herrschaftsverhältnisse nur durch ausdrücklichen oder stillschweigenden Konsens der Herrschaftsunterworfenen begründet werden können.

77 In Europa gewannen Rationalismus und Aufklärung in der Mitte des 18. Jahrhunderts zunehmend Einfluss auf das Handeln der regierenden Monarchen. Besonders deutlich wurde dies in Österreich während der Regentschaft von *Maria Theresia* (1717–1780) und in Preußen unter *Friedrich II.* (1712–1786). In diesen wichtigsten mitteleuropäischen Staaten setzte sich die Herrschaftsform des „aufgeklärten Absolutismus" gegen seinen Vorläufer, den uneingeschränkten, despotischen Absolutismus durch.

Eine mit revolutionären Vorgängen verbundene Umsetzung fand das Gedankengut von Rationalismus und Aufklärung daneben in der amerikanischen Bill of Rights, die mit der Unabhängigkeitsbewegung von 1776 in engem Zusammenhang steht, sowie bald danach in der Französischen Revolution mit ihrer Erklärung der Menschen- und Bürgerrechte aus dem Jahr 1789 (→ Rdn. 5/134 ff.).

4. Geist der bewussten Veränderung und Verbesserung

Neben Säkularisation, Rationalismus und Aufklärung wurde die 78
Entwicklung des modernen Staates durch eine Erscheinung beeinflusst, die hier im Anschluss an *Herbert Krüger* (AStL, S. 62 ff.) als der *Geist der bewussten Veränderung und Verbesserung* bezeichnet werden soll. Zunehmend setzte sich die Erkenntnis durch, dass durch vernunftgesteuertes Handeln gezielt und erfolgreich Veränderungen im eigenen Lebensumfeld bewirkt werden können. Die im Mittelalter vorherrschende Idee eines vom Einzelnen, aber auch von der Gesellschaft passiv hinzunehmenden Schicksals wurde von einem *Bewusstsein der Machbarkeit* verdrängt. Ausdruck dieses Bewusstseins war vor allem die stärkere Inanspruchnahme der Gesetzgebung (→ Rdn. 2/88 ff.) sowie die Herausbildung neuartiger Verwaltungsstrukturen (→ Rdn. 2/95 f.).

III. Tatsächliche Voraussetzungen und Entwicklungen

1. Wandel der Landesherrschaft zum Territorialstaat

Unter den verfassungsgeschichtlichen Entwicklungen, die für die 79
Veränderung des politischen Gesichts des Heiligen Römischen Reiches Deutscher Nation im Übergang vom Mittelalter zur Neuzeit besonders hervorzuheben sind, kam dem *Wandel der Landesherrschaft zum Territorialstaat* die wohl größte Bedeutung zu. Damit gemeint ist die – zumindest gedankliche – Verselbständigung der territorialen politischen Herrschaft von der Person des Landesherrn. Dabei handelte es sich um eine Vielzahl von Einzelerscheinungen, die in ihrer Gesamtheit grundlegende Veränderungen nach sich zogen.

Mit dem Übergang von der Landesherrschaft zum Territorialstaat 80
waren wichtige politische und (staats-)rechtliche Weichenstellungen verbunden. Insbesondere entstand eine durch Grenzen klar gekennzeichnete *Raumordnung*, die – zunächst in Europa – ein Ordnungssystem schuf, in dem der „Raum“, das Territorium, als Gegenstand

und Grundlage einer „Ordnung" angesehen wurde. Das setzte die Abgrenzung der einen raumbezogenen Ordnung von einer anderen, ebenfalls raumbezogenen Ordnung voraus, mithin – im eigentlichen Sinn des Wortes – eine „Grenzziehung".

Die konkrete Grenzziehung hatte zunächst keine inhaltliche Rechtfertigung, etwa durch eine gemeinsame Kultur, die „Nationalität" oder wirtschaftliche Erwägungen. Sie basierte vielmehr auf den bestehenden Machtverhältnissen, war insofern also willkürlich. Erst mit der *Amerikanischen* und *Französischen Revolution* und den deutschen Befreiungskriegen gegen *Napoleon* erhielt die Raumordnung des Staates eine zusätzliche Funktion für die „Bildung der Nation".

81 Mit der Raumordnung eng verbunden war die Entdeckung der von der *Innenpolitik* zu unterscheidenden *Außenpolitik*. Die konkrete Raumordnung hatte zur Folge, dass man diese Ordnung als eine eigengeartete und selbständige Einheit begriff. Für eine solche Einheit lag es nahe, ihr Handeln nach innen von ihrem Handeln nach außen zu unterscheiden. Räumlich abgegrenzte Staaten waren nun die eigentlichen Ordnungsfaktoren in Europa, d. h. sie bestimmten das Aussehen der gesamteuropäischen Ordnung. Diese Ordnungsfaktoren auszutarieren, war die politische Aufgabe, die unter dem Stichwort „Gleichgewicht der Mächte" Europa über Jahrhunderte in Atem gehalten hat. Rechtlich führte dies zur Ausbildung eines spezifischen zwischen-staatlichen europäischen Rechtssystems, des *Ius Publicum Europaeum*, des neuen europäischen Völkerrechts. Dieses war nicht mehr kirchlich oder feudal geprägt, sondern erstmals „staatliches Völkerrecht".

82 Die *Abgrenzung nach außen* verlangte zugleich nach der *Sicherung des eigenen Territoriums*. Dies geschah zum einen durch *Primogeniturordnungen*. Durch diese wurde das Territorium unter Ausschluss erbrechtlicher Ansprüche nachgeborener Söhne als Ganzes einem Herrschaftsnachfolger zugeordnet und damit in seiner Einheitlichkeit erhalten.

Das Erstgeburtsrecht hatte sich bereits seit dem 14. Jahrhundert in den deutschen Fürstenhäusern zur Vermeidung der Zersplitterung des Hausguts herausgebildet. Rechtlich verbindlich galt die Primogeniturordnung für die Kurfürsten durch die Goldene Bulle von 1356 (→ Rdn. 2/44 ff.).

83 Zur Sicherstellung der vollen Handlungsfähigkeit und Unabhängigkeit des Landesherrn nach innen und außen diente jedoch auch die *Aufstellung eines stehenden Heeres*, auf das jederzeit zurückgegriffen werden konnte.

Preußen deckte seinen steigenden Bedarf an Mannschaften zunächst durch Werbung in anderen deutschen Staaten und im Ausland. Da diese Söldner aber wenig Nutzen brachten und oftmals desertierten, ging man dazu über, eine Art begrenzter Wehrpflicht für preußische Untertanen einzuführen. Sie erfasste in der Hauptsache die bäuerliche und kleinbürgerliche Bevölkerung. Als *Friedrich Wilhelm I.* 1740 starb, hatte er das preußische Heer von 38.000 auf 83.000 Soldaten vergrößert bei einer Bevölkerungszahl von etwa 2,5 Millionen Menschen.

Darüber hinaus zeigte sich der Übergang der Landesherrschaft zum Territorialstaat und damit die Entstehung des modernen Staates in Deutschland auf zahlreichen weiteren Gebieten. Von besonderer Bedeutung waren dabei – worauf noch im Einzelnen eingegangen wird – die Ausprägung einer Gesetzgebung der Landesherrn und die Schaffung staatlicher Verwaltungen. Daneben übten die Landesherren zunehmend eine *eigene Gerichtsgewalt* aus, die vom Reich weitgehend unabhängig war. 84

Die Kurfürsten hatten sich diese Gerichtsbarkeit in den Wahlkapitulationen (Verträge mit verfassungsrechtlichem Inhalt zwischen dem König und den Kurfürsten, die bei jeder Wahl neu ausgehandelt und abgeschlossen wurden) ausdrücklich zusichern lassen. Die in den Wahlkapitulationen enthaltenen Zusagen des Gewählten wurden von diesem beschworen. Unabhängig von den Wahlkapitulationen wurde der Einfluss des Reiches in der Gerichtsbarkeit auch in den anderen Landesherrschaften immer stärker zurückgedrängt.

Mit dem Beginn der Neuzeit ging überdies eine Entwicklung im wirtschaftlichen Bereich einher, die später als *Merkantilismus* bezeichnet wurde. Die Herrscher waren angesichts des immer stärkeren Finanzbedarfs bestrebt, die Wirtschaft mit den politischen Mitteln des Staates zu beleben und die Produktivkräfte insbesondere in den unzulänglich entwickelten Wirtschaftszweigen gezielt zu entfalten. Dazu gehörte der Aufbau von Manufakturen, d. h. von staatlich geförderten Großbetrieben, in denen bereits – im Unterschied zu den Handwerksbetrieben – eine gewisse Form der Arbeitsteilung praktiziert wurde. 85

Der Merkantilismus war lange Zeit zugleich mit einer Handelspolitik verbunden, die auf ein deutliches Überwiegen der Ausfuhr von Gütern im Vergleich zur Einfuhr gerichtet war („aktive Handelsbilanz“). Zu diesem Zweck wurden nicht zuletzt Einfuhrverbote verhängt, die zu einer *Abschottung* der Territorien *nach außen* führten.

Diese Beispiele zeigen, dass das *Territorium* zusehends *eigenen Rechtscharakter* gewann. Es definierte sich nicht mehr vorrangig 86 durch die Person des Herrschers, sondern als eigenständiges Gebilde. Rechtlich wurde es weitgehend unabhängig vom jeweiligen Inhaber der Herrschaftsgewalt gedacht. Der Territorialstaat nahm allmählich die Form eines *anstaltlichen Gebildes* an, einer *Gebietskörperschaft*. Die Vorstellung vom Staat als einer juristischen Person, die die weiterhin bestehenden personalen Rechtsbeziehungen zwischen dem Landesherrn und seinen Untertanen überlagerte, vermochte sich dennoch erst in der Zeit der Aufklärung zu entwickeln.

87 Erst mit dem Gedankengut der Aufklärung (→ Rdn. 2/76 f.) änderte sich neben einer Trennung von Herrscher und Staat auch die Art und Weise der Ausübung von Regierungsgewalt in Form des „aufgeklärten Absolutismus“ (vor allem in Preußen und Österreich). Nachhaltig verkörpert wurde diese Richtung nicht zuletzt von *Friedrich II.* (1712–1786), der sich als „erster Diener des Staates“ verstand (→ Rdn. 2/96). An dieser Differenzierung wird bereits deutlich, dass mit der Aufklärung eine gedankliche Trennung von Staat und Monarch verbunden war und letzterer auch in seinem Selbstverständnis allein noch als staatliches Organ fungierte. Der Aspekt des „Dienens“ zeigt zudem, dass die Herrschaftsausübung nicht im machtpolitischen Eigeninteresse erfolgen sollte, sondern zum gemeinen Wohl der Bürger, um diese in den Genuss weitverbreiteter Wohlfahrt kommen zu lassen. Diese Konzeption des Wohlfahrtsstaates basierte allerdings auf der Vorstellung, dass der Monarch angesichts der Unfähigkeit der Bürger, ihre Interessen selbst zu definieren, dies für sie zu übernehmen habe (→ Rdn. 5/146 ff.). Diese Vorstellung stieß u. a. auf harsche Kritik durch *I. Kant* (Über den Gemeinspruch: Das mag in der Theorie richtig sein, taugt aber nicht für die Praxis, 1793).

2. Bedeutung der Gesetzgebung im modernen Staat

88 Eines der zentralen Kennzeichen des modernen Staates ist die steuernde Einflussnahme auf das Leben seiner Bevölkerung durch Gesetze. Indem sich die Vorstellung durchsetzte, dass durch Rechtsetzung unmittelbar Einfluss auf das Verhalten der auf dem Territorium lebenden Personen genommen werden kann (→ Rdn. 2/78), wurde die Gesetzgebung zunehmend bedeutsam. Spätestens im 19. Jahrhundert wurde der moderne Staat als *Gesetzgebungsstaat* entdeckt.

89 Bereits deutlich früher begann jedoch der Wandel vom mittelalterlichen Rechtsbewahrungs- zum neuzeitlichen *Rechtsschöpfungsstaat* (vgl. dazu *U. Eisenhardt*, Dt. Rechtsgeschichte, Rdn. 255 ff.), der sich vor allem in den neu entstandenen Territorialstaaten bemerkbar machte. Ab dem frühen 17. Jahrhundert wurde das Bestehen einer eigenständigen und mit Gestaltungsbefugnissen versehenen Gesetzge-

bungskompetenz des jeweiligen Landesherrn allgemein akzeptiert, die sich insbesondere im Erlass von Polizeiordnungen ausdrückte. Der Gesetzesbefehl beruhte allein auf dem Willen des Herrschers; das Gesetz erstreckte seine Wirkung auf das gesamte vom Landesherrn beherrschte Territorium. Darüber hinaus nahm der Landesherr oftmals das alleinige Recht zur verbindlichen Interpretation des von ihm oder seinen Vorgängern gesetzten Rechts in Anspruch. „Man kann zwischen dem Weg zum Staate und der Entwicklung der Gesetze in den Territorien eine gewisse Wechselwirkung sehen: die landesfürstliche Gesetzgebung war zugleich Ausdruck der neuen Staatsidee und Staatsgewalt" (*U. Eisenhardt*, Dt. Rechtsgeschichte, Rdn. 267).

Die das Mittelalter kennzeichnenden einzelnen genossenschaftlich organisierten Rechtskreise blieben in der Regel von solcher Gesetzgebung unberührt; die neue Form der Gesetzgebung trat neben sie. Anders als in den berufsständischen Rechtskreisen beruhte die Rechtsetzung nicht auf dem Konsens der Rechtsunterworfenen. Die neue Form der Rechtsetzung erfolgte durch einseitigen Erlass von Rechtsvorschriften, deren Geltung zudem nicht personenbezogen war, sondern einen räumlichen Bezug hatte.

Auf Reichsebene war die Rechtsetzung – soweit ihr „verfassungs- 90
rechtlicher" Charakter zukam – vor allem in dem Zeitraum von 1495 (Reichstag zu Worms) bis zum Ende des 16. Jahrhunderts besonders ausgeprägt, mithin während des Übergangs vom Spätmittelalter zur Neuzeit.

In diesem Zeitraum war der Machtverfall des Kaisers noch nicht so weit fortgeschritten, so dass er noch über eine nicht unbedeutende Autorität – nicht zuletzt auch gegenüber den Landesherrn – verfügte. Später kam dem Reich kaum noch eine gestaltende Rolle zu.

Die *Gesetzgebung* des Reiches erfolgte in der Regel zum Abschluss der einzelnen Reichstage im *Reichsabschied*. Zu den Reichsabschieden mit *verfassungsrechtlichem* Regelungsgehalt gehörten u. a. mehrere Reichspolizeiordnungen sowie die den Religionsfrieden betreffenden Speyerer (1526) und Augsburger Reichsabschiede (1555 → Rdn. 2/72). Mit den Reichspolizeiordnungen war der Versuch verbunden, eine „gute Ordnung des Gemeinwesens" zu schaffen. Etliche Vorschriften der Reichspolizeiordnungen fanden zudem Eingang in die Landespolizeiordnungen der Territorialstaaten (zu den Reichspolizeiordnungen vgl. *U. Eisenhardt*, Dt. Rechtsgeschichte, Rdn. 265).

91 Seit dem 16. Jahrhundert lag der Schwerpunkt der Rechtsetzung in den sich entwickelnden Territorialstaaten. Die Landesherrn nahmen damit ihre obrigkeitliche Fürsorge unter dem Begriff der „guten Polizei" durch Setzung von *Rechtsgeboten* in den landesherrlichen Polizei- und Landesordnungen wahr (vgl. dazu *U. Eisenhardt*, Dt. Rechtsgeschichte, Rdn. 256), welche den – durch den zunehmenden Verfall der Reichsgewalt und das Anwachsen der Bevölkerung gefährdeten – inneren Frieden sichern sollten. Darüber hinaus war die Gesetzgebung in den Territorien jedoch auch Ausdruck der Unabhängigkeit der Landesherrn vom Reich sowie einer neuen Idee des Staates und der Staatsgewalt.

Die Gesetzgebungsakte in der Zeit des frühen 16. Jahrhunderts bis zum Ende des 18. Jahrhunderts tragen verschiedenste Bezeichnungen (vgl. *U. Eisenhardt*, Dt. Rechtsgeschichte, Rdn. 258): „Landesordnungen" kennzeichnen eher – nach heutigem Verständnis – auf das öffentliche Recht bezogene Kodifikationen. Bis in das 18. Jahrhundert hinein bildeten diese die Hauptformen der Gesetzgebung. Der Begriff „Landrecht" steht vor allem für Kodifikationen des Privat- und Prozessrechts. Allerdings konnte auch das jeweilige Landrecht durchaus Regelungsbereiche enthalten, die heute dem Öffentlichen Recht einschließlich des Verfassungsrechts zugeordnet würden.

92 Sehr umfassende Gesetzeskodifikationen entstanden in den Territorialstaaten ab der zweiten Hälfte des 18. Jahrhunderts unter dem Einfluss des aufgeklärten Absolutismus. Dieser bewirkte eine wesentliche Veränderung in der Art und Weise der Herrschaftsausübung. Die Regierung des absoluten Herrschers wurde nun von den Grundsätzen der Aufklärung beherrscht, die den Zweck des Staates im Gemeinwohl und in der Wohlfahrt der Herrschaftsunterworfenen sahen (→ Rdn. 2/87). Diese Grundsätze fanden auch Eingang in die Gesetzgebung als Ausfluss der landesherrlichen Regierungsgewalt.

So wurde im Kurfürstentum Bayern zwischen 1751 und 1756 ein umfassendes Kodifikationswerk in Kraft gesetzt. Die geschaffenen Regelungen betrafen jedoch vornehmlich den Bereich des Kriminal- und Zivilrechts sowie das Verfahrensrecht (*Codex Maximilianeus Bavaricus Criminalis, Codex Maximilianeus Bavaricus Civilis, Codex Judiciarii*).

93 Wegweisend – nicht zuletzt in einem verfassungsrechtlichen Sinn – wurde das *Allgemeine Landrecht für die Preußischen Staaten*, das 1794 in Kraft trat und erst im Jahre 1900 durch das BGB abgelöst wurde (ausführlich zum Allg. Landrecht: *U. Eisenhardt*, Dt. Rechtsgeschichte, Rdn. 316 ff.). Als Universalgesetzbuch sollte es sämtliche

in einem Staat erforderlichen Regelungen enthalten. Aufgestellt wurden auch Rechtsgrundsätze, die weit in die Zukunft voraus wiesen, und die auch heute noch im Wege der Rechtsfindung herangezogen werden, wie dies etwa im Hinblick auf die staatshaftungsrechtlichen Ansprüche wegen Aufopferung (§§ 74, 75 EinlALR) der Fall ist.

Nachdem *Friedrich Wilhelm I.* (1688–1740) mit seinem 1714 in Auftrag gegebenen Kodifikationsplan gescheitert war, setzte *Friedrich II.* (1712–1786) die Schaffung dieses umfassenden Gesetzeswerkes durch. Das Werk wurde jedoch erst unter seinem Nachfolger *Friedrich Wilhelm II.* (1744–1797) beendet. Mit 19194 Paragraphen entsprach es zwar nicht dem Verlangen *Friedrichs II.* nach Kürze und Prägnanz („Ein vollkommenes Gesetzbuch wäre das Meisterstück des menschlichen Verstandes im Bereich der Regierungskunst. Man fände darin tiefe Kenntnis des menschlichen Herzens und des Nationalcharakters. [...] Die einzelnen Bestimmungen müssten so klar und genau sein, dass jeder Streit um die Auslegung ausgeschlossen wäre."). Es war aber – trotz aller Zugeständnisse an die traditionelle ständische Ordnung – ein Rechtsdokument, das zumindest in Ansätzen Vorschriften enthielt, die seinerzeit auch durch die amerikanische Unabhängigkeitsbewegung und die Französische Revolution proklamiert wurden, wie etwa die Gewährleistungen der Glaubens- und Gewissensfreiheit oder das Sklavereiverbot (vgl. *A. Schwennicke*, JuS 1994, S. 456/458).

Auch die in den Territorialstaaten entstandenen Kodifikationen der 94
Aufklärungszeit änderten jedoch nichts an der ständisch gegliederten Gesellschaft mit dem allein zur Gesetzgebung befugten Monarchen an der Spitze. Der Gedanke der Gleichheit fand erst nach langem Kampf und revolutionären Erhebungen, beginnend mit der Französischen Revolution 1789 (→ Rdn. 5/134 ff.), Eingang in die Gesetzeswerke.

3. Herausbildung der Verwaltung

Weiterhin erfolgte auf Landesebene die Schaffung dauerhafter Ver- 95
waltungsinstitutionen mit spezifischen Aufgaben, die in rechtlich verbindlichen Ordnungen geregelt wurden. Nicht zuletzt das starke Anwachsen der Bevölkerung auf dem Gebiet des Heiligen Römischen Reiches – nach einem Rückgang während des Dreißigjährigen Krieges von 16 Millionen auf ca. 10 Millionen Einwohner – machte eine Ausweitung der Verwaltung unausweichlich.

Zwar gab es schon im Mittelalter so etwas wie eine Verwaltung im Sinne einer Erfüllung bestimmter „öffentlicher" Aufgaben. Einzelne Funktionen, wie die Fürsorge für Arme, Alte und Kranke, wurden dabei von der Kirche übernommen. Gerichte nahmen neben rechtsprechenden auch polizeiliche Aufgaben wahr. Die mittelalterliche „Verwaltung" war somit geteilt zwischen weltlichen und religiösen Trägern. Zudem war sie – nicht anders als der *Rechtsbewahrungsstaat* überhaupt – grundsätzlich nur auf die Aufrechterhaltung der bestehenden Ordnung gerichtet. Eine einheitliche und aktiv-gestaltende staatliche Verwaltung entwickelte sich erst in der Neuzeit.

96 Die Ämter innerhalb der Verwaltung wurden dabei nicht mehr wie während des Mittelalters als Lehen vergeben. Vielmehr entwickelte sich eine Art Beamtentum, dessen Angehörige vom Landesherrn abhängig waren und von diesem jederzeit ihres Amtes enthoben werden konnten.

Vorbildcharakter hatte vor allem die preußische Staatsverwaltung unter *Friedrich Wilhelm I.* (1688–1740), der im Interesse einer funktionierenden Administration bei der Einstellung und Beförderung die persönliche Eignung der Bediensteten in den Vordergrund stellte und nicht mehr (nur) ihre Herkunft berücksichtigte. Gleichzeitig verlangte er aber auch von seinen Beamten absolute Loyalität („Die Seligkeit ist für Gott, aber alles andere muss mein sein.") und unterwarf ihre Tätigkeiten einer umfassenden Kontrolle. Zukunftsweisend war *Friedrich Wilhelm I.* zudem bei der Organisation der Verwaltung. Neu geschaffen wurde von ihm ein *Generaldirektorium*, in dem die bis dahin existierenden unterschiedlichen Verwaltungszweige in einer einzigen Behörde zusammengefasst wurden, dessen Leitung er selbst übernahm. Das Generaldirektorium bestand aus fünf, jeweils von einem Minister geleiteten Abteilungen, deren Aufgaben nach Sachgebieten verteilt und die überdies noch jeweils für die Angelegenheiten mehrerer Provinzen zuständig waren. Hinzu kamen das Auswärtige Departement und das Departement für Justiz und geistliche Angelegenheiten.

Sein Sohn *Friedrich II.* (1712–1786) übernahm die preußische Verwaltungsstruktur ebenso wie das Selbstverständnis seines Vaters als „oberster Beamter". So schrieb er über die Aufgabe des Fürsten: „Wenn er der erste Richter, der erste General, der erste Schatzbeamte, der erste Minister der Gemeinschaft ist, so ist er es nicht zur Schaustellung, sondern um die Pflicht dieser Ämter zu erfüllen. Er ist nur der erste Diener des Staates, verpflichtet, mit Rechtschaffenheit, mit Weisheit und mit völliger Uneigennützigkeit zu handeln, wie wenn er in jedem Augenblick seinen Mitbürgern Rechenschaft über seine Verwaltung ablegen müsste."

IV. Verfasstheit des Heiligen Römischen Reiches Deutscher Nation

97 Von besonderer Bedeutung für die rechtliche Grundordnung des Heiligen Römischen Reiches Deutscher Nation in der Neuzeit war

der Westfälische Frieden von 1648. Bis zum Ende des Reiches im Jahre 1806 blieb er als *Reichsgrundgesetz* von fundamentaler Bedeutung.

1. Reichsverfassungsrechtliche Bedeutung des Westfälischen Friedens

Der Westfälische Frieden war zwar der Form nach ein völkerrecht- 98
licher Vertrag, doch enthielt er neben völkerrechtlichen Regelungen grundlegende reichsverfassungsrechtliche Bestimmungen.

Der Westfälische Frieden bestand aus den rechtlich eine Einheit bildenden Frieden von Münster und von Osnabrück. Er beendete den Dreißigjährigen Krieg (1618–1648), der sich aus einer Mehrzahl von Feldzügen bzw. Einzelkriegen auf deutschem Boden zusammensetzte. Sein Hintergrund waren die religiösen Gegensätze in Deutschland, aber auch der politische Widerstand der Reichsstände gegen die absolutistischen Bestrebungen der Habsburger, die den deutschen Kaiser stellten. Eine europäische Dimension erhielten die militärischen Auseinandersetzungen durch die Beteiligung nicht dem Reich angehöriger europäischer Mächte, insbesondere Schweden und Frankreich, die ihren politischen Einfluss auf die Gestaltung der Verfassung des Heiligen Römischen Reichs Deutscher Nation geltend machten. Die Machtverhältnisse in Deutschland – insbesondere im Verhältnis von Kaiser und Reichsfürsten – waren damit keine „innerdeutsche" Angelegenheit mehr, sondern eine Frage des europäischen Mächtegleichgewichts. Der Dreißigjährige Krieg brachte bis dahin nicht gekannte Schrecken mit sich. Insgesamt verlor Deutschland etwa die Hälfte seiner Bevölkerung und des Volksvermögens.

Durch den Westfälischen Frieden wurde der Kaiser nun auch for- 99
mell weitgehend entmachtet und – erstmals in einem Rechtsdokument – die uneingeschränkte Souveränität der Landesherrn anerkannt.

Nunmehr stand den Territorialherrschern auch das Recht zu, militärische Bündnisse mit anderen Landesherrn und mit fremden Mächten zu schließen. Dieses Recht wurde nur durch den Treuevorbehalt gegenüber Kaiser und Reich beschränkt: ein Bündnis gegen Kaiser und Reich war verboten.

Die Souveränität war damit mehr als die Bezeichnung für eine rein faktische Herrschaftsbeziehung; sie war von nun an ein Rechtsinstitut (vgl. *O. Kimminich*, Dt. Verfassungsgeschichte, S. 215) und bildete in den nachfolgenden Jahrhunderten die Legitimationsgrundlage für die Inhaberschaft des Gewaltmonopols des Herrschers. Eine Unterscheidung zwischen der Souveränität des Herrschers und derjenigen des Staates kannte der Westfälische Frieden noch nicht.

100 Zentralen Raum nahmen in dem Vertragswerk jedoch nicht die hier vor dem Hintergrund der Entstehung des modernen Staates in Deutschland besonders interessierenden staatsrechtlichen, sondern die völkerrechtlichen Regelungen ein. Durch den Westfälischen Frieden erfuhren das Reich und große Teile Europas gewichtige Veränderungen. So wurde die politische Landkarte in erheblichem Maße neu gezeichnet.

Das Heilige Römische Reich Deutscher Nation verlor etliche Besitztümer. Die bereits vorher faktisch bestehende Unabhängigkeit der Vereinigten Niederlande und der Schweiz wurde nunmehr völkerrechtlich anerkannt. Beide Gebiete schieden als eigenständige Staaten aus dem Reich aus. Daneben erfolgten Gebietsabtretungen an Frankreich, das unter anderem die Bistümer Metz, Toul und Verdun erhielt, und an Schweden, dem insbesondere Vorpommern mit den Inseln Rügen, Usedom und Wollin sowie die Stadt Wismar zufielen. Aufgrund seiner neuen Besitzungen in Vorpommern wurde Schweden zudem Reichsstand, wodurch sein Einfluss auch auf dem Reichstag gesichert war. Frankreich und Schweden erhielten im Vertragswerk von Münster und Osnabrück zudem die Rechtsstellung von Garantiemächten, die es ihnen erlaubte, im Fall einer Vertragsverletzung unter Umständen auch mit militärischer Gewalt zur Wiederherstellung des Rechtsgehorsams einzuschreiten.

101 Darüber hinaus wurde durch den Westfälischen Frieden eine europäische Friedensordnung konstituiert. Im Mittelpunkt der völkervertraglichen Regelungen stand ein Konsultationsverfahren, das für den Fall einer Verletzung des Westfälischen Friedens die Herbeiführung einer „freundschaftlichen Regelung" zum Ziel hatte. Vorgesehen war dafür ein Zeitraum von drei Jahren, nach dessen erfolglosem Ablauf alle Vertragsparteien gemeinsam die Verletzung militärisch ahnden sollten.

Das Vertragswerk enthielt somit – in der heute gebräuchlichen Terminologie – einerseits Regeln für eine *friedliche Streitbeilegung*, andererseits aber auch solche für ein *System kollektiver Sicherheit*. Vergleiche der durch den Westfälischen Frieden begründeten europäischen Ordnung mit den heutigen Strukturen der Vereinten Nationen sind daher durchaus naheliegend, wenngleich die seinerzeitigen Regeln des Westfälischen Friedens in den nachfolgenden Jahrhunderten wieder aus dem Blickfeld gerieten und erst mit dem Völkerbund nach dem Ende des Ersten Weltkriegs (1918) in gewisser Weise wiederentdeckt wurden (→ Rdn. 7/78 f.).

102 Als Reaktion auf einen (auch) konfessionellen Krieg enthielt der Westfälische Frieden zudem Bestimmungen mit religiösem Bezug. Dabei schuf er keine umfassenden Neuregelungen, sondern schrieb die bestehenden Regelungen fort.

So wurden insbesondere die im Augsburger Religionsfrieden (1555) niedergelegten konfessionellen Prinzipien nochmals anerkannt. Dazu gehörte der Grundsatz *cuius regio, eius religio*. Weiterhin durfte die Inhaberschaft und Ausübung von Rechten nicht mehr von einer bestimmten Religionszugehörigkeit abhängig gemacht werden. Schließlich wurde neben der lutherisch-augsburgischen und der römisch-katholischen Konfession erstmals der Calvinismus in die Regelungen des Religionsfriedens eingeschlossen.

2. Doppelung der Staatsmacht im Reich

Das Erstarken der Landesherrn und deren im Westfälischen Frieden festgeschriebene Souveränität brachte de facto eine Aufteilung der Staatsgewalt zwischen dem Reich und den ihm angehörenden Territorialstaaten mit sich. Diese *Doppelung der Staatsmacht im Reich* (*U. Eisenhardt*, Dt. Rechtsgeschichte, Rdn. 69) rief die praktisch bedeutsame Frage hervor, ob das Reich als *Monarchie* oder als *Aristokratie* im *aristotelischen Sinne* (→ Rdn. 5/7 ff.) einzustufen war: Handelte es sich um eine Monarchie, dann war in allen Zweifelsfällen über etwaige Kompetenzen eine Zuständigkeitsvermutung zugunsten des Kaisers anzunehmen. Andernfalls galt die Zuständigkeitsvermutung zugunsten der Landesherrn. 103

Vor dem Hintergrund einer ungeklärten Verfassungslage wurde somit erstmals versucht, das im Ansatz noch heute bestehende System der zwischen Gesamt- und Gliedstaaten geteilten Souveränität in Deutschland einer staats- und verfassungsrechtlich vernünftigen Lösung zuzuführen.

Im Wesentlichen setzte sich schließlich die Meinung durch, in der Verfassung des Reiches seien monarchische und aristokratische Elemente gemischt. Man sprach von einer *res publica mixta*. Eine endgültige Klärung der Streitfrage gelang jedoch nicht. So wies *Samuel von Pufendorf* (1632–1694) in seinem 1667 veröffentlichten Werk „Über den Status des Reiches“ darauf hin, dass die Verfassung des Reiches keiner der aristotelischen Staatsformen entspreche und das Reich daher als ein – gemessen an der Staatsformenlehre des *Aristoteles* – *irregulärer und einem Monstrum ähnlicher Körper* (*„irregulare aliquod corpus et monstro simile“*) anzusehen und eher als ein Bündnis weitgehend unabhängiger Staaten zu begreifen sei. Der Staatsdenker *Johann Stephan Pütter* (1725–1807) sprach hingegen vom Reich schon als einem „aus Staaten zusammengesetzten Staate“ (vgl. *U. Eisenhardt*, Dt. Rechtsgeschichte, Rdn. 77). 104

3. Klammerfunktion der Reichseinrichtungen

105 Dass trotz des machtpolitischen Erstarkens der Landesherrn das Heilige Römische Reich Deutscher Nation zumindest als formales Rechtsgebilde fortbestehen konnte, war den zentralen Einrichtungen des Reiches (insbesondere Kaiser, Reichstag und Reichsgerichte) geschuldet. Sie wirkten den zentrifugalen Kräften der nach Souveränität strebenden Landesherrn entgegen, indem sie rechtlich weiterhin das Alte Reich repräsentierten und mit entsprechenden Aufgaben ausgestattet waren. Sie machten schon allein durch ihre Existenz deutlich, eine für alle verbindliche Reichsgewalt zu symbolisieren, die mit dem Anspruch auf Unterordnung der Landesherrschaft auftrat. Außerdem verdeutlichten die zentralen Reichseinrichtungen die Bindung an eine gemeinsame Rechtsordnung, die vor allem der Sicherung des Friedens, zumal des Religionsfriedens, im Reich durch die Gewährleistung der friedlichen Beilegung von Streitigkeiten und damit einem politischen Interessenausgleich dienen sollte. Vgl. umfassend zu den Reichseinrichtungen: *U. Eisenhardt*, Dt. Rechtsgeschichte, Rdn. 80ff. (Kaiser), Rdn. 88ff. (Reichstag), Rdn. 94ff. (Reichskammergericht und Reichshofrat).

106 **Literatur zu A.:** *E.-W. Böckenförde*, Geschichte der Rechts- und Staatsphilosophie (Antike und Mittelalter), 2. Aufl. 2006; *U. Eisenhardt*, Deutsche Rechtsgeschichte, 6. Aufl. 2013; *H. Fenske*, Der moderne Verfassungsstaat: eine vergleichende Geschichte von der Entstehung bis zum 20. Jahrhundert, 2001; *R. Gmür/A. Roth*, Grundriss der deutschen Rechtsgeschichte, 14. Aufl. 2014. Kap. 4–7; *K. Hesse*, Grundzüge des Verfassungsrechts der Bundesrepublik Deutschland, 20. Aufl. 1995, Rdn. 16ff.; *K. Hesse*, Verfassung und Verfassungsrecht, in: E. Benda/W. Maihofer/H.-J. Vogel (Hrsg.), Handbuch des Verfassungsrechts, 2. Aufl. 1994, § 1 Rdn. 4ff.; *H. Krüger*, Allgemeine Staatslehre, 2. Aufl. 1966, S. 1ff., 15ff., 32ff.; *H. Mohnhaupt/D. Grimm*, Verfassung – zur Geschichte des Begriffs von der Antike bis zur Gegenwart, 2. Aufl. 2002; *K. Roth*, Genealogie des Staates. Prämissen neuzeitlichen Politikdenkens, 2. Aufl. 2011; *R. Voigt* (Hrsg.), Staatsdenken. Zum Stand der Staatstheorie heute, 2016, Kap. 1 (Antikes Staatsdenken); *Chr. Waldhoff*, Verfassungsgeschichte und Theorie der Verfassung, in: O. Depenheuer/Chr. Grabenwarter (Hrsg.), Verfassungstheorie, 2010, § 4; *D. Willoweit*, Deutsche Verfassungsgeschichte, 7. Aufl. 2013, § 2 (Grundfragen der Verfassungsgeschichtsschreibung).

Zu B.I.: *R. Zippelius*, Allgemeine Staatslehre, 17. Aufl. 2017, § 15; *H. Krüger*, Allgemeine Staatslehre, 2. Aufl. 1966, S. 137ff. – **II.:** *V. Ehrenberg*, Der Staat der Griechen, 2. Aufl. 1965; *H. Mohnhaupt/D. Grimm*, Verfassung – zur Geschichte des Begriffs von der Antike bis zur Gegenwart, 2. Aufl. 2002; *D. Nörr*, Imperium und Polis in der hohen Prinzipatszeit, 1966; *M. Riedel*,

Bürger, Staatsbürger, Bürgertum, in: R. Koselleck (Hrsg.), Geschichtliche Grundbegriffe Bd. 1, 2004, S. 672 ff.; *K.-W. Welwei*, Die griechische Polis, 2. Aufl. 1998. – **III.:** W. Eder (Hrsg.), Staat und Staatlichkeit in der frühen römischen Republik, 1988; *K. Boosfeld*, Grundzüge der römischen Rechtsgeschichte, JuS 2017, 490 ff. – **IV. (Grundlagen):** *O. Brunner*, Land und Herrschaft, 5. Aufl. 1965; *ders.*, Moderner Verfassungsbegriff und mittelalterliche Verfassungsgeschichte, in: H. Kämpf (Hrsg.), Herrschaft und Staat im Mittelalter, 1964, S. 1 ff.; *G. Dilcher/D. Quaglioni* (Hrsg.), Die Anfänge des öffentlichen Rechts, Bd. 1: Gesetzgebung im Zeitalter Friedrich Barbarossas und das Gelehrte Recht; Bd. 2: Von Friedrich Barbarossa zu Friedrich II, 2007; *U. Eisenhardt*, Deutsche Rechtsgeschichte, 6. Aufl. 2013; *R. Koselleck*, Begriffsgeschichtliche Probleme der Verfassungsgeschichtsschreibung, in: Gegenstand und Begriff der Verfassungsgeschichtsschreibung, Beiheft 6 zu „Der Staat“, 1983, S. 7 ff.; *K. Kroeschell*, Verfassungsgeschichte und Rechtsgeschichte des Mittelalters, in: Gegenstand und Begriff der Verfassungsgeschichtsschreibung, Beiheft 6 zu „Der Staat“, 1983, S. 47 ff.; *ders.*, Deutsche Rechtsgeschichte, Bd. 1 (bis 1250), 13. Aufl. 2008; *ders.*, Deutsche Rechtsgeschichte, Bd. 3 (seit 1650), 5. Aufl. 2008; *K. Kroeschell/A. Cordes/K. Nehlsen-von Stryk*, Deutsche Rechtsgeschichte, Bd. 2 (1250–1650), 9. Aufl. 2008; *Th. Mayer*, Die Ausbildung der Grundlagen des modernen deutschen Staates im hohen Mittelalter, in: H. Kämpf (Hrsg.), Herrschaft und Staat im Mittelalter, 1964, S. 284 ff.; *J. Miethke/A. Bühler*, Kaiser und Papst im Konflikt. Zum Verhältnis von Staat und Kirche im späten Mittelalter, 1988; *R. Sprandel*, Perspektiven der Verfassungsgeschichtsschreibung aus der Sicht des Mittelalters, in: Gegenstand und Begriff der Verfassungsgeschichtsschreibung, Beiheft 6 zu „Der Staat“, 1983, S. 105 ff.; *D. Wyduckel*, Princeps legibus solutus. Eine Untersuchung zur frühmodernen Rechts- und Staatslehre. – **IV.1.:** *B. Diestelkamp*, Lehnrecht und spätmittelalterliche Territorien, in: H. Patze (Hrsg.), Der deutsche Territorialstaat im 14. Jahrhundert, Bd. 1, 1970, S. 65 ff.; *ders.*, Heinrich Mitteis, „Lehnrecht und Staatsgewalt“ im Lichte moderner Forschung, in: P. Landau u. a. (Hrsg.), Heinrich Mitteis nach hundert Jahren (1889–1989), 1991, S. 11 ff.; *G. Dilcher* (Hrsg.), Gewohnheitsrecht und Rechtsgewohnheiten im Mittelalter, 1992; *F. Dorn*, „Der Tote erbt den Lebenden“, ZJS 2012, S. 491 ff.; *K.-F. Krieger*, Die Lehnshoheit der deutschen Könige im Spätmittelalter (ca. 1200–1437), 1979; *ders.*, König, Reich und Reichsreform im Spätmittelalter, 2. Aufl. 2005; *ders.*, Die königliche Lehngerichtsbarkeit im Zeitalter der Stauffer, DA 26 (1970), S. 400 ff.; *Th. Mayer*, Die Ausbildung der Grundlagen des modernen deutschen Staates im hohen Mittelalter, in: H. Kämpf (Hrsg.), Herrschaft und Staat im Mittelalter, 1964, S. 284 ff.; *J. Miethke*, Die Frage der Legitimität rechtlicher Normierung in der politischen Theorie des 14. Jahrhunderts, in: D. Willoweit (Hrsg.), Die Begründung des Rechts als historisches Problem, 2000, S. 171 ff.; *H. Mitteis*, Lehnrecht und Staatsgewalt, 1933; *G. Theuerkauf*, Land und Lehnswesen vom 14. bis zum 16. Jahrhundert, 1961; *W. Trusen*, Gutes altes Recht und consuetudo – Aus den Anfängen der Rechtsquellenlehre im Mittelalter, in: H. Hablitzel/M. Wollenschläger (Hrsg.), Recht und Staat, FS für G. Küchenhoff, 1972, S. 189 ff.; *J. Weitzel*, Der Grund des Rechts in Gewohnheit und Herkommen, in: D. Willoweit (Hrsg.), Die Begründung des Rechts als historisches Problem, 2000, S. 137 ff.; *K.F. Werner*, Der fränkisch-französische Königs- und Lehnsstaat bei Heinrich Mitteis, in: P. Landau u. a. (Hrsg.), Heinrich Mitteis nach hundert Jahren (1889–1989), 1991, S. 23 ff.; *D. Willoweit*, Rechtsbegründung und Rechtsbegriff, in: ders. (Hrsg.), Die Begründung des Rechts als historisches Problem, 2000, S. 315 ff. – **IV. 2.:** *H. Angermeier*, Königtum und Landfriede im deutschen Spätmittelalter, 1966; *ders.*, Landfriedenspolitik und Landfriedensgesetzgebung unter den Staufern, in: J. Fleckenstein (Hrsg.), Probleme um Friedrich II., 1974, S. 167 ff.; *A. Buschmann*, Der Mainzer Reichslandfrieden von 1235 – Anfänge einer geschriebenen Verfassung im Heiligen Römischen Reich, JuS 1991, S. 453 ff; *A. Buschmann/E. Wadle* (Hrsg.), Landfrieden – Anspruch und Wirklichkeit, 2002; *B. Diestelkamp*, Reichsweistümer als normative Quellen?, in: P. Classen (Hrsg.), Recht und Schrift im Mittelalter, 1977, S. 281 ff.; *G. Dilcher*, Der mittelalterliche Kaisergedanke als Rechtslegitimation, in: D. Willoweit (Hrsg.), Die Begründung des Rechts als historisches Problem, 2000, S. 153 ff.; *M.G. Fischer*, Reichsreform und „Ewiger Landfrieden". Über die Entwicklung des Fehderechts im 15. Jahrhundert bis zum absoluten Fehdeverbot von 1495, 2007; *J. Gernhuber*, Die Landfriedensbewegung in Deutschland bis zum Mainzer Reichslandfrieden von 1235, 1952; *G. Köbler*, Deutsche Rechtsgeschichte, 6. Aufl. 2005; *H. Krause*, Königtum und Rechtsordnung in der Zeit der sächsischen und salischen Herrscher, ZRG GA 82 (1965), S. 1 ff.; *K. Kroeschell*, Verfassungsgeschichte und Rechtsgeschichte des Mittelalters, in: Gegenstand und Begriff der Verfassungsgeschichtsschreibung, Beiheft 6 zu „Der Staat", 1983, S. 47 ff.; *ders.*, Recht und Rechtsbegriff im 12. Jahrhundert, in: Konstanzer Arbeitskreis für mittelalterliche Geschichte (Hrsg.), Probleme des 12. Jahrhunderts, 1968, S. 309 ff.; *G. Landwehr*, Königtum und Landfrieden, Der Staat 7 (1968), S. 84 ff.; *E.L. Petersen*, Studien zur Goldenen Bulle von 1356, DA 22 (1966), S. 227 ff.; *E. Schubert*, Königswahl und Königtum im spätmittelalterlichen Reich, ZHF 4 (1977), S. 257 ff.; *W. Sellert*, Friedensprogramme und Friedenswahrung im Mittelalter, FS für K. Kroeschell, 1988, S. 453 ff.; *M. Stercken*, Königtum und Territorialgewalten in den rhein-maasländischen Landfrieden des 14. Jahrhunderts, 1989; *E. Wadle*, Landfrieden, Strafe, Recht – Zwölf Studien zum Mittelalter, 2001; *A. Wolf*, Gesetzgebung in Europa 1100–1500. Zur Entstehung der Territorialstaaten, 2. Aufl. 1996; *ders.*, Das „Kaiserliche Rechtbuch" Karls IV. (sog. Goldene Bulle), in: Ius Commune 2 (1969), S. 1 ff.

Zu C. (Grundlagen): *H.-J. Becker*, Das Gewaltmonopol des Staates und die Sicherheit des Bürgers – Der ewige Landfriede vor 500 Jahren, NJW 1995, S. 2077 ff.; *A. Buschmann*, Kaiser und Reich – Verfassungsgeschichte des Heiligen Römischen Reichs Deutscher Nation vom Beginn des 12. Jahrhunderts bis zum Jahr 1806 in Dokumenten, 2. Aufl. 1999; *ders.*, Kaiser, Reich und Landesherren – Reichsrecht und Landesherrschaften im Heiligen Römischen Reich, FS für H. Quaritsch, 2000, S. 449 ff.; *ders.*, Der Mainzer Reichslandfrieden von 1235 – Anfänge einer geschriebenen Verfassung im Heiligen Römischen Reich, JuS 1991, S. 453 ff; *P. Classen*, Das Wormser Konkordat in der deutschen Verfassungsgeschichte, in: J. Fleckenstein (Hrsg.), Investiturstreit und Reichsverfassung, 1973, S. 411 ff.; *H. Fenske*, Der moderne Verfassungsstaat: eine vergleichende Geschichte von der Entstehung bis zum 20. Jahrhundert, 2001; *K.-F. Krieger*, König, Reich und Reichsreform im Spätmittelalter, 2. Aufl. 2005; *J. Link*, Die Bedeutung des Westfälischen Friedens in der deutschen Verfassungsentwicklung, JZ 1998, S. 1 ff.; *N. Meurer*, Die Bedeutung des Reichskammergerichts für die Rechtsentwicklung in Deutschland, JA 2004, S. 848 ff.; *P. Moraw*, Von offener Verfassung zu gestalteter Verdichtung – Das Reich im späten Mittelalter 1250–1490, 1985; *ders.*, Fürstentum, Königtum und „Reichsreform" im deutschen Spätmittelalter, in: W. Heinemeyer (Hrsg.), Vom Reichsfürstenstande, 1987, S. 117 ff.; *W. Odersky*, 500 Jahre Reichskammergericht, NJW 1995, S. 2901 ff.; *Chr. Raap*, Zur rechtlichen Struktur des Heiligen Römischen Reiches, FS für D. Fleck, 2004, S. 477 ff.; *A. Randelzhofer*, Die Bedeutung des Westfälischen Friedens für das Völkerrecht, FS für W. Leisner, 1999, S. 3 ff.; *G. Schmidt*, Geschichte des alten Reiches – Staat und Nation in der Frühen Neuzeit 1495–1806, 1999; *K.-P. Schroeder*, Des alten Reiches langer Schatten – 200 Jahre Reichsdeputationshauptschluss, NJW 2003, S. 630 ff.; *E. Schubert*, König und Reich – Studien zur mittelalterlichen deutschen Verfassungsgeschichte, 1979; *R. Sprandel*, Verfassung und Gesellschaft im Mittelalter, 5. Aufl. 1994; *H. Steiger*, Das ius belli ac pacis des alten Reiches zwischen 1645 und 1801, Der Staat 37 (1998), S. 493 ff.; *ders.*, Rechtliche Strukturen der Europäischen Staatenordnung 1648–1792, ZaöRV 59 (1999), S. 609 ff.; *H. Thieme*, Das Heilige Römische Reich und seine Glieder, JuS 1981, S. 549 ff.; *J. Weitzel*, Das alte Reich und die neue Union, FS für K. Kroeschell, 1997, S. 1347 ff.; *D. Willoweit*, Rechtsgrundlagen der Territorialgewalt, 1975; *D. Wyduckel*, Princeps Legibus Solutus, 1979; *K.-H. Ziegler*, Die Bedeutung des Westfälischen Friedens von 1648 für das europäische Völkerrecht, ArchVR 37 (1999), S. 129 ff. – **II.1.:** *K. Adomeit*, Rechts- und Staatsphilosophie II (Rechtsdenker der Neuzeit), 2. Aufl. 2002, S. 7 ff.; *J.-P. Bussalb*, Macht und Gesetz bei Machiavelli, JA 2002, S. 730 ff.; *D. Hoeges*, Niccolò Machiavelli. Die Macht und der Schein, 2000; *W. Kersting*, Niccolò Machiavelli, 3. Aufl. 2006; *R. King*, Machiavelli – Philosoph der Macht, 2009; *K. Mittermaier*, Machiavelli – Moral und Politik zu Beginn der Neuzeit, 2005; *H. Münkler*, Machiavelli, 2004; *R. Voigt* (Hrsg.), Staatsdenken. Zum Stand der Staatstheorie heute, 2016, Kap. 2 (Kap. 2 Klassisches Staatsdenken). – **II.2.:** *E.-W. Böckenförde*, Die Entstehung des Staates als Vorgang der Säkularisation, in: ders., Staat, Gesellschaft, Freiheit – Studien zur Staatstheorie und zum Verfassungsrecht, 1976, S. 42 ff.; *H. Dreier*, Kanonistik und Konfessionalisierung – Marksteine auf dem Weg zum Staat, JZ 2002, S. 1 ff.; *K.-F. Gärditz*, Säkularität und Verfassung, in: O. Depenheuer/Chr. Grabenwarter (Hrsg.), Verfassungstheorie, 2010, § 5; *W. Heun*, Artikel „Säkularisierung", in: Heun u. a. (Hrsg.), Ev. Staatslexikon, Sp. 2073 ff.; *H. Rabe*, Reich und Glaubensspaltung – Deutschland 1500–1600, 1989; *C. Schmitt*, Politische Theologie – Vier Kapitel zur Lehre von der Souveränität (1922), 4. Aufl. 1934; *D. Willoweit*, Dt. Verfassungsgeschichte, 7. Aufl. 2013. – **III.2.:** *B. Diestelkamp*, Das Verhältnis von Gesetz und Gewohnheitsrecht im

16. Jahrhundert, in: FS für H. Thieme, 1977, S. 1 ff.; *W. Ebel*, Die Geschichte der Gesetzgebung in Deutschland, 2. Aufl. 1958; *G. Kleinheyer*, Aspekte der Gleichheit in den Aufklärungskodifikationen und den Konstitutionen des Vormärz, Der Staat, Beiheft 4, 1980, S. 7 ff.; *A. Schwennicke*, Zwischen Tradition und Fortschritt – zum 200. Geburtstag des Preußischen Allgemeinen Landrechts von 1794, JuS 1994, S. 456 ff.; *T. Simon*, Krise oder Wachstum? Erklärungsversuche zum Aufkommen territorialer Gesetzgebung am Ausgang des Mittelalters, FS für K. Kroeschell, 1997, S. 1201 ff.; *T. Simon*, Gute Policey – Ordnungsleitbilder und Zielvorstellungen politischen Handelns in der frühen Neuzeit, 2004; *D. Willoweit*, Gesetzgebung und Recht im Übergang vom Spätmittelalter zum frühneuzeitlichen Obrigkeitsstaat, in: O. Behrens/Chr. Link (Hrsg.), Zum römischen und neuzeitlichen Gesetzesbegriff, 1987, S. 123 ff.; *ders.*, War das Königreich Preußen ein Rechtsstaat?, FS für P. Mikat, 1989, S. 451 ff. – **III.3.:** *J. Kunisch*, Das Lob der Monarchie, Aspekte der Staats- und Herrschaftsauffassung Friedrichs des Großen, Der Staat 50 (2011), S. 352.

§ 3. Der Staat als rechtliches Phänomen

A. Probleme einer juristischen Begriffsbildung

Das Phänomen des Staates wurde bislang zum Zwecke der historischen Einordnung lediglich unter dem allgemeinen Aspekt des Herrschaftsverhältnisses und dessen Wandlung in der Neuzeit untersucht. Eine andere Frage ist jedoch, ob und wie man den Staat als rechtliches Phänomen begreifen kann. Die spezifisch juristische Erfassung des faktischen Phänomens Staat betrifft eine der grundlegenden Fragestellungen der Allgemeinen Staatslehre. 1

Auch unter praktischen Gesichtspunkten ist diese Frage keineswegs unbedeutend. So steht etwa die Aufnahme in den Kreis der Vereinten Nationen nur „Staaten“ offen; Klagen vor dem Internationalen Gerichtshof (IGH) in Den Haag können ebenfalls nur Staaten erheben. Hier hilft die Kenntnis der neuzeitlichen Besonderheiten des modernen Staates wenig. Erforderlich ist eine spezifisch juristische Begriffsbildung. Deren Notwendigkeit tritt damit deutlicher als im Staats- und Verfassungsrecht im Völkerrecht zutage. 2

Was ist nun aber ein Staat im rechtlichen Sinn? Diese Frage beschäftigt die Rechtswissenschaft seit mehr als 200 Jahren. 3

Bereits 1809 stellte der Staatstheoretiker und Philosoph *Adam Müller* (1779–1829, Elemente der Staatskunst) fest: „Vom Staate aber gibt es keinen Begriff.“ Und der Staatsrechtslehrer *Hermann Schulze-Gävernitz* (1824–1888) meinte 1881 (Lehrbuch des deutschen Staatsrechts): „Die Zahl der Staatsdefinitionen ist unübersehbar. Fast jeder Schriftsteller über den Staat hat seine eigene, mehr oder minder originelle.“ An dieser Einschätzung hat sich bis heute wenig geändert. Unbestritten ist zwar, dass Deutschland, Frankreich, Polen, Russland usw. Staaten sind. Über die Voraussetzungen von Staatlichkeit ist damit jedoch keine Aussage getroffen.

Um den Staat in Kategorien des Rechts zu erfassen, ist es zunächst erforderlich, Klarheit über den Begriff des Rechts zu erlangen: „Recht“ ist nichts Gegenständliches, Seiendes. Es ist eine *Idee*, eine menschliche Vorstellung. Als solche legt es fest, was *gesollt* ist. Für den Staat gilt nichts anderes. Auch der Staat ist gegenständlich nicht fassbar. Er ist zunächst nur eine Idee, etwas von der Wissenschaft nicht nur „Vorgefundenes“, sondern auch „Erfundenes“. Anders formuliert: „Der moderne Staat ist eine Zweckschöpfung der politischen Vernunft" (*J. Isensee*, HStR II, § 15 Rdn. 79).

Man kann den Staat zwar „erleben", etwa bei der Einziehung zum Wehrdienst oder bei der Erteilung eines Bußgeldbescheides. Der Staat aber bleibt dennoch immer nur „Idee"; man „erlebt" ihn nur durch das Handeln seiner Organe und Amtsträger, also durch das Handeln von Menschen, die bestimmte staatliche Funktionen ausüben. Dieses „Erleben" des Staates wird als *Staat im faktischen Sinn* bezeichnet.

4 Die Bestimmung des Staatsbegriffs anhand rechtlicher Kriterien stößt auf Schwierigkeiten. Da es keine dem Staat vorgelagerte Rechtsordnung gibt, die entsprechende *Sollenssätze* aufstellt, kann das Recht jedenfalls für die Allgemeine Staatslehre keine unmittelbare Definition des Staates vornehmen.

Denn der Staat setzt das Recht. Das gilt sowohl nach innen (innerstaatliches Recht) als auch im Zusammenwirken mit anderen Staaten nach außen (Völkerrecht). Das schließt nicht aus, dass das Völkerrecht in Form von Völkergewohnheitsrecht oder Völkervertragsrecht entsprechende Regelungen trifft (die Staaten bestimmen dann, was Staaten sind). Für die Allgemeine Staatslehre ist dies allerdings ohne Bedeutung.

5 Vielmehr ist es erforderlich, im Wege der *Induktion* aus der Faktizität dessen, was heute als Staat bezeichnet wird, idealtypische Kriterien von Staatlichkeit herauszuarbeiten.

Das Interesse an Erkenntnissen über den Staatsbegriff divergierte im Laufe der Zeit. Die deutsche Staatslehre verzeichnete ihre Blütezeit in den 1920er Jahren und fand ihren Ausdruck in einem grundlegenden Methoden- und Richtungsstreit. Dass gerade in dieser Zeit der Blick mit besonderem Interesse auf die Frage nach dem Wesen des Staates gerichtet war, hat seinen Grund in der Tatsache, dass nach dem Zusammenbruch der Monarchie (1918) die Suche nach der einheitsstiftenden Idee, die bis dahin nicht so sehr der Staat als vielmehr dessen monarchische Spitze gebildet hatte, neue Bezugspunkte benötigte. Die politische Zerrissenheit der Gesellschaft, soziale Spannungen bis hin zur Massenarbeitslosigkeit, der wirtschaftliche Niedergang, nicht zuletzt aber auch außenpolitische „Ehrkränkungen" wie das „Diktat von Versailles" oder die Rheinlandbesetzung bargen den Keim der Desintegration für das neu formierte und organisierte Staatswesen in sich. Im Vordergrund der Staatsrechtslehre stand deshalb die Frage, wie man angesichts solcher Verhältnisse eine für den Erfolg des demokratischen Staates nötige (staats-) politische Einheitsbildung und Identifizierung mit dieser neuen Ordnung erzielen könnte. Die Antworten fielen zwangsläufig unterschiedlich aus (zu den seinerzeit vertretenen Staatsbegriffen Rdn. 3/12 ff.; 3/15).

Die Erkenntnisse der Staatslehre in der Weimarer Republik sind – obwohl in ihrem historischen Kontext zu sehen – auch heute noch Anknüpfungspunkt sowie Begriffs- und Argumentationsarsenal der deutschen Staats- und Verfassungsrechtslehre. Allerdings ist unter der Herrschaft des Grundgesetzes der Streit um den Begriff und die Eigenarten des Staates in den Hintergrund getreten: Die Staatslehre wurde (vordergründig) abgelöst durch die Verfassungsinterpretation. Von wenigen Ausnahmen abgesehen fehlt es heute zumeist schon an dem Versuch, eine über den Wortlaut des Grundgesetzes hinausgehende, abstrahierende und der Rechtsvergleichung verpflichtete Verfassungslehre auszubilden (vgl. aber *P. Häberle/M. Kotzur*, Europäische Verfassungslehre, 8. Aufl. 2016). Zudem werden die bei der Verfassungsinterpretation zutage tretenden Unterschiede in der Regel nicht vor dem Hintergrund grundsätzlicher Meinungsverschiedenheiten im Ausgangspunkt der jeweiligen Überlegungen verdeutlicht, obwohl sich nur in Kenntnis dieses Ausgangspunktes die einzelnen wissenschaftlichen Argumentationsmuster hinreichend erfassen und erklären lassen. 6

B. Rechtswissenschaftliche Annäherungen an den Staatsbegriff

I. Notwendigkeit eines juristischen Staatsbegriffs

In der Soziologie wird die Möglichkeit, den Staat mit juristischen Mitteln zu erfassen, wegen der mit einer juristischen Bestimmung verbundenen Schwierigkeiten vollständig zugunsten eines soziologischen Staatsbegriffs abgelehnt. Der Staat ist danach wissenschaftlich fassbar nur als Ausdruck bestimmter menschlicher Verhaltensmuster, die ihrem Sinngehalt nach auf einer Einheitsvorstellung basieren. Die Menschen verhalten sich so, als ob es die Einheit des Staates gäbe und richten ihre Handlungen nach dieser Vorstellung aus. Der *soziologische Staatsbegriff* orientiert sich – entsprechend der wissenschaftlichen Methode der Soziologie (→ Rdn. 1/33 ff.) – an der Erwartungshaltung und den Verhaltensweisen von Menschen und Gruppen, letztlich der „Gesellschaft“ (→ Rdn. 3/17). Insoweit beschreibt er allein *Seiendes*. Dementsprechend definierte *Max Weber* (1864–1920, Politik als Beruf, 1919) den Staat als „diejenige menschliche Gemein- 7 schaft, welche innerhalb eines bestimmten Gebietes […] das Monopol legitimer physischer Gewaltsamkeit für sich (mit Erfolg) beansprucht."

8 Der Begriff der *Gewalt* wird im staatsrechtlichen und staatstheoretischen Zusammenhang in zweifacher Weise verwendet. In der Definition von *Max Weber* ist Gewalt i. S. von körperlicher Zwangsgewalt (*vis*) gemeint, die ihren Ausdruck insbesondere im Gewaltmonopol des Staates findet (z. B. polizeiliche Zwangsbefugnisse oder gerichtliche Zwangsvollstreckung). Die zweite Begriffsverwendung von Gewalt betrifft hingegen die Staatsgewalt in einem umfassenden Sinne (*potestas*), die – unter Einschluss des Monopols körperlicher Zwangsgewalt – auch alle anderen (rechtlichen) Formen der Ausübung staatlicher Hoheitsbefugnisse umfasst. Dafür finden sich auch die Begriffe *Hoheitsgewalt* oder *öffentliche Gewalt*. Mit anderen Worten: Staatsgewalt (*potestas*) ist die Gesamtheit der vom Staat in Anspruch genommenen Kompetenzen, wie sie üblicherweise auch der verfassungsstaatlichen *Gewalten*teilung (→ Rdn. 5/155) zugrunde liegt.

9 Aus Sicht der Rechtswissenschaft kann eine rein soziologische, auf den Machtfaktor der monopolisierten Fähigkeit zur Ausübung körperlicher Zwangsgewalt abstellende Definition, wie sie *M. Weber* betont, jedoch nicht befriedigen. Indem der Staat Anknüpfungspunkt der Rechtsordnung und damit letztlich wichtigster Gegenstand juristischen Arbeitens ist, ist seine nähere Bestimmung (auch) aus rechtswissenschaftlicher Perspektive sowie eine Einordnung des Phänomens *Staat* in die *Sollensordnung* unumgänglich.

II. Zwei-Seiten-Theorie

10 Eine Berücksichtigung sowohl soziologischer als auch juristischer Aspekte von Staatlichkeit erfolgte in der auf *Georg Jellinek* (1851–1911) zurückgehenden *Zwei-Seiten-Theorie* (Allgemeine Staatslehre, 1900). Danach ist der Staat zugleich ein rechtliches und ein gesellschaftliches Gebilde. Er kann weder allein aufgrund einer rein juristischen noch aufgrund einer rein außerjuristischen, also soziologischen, historischen oder politologischen Betrachtungsweise erfasst werden. Für die gesellschaftliche Seite des Staates sollen die von den Sozialwissenschaften erarbeiteten Methoden gelten. Die rechtliche Seite des Staates wird demgegenüber mit juristischen Denkmethoden erforscht. *Jellinek* forderte deshalb „eine genaue Abgrenzung der Welt der juristischen Begriffe gegen andere Erkenntnisgebiete" und formulierte sowohl einen juristischen als auch einen soziologischen Staatsbegriff.

Soziologisch gesehen ist nach *Jellinek* der Staat eine „mit ursprünglicher Herrschermacht ausgerüstete Verbandseinheit sesshafter Menschen“. Die rechtliche Seite des Staates ist demgegenüber „die mit ursprünglicher Herrschermacht ausgerüstete Körperschaft eines sesshaften Volkes oder […] die mit ursprünglicher Herrschermacht ausgestattete Gebietskörperschaft“. Diese rechtliche Seite erfasste *Jellinek* nach Maßgabe der drei Kriterien Staatsgebiet, Staatsvolk und Staatsgewalt, welche in ihrem Zusammenhang als Drei-Elemente-Lehre heute für den Bereich des Völkerrechts bestimmend sind und daher im Zusammenhang mit dem völkerrechtlichen Staatsbegriff im Einzelnen erläutert werden sollen (→ Rdn. 3/42ff.). 11

III. Rein juristischer Staatsbegriff

Die Zwei-Seiten-Theorie wurde vor allem von *Hans Kelsen* (1881–1973) heftig kritisiert (Der soziologische und der juristische Staatsbegriff, 1922; Allgemeine Staatslehre, 1925; Der Staat als Integration, 1930; Reine Rechtslehre, 1934), der sie mit dem Vorwurf des Methodensynkretismus konfrontierte. Der Staat sei kein Gebilde der Natur, sondern begreifbar nur als „eine normative, das gegenseitige Verhalten einer Vielheit von Menschen regelnde Ordnung“. Daher könne etwa die Zugehörigkeit eines Menschen zu einem Staat allein nach rechtlichen Kriterien beurteilt werden. Ob ein Mensch nach soziologischen Kriterien zu einem Staat gehöre, sei eine andere, juristisch nicht relevante Frage. In idealer Entgegensetzung zum soziologischen Staatsbegriff entwickelte *Kelsen* somit einen *rein juristischen Staatsbegriff*. Er trennte – ebenso wie *Jellinek* – scharf zwischen der *Seinsordnung* und der *Sollensordnung*: Der Staat ist in *Kelsens* Verständnis aber nur existent als Rechtsordnung. Staat und Rechtsordnung sind danach inhaltlich identische Begriffe, der Staat wird als „ideelles System gültiger Normen“ charakterisiert und gleichsam (rechts-) systemimmanent definiert. 12

Die Identität von Staat und Rechtsordnung führt allerdings dazu, dass mit der Vernichtung der Rechtsordnung – etwa im Rahmen revolutionärer Umbrüche (→ Rdn. 4/116ff.) – auch die rechtliche Existenz des Staates beendet wird. Dies wiederum ist zumindest im zwischenstaatlichen Bereich mit Problemen verbunden, weil das Völkerrecht auf die Kontinuität der Staaten aus Gründen der Rechtssicherheit angewiesen ist (→ Rdn. 3/105ff.). Den völkerrechtlichen Bedürfnissen kann jedoch auch auf Grundlage des von *Kelsen* ver- 13 tretenen rein juristischen Staatsbegriffs durch einen davon abweichenden, spezifisch völkerrechtlichen Staatsbegriff entsprochen werden.

14 Die von *Kelsen* maßgeblich begründete *Reine Rechtslehre* basiert auf der Idee, dass eine Rechtsnorm deshalb gilt, weil sie mit einer höherrangigeren Rechtsnorm vereinbar ist. Vorausgesetzt wird dabei die Rechtsfigur einer (fiktiven) „Grundnorm“, auf der die gesamte Rechtsordnung aufbaut.

Wer aber setzt diese Grundnorm? Sie muss in *Kelsens* Theorie letztlich eine Fiktion bleiben. *Kelsen* selbst hat in einem Diskussionsbeitrag einmal den (macht-) politischen Hintergrund der Grundnorm gelüftet: „Wer den Schleier hebt und sein Auge nicht schließt, dem starrt das Gorgonenhaupt der Macht entgegen“ (VVDStRL 3 [1926], S. 55).

IV. Integrationslehre

15 In offensichtlichem Kontrast zur Reinen Rechtslehre steht die *Integrationslehre* von *Rudolf Smend* (1882–1975; Verfassung und Verfassungsrecht, 1928), der ein soziologischer Staatsbegriff zugrunde liegt. Nach der Integrationslehre ist der Staat „nicht ein ruhendes Ganzes, das einzelne Lebensäußerungen, Gesetze, diplomatische Akte, Urteile, Verwaltungshandlungen von sich ausgehen lässt. Sondern er ist überhaupt nur vorhanden in diesen einzelnen Lebensäußerungen, sofern sie Betätigung eines geistigen Gesamtzusammenhangs sind, und in den noch wichtigeren Erneuerungen und Fortbildungen, die lediglich diesen Zusammenhang selbst zum Gegenstand haben.“ Der Staat ist also „ein geistiger Zusammenhang, ein Einheitsgefüge im Wollen und Erleben der Einzelnen.“ Die Existenz des Staates beweist sich danach in dem ständigen Wechselspiel zwischen Regierten und Regierenden, in der Akzeptanz der Herrschaftsakte durch die Gewaltunterworfenen. Der Staat existiert gleichsam in einem „Plebiszit, das sich jeden Tag wiederholt“ und entsteht so stetig neu. Bei *Smend* erscheint der Staat somit nicht als *rechtlich-statisches*, sondern als *soziologisch-dynamisches* Gebilde.

C. Exkurs: Staat und Gesellschaft

Die Schwierigkeiten bei der Bestimmung des Staatsbegriffs und insbesondere die vielfältigen Bezugnahmen auf die Gesellschaft legen es nahe, deren Verhältnis besonders in den Blick zu nehmen. Seit der Herausbildung des modernen Staates handelt es sich um eine ebenso häufig thematisierte wie letztlich kaum abschließend zu beantwortende Fragestellung. Gerade im demokratischen Staat, in welchem das Volk sowohl Träger der Souveränität als auch Adressat staatlicher Maßnahmen ist, stellt sich die Frage, ob die überkommene Vorstellung einer Unterscheidbarkeit von „hoheitlichem" Staat und „privater" Gesellschaft (noch) eine Berechtigung hat. Doch auch in einem totalitären Staatswesen, das den Anspruch erhebt, seine Bürger uneingeschränkt zu erfassen, erscheinen staatsfreie (zivil-)gesellschaftliche Räume als Fremdkörper. Je nach Perspektive ist die Frage nach der Unterscheidbarkeit von Staat und Gesellschaft zwar unterschiedlich zu formulieren (Staat ohne Gesellschaft oder Gesellschaft ohne Staat?); im Ergebnis erscheint ein Zusammenfallen jedoch häufig möglich. Die Frage nach dem Verhältnis von Staat und Gesellschaft ist daher keineswegs nur philosophischer Natur, sondern für das Verständnis von (insbesondere konkreter) Staatlichkeit von wesentlicher Bedeutung und damit unvermeidbar Gegenstand politischer Auseinandersetzungen. Ungeachtet der Maßgeblichkeit der normativen Ausgestaltung für Detailaspekte, die zugleich dem Staat eine wichtige Rolle bei ihrer Beantwortung zuweist, ist es dem Staat gleichwohl nicht möglich, autonom mit den Mitteln des Rechts zu gestalten, da die Frage nach seinem Verhältnis zur Gesellschaft in die Sphäre des Vorrechtlichen verweist, dem Staat vorgelagert und damit seiner Entscheidung jedenfalls im Ausgangspunkt entzogen ist. 16

I. Gesellschaft: Ausgangspunkt des Staates und sein Gegenbegriff

Dem Begriff der Gesellschaft ist kein eigenständiger Begriffsinhalt zu eigen. Seine moderne Verwendung lässt ihn jedoch als Gegenbegriff zum Staat erscheinen. Dies ist zugleich Ausdruck des überkommenen Verständnisses der Unterscheidbarkeit beider Erscheinungs- 17 formen menschlichen Zusammenlebens. Der Begriff der Gesellschaft bezieht sich insoweit auf den Bereich des Außerstaatlich-Privaten, ohne dass allerdings eine Beschränkung auf den persönlichen Bereich, etwa die Familie, oder auf bestimmte Tätigkeitsfelder bestünde. Individuelle Entfaltung, Wirtschaft, Religion oder Kultur werden ebenso erfasst wie die Meinungsbildung unabhängig von ihrem Gegenstand. Die Gesellschaft ist zugleich die Sphäre, in der sich Tradition, Sitte und Moral entwickeln und zugleich auswirken. Eine „gesellschaftliche Rechtsetzung" erfolgt dagegen im modernen Staat ungeachtet des Fehlens eines Rechtsetzungsmonopols des Staates nur mehr in sehr geringem Umfang. Das Gewohnheitsrecht, das durch tatsächliches Verhalten entsteht, mit dem eine darauf gerichtete Rechtsüberzeugung korrespondiert, findet (jenseits des von Staaten als „geborenen" Völkerrechtssubjekten abgeleiteten Völkergewohnheitsrechts; → Rdn. 7/7 ff.) seine Grundlage in der gesellschaftlichen Sphäre: Die Adressaten derartiger Normen sind zugleich deren Schöpfer. Das zentrale Abgrenzungskriterium im Verhältnis zum Staat ist die Abwesenheit hoheitlicher Befugnisse einzelner Akteure. Zwar besteht innerhalb der Gesellschaft eine Vielzahl von tatsächlichen Machtungleichgewichten, die zudem Veränderungen zugänglich sind; eine mit dem Gewaltmonopol des Staates (→ Rdn. 4/87 ff.) vergleichbare Stellung kann jedoch kein gesellschaftlicher Akteur beanspruchen.

18 Die Gesellschaft setzt sich aus der Gesamtheit der natürlichen und materiell privaten Organisationen eines Gemeinwesens zusammen. Zu nennen sind neben Einzelpersonen in privater wie beruflicher Eigenschaft insbesondere Vereinigungen aller Art wie Parteien, (Interessen-) Verbände, Sport- und sonstige unpolitische Vereine, Unternehmen, Religionsgruppen etc. Im modernen Verfassungsstaat (→ § 5) kommt diesen Akteuren zugleich individuelle Grundrechtsträgerschaft und Privatautonomie zu. Allein der Staat einschließlich seiner Organe, Ämter und sonstigen Untergliederungen ist nach überkommenem Verständnis nicht Teil der Gesellschaft, sondern von dieser streng zu unterscheiden. Staatlich begründete oder anerkannte Selbstverwaltungskörperschaften wie die Gemeinden oder berufsständische Kammern, die über abgeleitete hoheitliche Befugnisse verfügen, bilden gleichsam eine Verbindung von staatlicher und gesellschaftlicher Sphäre.

19 Diese im Ausgangspunkt klare Bestimmung der Gesellschaft wird jedoch in den modernen Gemeinwesen durch deren zunehmende Fragmentierung unterminiert. Insoweit stellt sich das Problem, ob in-

folge der weit fortgeschrittenen Ausdifferenzierung heute noch von „der" Gesellschaft gesprochen werden kann oder nicht vielmehr zahlreiche, weithin unverbundene Teilgesellschaften bestehen, deren gemeinsame Betrachtung nur mehr als Fiktion erscheint. Bereits seit jeher bestanden zahlreiche gesellschaftliche Subsysteme mit spezifischen Besonderheiten, z. B. Familie, Markt, religiöse und sonstige Gemeinschaften. Anders als heute wiesen diese jedoch enge Verknüpfungen auf. Hinzu kommt eine Ausdifferenzierung der Tätigkeiten, Lebenssituationen, Wahrnehmungen und Lebensstile der Individuen. Hieraus resultieren Verluste an Zusammengehörigkeit und Gemeinsinn. In der Bundesrepublik Deutschland wird dies nicht zuletzt an der nachlassenden Attraktivität und Bindungskraft vormals bedeutender gesellschaftlicher Organisationen wie Kirchen, politischen Parteien oder Gewerkschaften deutlich. Teilweise wird aufgrund dieser Entwicklungen eine Krise der Gesellschaft konstatiert: Die Entsolidarisierung gesellschaftlicher Gruppen und der Verfall überkommener Werte führten zur Legitimitäts-, Identitäts- und Sinnkrise der Gesellschaft.

Unabhängig davon, ob diese Einschätzung uneingeschränkt zutrifft, unterliegt die Gesellschaft jedenfalls deutlichen Veränderungsprozessen, die mit einer zunehmenden Unübersichtlichkeit einhergehen und zu Konflikten zwischen gesellschaftlichen Gruppen führen können. Allerdings war die Qualifikation der Gesellschaft als „Einheit" stets nur Fiktion. Unterschiedliche soziale Milieus, religiöse Gruppen und landsmannschaftliche Bindungen hatten seit jeher eine Aufspaltung der Gesellschaft in Partialgesellschaften zur Folge. Aufgrund dessen mögen die aktuellen Entwicklungen zwar aus soziologischer Perspektive relevante Besonderheiten aufweisen; vor dem Hintergrund des Erkenntnisinteresses der Allgemeinen Staatslehre kommt ihnen jedoch keine wesentliche Bedeutung zu, da sie weder zur Herausbildung gänzlich unverbundener Parallelgesellschaften führen noch das Verhältnis zum Staat grundlegend umzugestalten geeignet sind. 20

Das negative Bild wird zudem dadurch relativiert, dass die „Zivilgesellschaft" zunehmend als bedeutsamer Akteur in Erscheinung tritt. Dies geschieht zum einen in Form von dauerhaften, zumeist thematisch spezialisierten und teils sogar global agierenden Nichtregierungsorganisationen wie Greenpeace, Amnesty International oder Transparency International, zum anderen regelmäßig zeitlich begrenzt in Gestalt von Bürgerinitiativen, die an konkrete Vorgänge an- 21 knüpfen, etwa den geplanten Bau von Bahnhöfen („Stuttgart21"), Straßen oder Überland-Hochspannungsleitungen. Zwar handelt es sich auch dabei regelmäßig nur um eine interessierte und besonders engagierte Minderheit von Bürgern, so dass eine Gleichsetzung der „Zivilgesellschaft" mit der Gesellschaft insgesamt nicht in Betracht kommt. Es handelt sich aber nicht um Ausprägungen klar abgegrenzter gesellschaftlicher Gruppen, sondern um Foren, die durch ihre Offenheit erheblich zur Aufrechterhaltung der Einheit der Gesellschaft beitragen können.

22 Die Gesellschaft bildet für den Einzelnen das Forum seines sozialen Lebens. Denn trotz seiner Individualität steht der Mensch als Gruppenwesen nicht für sich allein. Familie, Vereinigungen, Ausbildung und berufliche Tätigkeit wie auch viele weitere Aspekte menschlichen Daseins weisen vielfach zwar keinen Staatsbezug, wohl aber einen solchen zu anderen Menschen und damit zu der von ihnen gebildeten Gesellschaft auf.

II. Liberalismus vs. Kommunitarismus

23 Welche Konsequenzen diese tatsächliche soziale Einbindung für den Einzelnen hat und welche Funktion ihm in der Gesellschaft zukommt, sind Fragen, die bereits in den 1980er Jahren Gegenstand wissenschaftlicher Diskussionen waren. Ausgangspunkt war seinerzeit das Aufkommen des sog. *Kommunitarismus* und seiner Entgegensetzung zum Liberalismus. Dabei verstand sich der Kommunitarismus aber keineswegs als Negation des Liberalismus, sondern eher als dessen Fortentwicklung und gemeinwohlorientierte Ergänzung. Bei den Bezeichnungen Liberalismus und Kommunitarismus handelt es sich aber lediglich um Gattungsbegriffe, in denen die jeweiligen Leitgedanken verschiedener Denkmodelle ihren idealtypischen Ausdruck finden. (zur Typisierung als wissenschaftliche Erkenntnismethode → Rdn. 1/18 ff.).

24 Der *Liberalismus* (lat. *liberalis* = die Freiheit betreffend) stellt die Freiheit des Einzelnen in den Mittelpunkt, um sowohl im ökonomischen als auch im politischen Bereich die freie Entfaltung der Persönlichkeit zu betonen und gleichzeitig den steuernden Einfluss des Staates auf gesellschaftliche Entwicklungen auf ein notwendiges Mindestmaß zu beschränken. Der *Kommunitarismus* (lat. *communitas* = Gemeinschaft) ist eine Antwort auf (tatsächliche oder vermeint-

liche) Auswüchse solcher Liberalisierungs- und Individualisierungstendenzen. Er hebt die Gemeinschaftsgebundenheit des Einzelnen und seine Verantwortung innerhalb der spezifischen Gemeinschaften hervor, denen er angehört.

Insoweit offenbaren sich begriffliche Überschneidungen mit der klassischen soziologischen Terminologie von *Ferdinand Tönnies* (1855–1936, Gemeinschaft und Gesellschaft, 1887), der die Unterscheidung zwischen der Gesellschaft und der Gemeinschaft als zwei voneinander zu trennende Formen sozialer Beziehungen angesehen hatte. *Gemeinschaft* bildete dabei den Oberbegriff für unterschiedliche soziale Gruppen, die für den Einzelnen deshalb besonders bedeutsam sind, weil sie ihm erst seine persönlichen Entfaltungsmöglichkeiten, beruhend auf Zusammengehörigkeit und Solidarität, eröffnen (z. B. Familie, Nachbarschaft, Freundschaft).

Zugleich negiert der Kommunitarismus aber keineswegs den Libe- **25**
ralismus als solchen, sondern akzeptiert ihn als Grundbedingung einer funktionierenden Gemeinschaft, weil es sich dabei um eine Gemeinschaftsbildung aus der Mitte der Gesellschaft heraus handeln sollte, die mithin auf individueller Freiheit und Freiwilligkeit des Zusammenschlusses beruht zum Zweck der gemeinsamen Übernahme von Verantwortung in einzelnen Lebensbereichen. In ihrer Entstehung wie auch in Organisationsgrad und inhaltlicher Ausrichtung (Zweck) können solche sozialen Gruppen höchst unterschiedlich ausgestaltet sein (z. B. Familie, Partei oder andere politische Gruppierung wie Bürgerbewegungen, sonstige Interessenverbände, Religions- und Weltanschauungsgemeinschaften bis hin zur „Weltgemeinschaft"). So gesehen ist kommunitaristisches Denken auch Ausdruck eines republikanischen Grundverständnisses im ursprünglichen Wortsinn von *res publica* (lat. für *öffentliche Sache*), in welcher der Bürger als *Citoyen* – nicht (nur) als ökonomischer Nutzenmaximierer – aktiv und verantwortungsvoll an der Wahrnehmung der Gemeinschaftsangelegenheiten beteiligt ist.

Ein maßgeblicher Aspekt besteht zudem in der Orientierung kom- **26**
munitaristisch inspirierter Handlungen am Gemeinwohl (*bonum commune*), während der Liberalismus in seinem klassischen Verständnis den ökonomischen oder politischen Eigennutz als vorrangige Handlungsanleitung begreift. Das schließt eine duale Zweckerreichung keineswegs aus, sondern kann sogar in einem engen Funktionszusammenhang stehen, wenn sich etwa das individuelle Streben nach wirtschaftlicher Gewinnmaximierung über den Mechanismus des Marktes auch positiv auf den Wohlstand des Volkes aus-

wirkt (z. B. *Adam Smith*, 1723–1790, in: The Wealth of Nations, 1776). Als allgemeines Verteilungsprinzip ist der Markt gleichwohl ungeeignet, da eine Vielzahl der menschlichen Bedürfnisse nicht marktfähig ist (z. B. innere und äußere Sicherheit, Justiz) oder der Marktmechanismus nicht angemessen funktioniert, z. B. aufgrund zu hoher Kosten (etwa in Teilen des Gesundheitswesens). Hier ist dann der jeweilige Sachbereich (ganz oder teilweise) entweder in eine Staatsaufgabe zu überführen oder als Öffentliche Aufgabe wahrzunehmen (Näheres → Rdn. 4/98 ff.). Von einer *Öffentlichen Aufgabe* spricht man dann, wenn ihre Erfüllung aus der Gesellschaft selbst heraus organisiert und umgesetzt wird (z. B. karitative Einrichtungen oder die „Tafeln“ zur Versorgung bedürftiger Personen mit Lebensmitteln). Zum Zweck der Kontrastierung werden solche Organisationen – bzw. Gemeinschaften im Sinne des kommunitaristischen Modells – oftmals einem *Dritten Sektor* zugeordnet, der jenseits von Markt und Staat („intermediär“) aus der Mitte der Gesellschaft heraus entstanden ist.

Auch dem Grundgesetz liegt – trotz der zentralen Bedeutung der Individualgrundrechte – eine gemeinschaftsbezogene Konzeption zugrunde. Das hat das BVerfG (E 4, 7/15 f.) bereits in den 1950er Jahren hervorgehoben: „Das Menschenbild des Grundgesetzes ist nicht das eines isolierten souveränen Individuums; das Grundgesetz hat vielmehr die Spannung Individuum – Gemeinschaft im Sinne der Gemeinschaftsbezogenheit und Gemeinschaftsgebundenheit der Person entschieden, ohne deren Eigenwert anzutasten.“ Und in einer späteren Entscheidung (BVerfGE 33, 1/10 f.) spricht es davon, das Menschenbild des Grundgesetzes sei „nicht das des selbstherrlichen Individuums, sondern das der in der Gemeinschaft stehenden und ihr vielfältig verpflichteten Persönlichkeit“; das Grundgesetz betrachte den „Menschen als eigenverantwortliche Persönlichkeit, die sich innerhalb der sozialen Gemeinschaft frei entfaltet“ (BVerfGE 32, 98/107 f.). In solchen Formulierungen klingt die Vorstellung vom Menschen als einem *zoon politikon* – wie sie schon die griechische Antike kannte (*Aristoteles*; → Rdn. 4/47 ff.) – deutlich an.

III. Trennung von Staat und Gesellschaft

27 Grundlage der Vorstellung von der Trennung von Staat und Gesellschaft ist die Annahme, dass dem Staat die (Potenz zur) Herrschaftsausübung zusteht, die Gesellschaft dagegen deren Adressat ist. Historisch trat dies in den Monarchien Europas im 17. bis 19. Jahrhundert besonders deutlich zu Tage. Der in der Person des

Herrschers verkörperte Staat und die Gesellschaft in Form des Volkes als Gesamtheit der Bürger standen sich in dieser historisch-politischen Konstellation als klar unterscheidbare Systeme gegenüber. Der Staat konnte dabei einseitig auf die Bürger zugreifen und über ihr Wohl und Wehe verfügen. Dem Bürger blieben als „Untertan" kaum Möglichkeiten der Einflussnahme auf den Staat. Dies begann sich mit den an den amerikanischen Unabhängigkeitskrieg und die Französische Revolution einsetzenden gewaltsamen, teils erfolgreichen, teils zunächst erfolglosen Versuchen zur Änderung der staatlichen Ordnungen im 18. und 19. Jahrhundert zu ändern. In deren Folge wurde nicht nur das Verhältnis von Herrscher und Bürgern neu definiert. Verbunden damit war auch ein Wandel im Verständnis des Verhältnisses von Staat und Gesellschaft.

Mit dem Siegeszug der Demokratie im 20. Jahrhundert ist der frühere strikte Gegensatz von Staat und Gesellschaft entfallen. Aufgrund der Anerkennung der Volkssouveränität als Kern demokratischer Staatlichkeit bilden die Bürger in ihrer Gesamtheit nicht mehr nur die Gesellschaft, sondern sind zugleich Träger der Staatlichkeit. Dies wirft die Frage auf, ob ungeachtet des Fortbestands spezifisch staatlicher Strukturen (Behörden, Gerichte etc.) eine konzeptionelle Trennung von Staat und Gesellschaft noch vorgenommen werden kann. Diese Frage ist nach hier vertretener Auffassung nicht nur deshalb zu bejahen, weil sie dem Recht und damit auch der verfassungsrechtlichen Entscheidung für die Demokratie vorgelagert ist. Vielmehr geht auch Demokratie mit der Ausübung von Herrschaft einher. Dies erfolgt nicht notwendig mit dem Einverständnis der Betroffenen. Minderheiten werden stets von der Mehrheit beherrscht (zu den unterschiedlichen Ausgestaltungsmöglichkeiten des Demokratieprinzips → Rdn. 5/59 ff.). Bei Nichtbürgern, also Personen mit ausschließlich ausländischer Staatsangehörigkeit oder sogar ohne Staatsangehörigkeit, die der Wohnbevölkerung und damit der Gesellschaft angehören, jedoch nicht Teil des Souveräns sind, stellt sich die Frage nach dem Zusammenfallen von Herrschaft und Beherrschten ohnehin nicht. Diese Personen sind ungeachtet grundrechtlicher Grenzen und der Einräumung sonstiger Rechte ausschließlich Adressaten staatlicher Inanspruchnahme, so dass der überkommene Gegensatz von Staat und Gesellschaft insoweit auch in der Demokratie uneingeschränkt fortbesteht. 28

Doch auch jenseits dessen ist die Unterscheidung zwischen staatlicher und gesellschaftlicher Sphäre keineswegs obsolet. Sie ist insbe- 29 sondere Voraussetzung für die Wahrung der Freiheitssphäre der Bürger. Grundrechtliche Freiheit bedeutet vor allem Freiheit von staatlicher Einflussnahme auf das Handeln des Einzelnen. Sie wird daher nicht staatlich gewährt, sondern ist dem Staat vorgelagert und zumindest im Kern staatlicher Ausgestaltung nicht zugänglich, sondern kann nur Gegenstand staatlicher Eingriffe sein. Dieser Freiheitsbereich steht – jedenfalls auf Grundlage eines freiheitlichen Verfassungsverständnisses – einer Gleichsetzung von Staat und Gesellschaft ebenfalls entgegen, da andernfalls die Existenz staatsfreier Räume nicht mehr begründbar wäre. Die überkommene Unterscheidung von Staat und Gesellschaft hat daher auch unter den Bedingungen der Demokratie ihre Berechtigung nicht verloren.

30 Als gleichsam institutionalisiertes Bindeglied zwischen Staat und Gesellschaft dienen im demokratischen System die politischen Parteien. Sie gehören der gesellschaftlichen Sphäre an, zielen aber darauf ab, den Staat ideell und personell zu „vereinnahmen" und Herrschaft in die Gesellschaft hinein auszuüben. Als Erfolgsvoraussetzung im regelmäßigen Wettstreit in Form von wiederkehrenden Wahlen ist eine dauernde und feste Verankerung in der Gesellschaft erforderlich. Zugleich verhindert die Möglichkeit des Machtwechsels, dass sich einzelne Parteien und die hinter ihnen stehenden gesellschaftlichen Gruppen den Staat gleichsam zu eigen machen können.

IV. Gegenseitige Bedingtheit und Zusammenwirken

31 Trotz ihrer grundsätzlichen Unterscheidbarkeit weisen Staat und Gesellschaft vor allem, wenn auch keineswegs ausschließlich, im demokratischen Staat enge Verbindungen auf. Staat und Gesellschaft bedingen sich gegenseitig und wirken in vielfältiger Weise zusammen.

1. Gesellschaft als Grundlage für den demokratischen Staat

32 Der Staat bedarf nach der Drei-Elemente-Lehre des Staatsvolkes als personales Substrat (→ Rdn. 3/45, 69 ff.). Dieses Staatsvolk überschneidet sich ungeachtet seiner juristischen Konstruktion mittels der Staatsangehörigkeit zumindest in weiten Teilen mit der auf dem Staatsgebiet vorhandenen Gesellschaft. Ein Staat, dessen Staatsvolk nur aus voneinander isolierten Einsiedlern gebildet wird, ist zwar theoretisch denkbar, praktisch jedoch nicht funktionsfähig. Er bedarf

vielmehr gesellschaftlicher Strukturen, auf denen er gleichsam „aufsetzen" kann. Dies gilt insbesondere für den demokratischen Staat, der das Staatsvolk und somit die Gesamtheit der Bürger als Träger der Staatsgewalt, als Souverän, begreift und damit die Staatlichkeit unmittelbar auf dieses zurückführt. Die Staatsbürger legitimieren im demokratischen Staat die Ausübung von Herrschaft, die damit notwendig auch gesellschaftlich verwurzelt ist, da eine Trennung von Staatsbürger und Mitglied der Gesellschaft in einer Person sich letztlich als juristische Fiktion erweist.

Die Gesellschaft ist überdies der Nukleus für die Herausbildung 33 politischer Strukturen, die schließlich im Staat ihre institutionelle Form finden. Gerade die Entscheidung über die Form staatlicher Herrschaft ist im Idealfall Gegenstand gesellschaftlicher Entscheidung, zumindest aber gesellschaftlicher Debatten. Dementsprechend finden Revolutionen als Reaktion auf als untragbar empfundene staatliche Herrschaft (→ Rdn. 4/121 ff.) ihre Grundlage stets in der gesellschaftlichen, nicht aber in der staatlichen Sphäre. Doch auch jenseits derart grundlegender Aspekte erfolgt die auf den Staat bezogene politische Willensbildung in der gesellschaftlichen Sphäre. In der Demokratie wirken sich daher – zumeist vermittelt durch politische Parteien – starke gesellschaftliche Strömungen auf die Politik des Staates und damit auf sein Handeln aus.

Schließlich ist die Gesellschaft unabdingbar für die Schaffung der 34 wirtschaftlichen Voraussetzungen für eine funktionierende Staatlichkeit. Die erheblichen finanziellen Mittel, die der moderne Staat zur Erfüllung seiner Aufgaben benötigt, etwa in den Querschnittsbereichen Personal, Beschaffung, Sicherheitsgewährleistung nach innen und außen oder auch in einzelnen Politikbereichen wie Soziales und Umwelt, werden keineswegs von diesem selbst erwirtschaftet. Vielmehr beteiligt sich der moderne Staat als „Steuerstaat" an den Einnahmen der auf seinem Staatsgebiet lebenden Personen, ohne dass es auf deren Staatsangehörigkeit und damit die Zugehörigkeit zum Staatsvolk ankäme. Die Gesellschaft bildet daher die unverzichtbare finanzielle Grundlage des Staates.

2. Notwendigkeit des Staates für die Gesellschaft

Allerdings ist nicht nur der Staat auf die Gesellschaft angewiesen. 35 Vielmehr gilt dies auch umgekehrt. Eine gänzlich staatsfreie Selbstregulierung ist unter den Bedingungen der modernen Massengesellschaft ausgeschlossen. Die Gesellschaft bedarf des Staates zwingend, um Interessenkonflikte etwa wirtschaftlicher oder politischer Art zwischen Bevölkerungsgruppen einer geordneten Lösung zugänglich zu machen. Dies geschieht insbesondere durch seitens des Staates gesetztes, uneingeschränkt verbindliches und durchsetzbares Recht. Darüber hinaus ist in vielen Staaten auch eine staatlich veranlasste wirtschaftliche Umverteilung ein bedeutsames Mittel, um gesellschaftliche Konflikte zu entschärfen. Dadurch, wie auch insbesondere durch Bildungsangebote, trägt der Staat zugleich zur Sicherung bestehender gesellschaftlicher Strukturen und deren Weiterentwicklung bei.

36 Des Weiteren kommt dem Staat im Hinblick auf die Gesellschaft eine bedeutsame Vertretungsfunktion zu. Dies gilt offenkundig im Außenverhältnis: Der Staat repräsentiert insoweit die Gesamtheit seiner Bürger und damit zugleich auch die (maßgeblich) von ihnen gebildete Gesellschaft. Deren Unfähigkeit, als Ganzes mit anderen Gesellschaften in Kontakt zu treten, wird durch die Kommunikation der Staaten untereinander als „Vertreter ihrer Gesellschaften" ausgeglichen. Doch auch im Inneren kann dem Staat eine Vertretungsfunktion bezüglich bestimmter gesellschaftlicher Gruppen zukommen. Dies gilt insbesondere im Hinblick auf Bevölkerungsteile, die ihre Interessen nicht wirksam in den innergesellschaftlichen Diskurs einbringen können wie etwa Kinder, sozial Schwache oder Minderheiten, die zudem eines besonderen staatlichen Schutzes und seiner Unterstützung bedürfen, sofern sie in der gesellschaftlichen Sphäre Diskriminierungen oder gar Übergriffe zu befürchten haben. Die damit verbundenen staatlichen Einwirkungen auf die Gesellschaft sind geeignet und können zugleich notwendig sein, diese insgesamt zu befrieden und zu stabilisieren.

37 Entsprechendes gilt auch für die Sicherung der Freiheit der Bürger und die geordnete Vornahme unvermeidbarer Beschränkungen. Das Funktionieren einer freiheitlichen Gesellschaft setzt voraus, dass Freiheit auch gegen Übergriffe Privater abgesichert wird. Das gesellschaftliche Ungleichgewicht zwischen verschiedenen sozialen Gruppen und die Möglichkeit der Entstehung insbesondere wirtschaftlich begründeter Machtstellungen können zur Folge haben, dass diese zu Lasten der Freiheit anderer ausgenutzt werden. Es bedarf insoweit staatlicher Einflussnahme, um derartige Missbräuche und die damit verbundenen Konflikte zu verhindern.

3. Geteilte Aufgabenwahrnehmung

Der enge Bezug von Staat und Gesellschaft schlägt sich auch bei der Wahrnehmung von Aufgaben nieder. Diesbezüglich besteht bereits keine „natürliche“ Zuordnung der Wahrnehmung von Aufgaben im Allgemeininteresse. Die Qualifikation einer Aufgabe als Staatsaufgabe oder von der Gesellschaft wahrgenommene öffentliche Aufgabe (→ Rdn. 4/98 ff.) steht nicht abstrakt fest, sondern ist Gegenstand (staats-) politischer Entscheidung. Dem Grundsatz der Subsidiarität (→ Rdn. 4/68 ff.) kann dabei eine zentrale Bedeutung zukommen. 38

Sowohl der Staat als auch die Gesellschaft stoßen bei einer eigenständigen Betätigung häufig auf faktische Grenzen, die ihre Grundlage in einer strukturellen Überforderung finden. Verliert der Staat an innerer und äußerer Souveränität, geht dies unvermeidbar mit Steuerungsdefiziten einher. Der nicht mehr „allmächtige“ Staat ist außerstande, seine Ziele ohne eine Einbeziehung gesellschaftlicher Akteure zu erreichen. Dies resultiert nicht zuletzt in einer Zunahme „paktierter Gesetzgebung“, öffentlich-privater Partnerschaften und sonstiger Absprachen zwischen staatlichen und gesellschaftlichen Akteuren. Damit verbunden ist der Versuch, die Akzeptanz der von staatlichen Maßnahmen Betroffenen zu erreichen und damit deren Realisierung zu gewährleisten.

Doch auch die Gesellschaft ist häufig allein nicht in der Lage, gesetzte Ziele zu erreichen. Besonders deutlich wird das Versagen gesellschaftlicher Selbstregulierung am häufigen Scheitern von Selbstverpflichtungen der Wirtschaft. Das zumeist ökonomisch begründete Interesse der Beteiligten, sich nicht an rechtlich unverbindliche und nicht durchsetzbare Vereinbarungen, die Allgemeinwohlbelangen wie dem Umweltschutz zu dienen bestimmt sind, zu halten, lässt sich innerhalb der gesellschaftlichen Sphäre nur durch einen starken und in der Regel marktwirksamen Gegendruck überwinden, der aber zumeist ausbleibt. Es bedarf daher vielfach eines Zusammenwirkens von Staat und Gesellschaft, um eine sachgerechte und zielführende Aufgabenwahrnehmung sicherzustellen. 39

Das Zusammenwirken von Staat und Gesellschaft wird besonders deutlich bei der Einbeziehung Privater in die Erfüllung staatlicher Aufgaben. Der moderne Staat verlagert eine Vielzahl von Tätigkeiten auf private Akteure. Dies gilt insbesondere im „Gewährleistungsstaat“, der sich dadurch auszeichnet, dass der Staat zwar für die Erfüllung einer Aufgabe einsteht, diese aber häufig nicht mit eigenen 40

Mitteln vornimmt. Vielfach werden Private seitens des Staates auf Grundlage vertraglicher Vereinbarungen gegen Entgelt zum Angebot bestimmter Leistungen herangezogen. Hieraus resultiert neben Effizienzgewinnen auch eine Öffnung von Freiheitssphären, da Privaten Betätigungsfelder zugänglich gemacht werden, die ihnen andernfalls verschlossen wären. Dies kann im Einzelfall sogar mit der Befugnis zur punktuellen Ausübung von Hoheitsgewalt gleichsam in Vertretung des Staates einhergehen. Im deutschen Verwaltungsrecht hat sich dies in der Rechtsfigur der Beleihung niedergeschlagen.

41 Allerdings beruht die Einbeziehung Privater in die staatliche Aufgabenwahrnehmung nicht stets auf Freiwilligkeit. Nicht selten erfolgt auch eine Inpflichtnahme bestimmter privater Akteure in die staatliche Aufgabenerfüllung. So sind in Deutschland Unternehmen in den Bereichen Steuern, Sozialabgaben und Statistik in nicht unerheblichem Umfang in die Erfüllung staatlicher Aufgaben einbezogen, was für diese hohe Bürokratiekosten verursacht. Ein vergleichbarer unmittelbarer Zugriff der Gesellschaft auf den Staat im Hinblick auf die Erfüllung bestimmter Aufgaben ist zwar nicht möglich. Die in der Demokratie übliche Einflussnahme des Staatsvolkes als wesentlicher Teil der Gesellschaft auf die staatliche Politik bewirkt jedoch, dass sich der Staat auch bei Aufgaben engagiert, die im Ausgangspunkt der Gesellschaft zuzuordnen sind, wie etwa die Betreuung von Kleinkindern. Insgesamt erweist sich der moderne Staat daher (auch und gerade) in Bezug zur Gesellschaft als „kooperativer Staat".

D. Völkerrechtlicher Staatsbegriff

42 Für die Staatspraxis von größter Bedeutung ist der *völkerrechtliche Staatsbegriff*. Dieser ist daher auch im Rahmen der Allgemeinen Staatslehre von besonderem Interesse. Dies gilt umso mehr, als er auf der Drei-Elemente-Lehre *Jellineks* und damit auf Erkenntnissen der Allgemeinen Staatslehre beruht.

I. Drei-Elemente-Lehre

43 Nach der *Drei-Elemente-Lehre* weisen alle Staaten die konstituierenden Merkmale *Staatsgebiet*, *Staatsvolk* und *Staatsgewalt* auf. Fehlt es an einem dieser Merkmale, handelt es sich bei dem zu untersuchenden Gebilde nicht um einen Staat. Trotz ihrer scheinbaren Klarheit

stellen sich im Zusammenhang mit den einzelnen Merkmalen zahlreiche Fragen, die gerade aufgrund der völkerrechtlichen Anforderungen an die Eindeutigkeit grundlegender Begrifflichkeiten einer Beantwortung bedürfen.

Der *völkerrechtliche Staatsbegriff* begnügt sich mit einem Minimum an Merkmalen, welche die verfassungsrechtlichen Strukturen unberücksichtigt lassen. Dadurch wahrt der völkerrechtliche Staatsbegriff die Identität des Staates im Wechsel seiner Regierungen und Verfassungen auch bei revolutionären Umwälzungen. Die Regelung seiner inneren Angelegenheiten und die Gestaltung seiner Binnenstruktur steht jedem Staat selbst zu. Der völkerrechtliche Staatsbegriff ist zu Recht als ein „Passepartout"-Begriff (*J. Isensee,* HStR II, § 15 Rdn. 48) bezeichnet worden. Doch hat das Völkerrecht letztlich keine andere Wahl, als sich eines solchen – weithin inhaltsleeren – Begriffs zu bedienen, um seiner globalen Ordnungsfunktion gerecht zu werden.

Das *Staatsgebiet* ist ein abgegrenzter Teil der Erdoberfläche als ausschließlicher Herrschaftsbereich. Notwendiger Bestandteil eines Staates ist also immer ein Territorium. Die Wasseroberfläche ist kein Territorium, so dass z. B. ein Schiff kein Staatsgebiet darstellen kann. Von anderen Staaten wird das Staatsgebiet durch die Staatsgrenze getrennt. Die Staatsgrenze markiert zudem den horizontal-territorialen Geltungsbereich der jeweiligen staatlichen Rechtsordnung. In vertikal-territorialer Sicht erstreckt sich das Staatsgebiet auch auf den über dem Territorium befindlichen Luftraum und das darunter liegende Erdreich – theoretisch bis zum Erdmittelpunkt. Auf die Gebietsgröße kommt es nicht an. 44

Der Begriff *Staatsvolk* bezeichnet einen sesshaften, auf Dauer angelegten Personenverband, der durch das mitgliedschaftliche Band der Staatsangehörigkeit rechtlich verfestigt wird. Auf die Größe dieses Personenverbandes, mithin die Zahl der Bürger, kommt es nicht an. Irrelevant ist zudem, ob er in ethnischer, sprachlicher, kultureller oder religiöser Hinsicht eine *homogene Einheit* bildet. 45

Die *Staatsgewalt* ist eine organisierte Herrschaft mit der Aussicht auf Dauerhaftigkeit, ausgeübt durch eine effektive und handlungsfähige, von Dritten unabhängige Regierung. Sie ist im Übrigen nicht identisch mit dem Begriff der Souveränität. Vielmehr wird die Staatsgewalt durch den Begriff der Souveränität lediglich näher bestimmt (→ Rdn. 3/53 ff.). Die Staatsgewalt entfaltet sich in zwei Richtungen: zum einen als Gewalt über Personen (Personalhoheit → Rdn. 3/69 ff.), zum anderen als Gewalt über ein bestimmtes Territorium (Territorialhoheit → Rdn. 3/64 ff.). 46

47 Die *Effektivität* der Staatsgewalt muss nicht zwingend über das gesamte Territorium bestehen; ausreichend ist das Bestehen von Herrschaftsgewalt über dessen größten Teil und über die Mehrzahl der Einwohner. Anknüpfend an Art. 4 Abs. 1 UN-Charta, wonach Staaten, die den Vereinten Nationen beitreten wollen, den Willen und die Fähigkeit haben müssen, ihre Verpflichtungen aus der UN-Charta zu erfüllen, wird heute vielfach auch die *tatsächliche Fähigkeit* zur *Erfüllung völkerrechtlicher Verpflichtungen* zu den Wesensmerkmalen der Staatlichkeit gezählt. Dabei handelt es sich jedoch letztlich nicht um ein zusätzliches Element, sondern um einen Bestandteil der Effektivität der Staatsgewalt.

Das soziologische Kriterium der effektiven Faktizität von Herrschaftsmacht hat damit auch (staats-) rechtliche Wirkungen. Auch *Georg Jellinek* gelang es somit trotz Formulierung der Zwei-Seiten-Theorie nicht, soziologische Gegebenheiten aus der juristischen Begriffsbildung vollständig auszuklammern. Aber erst das Vorhandensein von Herrschaftsmacht und der Wille zur Ausübung von Herrschaftsmacht begründen die juristische Konstruktion des Staates.

48 Der auf die Drei-Elemente-Lehre zurückgehende völkerrechtliche Staatsbegriff ist in mehrfacher Hinsicht problematisch. Insbesondere beruht er auf einem Zirkelschluss. Dies wird bei näherer Betrachtung der einzelnen Elemente deutlich: Die Bestimmung des Staatsgebietes durch Staatsgrenzen setzt ihrerseits die Existenz von staatlich verfassten Territorien voraus. In gleicher Weise knüpft der Begriff des Staatsvolkes an die rechtliche Zusammenfassung von Menschen zu einer Gruppe (Staatsangehörige) durch eine staatliche Herrschaftsordnung an. Schließlich genügt für die Zuerkennung von Staatsgewalt nicht jede Form der Herrschaftsausübung über Personen und Räume, sondern nur eine durch – staatliche – Souveränität gekennzeichnete.

II. Insbesondere: die Staatsgewalt

49 Das zentrale Kriterium der Drei-Elemente-Lehre ist die *Staatsgewalt*. Ihr kommt eine herausragende, die Staatlichkeit in besonderer Weise kennzeichnende Bedeutung zu. Erst die Staatsgewalt konstituiert ein vorhandenes Territorium und eine vorhandene Mehrzahl von Personen zu einem Staat. Die Staatsgewalt wird dementsprechend definiert als originäre, d. h. unabgeleitete bzw. ursprüngliche sowie dauerhafte und effektive Herrschaftsmacht über das Staatsgebiet und das Staatsvolk.

1. Voraussetzungen der Staatsgewalt

Staatsgewalt im rechtlichen Sinne setzt tatsächliche Herrschafts- 50
macht voraus. Diese zeichnet sich durch subjektive und objektive Elemente aus. Sie muss sowohl den Anspruch haben als auch tatsächlich in der Lage sein, rechtlich verbindliche Anordnungen zu erteilen und diese im Fall der Nichtbefolgung auch – falls erforderlich – unter Anwendung von Zwangsmaßnahmen durchzusetzen.

In der Regel ist weder die Androhung noch die Vornahme von Zwangsmaßnahmen erforderlich, weil die Gewaltunterworfenen von sich aus die Anordnungen befolgen. Die freiwillige Befolgung gründet in der Einsicht in die Richtigkeit und Notwendigkeit dieser Anordnungen.

Weiterhin muss die Herrschaftsmacht ursprünglich und unabhän- 51
gig sein. Sie darf sich insbesondere nicht aus der Herrschaftsmacht von Personen und gesellschaftlichen Gruppen im Innern des beherrschten Gebietes ableiten oder der Weisungsmacht anderer Staaten unterworfen sein. Der Staat muss somit nach innen und nach außen „souverän" sein (→ Rdn. 3/55 ff.).

Nicht erforderlich für den Begriff der Staatsgewalt als konstitutives 52
Kriterium für jeden Staat ist eine besondere Legitimation der Herrschaftsmacht. Irrelevant ist insbesondere ihre Legalität und demokratische Legitimität (→ Rdn. 4/3 ff.). Auch die durch einen revolutionären Umsturz an die Macht gekommene Regierung kann somit Staatsgewalt ausüben; der Begriff ist ethisch indifferent.

Mag dies auch zunächst befremdlich erscheinen, entspricht dieser Ansatz aber durchaus dem Ordnungszweck des Völkerrechts, weil dieses auch nicht demokratisch legitimierte Herrschaftssysteme in die Völkerrechtsordnung einbinden und disziplinieren soll. Auch Terrorregime wie der sog. Islamische Staat, der auf Teilen des Staatsgebiets Syriens und des Irak eine faktische Herrschaftsordnung errichtet und jedenfalls staatsähnlich organisiert hatte, verfügen daher über das Potenzial zur Ausprägung einer Staatlichkeit, wenngleich sich dieses Potenzial im konkreten Fall nicht realisiert hat (→ Rdn. 4/42). Notwendige Voraussetzung ist zudem, soweit es um eine Anerkennung der Staatlichkeit im internationalen (völkerrechtlichen) Bereich geht, die grundsätzliche Bereitschaft einer solchen Organisation, sich an die rechtlichen Maßgaben des Völkerrechts zu halten.

Die demokratische Legitimation der Staatsgewalt ist allerdings bedeutsam für die Unterscheidung zwischen demokratischen Verfassungsstaaten und autokratischen Staaten (→ Rdn. 5/16 ff.). In demokratischen Verfassungsstaaten ist nämlich das Volk (regelmäßig allein) Träger der Staatsgewalt (→ Rdn. 5/43 ff.; 5/57 ff.).

2. Souveränität

53 Der Begriff der *Souveränität* ist nicht einfach zu bestimmen, zumal er historischen Wandlungen unterworfen ist und es sich im Übrigen um einen Grenzbegriff zwischen Recht und Wirklichkeit, zwischen Rechtsmacht und tatsächlicher (politischer) Macht handelt. Aufgrund seiner inhaltlichen Unbestimmtheit ist teilweise auch die Rede von dem „berüchtigten" Begriff der Souveränität (*H. Triepel*, Völkerrecht und Landesrecht, 1907). Insbesondere ist sein Verhältnis zum Begriff der Staatsgewalt nicht abschließend geklärt. Teilweise werden beide Begriffe gleichgesetzt, teilweise wird die Souveränität als eine Eigenschaft der Staatsgewalt angesehen, der allerdings ein bestimmender Charakter zukommen soll.

54 **a) Entstehung des Begriffs.** Seine grundlegende Prägung hat der Souveränitätsbegriff durch den französischen Staatsphilosophen *Jean Bodin* (1529/30–1596) erfahren (Les Six Livres de la République, 1583; dt: Sechs Bücher über den Staat). Nachweisbar ist der Begriff der Souveränität aber schon im Hochmittelalter im Zusammenhang mit dem Lehnsrecht sowie im Konflikt zwischen dem päpstlichen und dem kaiserlichen Anspruch auf Vorherrschaft im Reich (zum Investiturstreit → Rdn. 2/48 ff.; zur Zwei-Schwerter-Lehre → Rdn. 2/53 ff.). Auch *Bodin* entwickelte (ähnlich wie *Thomas Hobbes*, 1588–1679) seine Lehre in einer Zeit verheerender Religionskriege (Hugenottenkriege). Während *Hobbes* als Antwort auf diese Kriege seinen *Leviathan* konzipierte (→ Rdn. 4/54 ff.), komprimierte *Bodin* seine Überlegungen zur dauerhaften Befriedung des Gemeinwesens im Begriff der *Souveränität* bzw. der *souveränen Herrschaftsgewalt*. Diese zeichnet sich dadurch aus, dass sie als absolute und ewige Herrschaftsmacht erstens *unteilbar* (einzig) ist und zweitens *einseitig* (monopolisiert) ausgeübt wird. Sie unterliegt keiner Bindung durch Gesetze noch ist sie einer anderen Gewalt untergeordnet. Insoweit konnte *Bodin* an römischrechtliche Denktraditionen anknüpfen (der Fürst als *princeps legibus solutus*). Souverän ist allerdings ausschließlich der Herrscher. Auch wenn *Bodin* bereits ansatzweise zwischen dem Herrscher und dem Staat (Republik) unterschied, so war die Vorstellung von einer Souveränität des Staates bei ihm noch nicht umfassend konzipiert.

55 **b) Juristische Souveränitätskonzeptionen.** Trotz der über die Jahrhunderte festzustellenden inhaltlichen Wandlungen ist der Begriff

der Souveränität nach wie vor gebräuchlich. In Anknüpfung an die staatsbezogene Trennung von innen und außen, d. h. von Staatsrecht und Völkerrecht, sind heute zwei Souveränitätsbegriffe zu unterscheiden: Souveränität im staatsrechtlichen und im völkerrechtlichen Sinn.

aa) Souveränität im staatsrechtlichen Sinn. Die ursprüngliche Herrschaftsmacht wird – soweit sie ihre Wirkungsrichtung im Innern des Staates entfaltet – auch als „innere" bzw. *staatsrechtliche Souveränität* bezeichnet. Gemeint ist damit die im gedanklichen Ausgangspunkt (idealtypisch) tatsächlich und rechtlich unbeschränkte Möglichkeit zur Selbstorganisation des Staatswesens, insbesondere zur Verfassungsgebung, mithin die *Verfassungsautonomie*. In der Rechtswirklichkeit (Realtypus) ist die innere Souveränität aber oftmals tatsächlich oder rechtlich eingeschränkt. 56

Bestes Beispiel ist die Bundesrepublik Deutschland, der aufgrund der aus dem Zweiten Weltkrieg resultierenden „Rechte und Verantwortlichkeiten" der vier Siegermächte (UdSSR, USA, Frankreich, Vereinigtes Königreich) bis 1990 nur eine „beschränkte Souveränität" zukam. Deshalb bedurfte das Grundgesetz 1949 der Genehmigung durch die Militärgouverneure der drei westlichen Besatzungsmächte (→ Rdn. 5/55 f.). Zwar statuierte dann 1955 der Deutschlandvertrag die Souveränität der Bundesrepublik. Zugleich blieben jedoch die alliierten Vorbehaltsrechte für „Deutschland als Ganzes" erhalten, so dass tatsächlich eine volle innere Souveränität nicht gegeben war. Den Vertragsbestimmungen kam insoweit keine konstitutive Wirkung zu. Das Bestehen von Souveränität ist eine Frage, die anhand der tatsächlichen Umstände zu beantworten ist. Die innere Souveränität eines Staates kann diesem nicht durch andere Staaten zugestanden werden. Dies widerspräche dem Begriff der Souveränität als unabgeleitete Herrschaftsmacht. Erst nach der endgültigen und vollständigen Aufhebung der alliierten Vorbehaltsrechte aufgrund des 1990 geschlossenen Zwei-Plus-Vier-Vertrags erlangte die Bundesrepublik Deutschland ihre innere Souveränität in vollem Umfang zurück (vgl. dazu *D. Blumenwitz*, NJW 1990, S. 1341/1347 f.). 57

Innere Souveränität bedeutet das rechtliche Zu-Höchst-Sein der Staatsgewalt im Innern des Staates, ihre Einzigkeit und Einseitigkeit i. S. *Bodins* (→ Rdn. 3/54). Das schließt die Existenz anderer (staatlicher und gesellschaftlicher) Machtträger keineswegs aus. Die innere Souveränität des Staates zeigt sich dann aber gerade darin, dass er für sich in Konfliktfällen das Letztentscheidungsrecht beansprucht und tatsächlich in der Lage ist, diese Entscheidung auch gegen den Widerstand anderer staatlicher und gesellschaftlicher Kräfte durchzusetzen. Dies gilt heute auch für das Internet, das ungeachtet seiner 58 globalen Dimension keinen von staatlicher Einflussnahme freien Raum bildet.

59 Typisches Beispiel dafür ist der Bundesstaat (→ Rdn. 6/5 ff.), bei dem allein der Bund (Gesamtstaat) über eine unabhängige (souveräne) Staatsgewalt verfügt, die ihn zur Existenz als Staat i. S. d. Völkerrechts befähigt (→ Rdn. 3/49 ff.). Den Gliedstaaten des Bundes fehlt indes die Souveränität der Staatsgewalt; ihre Staatsgewalt besteht nur im Rahmen der ihnen durch die Bundesverfassung eingeräumten (Glied-) Staatlichkeit. Die Länder der Bundesrepublik Deutschland besitzen eigene Staatlichkeit als Gliedstaaten deshalb nur nach Maßgabe des Grundgesetzes. Über Völkerrechtsubjektivität verfügen die Länder nur, soweit die besonderen Voraussetzungen des Art. 32 Abs. 3 GG erfüllt sind, und dann auch nur gegenüber den anderen Völkerrechtssubjekten, welche die Staatlichkeit der Gliedstaaten auch im Völkerrecht anerkennen. Unter diesen Voraussetzungen verzichtet das Völkerrecht ausnahmsweise auf die souveräne (unabhängige) Staatsgewalt eines Gliedstaates.

60 Der Begriff der inneren Souveränität fragt grundsätzlich nicht danach, wer Träger (Inhaber) der Staatsgewalt ist (→ Rdn. 3/56 ff.). Weil das Völkerrecht die Binnenstruktur des Staates aus seiner Begrifflichkeit ausblendet, ist der Begriff der inneren Souveränität insoweit nicht bezogen auf die verfassungsrechtliche Frage nach dem Träger der Staatsgewalt, sondern auf den Staat selbst. Bedeutung gewinnt die Frage nach dem Träger der Staatsgewalt erst, wenn man zwischen verschiedenen Staatsformen differenziert, nämlich zwischen demokratischen und autokratischen Staatsformen (→ Rdn. 5/16 ff.). Aus dieser Sicht wird der Begriff „Souverän" regelmäßig in Beziehung gesetzt zum Träger der Staatsgewalt, der in einem demokratischen Verfassungsstaat durch das (Staats-) Volk gebildet wird (vgl. Art. 20 Abs. 2 S. 1 GG).

61 Unter dem Begriff der Souveränität wird mitunter auch die Frage diskutiert, ob und in welchem Umfang ein Staat von anderen Staaten in wirtschaftlicher oder technologischer Hinsicht unabhängig ist. Als „digitale Souveränität" wird insoweit etwa die Verfügbarkeit eigener Informationstechnologie verstanden, die für staatliche Zwecke verwendet werden soll, um diesbezüglich sowohl Abhängigkeiten als auch besondere Anfälligkeiten für Spionage etc. zu verhindern. Aus staatsrechtlicher Perspektive handelt es sich dabei gleichwohl grundsätzlich nicht um eine Souveränitätsproblematik. Ökonomische Autarkie und staatsrechtliche Souveränität mögen zwar durchaus Berührungspunkte aufweisen, bedingen sich aber jedenfalls solange nicht gegenseitig, wie ein Staat sich im Hinblick auf seine Funktionsfähigkeit nicht in völlige und alternativlose Abhängigkeit von einem anderen Staat begibt. Solange er eine selbstbestimmte Entscheidung darüber treffen kann, ob er bestimmte Leistungen aus diesem nutzt oder nicht, steht seine Souveränität nicht in Frage.

bb) Souveränität im völkerrechtlichen Sinn. Mit dem Begriff der „äußeren" bzw. *völkerrechtlichen Souveränität* bezeichnet man die Fähigkeit des Staates, nach außen und unabhängig von anderen Staaten im Rahmen und nach Maßgabe des Völkerrechts zu handeln. Die *äußere Souveränität* ist politisch in Verruf geraten, weil aus ihr über Jahrhunderte auch das *ius ad bellum* (Recht zum Krieg) hergeleitet wurde. Der hinter diesem Recht zum Krieg stehende *absolute Souveränitätsbegriff* existiert heute jedoch nicht mehr, zumal auch das Recht zum Krieg durch das universelle Gewaltverbot ersetzt wurde (→ Rdn. 7/80 ff.). Der heutige Souveränitätsbegriff des Völkerrechts ist vielmehr relativ. Er besagt, dass ein Staat (auch) in seinem Außenverhältnis zwar sowohl rechtlich als auch tatsächlich nicht dem Willen anderer Staaten unterworfen ist, er aber in jedem Fall das Völkerrecht zu beachten hat, an das er unmittelbar gebunden ist. 62

3. Wirkungsrichtungen der Staatsgewalt

Indem die Staatsgewalt rechtliche Wirkungen im Hinblick auf Staatsgebiet und Staatsvolk zeitigt, findet sie ihren Ausdruck als Territorial- und Personalhoheit. 63

a) Territorialhoheit. Mit dem Begriff *Territorialhoheit* wird die *prinzipielle Alleinzuständigkeit* der jeweiligen Staatsgewalt bezeichnet, auf einem bestimmten Staatsgebiet Hoheitsakte vorzunehmen (*Gebietshoheit*) und über dieses Staatsgebiet gegebenenfalls auch zu verfügen (*territoriale Souveränität*). 64

Das Völkerrecht unterscheidet zwischen der territorialen Souveränität und der Gebietshoheit. Unter *territorialer Souveränität* versteht man das Recht eines Staates, völkerrechtlich über sein eigenes Staatsgebiet zu verfügen, insbesondere also die Befugnis, es an einen anderen Staat (teilweise) abzutreten. *Gebietshoheit* meint die Ausübung der tatsächlichen Herrschaftsgewalt über ein Staatsgebiet (oder Teile desselben) und die in einem bestimmten Gebiet sich befindenden Personen, unabhängig von deren Staatsangehörigkeit. Über sein eigenes Staatsgebiet hat der jeweilige Staat in der Regel sowohl die territoriale Souveränität als auch die Gebietshoheit. Ein Auseinanderfallen ist aber z. B. dann gegeben, wenn der Staat A dem Staat B durch einen völkerrechtlichen Vertrag das Recht einräumt, auf einem Teil des Staatsgebietes von A zu einem bestimmten Zweck eigene Hoheitsgewalt auszuüben. So hat Kuba 1934 den USA durch einen völkerrechtlichen Vertrag das Recht eingeräumt, auf einem Teil seines Staatsgebietes (Guantanamo Bay) einen Flottenstützpunkt zu unterhalten. Das davon betroffene Territorium unterliegt weiterhin der territorialen Souveränität von Kuba, ist also kubanisches Staatsgebiet, während die

Gebietshoheit (tatsächliche Herrschaftsgewalt) von den USA wahrgenommen wird.

65 Die Gebietshoheit hat damit eine positive und eine negative Funktion: Positiv erstreckt sich die Herrschaft des Staates auf alle in seinem Gebiet befindlichen Personen und Sachen. In negativer Hinsicht ist kein Staat berechtigt, auf fremdem Staatsgebiet Hoheitsakte zu erlassen, sofern er nicht ausnahmsweise kraft Vertrages dazu ermächtigt ist oder er sich auf Völkergewohnheitsrecht berufen kann.

66 Mit der territorialen Souveränität verbunden ist die Möglichkeit, Einschränkungen der Gebietshoheit vorzunehmen. Derartige Ausnahmen von der Gebietshoheit werden als internationale *Servituten* (Dienstbarkeiten, Grundlasten) bezeichnet. Ihre Einräumung erfolgt regelmäßig durch völkerrechtlichen Vertrag. Im Einzelfall können sie auch aufgrund Völkergewohnheitsrechts bestehen. Unterscheiden lassen sich positive und negative Servituten.

67 Positive – oder auch „aktive" – Servituten beinhalten die Gestattung an einen anderen Staat, auf dem Staatsgebiet des gestattenden Staates fremde Staatstätigkeit auszuüben. Den gestattenden Staat trifft insoweit eine Duldungspflicht.

Beispiele sind Verwaltungszessionen, d. h. die Befugnis eines Staates, verwaltend auf dem Gebiet eines anderen Staates tätig zu werden, und die Einrichtung von Militärstützpunkten, z. B. der US-Flottenstützpunkt Guantanamo auf Kuba.

68 Im Falle negativer – oder auch „passiver" – Servituten verpflichtet sich ein Staat gegenüber einem anderen Staat, auf seinem Staatsgebiet bestimmte, eigentlich ihm zustehende Hoheitsbefugnisse nicht auszuüben. Der andere Staat hat jedoch kein Recht auf Vornahme eigener Hoheitsakte in diesem Gebiet.

Negative Servituten sind etwa aufgrund völkerrechtlicher Vereinbarung bestehende entmilitarisierte Zonen, so des Rheinlandes zwischen 1919 und 1936 oder der Ålandinseln in den Jahren 1856, 1921 und 1947.

69 **b) Personalhoheit.** Die *Personalhoheit* ist die Befugnis des Staates, auf die Angehörigen seines Staatsvolkes in rechtlich verbindlicher Weise Einfluss zu nehmen. Zum Staatsvolk gehören nicht alle Personen, die sich auf dem Staatsgebiet befinden. Das Staatsvolk bilden vielmehr nur die Staatsangehörigen.

Bei einer anderen Betrachtung hätte die Personalhoheit keine eigenständige Funktion gegenüber der Gebietshoheit. Die Personalhoheit wird deshalb vor allem dann bedeutsam, wenn sich ein Staatsangehöriger in einem anderen Staat (Drittstaat) aufhält, so dass die Gebietshoheit des Heimatstaates als Grundlage für die rechtliche Inanspruchnahme nicht mehr eingreift.

aa) Staatsangehörigkeit als rechtlicher Ausdruck der Personalhoheit. Aufgrund ihres Zusammenhanges mit dem Staatsvolk findet die Personalhoheit ihren rechtlichen Ausdruck in der *Staatsangehörigkeit*. Diese ist „eine öffentlich-rechtliche Rechtsbeziehung, kraft deren ein Mensch als mit einem bestimmten Staat in effektiver, dauernder und regelmäßig ausschließlicher Weise verbunden angesehen wird" (*F. Berber*, Völkerrecht I, S. 374). 70

Die Staatsangehörigkeit hat eine doppelte, sowohl staats- als auch völkerrechtliche Funktion. In *staatsrechtlicher* Hinsicht konstituiert die Staatsangehörigkeit das Staatsvolk. Die Staatsangehörigen werden der Rechtsordnung ihres Staates unterworfen. Dies gilt auch dann, wenn sie sich nicht auf dem eigenen Staatsgebiet aufhalten. Damit verbunden sind sowohl Pflichten als auch Rechte. Zu letzteren zählt das Recht auf diplomatischen Schutz gegenüber völkerrechtswidrigen Akten anderer Staaten. 71

Ein Staatsangehöriger hat danach in fast allen Staaten einen Rechtsanspruch gegen seinen Heimatstaat, dass dieser ihn vor völkerrechtswidrigen Maßnahmen dritter Staaten schützt (z. B. vor völkerrechtswidrigen Enteignungen oder willkürlicher Inhaftierung). Die konkrete Ausgestaltung dieses Anspruchs ist jedoch höchst unterschiedlich. In Deutschland besteht – obwohl es sich um eine grundrechtlich geschützte Rechtsposition handelt – lediglich ein Anspruch auf ermessensfehlerfreie Entscheidung. Die Bundesregierung hat zudem einen weiten Ermessensspielraum bei der Frage, welche Maßnahmen sie gegenüber dem Drittstaat zu ergreifen gedenkt.

Mit der Staatsangehörigkeit ist im demokratischen Verfassungsstaat vor allem auch die Berechtigung zur Teilnahme an der demokratischen Willensbildung des Volkes verbunden, sei es in Form von Parlamentswahlen als auch von sonstigen Abstimmungen. 72

Völkerrechtlich hat die Staatsangehörigkeit die Funktion, den Staatsangehörigen von der Personalhoheit dritter Staaten freizustellen. Es gilt der *Grundsatz der ausschließlichen Verbundenheit*. Daraus ergeben sich zwei völkerrechtliche Schranken für die Regelung des Staatsangehörigkeitsrechts: Zum einen kann jeder Staat nur seine eigene Staatsangehörigkeit regeln, nicht aber die Staatsangehörigkeit eines Drittstaates. 73

So darf ein Staat nicht regeln, dass beim Erwerb seiner Staatsangehörigkeit durch Einbürgerung die Staatsangehörigkeit anderer Staaten automatisch erlischt.

74 Zum anderen darf ein Staat einen Menschen nur dann zu seinem Staatsangehörigen machen, wenn eine gewisse Verbindung zwischen dem Staat und dem betreffenden Menschen besteht. Erforderlich ist eine engere tatsächliche Beziehung. Man spricht insoweit auch vom Erfordernis einer effektiven Staatsangehörigkeit.

75 **bb) Erwerb und Verlust der Staatsangehörigkeit.** Die Regelung von Erwerb und Verlust der Staatsangehörigkeit wird in den Staaten sehr unterschiedlich gehandhabt. Es lassen sich aber bestimmte Prinzipien erkennen. Der Erwerb der Staatsangehörigkeit erfolgt entweder durch Geburt oder durch Einbürgerung. Ihr Verlust tritt mit dem Tod des Staatsbürgers oder infolge Entzugs der Staatsangehörigkeit ein.

Als individuelles Zuordnungsmerkmal bzw. personales Band ist die Staatsangehörigkeit nicht verkehrsfähig. Der Staatsangehörige kann sich ihrer daher selbst weder einseitig entledigen noch sie an einen Dritten übertragen, etwa im Wege des Verkaufs oder der Vererbung.

76 In der Regel erwirbt jeder Mensch mit seiner Geburt eine Staatsangehörigkeit. Dieser Erwerb erfolgt gleichsam automatisch. Um welche Staatsbürgerschaft es sich dabei handelt, richtet sich nach dem Anknüpfungspunkt der Rechtsordnungen, die für ihn Geltung beanspruchen. Diese stellen maßgeblich entweder auf das Abstammungsprinzip (*ius sanguinis*) oder auf das Territorialprinzip (*ius soli*) für die Bestimmung der Staatsangehörigkeit ab.

Kein Staat verwirklicht jedoch eines der beiden Prinzipien in Reinform. In allen Staaten existieren Mischformen, die einmal mehr dem einen, einmal mehr dem anderen Prinzip den Vorrang geben.

77 Nach dem *Abstammungsprinzip* erlangt ein Kind bei der Geburt die Staatsangehörigkeit seiner Mutter (*a matre*) oder seines Vaters (*a patre*). Das Abstammungsprinzip überwiegt im kontinental-europäischen Rechtskreis und liegt auch dem deutschen Staatsangehörigkeitsrecht als Leitprinzip zugrunde.

Zu beachten ist, dass sich das Abstammungsprinzip ausschließlich nach der Staatsangehörigkeit eines Elternteils, nicht aber nach dessen ethnischer Zugehörigkeit richtet. Verfehlt ist es daher, in Anknüpfung an den überkommenen lateinischen Begriff von einem „Blutrecht“ zu sprechen.

Nach dem *Territorialprinzip* erwirbt ein Mensch die Staatsangehörigkeit desjenigen Staates, auf dessen Staatsgebiet er geboren wird. Seine Staatsangehörigkeit ist somit unabhängig von der Staatsangehörigkeit der Eltern. Das Territorialprinzip gilt als Leitprinzip im angloamerikanischen Rechtskreis, insbesondere in den USA, aber auch in Frankreich. 78

Es handelt sich um ein typisches Regelungsprinzip für Einwanderungsstaaten (USA), die daran interessiert waren, ihr Staatsvolk möglichst schnell zu erweitern, und für häufig Krieg führende Kolonialmächte (Frankreich), die regelmäßig an akutem Soldatenmangel litten.

Außer durch Geburt kann die Staatsangehörigkeit durch einen staatlichen Hoheitsakt, die *Einbürgerung*, verliehen werden. Ihre Voraussetzungen variieren in den einzelnen Staaten erheblich. Grundsätzlich erforderlich ist gleichwohl eine besondere Nähe der Person zu dem Staat, dessen Staatsangehörigkeit sie erhält. 79

cc) Grundsatz der ausschließlichen Staatsangehörigkeit. Probleme ergeben sich, wenn ein Mensch die Staatsangehörigkeit von zwei oder mehr Staaten besitzt (*Doppel-* oder *Mehrstaater*) oder aber – als *Staatenloser* – überhaupt nicht im Besitz einer Staatsangehörigkeit ist. Beide Fälle ergeben sich vor allem aus der Tatsache, dass jeder Staat bei der inhaltlichen Gestaltung seines Staatsangehörigkeitsrechts über einen weiten politischen Ermessensspielraum verfügt. Abstammungs- und Territorialprinzip verdrängen sich zudem nicht, sondern stehen gleichberechtigt nebeneinander. Dies kann zu Konfliktlagen führen. 80

Mehrstaatigkeit ist das Ergebnis eines *positiven Kompetenzkonfliktes*. In diesem Fall nehmen mindestens zwei Staaten nach ihren innerstaatlichen Rechtsnormen den Betreffenden als eigenen Staatsangehörigen in Anspruch. 81

Beispiel: Ein Kind wird in einem Staat geboren, in dem das Territorialprinzip gilt; seine Eltern stammen hingegen aus einem Staat, in dem das Abstammungsprinzip maßgeblich ist. Aufgrund der gleichzeitigen Geltung beider Prinzipien erhält das Kind beide Staatsangehörigkeiten.

Zur *Staatenlosigkeit* kommt es dagegen im (seltenen) Fall eines *negativen Kompetenzkonfliktes*. 82

Beispiel: Ein Kind wird in einem Staat geboren, in dem das Abstammungsprinzip gilt; seine Eltern stammen aus einem anderen Staat, in dem das Territorialprinzip gilt. In diesem Fall hat die Staatsangehörigkeit der Eltern keine

Auswirkungen auf die Staatsangehörigkeit des Kindes. Zugleich kann dieses nicht die Staatsangehörigkeit seines Geburtsstaates erwerben.

83 Sowohl die Doppel- und Mehrstaatigkeit als auch die Staatenlosigkeit werden innerstaatlich wie international – wenngleich mit nachlassender Tendenz – als ein Übel betrachtet, das sowohl im Interesse der Staaten als auch des Einzelnen möglichst vermieden bzw. beseitigt werden sollte (BVerfGE 37, S. 217/254). Zur Vermeidung beider Situationen besteht daher eine Vielzahl völkerrechtlicher Verträge. In beiden Fällen überwiegen die Nachteile nämlich die Vorteile.

84 Unmittelbar einsichtig ist dies im Falle der *Staatenlosigkeit*. Diese führt dazu, dass der Betreffende keiner Personalhoheit unterliegt und damit auch keinen Anspruch auf diplomatischen Schutz hat, sondern allein der Territorialhoheit seines momentanen Aufenthaltsstaates unterfällt. Als Staatenloser genießt er in diesem regelmäßig eine geringere rechtliche Absicherung als die Staatsangehörigen des jeweiligen Staates. Völkerrechtlich verpflichtet ist der Aufenthaltsstaat nur zur Gewährung des fremdenrechtlichen Mindeststandards.

85 Auch die *Mehrstaatigkeit* ist für den Betroffenen keineswegs günstig. So besteht insbesondere die Gefahr einer doppelten Inanspruchnahme, etwa hinsichtlich der Heranziehung zum Wehrdienst oder der Steuerpflichtigkeit. Daneben kann es zu familien- und erbrechtlichen Problemen kommen. Schließlich wird der Mehrstaater Loyalitätskonflikten unterworfen. Ein zusätzlicher Gewinn, etwa bezüglich der Erlangung diplomatischen Schutzes, folgt aus der Mehrstaatigkeit dagegen nicht.

So wird ein deutsch-türkischer Doppelstaater in Deutschland immer als Deutscher behandelt, in der Türkei immer als Türke. Diplomatischer Schutz gegen den jeweils anderen Heimatstaat ist völkerrechtlich ausgeschlossen.

86 **dd) Exkurs: Staatsangehörigkeit nach dem Grundgesetz.** Das Grundgesetz behandelt die Frage der Staatsangehörigkeit nur in einzelnen Aspekten. Im Hinblick auf die Definition des Deutschen stellt Art. 116 GG maßgeblich auf die deutsche Staatsangehörigkeit ab. Soweit die deutsche Staatsangehörigkeit während des Dritten Reiches aus politischen, rassischen oder religiösen Gründen Personen entzogen wurde, die nach dem 8. Mai 1945 ihren Wohnsitz wieder in Deutschland genommen haben, gilt der Entzug als nicht erfolgt. Andernfalls besteht ein Anspruch auf Wiedereinbürgerung. Weitere Regelungen über den Erwerb der deutschen Staatsangehörigkeit enthält das Grundgesetz nicht. Diese sind vielmehr einfachgesetzlich im

Staatsangehörigkeitsgesetz (StAG/früher Reichs- und Staatsangehörigkeitsgesetz – RuStAG) normiert.

Die Frage der Beendigung der deutschen Staatsangehörigkeit und der Staatenlosigkeit findet demgegenüber eine umfassendere Regelung in Art. 16 Abs. 1 GG. Darin heißt es: „Die deutsche Staatsangehörigkeit darf nicht entzogen werden. Der Verlust der Staatsangehörigkeit darf nur auf Grund eines Gesetzes und gegen den Willen des Betroffenen nur dann eintreten, wenn der Betroffene dadurch nicht staatenlos wird.“ 87

Die Vorschrift unterscheidet zwei Beendigungstatbestände und verbindet damit auch verschiedene Rechtsfolgen. Eine verbotene *Entziehung* der Staatsangehörigkeit besteht in jeder Verlustzufügung, welche die – für den Einzelnen und die Gesellschaft gleichermaßen bedeutsame – Funktion der Staatsangehörigkeit als verlässliche Grundlage gleichberechtigter Zugehörigkeit beeinträchtigt (BVerfGE 116, S. 24/44). Hingegen ist der *Verlust* der Staatsangehörigkeit unter den beiden in Art. 16 Abs. 1 S. 2 GG genannten Voraussetzungen zulässig. Der dort enthaltene besondere Gesetzesvorbehalt („nur auf Grund eines Gesetzes“) schützt vor allem das Interesse des einzelnen Staatsbürgers, anhand der Gesetzeslage vorhersehen zu können, unter welchen Voraussetzungen er seinen Status verliert. Ein verfassungsrechtlich zulässiger Verlust der deutschen Staatsangehörigkeit tritt u. a. dann ein, wenn der (bisherige) deutsche Staatsangehörige auf eigenen Antrag hin eine ausländische Staatsangehörigkeit erwirbt (vgl. § 25 StAG). 88

Der Verlust der deutschen Staatsangehörigkeit ist in diesem Fall „nicht die Folge eines allein auf dem Willen des Staates zur Wegnahme der deutschen Staatsangehörigkeit beruhenden Aktes, sondern er tritt aufgrund von Handlungen des Betroffenen ein, die auf einem selbstverantwortlichen und freien Willensentschluss gegründet sind. Der Betroffene hat es selbst in der Hand, die deutsche Staatsangehörigkeit zu behalten, sei es, dass er auf den Erwerb der ausländischen Staatsangehörigkeit verzichtet, sei es, dass er nach § 25 Abs. 2 StAG vor Erwerb der ausländischen Staatsangehörigkeit eine Genehmigung zur Beibehaltung der deutschen Staatsangehörigkeit einholt“ (BVerfG, NVwZ 2007, S. 441/442). 89

Das führt zu überzeugenden Ergebnissen etwa dann, wenn der Betroffene eine andere Staatsangehörigkeit erwirbt (→ Rdn. 3/75 ff.). Problematisch sind jedoch die Fälle, in denen der Betroffene auf die Vermeidbarkeit der Erfüllung des Verlusttatbestandes keinen Einfluss hat, weil er z. B. als Minderjähriger von einem Ausländer adoptiert wird (§ 17 Nr. 4, § 27 StAG). Dabei handelt es sich zwar um einen traditionellen Verlusttatbestand, der durch Art. 16 90

Abs. 1 GG nicht beseitigt werden sollte. Gleichwohl ist auch in diesem Fall die Adoption (und mithin unter den weiteren Voraussetzungen der Verlust der deutschen Staatsangehörigkeit) für den Minderjährigen unvermeidbar.

III. Entstehung und Untergang von Staaten im Völkerrecht

91 Indem die Drei-Elemente-Lehre das gleichzeitige Bestehen von Staatsgebiet, Staatsvolk und darauf bezogener unabhängiger Staatsgewalt erfordert, gibt sie zu erkennen, dass Staaten Gebilde sind, die Veränderungen unterworfen sein können. Staaten sind nichts Unabänderliches in Raum und Zeit, sondern können entstehen und untergehen. Die Kenntnis aber, ob ein bestimmtes politisches Gemeinwesen als Staat anzusehen ist, ist von größter Bedeutung, weil sie für die Anwendbarkeit des Völkerrechts im Verkehr mit anderen Staaten maßgeblich ist.

92 Das Völkerrecht kennt daher Regelungen über die Entstehung und den Untergang von Staaten. Grundsätzlich ist danach zu unterscheiden, ob das Entstehen eines neuen Staates ohne Gebietsverlust eines bereits bestehenden Staates erfolgt (originäres, ursprüngliches Entstehen eines Staates) oder aber „auf Kosten" eines bestehenden Staates geht (derivatives, abgeleitetes Entstehen eines Staates). Darüber hinaus ist bei der Betrachtung eines möglicherweise nicht mehr staatlichen Gebildes das Kontinuitätsprinzip zu beachten, das der vorschnellen Annahme von Änderungen in der Staatlichkeit oftmals entgegensteht.

1. Originäres Entstehen und ersatzloser Untergang von Staaten

93 Ein *originäres*, also *ursprüngliches Entstehen von Staaten* ist heute kaum noch möglich. Voraussetzung ist nämlich, dass auf einem bisher staatsfreien Gebiet ein neuer Staat, der sämtliche Voraussetzungen der Drei-Elemente-Lehre erfüllt, gegründet wird.

Beispiel (VG Köln, DVBl. 1978, S. 510): Etwa acht Seemeilen vor der britischen Küste befindet sich eine Flakstellung aus dem Zweiten Weltkrieg. Nach dem Krieg hatte die britische Armee die Flakstellung geräumt, die durch starke Betonpfeiler mit dem Meeresgrund verbunden ist. 1967 nahm ein britischer Staatsangehöriger die ehemalige Flakstellung in Besitz und rief das „Fürstentum Sealand" aus. 1975 gab er dem „Fürstentum" eine Verfassung und erhob sich selbst zum „Roy of Sealand", um in dieser Funktion mehr als

100 Personen auch die Staatsangehörigkeit von Sealand zu verleihen. Gleichzeitig leben in der Regel ca. 30 bis 40 Personen auf der Insel, die eine Fläche von 1300 m^2 hat. Beabsichtigt ist der Ausbau der künstlichen Insel auf 13 000 m^2, um Spielbanken und Vergnügungsstätten einzurichten.

Ein originäres Entstehen eines Staates lag nach Ansicht des Gerichts nicht vor. Es fehlte bereits am Merkmal des Staatsgebietes. „Die ehemalige Flakstellung befindet sich nicht auf einem abgetrennten Teil der Erdoberfläche, sondern die Insel ruht auf Betonpfeilern. Im Schrifttum wird als Staatsgebiet jedoch ganz überwiegend nur ein Teil der Erdoberfläche angesehen. Diese im Schrifttum vertretene Auffassung, dass Staatsgebiet ‚Teil der Erdoberfläche' bzw. ‚Landgebiet' sei, führt dazu, nur auf natürliche Weise gewachsenen Flächen Staatsgebietsqualität zuzuerkennen. Eine von Menschenhand geschaffene, künstliche Plattform, wie die des ‚Fürstentums Sealand' kann weder als ‚Erdoberfläche' noch als ‚Landgebiet' bezeichnet werden, da sie ihren Ursprung nicht in der Erdkugel hat, also kein Kegelausschnitt aus der Erde ist. Die ehemalige Flakstellung wird auch nicht durch die durch Betonpfeiler hergestellte feste Verbindung mit dem Meeresgrund zum Teil der ‚Erdoberfläche' bzw. zum ‚Landgebiet'. Sowohl der Begriff ‚Erdoberfläche' als auch die Wahl des Wortes ‚Landgebiet' zeigt vielmehr, dass nur solche Gebilde als Staatsgebiet i. S. des Völkerrechts anerkannt werden sollen, die über ein bestimmtes Stück Erdboden verfügen; auch wird aus dem im Völkerrecht als auch in der Umgangssprache gebräuchlichen Terminus ‚Territorium', der sich aus dem lateinischen Wort ‚terra' gleich ‚Erde' herleitet, deutlich, dass nur die auf ‚Mutter Erde' oder auf ihr stehende Flächen als Staatsgebiet i. S. des Völkerrechts anzusehen sind."

In zusätzlichen Begründungserwägungen meint das VG Köln überdies, es 94
mangele auch an einem Staatsvolk: „Neben dem Staatsgebiet fehlt es dem sog. ‚Fürstentum Sealand' weiterhin noch an einem Staatsvolk i. S. des Völkerrechts. […] Ein Staat als Zusammenschluss vieler hat in Ergänzung der Familie, die nur aus wenigen Angehörigen besteht, das Gemeinschaftsleben zu fördern. Mit dieser Forderung ist nicht nur ein loser Zusammenschluss zwecks Förderung gemeinsamer Hobbys und Interessen gemeint, sondern eine im wesentlichen ständige Form des Zusammenlebens i. S. einer Schicksalsgemeinschaft. An diesem Merkmal eines gemeinschaftlichen Lebens fehlt es jedoch bei den sog. ‚Staatsangehörigen' des ‚Fürstentums Sealand'. Abgesehen von 30–40 Menschen, die sich ständig auf der Plattform aufhalten, um sie zu bewachen und die Aggregate zu überwachen, beschränkt sich die Anwesenheit der übrigen sog. ‚Staatsangehörigen' auf gelegentliche Besuche. Das sog. ‚Fürstentum Sealand' besitzt bereits von seiner räumlichen Ausdehnung her (z. Z. sind es 1 300 m^2) nicht die Voraussetzungen zum ständigen Aufenthalt aller sog. ‚Staatsangehörigen'. Aber auch selbst wenn sich die Vorstellungen des ‚Roy of Sealand' verwirklichen lassen und die Plattform auf rund 13 000 m^2 vergrößert wird, so bietet sie dennoch keinen auf Dauer geeigneten Lebensraum. Staatliches Leben beschränkt sich nicht auf den Betrieb von Spielbanken und Vergnügungsstätten, sondern hat in entscheidenderem Maße den anderen lebensnotwendigen Bedürfnissen des Menschen von seiner Geburt bis zu sei-

nem Tod, wie der Aus- und Weiterbildung, den Hilfen in allen Wechselfällen des Lebens und nicht zuletzt der Möglichkeit des Erwerbs des Lebensunterhaltes, zu dienen. […] Der gemeinsame Zweck ihres Zusammenschlusses beschränkt sich nur auf einen kleinen Teilbereich ihres Lebens, nämlich ihre wirtschafts- und steuerpolitischen Interessen. Diese Gemeinsamkeit ihrer Interessen kann jedoch nicht als ausreichend angesehen werden, sie als Staatsvolk i. S. des Völkerrechts anzuerkennen."

95 Der ersatzlose *Untergang eines Staates* ist ebenfalls ungewöhnlich, kann aber im Gegensatz zu einer originären Staatsentstehung tatsächlich mitunter auftreten. Ein solcher Untergang ist dann gegeben, wenn eines der drei konstituierenden Elemente der Drei-Elemente-Lehre endgültig wegfällt und kein neuer Staat an die Stelle des alten Staates tritt. Dies erscheint allenfalls bei einem (kaum vorstellbaren) gänzlichen Wegfall des Staatsvolkes oder des Staatsgebietes möglich (z. B. bei einem kleinen Inselstaat aufgrund eines Tsunamis). Außerdem kann die Staatsgewalt unter bestimmten Umständen entfallen, doch sind insoweit die Besonderheiten des völkerrechtlichen Kontinuitätsprinzips (→ Rdn. 3/105 ff.) zu beachten.

2. Derivatives Entstehen und Untergehen von Staaten

96 Von einem *derivativen,* also *abgeleiteten Entstehen bzw. Untergehen von Staaten* spricht man dann, wenn die Identität eines Staates zwar erlischt, aber ein Nachfolgestaat auf dem jeweiligen Territorium installiert wird (Staatensukzession). Zu unterscheiden sind verschiedene Typen, nämlich Dismembration, Sezession, Annexion, Beitritt und Fusion.

97 **a) Dismembration und Sezession.** Vergleichsweise häufig anzutreffen ist die als *Dismembration* bezeichnete Teilung eines Staates in mehrere Nachfolgestaaten. Bildlich kann man diesen Vorgang mit einer „Zellteilung" vergleichen. Auf dem Territorium des Vorgängerstaates entsteht eine Mehrzahl von Nachfolgestaaten. Keiner dieser Nachfolgestaaten ist jedoch mit dem Vorgängerstaat rechtlich identisch.

Die „Donaumonarchie" Österreich-Ungarns zerfiel 1918 neben verschiedenen Gebietsabtretungen in die Staaten Österreich, Ungarn, Tschechoslowakei und Jugoslawien (Königreich der Serben, Kroaten und Slowenen). Auch die Trennung der Tschechoslowakei in die Tschechische Republik und die Slowakei (1993) stellte eine Dismembration dar. Dasselbe gilt nach h. M. auch für den Zerfall Jugoslawiens (1991/92) und der Sowjetunion (1991).

Von der Dismembration zu unterscheiden ist die *Sezession*. Diese führt zur Abspaltung eines (neuen) Staates vom (Alt-) Staat. Anders als die Dismembration hat die Sezession allerdings nicht das Erlöschen des (Alt-) Staates zur Folge. Dieser bleibt vielmehr bestehen, wenn auch durch die Abspaltung sein Staatsgebiet und das Staatsvolk verringert werden. Die Sezession ist dadurch gekennzeichnet, dass sich ein Teil des bisherigen Staatsgebietes und Staatsvolkes abspaltet und einen eigenen, neuen Staat begründet. Häufig treten bei der Unterscheidung von Dismembration und Sezession erhebliche Abgrenzungsschwierigkeiten auf, z. B. beim Zerfall der Sowjetunion (1991) und Jugoslawiens (1991/92). 98

Zu unterscheiden von der Sezession ist die Zession, d. h. die Abtretung von Staatsgebiet von einem Staat an einen anderen auf der Grundlage eines völkerrechtlichen Vertrages. Beispiele sind der Verkauf von Louisiana durch Frankreich an die USA (1803) oder von Alaska durch Russland an die USA (1867). Auch die Überlassung Helgolands durch das Vereinigte Königreich an Deutschland (1890) stellte eine Zession dar.

Nicht erforderlich ist, dass die Sezession im Einverständnis mit dem Staat erfolgt, von dem sich der Staatsteil löst. Nach dem *völkerrechtlichen Effektivitätsprinzip*, das der Schaffung von Rechtssicherheit in den internationalen Beziehungen dient, hindert auch eine gewaltsame Loslösung nicht deren völkerrechtliche Anerkennung, sofern die veränderten Umstände von Dauer sind. 99

Erfolgreiche Sezessionen waren in den letzten Jahren die Herauslösung Eritreas aus Äthiopien (1993), der „Austritt" Montenegros aus der Republik Serbien und Montenegro (2006) und die Abspaltung des Südsudans vom Sudan (2011). Ob die „Republik Kosovo" durch ihre einseitige Unabhängigkeitserklärung im Februar 2008 den Sezessionsprozess erfolgreich abgeschlossen hat, ist nach wie vor umstritten. Bezweifelt wird insbesondere, dass sie bereits hinreichend effektive Staatsgewalt ausübt.

b) Annexion, Beitritt und Fusion. *Annexion* und *Beitritt* sind Erscheinungsformen der Eingliederung von bisher fremdem Staatsgebiet in einen anderen, bereits existierenden Staat (Inkorporation). Sie können zum Untergang des beitretenden bzw. annektierten Staates führen. Beide Konstellationen sind aber streng voneinander zu unterscheiden, weil ihre völkerrechtliche Zulässigkeit differenziert zu beurteilen ist. 100

Als *Annexion* wird die vollständige oder teilweise Eingliederung von fremdem Staatsgebiet in das Staatsgebiet des annektierenden 101

Staates *gegen den Willen* des anderen Staates bezeichnet. In der Regel erfolgt sie unter Anwendung oder zumindest Androhung militärischer Gewalt. Damit verstößt sie aber gegen ein fundamentales Prinzip der Völkerrechtsordnung, nämlich das universelle Gewaltverbot (→ Rdn. 7/80 ff.). Die vom Völkerrecht verbotene gewaltsame Annexion fremden Staatsgebiets ist deshalb kein rechtmäßiger Erwerbstitel für eigenes Staatsgebiet (*ex iniuria ius non oritur*).

Trotz des Annexionsverbotes ist die „Einverleibung" von fremdem Staatsgebiet gegen den Willen des berechtigten Staates ein historisch häufiger Vorgang. Zu denken ist nur an den „Anschluss" Österreichs im Jahre 1938 und der Rest-Tschechei im Folgejahr durch das Deutsche Reich, die Annexionen der baltischen Staaten Estland, Lettland und Litauen durch die UdSSR im Jahre 1940, die Annexion arabischer Gebiete durch Israel als Folge des Sechs-Tage-Krieges von 1967 (Ost-Jerusalem, Golan-Höhen) sowie die Annexion Kuwaits durch den Irak 1990 und diejenige der Krim durch Russland 2014. Alle diese Annexionen waren völkerrechtswidrig und nichtig.

102 Eine völkerrechtswidrige Annexion lässt sich auch nicht nachträglich durch das Effektivitätsprinzip legitimieren. Das völkerrechtliche Gewaltverbot, der Rechtsgrund des Annexionsverbotes, ist zwingendes Recht (*ius cogens*). Ein Verstoß führt stets zur rechtlichen Unwirksamkeit, also zur Nichtigkeit der jeweiligen Maßnahme. Das Annexionsverbot ist daher einer der seltenen Fälle, in denen völkerrechtlich das Legalitätsprinzip dem auf die tatsächlichen Umstände abstellenden Effektivitätsprinzip vorgeht.

103 Von der völkerrechtswidrigen Annexion zu unterscheiden ist der freiwillige *Beitritt* eines Staates zu einem anderen Staat. Dadurch geht der beitretende Staat regelmäßig unter, während der andere Staat in seiner Identität unberührt bleibt.

Prominente Beispiele sind die völkerrechtlichen (Eingliederungs-) Verträge, die 1870/71 den Beitritt der süddeutschen Staaten zum Norddeutschen Bund regelten und der Beitritt der DDR gemäß Art. 1 des Einigungsvertrages zur Bundesrepublik Deutschland 1990.

104 Die *Fusion* ist schließlich der freiwillige Zusammenschluss von mindestens zwei Staaten zu einem neuen Staat. Das führt im Regelfall dazu, dass die früheren Staaten als Subjekte des Völkerrechts untergehen und der Nachfolgestaat im völkerrechtlichen Verkehr an ihre Stelle tritt.

Beispiel: Durch die Vereinigung der italienischen Einzelstaaten zum Königreich Italien (1815–1870) gingen die bisherigen Staaten unter. An ihre Stelle trat der italienische Staat als Gesamtstaat.

Ist der Nachfolgestaat jedoch ein Bundesstaat, dann können die „Alt-Staaten" als Gliedstaaten des neu gegründeten Gesamtstaates fortbestehen und – ähnlich wie die Länder der Bundesrepublik Deutschland – beschränkte Völkerrechtssubjektivität besitzen.

3. Völkerrechtlicher Kontinuitätsgrundsatz

Obwohl Staaten entstehen und untergehen können, liegen derartige Entwicklungen nicht im Interesse eines geordneten Miteinanders der Staatenwelt. Das Völkerrecht steht Veränderungen der Staatlichkeit daher kritisch gegenüber. Es gilt grundsätzlich das *Kontinuitätsprinzip*. 105

a) Grundlagen. Nach dem *Kontinuitätsprinzip* soll die Identität des Staates im völkerrechtlichen Verkehr unabhängig von diesen betreffenden Veränderungen möglichst erhalten bleiben. Das Kontinuitätsprinzip dient somit der Schaffung von Rechtssicherheit und Verlässlichkeit im zwischenstaatlichen Verkehr. Es zeitigt Auswirkungen sowohl bei internen als auch bei externen Einschnitten in das Wesen eines Staates. 106

Das Kontinuitätsprinzip führt dazu, dass Gebietsänderungen grundsätzlich keine Auswirkungen auf die Existenz des Staates als Rechtssubjekt im völkerrechtlichen Verkehr haben. Gleiches gilt im Regelfall auch für staatsinterne Umwälzungen, selbst wenn sie die ursprüngliche Herrschafts- und Regierungsform durch eine gänzlich anders geartete ersetzen. Revolutionäre Wandlungen des Verfassungszustandes lassen die Identität eines Staates grundsätzlich unberührt. Nur auf diese Weise wird dem Bedürfnis der Staatengemeinschaft nach Rechtssicherheit in ihren Rechtsbeziehungen hinreichend Rechnung getragen. Würde nämlich jeder innerstaatliche revolutionäre Wandel bereits den Staat als Völkerrechtssubjekt zum Untergang bringen, könnten sich Staaten auf diese Weise ihren vielfältigen, nicht zuletzt aus völkerrechtlichen Verträgen stammenden internationalen Verpflichtungen entziehen. Es gilt daher die widerlegliche Vermutung, dass innerstaatliche politische Veränderungen die völkerrechtliche Identität eines Staates unberührt lassen. 107

Wird die Identität des Staates als Rechtssubjekt nach außen im Falle einer Revolution aufrechterhalten, bedeutet dies jedoch nicht zwingend, dass der Staat auch im Innenverhältnis zu seinen Staatsangehörigen als Kontinuum zu behandeln ist. So kann bei einem „Staatskonkurs", also einem vollständigen wirtschaftlichen und politischen Zusammenbruch, die staatsrechtliche Beurteilung von der völkerrechtlichen abweichen.

108 Das Kontinuitätsprinzip befindet sich zugleich in Übereinstimmung mit der Drei-Elemente-Lehre. Politische und rechtliche Veränderungen führen regelmäßig nicht dazu, dass die Staatsgewalt gänzlich entfällt; sie wird allenfalls umgestaltet. Die Voraussetzungen der Staatlichkeit als solche bleiben bestehen; nur ihre konkrete Ausgestaltung unterliegt gewissen politischen oder rechtlichen Änderungen. Diese Änderungen sind jedoch aus Sicht der Drei-Elemente-Lehre unerheblich, da sie nicht die konstituierenden Bestandteile der Staatlichkeit betreffen.

109 **b) Effektive Ausübung von Staatsgewalt und Kontinuitätsprinzip.** Ein Fortfall der Staatlichkeit eines Gemeinwesens ist vor dem Hintergrund der Drei-Elemente-Lehre dann denkbar, wenn die *Staatsgewalt* nicht (mehr) effektiv ausgeübt wird (zum Wegfall von Staatsgebiet und Staatsvolk → Rdn. 3/96 ff.). In diesem Fall kann jedoch die Anwendung des *Kontinuitätsprinzips* dazu führen, dass ein Staat als fortbestehend angesehen wird, auch wenn die Regierung nicht mehr alle Gebietsteile des Staates unter Kontrolle hat.

110 **aa) Unterscheidung von Rechts- und Handlungsfähigkeit.** Außerdem ist in diesem Zusammenhang zwischen der *Rechts-* und der *Handlungsfähigkeit* eines Staates im völkerrechtlichen Verkehr zu unterscheiden. Solange die Rechtsfähigkeit gewahrt ist, also der Staat als Träger völkerrechtlicher Verantwortung zur Verfügung steht, bleibt er unabhängig von der Frage, ob seine Handlungsfähigkeit durch eine effektive Herrschaftsgewalt sichergestellt ist, als Staat bestehen (zur Rechtslage des Deutschen Reiches nach 1945 → Rdn. 3/119 ff.). Voraussetzung ist allerdings, dass die Handlungsfähigkeit zu einem späteren Zeitpunkt wiedererlangt wird, mithin die Voraussetzungen der Drei-Elemente-Lehre wieder vollumfänglich erfüllt sind.

111 Das Kontinuitätsprinzip findet Anwendung allein bei der Frage nach dem Fortbestehen eines Staates. Anders ist dies beim Entstehen von Staaten. Die gleichzeitige Erfüllung aller Kriterien der Drei-Elemente-Lehre im Entstehungszeitpunkt ist schon aus Gründen der Rechtssicherheit im zwischenstaatlichen Verkehr unumgänglich. Die Schaffung eines neuen Staates ist nicht möglich, wenn diesem nicht eine effektive Staatsgewalt und damit zugleich die völkerrechtliche Handlungsfähigkeit zukommt. Ein Gebilde soll erst dann als Staat angesehen werden, wenn es die Gewähr dafür bietet, völkerrechtliche Verpflichtungen erfüllen zu können.

Das vorübergehende Entfallen effektiver Staatsgewalt z. B. aufgrund eines Bürgerkriegs führt zur Problematik des *failed state* (→ Rdn. 3/116), die vorübergehende oder sogar langanhaltende Verdrängung der Staatsgewalt durch einen anderen Staat wirft die Problematik der „schlafenden" Staaten auf (→ Rdn. 3/117f.). Beide Fragen lassen sich unter Rückgriff auf das Kontinuitätsprinzip beantworten. 112

bb) Staatensukzession. Führt die Anwendung des Kontinuitätsprinzips nicht zum Fortbestand eines Staates, liegt ein Fall der *Staatensukzession* bzw. *-nachfolge* vor. Dabei tritt an die Stelle des untergehenden Staates ein neuer Staat, der mit seinem Vorgänger nicht identisch ist. In diesem Fall stellt sich die – im Einzelnen heftig umstrittene – völkerrechtliche Frage, welche Rechte und Pflichten des Vorgängerstaates auf den Nachfolgestaat übergehen. Einigkeit besteht zumindest insoweit, dass eine *Gesamtsukzession*, d. h. ein unmittelbarer Eintritt des Nachfolgestaates in alle völkerrechtlich begründeten Rechte und Pflichten des Vorgängerstaates, nicht stattfindet. 113

Zugleich entsteht der Neustaat aber auch nicht recht- und pflichtenlos. Der Grundsatz der Rechtssicherheit im völkerrechtlichen Verkehr erfordert, dass ein Eintritt zumindest in einzelne, für die Staatengemeinschaft besonders wichtige Rechte und Pflichten des Vorgängerstaates, wie etwa Grenzfestlegungen gegenüber Drittstaaten, erfolgt. Um welche Rechte und Pflichten es sich dabei im Einzelnen handelt, ist bislang jedoch nicht abschließend geklärt. 114

Problematisch war die völkerrechtliche Identität nach innerstaatlichen Umbrüchen etwa mehrfach in Bezug auf das Verhältnis Russland/Sowjetunion. Während die Sowjetunion nach der Oktoberrevolution 1917 vehement die These von der Diskontinuität im Hinblick auf das zaristische Russland vertrat, ging man im Westen von einer staatlichen Identität aus. Die Frage war völkerrechtlich besonders deshalb beachtlich, weil die Sowjetunion mit der Diskontinuitätsthese auch bestritt, an das vom Zarenreich ratifizierte Kriegsvölkerrecht, insbesondere die Haager Landkriegsordnung von 1899/1907, gebunden zu sein. Nach der Aufspaltung der Sowjetunion im Jahre 1991 in zwölf Nachfolgestaaten stellte sich die Frage erneut. Beantwortet wurde sie in differenzierter Form: Die bisherigen sowjetischen Republiken lösten durch den Vertrag von Alma Ata 1991 die Sowjetunion als Staat auf (Dismembration → Rdn. 3/97) und beschlossen ihre Ersetzung durch den rechtlich sehr viel loseren Staatenbund der Gemeinschaft Unabhängiger Staaten (GUS) (staatsrechtliche Diskontinuität). Gleichzeitig vereinbarten die damaligen Sowjetrepubliken, dass die Russische Föderation den ständigen Sitz der Sowjetunion im UN-Sicherheitsrat übernehmen solle. Die Vereinten Nationen behielten daraufhin den Sitz der Sowjetunion im Sicherheitsrat unmittelbar der russischen Regierung vor (organisationsrechtliche Kontinuität). Die Staatenge- 115 meinschaft hatte nämlich kein Interesse an der Vakanz eines ständigen Ratssitzes und dem dadurch verursachten politischen Streit.

116 **c) Vorübergehendes Entfallen effektiver Staatsgewalt *(failed state).*** Im Laufe eines Bürgerkriegs kann es dazu kommen, dass die bisherige Regierung nicht mehr in der Lage ist, ihre Staatsgewalt effektiv, d. h. mit Wirksamkeit (zumindest) im größten Teil des Staatsgebiets auszuüben.

Dies ist etwa seit 1993/94 in Somalia der Fall, als eine Vielzahl von Warlords das Land völlig unregierbar machte. Keiner der Warlords war aber fähig, selbst und auf Dauer Regierungsgewalt auszuüben. Andere aktuelle Beispiele sind der Sudan, der Südsudan und die Zentralafrikanische Republik sowie die Demokratische Republik Kongo.

Man spricht in diesem Fall von einem *failed state* (gescheiterten Staat). Ob man bei solchen Zuständen aber von einem *dauernden* Wegfall der Staatsgewalt – mit der Folge des Untergangs des Staates als Völkerrechtssubjekt – ausgehen darf, ist umstritten. Man muss letztlich schon aus Gründen der internationalen Rechtssicherheit annehmen, dass die einmal bestehende Rechtsfähigkeit, d. h. die Existenz als Staat i. S. d. Völkerrechts, unangetastet bleibt, weil das zeitweise Fehlen einer zentralen staatlichen Durchsetzungsmacht lediglich die völkerrechtliche Handlungsfähigkeit betrifft. Andernfalls entstünde auf diesem Territorium ein staatsfreier Raum, der dem rechtmäßigen Zugriff und der Eingliederung in andere Staaten ausgesetzt wäre. Gerade das aber will das Völkerrecht mit der Anwendung des Kontinuitätsprinzips vermeiden.

117 **d) „Schlafende" und „scheintote" Staaten.** Das Völkerrecht kennt überdies auch *„schlafende"* bzw. *„scheintote" Staaten*, bei denen nach einer gewissen Zeit die Staatsgewalt wiederauflebt, mit der Folge, dass diese Staaten aufgrund des Kontinuitätsprinzips (→ Rdn. 3/105 ff.) nicht als Neustaaten angesehen werden. Sie sind vielmehr rechtlich identisch mit den bereits zuvor existierenden Staaten, die nunmehr ihre Handlungsfähigkeit wiedergewonnen haben.

Die drei baltischen Staaten Estland, Lettland und Litauen wurden 1940 von der Sowjetunion völkerrechtswidrig annektiert. Ihr Ausscheiden aus der ohnehin zerfallenden Sowjetunion 1990/91 wird als Fortsetzung der seinerzeit annektierten drei Staaten aufgefasst, nicht als Neugründung. Auch die Verleihung der Staatsangehörigkeit in den drei Staaten knüpft an die Staatsangehörigkeit bis zum Zeitpunkt der völkerrechtswidrigen Einverleibung in die Sowjetunion an, so dass die unter kommunistischer Herrschaft angesiedelten

Russen regelmäßig die Staatsangehörigkeit der drei baltischen Staaten nicht von Gesetzes wegen erworben haben.

Ob ein Staat nach völkerrechtlichen Maßgaben untergegangen ist oder aber trotz des Verlustes z. B. der souveränen Staatsgewalt über einen gewissen Zeitraum noch fortbesteht, lässt sich oftmals erst im Rahmen einer Betrachtung ex post feststellen. Die *ex ante*-Sicht ist regelmäßig mit zu vielen Prognoseunsicherheiten und sonstigen politischen Unwägbarkeiten befrachtet, als dass auf ihrer Grundlage ein sicheres Urteil abgegeben werden könnte. 118

So ging das Heilige Römische Reich Deutscher Nation im Jahre 1806 durch Abdankung des letzten Kaisers unter. Dies war dagegen nicht der Fall beim Anschluss Österreichs an das Deutsche Reich von 1938 bis 1945. Österreich setzte seine Existenz als eigenständiger Staat danach fort und wurde nicht als neuer Staat angesehen. Auch das Schicksal des Deutschen Reiches (→ Rdn. 3/119ff.) und der baltischen Staaten (→ Rdn. 3/117) belegt, dass gegenüber einer zu frühen „Ausstellung eines Totenscheins“ für einen Staat Vorsicht angebracht ist.

e) Exkurs: Deutschlands Staatlichkeit nach 1945. Für Deutschland stellte sich die Frage nach der Kontinuität seines Staatswesens im Zusammenhang mit der bedingungslosen Kapitulation der Wehrmacht und der Übernahme der *supreme authority* durch die Siegermächte im Jahre 1945 und der im Jahre 1949 erfolgten Gründung der Bundesrepublik Deutschland und der Deutschen Demokratischen Republik. Alle diese Ereignisse wurden von den politisch daran interessierten Kreisen als Begründung dafür genannt, dass der bis dahin in Form des Deutschen Reiches bestehende Staat untergegangen sei. Das Bundesverfassungsgericht hat diese Positionen mit deutlichen Worten zurückgewiesen und die Rechtsfrage im Sinne des Kontinuitätsprinzips beantwortet. 119

In seiner Entscheidung zum Grundlagenvertrag führte das BVerfG (E 36, S. 1/15ff.) aus: „Das Grundgesetz – nicht nur eine These der Völkerrechtslehre und der Staatsrechtslehre! – geht davon aus, dass das Deutsche Reich den Zusammenbruch 1945 überdauert hat und weder mit der Kapitulation noch durch Ausübung fremder Staatsgewalt in Deutschland durch die alliierten Okkupationsmächte noch später untergegangen ist […]. Das Deutsche Reich existiert fort, besitzt nach wie vor Rechtsfähigkeit, ist allerdings als Gesamtstaat mangels Organisation, insbesondere mangels institutionalisierter Organe selbst nicht handlungsfähig. Im Grundgesetz ist auch die Auffassung vom gesamtdeutschen Staatsvolk und von der gesamtdeutschen Staatsgewalt verankert. 120

Mit der Errichtung der Bundesrepublik Deutschland wurde nicht ein neuer westdeutscher Staat gegründet, sondern ein Teil Deutschlands neu organisiert. Die Bundesrepublik Deutschland ist […] als Staat identisch mit dem Staat

‚Deutsches Reich', – in Bezug auf seine räumliche Ausdehnung allerdings ‚teilidentisch', so dass insoweit die Identität keine Ausschließlichkeit beansprucht. [...] [Die Bundesrepublik Deutschland] beschränkt staatsrechtlich ihre Hoheitsgewalt auf den ‚Geltungsbereich des Grundgesetzes', fühlt sich aber verantwortlich für das ganze Deutschland."

121 Mit der Fortexistenz des deutschen Staates war konsequent auch das Fortbestehen der deutschen Staatsangehörigkeit für die Bürger beider Teilstaaten verbunden. Damit waren die rechtlichen Voraussetzungen für die nach dem Zusammenbruch der DDR erfolgte Wiedervereinigung im Jahre 1990 geschaffen. In deren Folge entstand erstmals seit Jahrzehnten wieder eine auf den deutschen Gesamtstaat bezogene effektive Staatsgewalt unter Zurückgewinnung einer umfassenden völkerrechtlichen Handlungsfähigkeit des deutschen Staates.

122 Die Wiedervereinigung ist auch ein Beleg dafür, dass oftmals von der politischen Praxis abgelehnte rechtlich bedingte „theoretische Konstruktionen" ihre Bedeutung und ihre Sinnhaftigkeit erst zu einem späteren Zeitpunkt entfalten und neben der „rechtlichen" auch ihre „historische Richtigkeit" beweisen. Gerade das Völkerrecht erfordert in Bezug auf die Existenz von Staaten langfristige Betrachtungsweisen, die über weite Strecken auch von den tatsächlichen Verhältnissen abweichen können. Nur aufgrund des Festhaltens des BVerfG an der staatlichen Einheit Deutschlands und der dadurch vermittelten Identität des bestehenden deutschen Staates mit dem 1867 gegründeten Norddeutschen Bund als Vorläufer des Deutschen Reiches von 1871 wurde im Grundlagenvertragsurteil das verfassungsrechtliche Fundament für die politische Bewältigung der Wiedervereinigung gelegt.

123 **Literatur zu A.:** *T. Darsow*, Zum Wandel des Staatsbegriffs, 1984; *H. Ehmke*, „Staat" und „Gesellschaft" als verfassungstheoretisches Problem, FG für Rudolf Smend, 1962, S. 23 ff.; *K. Eichenberger*, Der Staat der Gegenwart, 1980; *K. Groh*, Demokratische Staatsrechtslehrer in der Weimarer Republik, 2009; *P. Häberle/M. Kilian/H.A. Wolff* (Hrsg.), Staatsrechtslehrer des 20. Jahrhunderts, 2015; *J. Isensee*, Staat und Verfassung, in: HStR II, 3. Aufl. 2004, § 15, S. 3 ff.; *E. Kern*, Moderner Staat und Staatsbegriff, 1949; *W. Mager*, Zur Entstehung des modernen Staatsbegriffs, 1968; *U. Scheuner*, Das Wesen des Staates und der Begriff des Politischen in der neueren Staatslehre, FG für Rudolf Smend, 1962, S. 225 ff.; *U.J. Schröder/A. von Ungern-Sternberg* (Hrsg.), Zur Aktualität der Weimarer Staatsrechtslehre, 2011; *U. Volkmann*, Relativität des Staates – Staatsbegriff und Staatsverständnis im Spiegel der jüngeren Geschichte, JuS 1996, S. 1058 ff.

Zu B.: *S. Haack*, L'État – qu'est-ce que c'est?, Die Wissenschaft vom öffentlichen Recht und ihre Methoden nach sechzig Jahren Arbeit mit dem Grundgesetz, Der Staat 49 (2010), S. 107 ff.; *L. Heschl* u. a. (Hrsg.), L' état, c'est quoi? Staatsgewalt im Wandel, 2015; *C. Möllers*, Staat als Argument, 2. Aufl. 2011; *H. Uhlenbrock*, Der Staat als juristische Person. Dogmengeschichtliche Untersuchung zu einem Grundbegriff der deutschen Staatsrechtslehre, 2000; *P. Unruh*, Weimarer Staatsrechtslehre und Grundgesetz. Ein verfassungstheoretischer Vergleich, 2004; *R. Voigt* (Hrsg.), Staatsdenken. Zum Stand der Staatstheorie heute, 2016, Kap. 2 (Kap. 4 Staatsrechtsdenken). – **II.:** *A. Anter*, Georg Jellineks wissenschaftliche Politik – Positionen, Kontexte, Wirkungslinien, PVS 1998, S. 502 ff.; *C. Danwerth*, Die prägenden Thesen und Ideen des Georg Jellinek (1851–1911), JuS 2011, S. 406 ff.; *J. Kersten*, Georg Jellinek und die klassische Staatslehre, 2000, S. 145 ff.; *H.-J. Koch*, Die staatsrechtliche Methode im Streit um die Zwei-Seiten-Theorie des Staates (Jellinek, Kelsen, Heller), in: S. Paulson/M. Schulte (Hrsg.), Georg Jellinek. Beiträge zu Leben und Werk, 2000, S. 371 ff.; *O. Lepsius*, Die Zwei-Seiten-Lehre des Staates, in: A. Anter (Hrsg.), Die normative Kraft des Faktischen. Das Staatsverständnis Georg Jellineks, 2004. S. 63 ff. – **III.:** *H. Dreier*, Rechtslehre, Staatssoziologie und Demokratietheorie bei Hans Kelsen, 1990; *ders.*, Hans Kelsens Wissenschaftsprogramm, in: H. Schulze-Fielitz (Hrsg.), Staatsrechtslehre als Wissenschaft (Beiheft 7 zu Die Verwaltung), 2007, S. 81 ff.; *A. Leisner-Egensperger*, Hans Kelsens Reine Rechtslehre, JA 2005, S. 555 ff.; *J. Vollmeyer*, Der Staat als Rechtsordnung. Hans Kelsens Identitätsthese und ihre Bedeutung für den europäischen Konstitutionalisierungsprozess, 2011. – **IV.:** *A. v. Campenhausen*, Rudolf Smend 1882–1975, JÖR 56 (2008), S. 229 ff.; *C. Bickenbach*, Rudolf Smend (15.1.1882 bis 5.7.1975) – Grundzüge der Integrationslehre, JuS 2005, S. 588 ff.; *F. Günther*, Denken vom Staat her, 2004; *W. Hennis*, Integration durch Verfassung?, JZ 1999, S. 485 ff.; *C. Hillgruber*, Staat, Recht und Verfassung im Prozess der Integration – Smends Integrationslehre in ihrer Ausgangsgestalt und in der Rezeption unter der Geltung des Grundgesetzes, in: FS R. Bartlsperger, 2006, S. 63 ff.; *R. Lhotta* (Hrsg.), Die Integration des modernen Staates. Zur Aktualität der Integrationslehre von Rudolf Smend, 2005; *S. Obermeyer*, Integrationsfunktion der Verfassung und Verfassungsnormativität. Die Verfassungstheorie Rudolf Smends im Lichte einer transdisziplinären Rechtstheorie, 2008; *R.C. van Ooyen*, Integration. Die antidemokratische Staatstheorie von Rudolf Smend im politischen System der Bundesrepublik, 2014.

Zu C.: *E.-W. Böckenförde*, Die verfassungstheoretische Unterscheidung von Staat und Gesellschaft als Bedingung der individuellen Freiheit, 1973; *W. Brugger*, Kommunitarismus als Verfassungstheorie des Grundgesetzes, AöR 123 (1998), S. 337 ff.; *H. Ehmke*, „Staat“ und „Gesellschaft“ als verfassungstheoretisches Problem, in: FG R. Smend, 1962, S. 23 ff.; *C. Franzius*, Der Gewährleistungsstaat, VerwArch 2008, S. 351 ff.; *W. Frenz*, Selbstverpflichtungen der Wirtschaft, 2001; *D. Grimm*, Staat und Gesellschaft, in: T. Ellwein/J. J. Hesse (Hrsg.), Staatswissenschaften – Vergessene Disziplin oder neue Herausforderung?, 1991, S. 13 ff.; *A. Holzmann*, Das Kooperationsprinzip. Kooperatives Staatshandeln zwischen Demokratie- und Rechtsstaatsprinzip, 2006; *H.-D. Horn*, Staat und Gesellschaft in der Verwaltung des Pluralismus. Zur Suche nach Organisationsprinzipien im Kampf ums Gemeinwohl, Die Verwaltung 26 (1993), S. 545 ff.; *P.M. Huber*, Konsensvereinbarungen und Gesetzgebung, ZG 2002, S. 244 ff.; *J. Isensee*, Subsidiaritätsprinzip und Verfassungsrecht. Eine

Studie über das Regulativ des Verhältnisses von Staat und Gesellschaft, 2. Aufl. 2001; *W. Kahl*, Die rechtliche Bedeutung der Unterscheidung von Staat und Gesellschaft, Jura 2002, S. 721 ff.; *U. Karpen*, Die Unterscheidung von Staat und Gesellschaft als Bedingung der rechtsstaatlichen Freiheit, JA 1986, 299 ff.; *K.-H. Ladeur*, Der Staat gegen die Gesellschaft. Zur Verteidigung der Rationalität der Privatrechtsgesellschaft, 2006; *ders.*, Der Staat der „Gesellschaft der Netzwerke". Zur Notwendigkeit der Fortentwicklung des Paradigmas des „Gewährleistungsstaates", Der Staat 48 (2009), S. 163 ff.; *ders.*, Staat und Gesellschaft. Von der liberalen zur postmodernen Gesellschaft, in: O. Depenheuer/Chr. Grabenwarter (Hrsg.), Verfassungstheorie, 2010, § 18; *L. Michael*, Rechtsetzende Gewalt im kooperierenden Verfassungsstaat. Normprägende und normersetzende Absprachen zwischen Staat und Wirtschaft, 2002; *W. Reese-Schäfer* (Hrsg.), Handbuch Kommunitarismus, 2018; *H.H. Rupp*, Die Unterscheidung von Staat und Gesellschaft, in: J. Isensee/P. Kirchhof (Hrsg.), Handbuch des Staatsrechts, Bd. II, 3. Aufl., 2004, § 31; *G. Schaal*, Einführung in die Politischen Theorien der Moderne, 3. Aufl. 2016; *H. Schulze-Fielitz*, Kooperatives Recht im Spannungsfeld von Rechtsstaatsprinzip und Verfahrensökonomie, DVBl 1994, S. 657 ff.; *G. F. Schuppert* (Hrsg.), Der Gewährleistungsstaat. Ein Leitbild auf dem Prüfstand, 2005; *E. Treutner*, Kooperativer Rechtsstaat. Das Beispiel Sozialverwaltung, 1998; *N. Weiß*, Bedeutung und Funktion von Zivilgesellschaft und Öffentlichkeit im demokratischen Rechtsstaat am Beispiel der Bundesrepublik Deutschland, JÖR 61 (2013), S. 15 ff.

Zu D. I.: *H. Bismark*, Das Staatsgebiet, JA 1983, S. 397 ff.; *C. Hillgruber*, Der Staat im Völkerrecht, Zeitschrift für Rechtsphilosophie 2007, S. 9 ff.; *B. Kempen*, Staat und Raum, 2014; *D. Murswiek*, Der Staat als Rechtszustand, Zeitschrift für Rechtsphilosophie 2007, S. 2 ff.; *W. Rudolf*, Wandel des Staatsbegriffs im Völkerrecht?, 1986. – **II.:** *M. Baldus*, Zur Relevanz des Souveränitätsproblems für die Wissenschaft vom öffentlichen Recht, Der Staat 36 (1997), S. 381 ff.; *M. Barandiy*, Souveränität als Gewährleistung der Interessen der Staaten, 2013; *A. Bleckmann*, Das Souveränitätsprinzip im Völkerrecht, ArchVR 23 (1985), S. 450 ff.; *D. Blumenwitz*, Der Vertrag vom 12.9.1990 über die abschließende Regelung in Bezug auf Deutschland, NJW 1990, S. 1341 ff.; *E. Denninger*, Vom Ende nationalstaatlicher Souveränität in Europa, JZ 2000, S. 1121 ff.; *M. Dietrich*, Staatliches Souveränitätsverständnis im Wandel der gesellschaftspolitischen Strukturen, 2011; *R. Grawert*, Homogenität, Identität, Souveränität. Positionen jurisdiktioneller Begriffsdogmatik, Der Staat 51 (2012), S. 189 ff.; *D. Grimm*, Souveränität. Herkunft und Zukunft eines Schlüsselbegriffs, 2009; *S. Haack*, Verlust der Staatlichkeit, 2007; *U. Haltern*, Was bedeutet Souveränität?, 2007; *M.W. Hebeisen*, Souveränität in Frage gestellt. Die Souveränitätslehren von Hans Kelsen, Carl Schmitt und Hermann Heller im Vergleich, 1995; *C. Hillgruber*, Souveränität – Verteidigung eines Rechtsbegriffs, JZ 2002, S. 1072 ff.; *ders.*, Die Souveränität der Staaten – Grundlage und Geltungsbedingung des Völkerrechts, Der Staat 53 (2014), S. 475 ff.; *H.-C. Kraus/H.-A. Wolff* (Hrsg.), Souveränitätsprobleme der Neuzeit. Freundesgabe für Helmut Quaritsch anlässlich seines 80. Geburtstages,

2010; *A. Randelzhofer*, Staatsgewalt und Souveränität, in: HStR II, 3. Aufl. 2004, § 17; *W. Reinhard*, Geschichte der Staatsgewalt. Eine vergleichende Verfassungsgeschichte Europas von den Anfängen bis zur Gegenwart, 1999; *S. Salzborn/R. Voigt* (Hrsg.), Souveränität. Theoretische und ideengeschichtliche Reflexionen, 2010; *S. Schäller*, Föderalismus und Souveränität im Bundesstaat. Ideengeschichtliche Grundlagen und die Rechtsprechung des Bundesverfassungsgerichts, 2016; *U. Schliesky*, Souveränität und Legitimität von Herrschaftsgewalt. Die Weiterentwicklung von Begriffen der Staatslehre und des Staatsrechts im europäischen Mehrebenensystem, 2004; *M. Schröder*, Rahmenbedingungen der Digitalisierung der Verwaltung, in: J. Ziekow/C.-L. Lee (Hrsg.), Verwaltungsrecht im digitalen Zeitalter & Effiziente Verwaltung und Rechtsstaat (i. E.); *S. Tönnies*, Souveränität und Angriffskriegsverbot, APuZ 2005, Nr. 22, 39; *L. Wildhaber*, Entstehung und Aktualität der Souveränität, in: FS K. Eichenberger, 1982, S. 131 ff. – **II.3.b.:** *B. Alaez Corral*, Staatsangehörigkeit und Staatsbürgerschaft vor den Herausforderungen des demokratischen Verfassungsstaates, Der Staat 49 (2007), S. 349 ff.; *M. Deinhard*, Das Recht der Staatsangehörigkeit unter dem Einfluss globaler Migrationserscheinungen, 2015; *K. Hailbronner/G. Renner/H.-G. Maaßen*, Staatsangehörigkeitsrecht, 5. Aufl. 2010; *K. Kammann*, Probleme mehrfacher Staatsangehörigkeit. Unter besonderer Berücksichtigung des Völkerrechts, 1984; *A. Kießling*, Die Funktion der Staatsangehörigkeit als verlässliche Grundlage gleichberechtigter Zugehörigkeit, Der Staat 54 (2015), S. 1 ff.; *M.S. Kraus*, Menschenrechtliche Aspekte der Staatenlosigkeit, 2013; *G.A.E. Krohne*, Die Ausbürgerung illoyaler Staatsangehöriger, 2013; *J. Masing*, Wandel im Staatsangehörigkeitsrecht vor den Herausforderungen moderner Migration, 2001; *I. v. Münch*, Die deutsche Staatsangehörigkeit. Vergangenheit – Gegenwart – Zukunft, 2007; *J. Niesten-Dietrich*, Integration und Staatsangehörigkeit, ZAR 2012, S. 85 ff.; *S. Uslucan*, Zur Weiterentwicklungsfähigkeit des Menschenrechts auf Staatsangehörigkeit. Deutet sich in Europa ein migrationsbedingtes Recht auf Staatsangehörigkeit an – auch unter Hinnahme der Mehrstaatigkeit?, 2012; *U. Topal*, Staatsangehörigkeitsverlust und Mehrstaatigkeit. Eine verfassungsrechtliche Untersuchung zum Verlustgrund des Erwerbs einer ausländischen Staatsangehörigkeit, 2010; *A. Wallrabenstein*, Das Verfassungsrecht der Staatsangehörigkeit, 1999. – **III.:** *M. Alimi*, Die Staatensukzession in völkerrechtliche Verträge und die Einigung Deutschlands, 2004; *S. Baer*, Der Zerfall Jugoslawiens im Lichte des Völkerrechts, 1995; *G.H. Gornig*, Der völkerrechtliche Status Deutschlands zwischen 1945 und 1990. Auch ein Beitrag zu Problemen der Staatensukzession, 2007; *O. Luchterhandt*, Der Anschluss der Krim an Russland aus völkerrechtlicher Sicht, ArchVR 52 (2014), S. 137 ff.; *E. Radlgruber/C. Terle*, Sezession in einem Mitgliedstaat der EU: Analyse der unionsrechtlichen Auswirkungen am Beispiel Schottlands, ZfRV 2014, S. 148 ff.; *B. Schöbener*, Unconditional Surrender – Entwicklung, Inhalt und Konsequenzen der sog. Casablanca-Formel, Der Staat 34 (1995), S. 163 ff.; *M. Silagi*, Staatsuntergang und Staatennachfolge. Mit besonderer Berücksichtigung des Endes der DDR, 1996.

§ 4. Rechtfertigung, Funktionen, Ziele und Aufgaben des Staates

A. Der Bezugsrahmen der Rechtfertigungsbedürftigkeit

1 In der historischen Betrachtung erscheinen Staat und Herrschaft als Kategorien, die zwar im Laufe der Jahrhunderte bedeutsamen Änderungen unterlagen, in ihren Grundzügen jedoch stets erkennbar vorhanden und somit juristisch fassbar waren. Die Allgemeine Staatslehre kann sich jedoch nicht mit der Beschreibung von Zuständen begnügen. Sie muss darüber hinaus, anders als die Rechtsgeschichte und die Völker- und Staatsrechtswissenschaft, die Frage beantworten, *weshalb* Staaten bestehen. Erforderlich ist somit eine (staats-) philosophische Betrachtung der *Rechtfertigung von staatlicher Herrschaft*. Zu untersuchen sind die Gründe, welche die Existenz des Staates rechtfertigen, mithin die Staatszwecke.

2 Dazu ist es notwendig, zwischen verschiedenen Erklärungsebenen und -modellen zu trennen. Die Grundfrage lautet, ob es überhaupt eine Rechtfertigung für die Herrschaft von Menschen über andere Menschen gibt und wieso gerade der Staat, der wiederum besondere Kennzeichen und Merkmale aufweist, als taugliche Herrschaftsform angesehen werden kann.

Das Wort *Herrschaft* ist in diesem Zusammenhang als Unterwerfung von Menschen (als Untertanen oder auch Bürger) unter den Willen des/der Herrschenden zu verstehen, der soweit nötig mit Gewalt (im Sinne von *vis* und *potestas* → Rdn. 3/8) durchgesetzt werden kann. Im Hinblick auf den modernen Staat der Neuzeit ist insbesondere zu klären, worin dessen Besonderheiten (Gewaltmonopol, räumliche Allein- und virtuelle Allzuständigkeit) ihre Rechtfertigung finden.

B. Der Begriff der Rechtfertigung (Legitimation, Legitimität)

Vor einer Darstellung einzelner Staatszwecktheorien bedarf es zunächst einer Klärung des Begriffs *Rechtfertigung*. Dieser Begriff wird nachfolgend in einem umfassenden Sinn und deshalb als inhaltlich identisch mit den Begriffen *Legitimation* und *Legitimität* verstanden. 3

I. Legitimation und Legalität

Die Begriffe der *Legitimation* bzw. *Legitimität* dürfen indes nicht mit demjenigen der Legalität verwechselt werden. *Legalität* bedeutet nichts anderes als *Rechtmäßigkeit* im Sinne einer formellen Übereinstimmung mit den Gesetzen. Der Terminus kennzeichnet die formale Übereinstimmung eines Verhaltens oder eines Zustands mit den bestehenden Rechtsnormen. Ob die Ausübung von Staatsgewalt in diesem Sinn *rechtmäßig* ist, richtet sich allein nach den Rechtsnormen des einzelnen Staates. Die Frage nach der Legalität betrifft somit die Ebene der Anwendung konkreter, gesetzlich bestimmter Ge- und Verbote. 4

Demgegenüber findet die Frage nach der *Legitimität* ihren Maßstab nicht in der Rechtsordnung. Ihr Maßstab ist vielmehr ein vor- bzw. außerrechtlicher. Er wird anhand von Werten und Grundsätzen bestimmt, die als der Rechtsordnung vorausliegend angesehen werden. Die nachfolgend untersuchte Frage nach der *Legitimität* befasst sich deshalb mit der *Rechtfertigung des Staates*, seiner *Herrschaftsgewalt* und *seiner Handlungen* jenseits rechtsnormativer Anforderungen. 5

Es liegt auf der Hand, dass die Bestimmung eines außerrechtlichen Maßstabs mit erheblichen Schwierigkeiten verbunden ist, soll dieser Maßstab dem Anspruch auf Universalität gerecht werden. Teilweise werden die Begriffsinhalte von Legitimität und Legalität daher ausgehend vom Modell des modernen Verfassungsstaates einander angenähert. So soll in der rechtsstaatlichen Legalität zugleich ein Teil der Legitimität der Gemeinschaftsordnung liegen. Die Regelung des Zusammenlebens durch allgemeine Gesetze wird als legitimitätsvermittelnd angesehen. Dies ist insbesondere dann der Fall, wenn die 6

Gesetze in einem demokratischen Verfahren entstanden sind und bestimmte Grundwerte, insbesondere die Grund- und Menschenrechte, beachten.

7 Noch weitergehend werden Legalität und Legitimität durch das Konzept der *Legitimation durch Verfahren* einander angeglichen. Danach vermittelt schon die Beachtung demokratischer Verfahrensregeln eine hinreichende Legitimation.

Diese auf den Rechts- und Sozialwissenschaftler *Niklas Luhmann* (1927–1998, Legitimation durch Verfahren, 1969) zurückgehende Auffassung basiert auf der zutreffenden Erkenntnis, dass in einer komplexen und pluralistischen Gesellschaft höchste Werte und Prinzipien mit absoluter Geltung kaum vorstellbar sind. Derartige „Wahrheiten" sind stets abhängig vom jeweiligen Horizont des Betrachters. Existiert aber ein allgemein akzeptiertes Verfahren, in das alle Alternativlösungen als Diskussionsgrundlage eingebracht werden können, dann ermöglicht dies die umfassende Akzeptanz der letztlich getroffenen Entscheidung. Die Legitimität staatlichen Handelns ist damit auf die Gewährleistung effektiver Verfahrensregeln reduziert.

8 Die Grundbedingungen der These von der Legitimation durch Verfahren sind in mehrfacher Hinsicht zweifelhaft: So können zum einen Verfahrensregeln noch nicht die *inhaltliche Richtigkeit* einer Entscheidung, etwa eines Gesetzes, gewährleisten. Rechtliche Anforderungen an die Verfahrensgestaltung dienen ebenso wie die Verteilung von Kompetenzen nämlich primär dem Zweck, die in einer Gemeinschaft vorhandenen Interessen und Einflussmöglichkeiten zu kanalisieren und zu koordinieren (*R. Zippelius*, AStL, § 16 II). Darüber hinaus ist zu beachten, dass auch das Legitimation vermittelnde Verfahren seinerseits Ergebnis eines Entscheidungsprozesses ist, bezüglich dessen keine Richtigkeitsgarantien bestehen. Jede Verfahrensordnung ist zudem darauf angewiesen, im Interesse der zeitgerechten und sachangemessenen Entscheidung bestimmte Interessen und deren Vertreter nicht am Verfahren zu beteiligen. Zum anderen lässt sich die Akzeptanzfrage nicht auf verfahrensrechtliche Regeln reduzieren, weil gerade in einer in ihren Interessen stark ausdifferenzierten modernen Gesellschaft die Akzeptanz seitens der Bürger bzw. Herrschaftsunterworfenen primär vom Entscheidungsinhalt abhängt.

Das Verfahren, in dem eine Entscheidung zustande kommt, und der Inhalt der Entscheidung sind somit richtigerweise voneinander zu unterscheiden. Trotz der Unsicherheiten im Zusammenhang mit der Bestimmung eines außerrechtlichen Maßstabs kann Legitimation deshalb letztlich nicht allein durch Legalität vermittelt werden.

II. Ethische und soziologische Legitimationstheorien

Der in der Allgemeinen Staatslehre verwendete Begriff der *Legitimation im ethischen* bzw. *philosophischen Sinne* ist nicht nur von demjenigen der Legalität, sondern auch vom *soziologischen Legitimationsbegriff* abzugrenzen. Bei der Frage nach der *ethischen Legitimation* geht es vor allem darum, Zwecke zu erkennen, welche allgemein die staatliche Existenz als Herrschaftsverband und daran anschließend spezifische Regierungsformen innerhalb der Staaten rechtfertigen können. Typische Erscheinungsformen einer ethischen Betrachtung sind z. B. die Rechtfertigung des Staates als Schutz- und Friedensordnung (→ Rdn. 4/53 ff.) oder seine Notwendigkeit zur Sicherstellung der freien Entfaltung der Persönlichkeit der Menschen (→ Rdn. 4/46 ff.). 9

Als empirische Wissenschaft fragt die Soziologie dagegen danach, weshalb eine Herrschaftsordnung und damit auch der Staat von den Herrschaftsunterworfenen tatsächlich akzeptiert wird (*soziologische Legitimation*). Nach *Max Weber* (1864–1920, Wirtschaft und Gesellschaft, 1922) sind aus soziologischer Sicht idealtypisch die rationale, die traditionale und die charismatische Legitimation von Herrschaft zu unterscheiden. 10

Die *rationale Legitimation* von Herrschaft beruht auf der Einsicht in die Notwendigkeit der Herrschaft des gesetzten Rechts. *Weber* spricht insoweit von der „Fügsamkeit gegenüber formal korrekt und in der üblichen Form zustande gekommenen Satzungen." Letztlich bedeutet die rationale Legitimation in einem solchen Verständnis nichts anderes als Legitimation durch Verfahren und damit Legalität. 11

Abweichend vom Ansatz *Webers* lässt sich der Begriff der rationalen Legitimation in seinem eigentlichen Wortsinn als Akzeptanz staatlicher Herrschaft aus Vernunftgründen verstehen. Eine Unterwerfung unter Herrschaft erfolgt, weil diese als unvermeidlich für ein geordnetes Zusammenleben, jedenfalls aber als berechtigt angesehen wird (vgl. *R. Zippelius*, AStL, § 16 I 2).

Die *traditionale Legitimation* ist in dem Glauben an die Richtigkeit der überkommenen Ordnung und an das Herrschaftsrecht der durch die Tradition zur Herrschaft Berufenen begründet. 12

Dahinter stand lange Zeit vor allem die Anerkennung des *monarchischen Prinzips*. Die Überzeugung von der Betrauung eines Herrscherhauses „von Gottes Gnaden" bildete in Europa die staatstheoretische Rechtfertigung der monarchischen Herrschaft im Absolutismus. Das monarchische Legitimitätsprinzip erlangte besondere Bedeutung in der Zeit nach dem Wiener Kongress von 1814/15, als es der Rechtfertigung sowie der Wiederherstellung und Erhaltung der überlieferten europäischen Ordnung diente (→ Rdn. 5/47 ff.; 6/27).

13 Die *charismatische Legitimation* beruht schließlich auf außergewöhnlichen Fähigkeiten des Herrschers. Entscheidend ist somit die von dessen Person ausgehende Faszination. Regelmäßig wird ihm eine „Sendung" zugeschrieben, getragen von dem Bewusstsein, eine historische Bestimmung erfüllen zu müssen. Beziehen kann sich dieses Sendungsbewusstsein sowohl auf religiöse als auch auf politische Aufgaben.

14 Häufig bestehen die verschiedenen Formen soziologischer Legitimation nebeneinander oder sie ergänzen sich. Auch können sie sich in der zeitlichen Abfolge abwechseln.

So entwickelte sich im Laufe der Geschichte häufig aus einer durch eine charismatische Persönlichkeit begründeten eine traditionell akzeptierte dynastische Herrschaft. Überkommene Herrschaftsformen wiederum wurden schließlich (auch) rational legitimiert (vgl. *R. Zippelius*, AStL, § 16 I 2).

15 Ähnliche *Verbindungen* existieren letztlich auch zwischen der *soziologischen* und der *ethischen Legitimation*. Es handelt sich um verschiedene Legitimationsformen, die im Regelfall nicht nur nebeneinander bestehen, sondern sich ergänzen können und damit gemeinsam den Staat und die Ausübung von Staatsgewalt rechtfertigen. So ist z. B. die Rechtfertigung von Staatsgewalt ausschließlich aufgrund besonderer übergeordneter Zwecke praktisch nicht vorstellbar. Elemente soziologischer Legitimation müssen grundsätzlich neben diese treten, um die Stabilität des Gemeinwesens sicherzustellen. Dies gilt umso mehr, als gerade in modernen pluralistischen Gesellschaften eine umfassende Übereinstimmung über höhere Werte und Grundsätze kaum zu erreichen ist.

16 Deutlich wird dies am Beispiel des *Demokratieprinzips* (→ Rdn. 5/28 ff.). Die demokratische Legitimation der Staatsgewalt ist zunächst ein ethisches Prinzip. Es basiert auf dem – in der westlichen Welt weitgehend unstrittigen – Argument, dass jeder Bürger an der Konstituierung der Staatsgewalt teilhaben soll. Gleichzeitig ist die Verwirklichung des demokratischen Prinzips mit bestimmten verfahrensrechtlichen Maßgaben verbunden bzw. verlangt die Verwirklichung des Prinzips bestimmte, regelmäßig wiederkehrende *Verfahren* (z. B. Parlamentswahlen). Das Demokratieprinzip lässt sich aber auch im Sinne der soziologischen Legitimation zur Rechtfertigung des Staates heranziehen, etwa mit der Begründung, nur die Demokratie als Herrschaft der

Mehrheit auf Zeit garantiere eine rationale Entscheidungsfindung, weil *Rationalität* eine offene Diskussion der Alternativen erfordere. Gleichzeitig garantiere die Mehrheitsentscheidung die Handlungsfähigkeit des Gemeinwesens ebenso wie die spätere Korrektur von Fehlentscheidungen. Aufgrund der Rationalität der Entscheidungsfindung erfahre die demokratisch legitimierte Staatsgewalt in der Bevölkerung die breiteste Akzeptanz.

C. Theorien zur Legitimation des Staates (Staatsphilosophie)

Zur *Legitimation von Herrschaft* im Allgemeinen und des moder- 17
nen Staates im Besonderen haben sich im Laufe der Jahrhunderte vielfältige theoretische Ansätze gebildet. Sämtliche dieser Theorien stehen in einem bestimmten Kontext, da sie unterschiedlichen Entstehungsbedingungen unterworfen waren: Jede Philosophie, jede Ideologie, jede Religion und jede Weltanschauung enthält eine eigene Vorstellung von der übergeordneten Rechtfertigung des Staates, die in ihrem Selbstverständnis und der jeweiligen Anschauung des Menschen wurzelt. Gleichwohl stellt die überwiegende Zahl der Theorien auf Gemeinwohlaspekte ab, bei denen das Wesen des Individuums in unterschiedlichem Maße betont wird.

I. Theorien von der Sinnlosigkeit des Staates: der Anarchismus

Die Frage nach dem Zweck des Staates schließt die Negierung sei- 18
ner Sinnhaftigkeit als mögliche Antwort ein. Angesichts dessen finden sich immer wieder Argumentationsansätze, die im Staat bzw. (allgemeiner) in Herrschaft an sich keinen Sinn sehen und die Abschaffung jeglicher Form von Herrschaftsverhältnissen anstreben. Diese Überlegungen haben sich vor allem in verschiedenen Konzeptionen des Anarchismus niedergeschlagen. Ausgehend von seiner reinen Wortbedeutung besagt *Anarchismus* zunächst nichts anderes als *Herrschaftslosigkeit*. Als politische Ideologie ist es die Absicht des Anarchismus, jede Herrschaft von Menschen über Menschen, also jede gesetzliche Zwangsordnung, insbesondere den Staat, zu beseitigen und ein autoritäts- und herrschaftsloses Zusammenleben herbeizuführen. Im Anarchismus tritt das Freiheitsprinzip in seiner äu-

ßersten Konsequenz zu Tage: An die Stelle von Recht und Gesetz tritt der freie Wille des einzelnen Menschen. Das gesamte gesellschaftliche Geschehen resultiert ausschließlich aus der Freiheit aller Gesellschaftsangehörigen. Dem Anarchismus liegt jedoch keine einheitliche Vorstellung der Ausgestaltung von Herrschaftslosigkeit zugrunde.

1. Idealistischer Anarchismus

19 Der *idealistische Anarchismus* stellte die Freiheit des Einzelnen vollkommen in den Vordergrund. Seinen Vertretern war – zumindest im gedanklichen Ansatz – eine idealistische Vorstellung des menschlichen Wesens gemeinsam. Sie gingen davon aus, der Mensch sei von seiner Natur her in der Lage und willens, seine gelebte Freiheit nicht zur Beschränkung der Freiheit der anderen zu missbrauchen. Dieser Gedanke entstand bereits im antiken Griechenland während des 4. Jahrhunderts v. Chr. in der philosophischen Schule der *Stoa*.

Die *Stoiker* stellten das Streben des Menschen nach Glück in den Vordergrund ihrer Lehre. Höchstes Gut des Menschen sei die „Tugend". Sie gingen dabei von der Voraussetzung aus, dass jeder Mensch von Natur aus zur Tugendhaftigkeit bestimmt sei. Der tugendhafte Mensch aber brauche keine Staatsgewalt, keine rechtliche Zwangsordnung, die ihm vorschreibe, was er zu tun und zu lassen habe, denn der Mensch trage die Ordnung in höchster Vollkommenheit und in vollständiger Autarkie in sich.

20 Der Begriff Anarchismus wurde jedoch erst im 19. Jahrhundert von dem französischen Philosophen *Pierre-Joseph Proudhon* (1809–1865) geprägt, der, anknüpfend an die Vorstellungen der Stoiker, zum Begründer des modernen Anarchismus in seiner idealistischen Ausprägung wurde. Diese ist gekennzeichnet durch das Ideal einer in höchstem Maße freiheitlichen Gesellschaft selbstbestimmter Individuen.

Für *Proudhon* gab es nur eine verbindliche Rechtsnorm: *pacta sunt servanda*! Die Beachtung der Pflicht zur Erfüllung eingegangener Vertragspflichten mache jedes andere Rechtsverhältnis überflüssig und bringe schließlich die Abschaffung des Staates und jeder staatlichen Organisation mit sich. An die Stelle des Staates trete dann ein auf die Erfüllung freiwillig eingegangener Vertragspflichten sich gründendes Zusammenleben der Menschen, das von jeglichem Zwang befreit sei und den Zustand größter Freiheit garantiere.

Von *Proudhon* stammt im Übrigen auch der berühmte Satz: „Eigentum ist Diebstahl." Damit verband er jedoch keine kommunistischen Vorstellungen. Seine Aussage richtete sich auch nicht gegen das Eigentum an sich, sondern nur gegen dessen aus seiner Sicht bestehende Mängel. Insbesondere kritisierte er, dass der Inhaber privaten Eigentums durch die Möglichkeit der Verzinsung ein eigenes Einkommen erhielt, obwohl er dafür nicht gearbeitet hatte. Mit Hilfe eines „Prinzips des Mutualismus", dem der Gedanke eines Zinsverbotes zugrunde lag, und der Beseitigung des Geldverkehrs wollte er erreichen, dass Eigentum nur noch auf eigener Arbeit beruhen konnte.

2. Materialistischer Anarchismus

Die Freiheit des Einzelnen steht auch im Mittelpunkt des *materialistischen Anarchismus*. Dieser sieht das individuelle Wohl als höchstes Gut an, das es ungeachtet etwaiger negativer Folgen für andere durch jeden Einzelnen zu erreichen gelte. Es ist die eigennützige Verfolgung von Einzelinteressen, die dieser Ausprägung des Anarchismus zugrunde liegt. 21

Dieser Ansatz geht zurück auf *Max Stirner* (Pseudonym von *Johann Kaspar Schmidt*, 1806–1856), der in seiner Theorie dem unbedingten Egoismus der Menschen das Wort redete und deren „innere Befreiung" anstrebte (Der Einzige und sein Eigentum, 1844/45). *Stirner* lehnte jegliche Art von Herrschaft (Religion, Gesetze, bürgerliche Pflichten) ab. Jeder solle alles nehmen können, was er brauche.

Wegen ihres extrem individualistischen Standpunkts werden diese Gedankengänge auch als „Philosophie des Egoismus" bezeichnet. Höchstes Gesetz des eigenen Handelns sollte für den Einzelnen sein, das eigene Wohl, das über allen moralischen Prinzipien stehe, zu verwirklichen. Alle Rechtsverhältnisse, gesellschaftlichen Einrichtungen und religiösen Ideale, die der Förderung des eigenen Wohls entgegenstünden, müssten beseitigt werden. Der Staat, der das Gemeinwohl fördere, müsse durch einen „Verein von Egoisten" ersetzt werden, dessen Gesellschaftsordnung allein durch die Ichbezogenheit der Einzelpersonen zusammengehalten werde. Innerhalb dieser Ordnung träten an die Stelle des Eigentums als Rechtseinrichtung dann Gewalt und Macht.

3. Kollektivistischer Anarchismus

Waren diese Ideen einer herrschaftslosen Gesellschaft noch von dem Gedanken individueller Freiheit getragen, kam alsbald der Gedanke eines *kollektivistischen Anarchismus* auf, mit dem vor allem eine Ablehnung des Privateigentums verbunden war. 22

Maßgebliche Protagonisten dieser anarchistischen Strömung waren die Russen *Michael Bakunin* (1814–1876) und *Peter Kropotkin* (1842–1921). Während *Bakunin* ebenso wie *Proudhon* von einem gesellschaftlichen Vertragsmodell ausging und nur die Kollektivierung von Grund und Boden sowie der Produktionsmittel forderte, verlangte *Kropotkin*, der sich selbst als Begründer des kommunistischen Anarchismus verstand, die Abschaffung des gesamten Privateigentums, auch an den Konsumgütern. Die Verteilung der Güter sollte nicht nach dem Leistungsprinzip, sondern nach den bestehenden Bedürfnissen erfolgen.

4. Anarchismus-Kritik

23 Angesichts der Vielzahl anarchistischer Ideen und deren inhaltlicher Verschiedenheit wird deutlich, dass *der* Anarchismus als einheitliche Theorie zu keinem Zeitpunkt existierte. Uneinigkeit bestand insbesondere auch darüber, wie das anarchistische Ideal erreicht werden sollte.

Während etwa *Proudhon* und *Kropotkin* einen evolutionären Prozess erwarteten, plädierten andere wie *Bakunin* für die Revolution. Die teilweise Bejahung gewaltsamer Mittel führte in der zweiten Hälfte des 19. Jahrhunderts zu einer Vielzahl von Terroranschlägen und einer fortgesetzten Kette von Attentaten, für die vor allem radikale Anarchisten verantwortlich zeichneten.

24 Widersprüchlich sind die anarchistischen Anschauungen schon insofern, als die Verwirklichung der anarchistischen Gesellschaft die Ausschaltung jeden Zwanges und jeder Willkür seitens einer zentralen Macht bewirken soll, tatsächlich aber die Angehörigen der Gesellschaft der Willkür anderer Gesellschaftsangehöriger ausgeliefert werden. Übersehen wird nämlich, dass der Staat als Zwangsordnung nicht nur die Freiheit des Einzelnen bedroht, sondern diese Freiheit auch schützen und gewährleisten kann.

25 Diese Schwäche des anarchistischen Systems ließe sich nur vermeiden, wenn von den Angehörigen der anarchistischen Gesellschaft eine das Zusammenleben regelnde Norm als bindend anerkannt würde. Aber selbst in diesem Fall kann die gesellschaftliche Organisation nur funktionieren, wenn diese Norm auch streng eingehalten wird. Das aber lässt sich allenfalls in der Idealvorstellung einer ausschließlich aus tugendhaften, disziplinierten, ethisch hoch entwickelten Individuen zusammengesetzten Gesellschaft erwarten, in der Schutzvorkehrungen gegen verbrecherische Elemente nicht erforderlich sind. Die Verwirklichung des angestrebten Ideals stellt deshalb unerreichbar hohe moralische Anforderungen an die Gesellschaftsangehörigen, so dass der Anarchismus letztlich als utopische Gesellschaftsauffassung anzusehen ist.

II. Der Staat als Instrument zur Verwirklichung kollektivistischer Ideologien oder religiöser Zielsetzungen

Als Instrument zu seiner Überwindung haben sowohl das nationalsozialistische als auch das kommunistische bzw. marxistisch-leninistische Staatsverständnis den Staat mit dem Ziel der Verwirklichung ideologischer Zielsetzungen verbunden. Weichen die politischen Visionen auch deutlich voneinander ab, so gleichen sich doch die Wege zu ihrer Umsetzung. 26

1. Kollektivistische Staatszwecklehren

Ebenso entschieden wie Anarchisten den Staat ablehnen, ist dessen zumindest vorübergehende Bejahung durch *kollektivistische Staatszwecklehren*. Den Staat bzw. die diesen bildende Gemeinschaft sehen diese Theorien als etwas Vorgegebenes an. Kollektivistische Staatszwecklehren thematisieren nicht den Nutzen des Staates für den Einzelnen, sondern stellen die Frage nach dessen Aufgaben und Pflichten gegenüber dem Kollektiv in den Vordergrund und bilden so nicht zuletzt die staatstheoretische Grundlage totalitärer Regime. 27

a) **Nationalsozialismus.** Der deutsche Nationalsozialismus negierte das Individuum und seine spezifischen Interessen zugunsten der völkischen Gemeinschaft. Der omnipotente Staat hatte dabei keine eigenständige Funktion, sondern diente gleichsam als formales Gerüst der Umsetzung des „Führerprinzips“ und war damit in erster Linie ein Machtinstrument in den Händen des „Führers“, der allerdings, unterstützt durch seinen Parteiapparat, vorgab, den Willen und die Interessen des Volkes als höchster Instanz und alleinigem Bezugssubjekt des Herrschaftshandelns zu verwirklichen. Dabei würde „der völkische Gemeinwille [...] durch den Führer zum Bewusstsein erhoben und offenbart“ (*E.R. Huber*, Verfassungsrecht des Großdeutschen Reiches, 2. Aufl. 1939). Der Staat war in dieser Sichtweise nur vorstellbar als (autokratischer) „Führerstaat“, alle staatliche Gewalt wurde zurückgeführt auf die „Führergewalt“. 28

Das wird deutlich in den Worten von *Huber* (ebd.): „Der Führer vereinigt in sich alle hoheitliche Gewalt des Reiches; alle öffentliche Gewalt im Staate wie in der Bewegung leitet sich von der Führergewalt ab. [...] Die Führergewalt ist umfassend und total.“

29 Ein besonderes Charakteristikum des Nationalsozialismus bestand darin, dass der Staat auf eine rein instrumentelle Funktion beschränkt wurde, nämlich als Mittel zur Durchsetzung der von der Nationalsozialistischen Deutschen Arbeiterpartei (NSDAP) getragenen Ideologie. Die NSDAP war eine „Einrichtung des Verfassungslebens, […] ein aktiver Bestandteil der politischen Grundordnung von Volk und Reich, und zwar […] die gestaltende Kraft" (*Huber*, ebd.). Die zentralen Ämter des Reiches waren mit den entsprechenden Trägern von Parteifunktionen besetzt. Die Bezugnahmen auf das „Volk" und das Selbstverständnis als „völkische Bewegung" waren ideologisch motiviert und dienten neben der Pseudolegitimation diktatorischer Herrschaftsausübung insbesondere der Ausgrenzung jüdischer und anderer „nichtvölkischer" Staatsangehöriger.

Im Reichsbürgergesetz (1935) beschloss der Reichstag, dass nur „Staatsangehörige deutschen oder artverwandten Blutes" Reichsbürger sein konnten. Das Reichsbürgergesetz hatte zudem zur Folge, dass kein Jude mehr ein öffentliches Amt bekleiden durfte. Später wurde jüdischen Ärzten und Rechtsanwälten auch die Zulassung entzogen (1938).

30 **b) Kommunismus.** Anders als die nationalsozialistische ging die *kommunistische Staatstheorie* grundsätzlich davon aus, dass der Staat nur eine historische Übergangserscheinung sei. Bis zur endgültigen Ausbildung einer sich selbst organisierenden Gesellschaft wurde der Staat jedoch als Mittel zur Durchsetzung der revolutionären Ziele begriffen. Ebenso wie im Nationalsozialismus erscheint der Staat damit vor allem als Instrument des ideologischen Kampfes.

31 *Karl Marx* (1818–1883) und *Friedrich Engels* (1820–1895) proklamierten schon in ihrem *Kommunistischen Manifest* (1848) als Endziel der proletarischen Revolution die staatsfreie kommunistische Gesellschaft. Der Staat war für *Marx* ein Herrschaftsinstrument der bürgerlichen, kapitalistischen Klasse, das es durch gewaltsamen Umsturz zu überwinden galt. So heißt es im Manifest: „Sind im Laufe der Entwicklung die Klassenunterschiede verschwunden und ist alle Produktion in den Händen der assoziierten Individuen konzentriert, so verliert die öffentliche Gewalt den politischen Charakter. Die politische Gewalt im eigentlichen Sinne ist die organisierte Gewalt einer Klasse zur Unterdrückung einer anderen. Wenn das Proletariat im Kampfe gegen die Bourgeoisie sich notwendig zur Klasse vereint, durch eine Revolution sich zur herrschenden Klasse macht und als herrschende Klasse gewaltsam die alten Produktionsverhältnisse aufhebt, so hebt es mit diesen Produktionsverhältnissen die Existenzbedingungen des Klassengegensatzes, die Klassen überhaupt, und damit seine eigene Herrschaft als Klasse auf." Durch den Verlust des „politischen Charakters" der öffentlichen Gewalt hätte der Staat in der

Vorstellung von Karl Marx seine Aufgabe erfüllt gehabt und wäre abgestorben, ersetzt durch die „klassenlose" kommunistische Gesellschaft.

In der sich als sozialistisch, mithin auf dem Weg zum Kommunismus verstehenden Sowjetunion kam dem Staat eine entscheidende Rolle zu, obgleich am Fernziel seiner Überwindung in der kommunistischen Gesellschaft formal festgehalten wurde. Schon *Lenin* (eigentlich *Wladimir Iljitsch Uljanow*, 1870–1924), der Gründer der Sowjetunion, wies darauf hin, dass der Kommunismus nicht von selbst eintrete, sondern eine kompromisslose Umerziehung der Massen erfordere. Der Staat sei in diesem Prozess aber nicht mehr als eine Übergangserscheinung, da er anschließend absterben werde (Staat und Revolution, 1917): 32

„Erst in der kommunistischen Gesellschaft, wenn der Widerstand der Kapitalisten schon endgültig gebrochen ist, wenn die Kapitalisten verschwunden sind, wenn es keine Klassen (d. h. keinen Unterschied zwischen den Mitgliedern der Gesellschaft in ihrem Verhältnis zu den gesellschaftlichen Produktionsmitteln) mehr gibt – erst dann, hört der Staat auf zu bestehen, *und* es kann von Freiheit die Rede sein. Erst dann ist eine tatsächlich vollkommene Demokratie, tatsächlich ohne jede Ausnahme, möglich und wird verwirklicht werden. Und erst dann beginnt die Demokratie abzusterben, infolge des einfachen Umstands, dass die von der kapitalistischen Sklaverei, von den ungezählten Gräueln, Brutalitäten, Widersinnigkeiten und Gemeinheiten der kapitalistischen Ausbeutung befreiten Menschen sich nach und nach gewöhnen werden, die elementaren, von alters her bekannten und seit Jahrtausenden in allen Vorschriften gepredigten Regeln des gesellschaftlichen Zusammenlebens einzuhalten, sie ohne Gewalt, ohne Zwang, ohne Unterordnung, ohne den besonderen Zwangsapparat, der sich Staat nennt, einzuhalten. Der Ausdruck, '*der Staat stirbt ab*' ist sehr treffend gewählt, denn er deutet sowohl auf das Allmähliche als auch auf das Elementare des Prozesses hin. […] Beim Übergang vom Kapitalismus zum Kommunismus ist die Unterdrückung noch notwendig, aber es ist das bereits eine Unterdrückung der Minderheit der Ausbeuter durch die Mehrheit der Ausgebeuteten. Ein besonderer Apparat, eine besondere Maschine zur Unterdrückung, ein ‚Staat' ist noch notwendig, aber es ist das bereits ein Übergangsstaat, kein Staat im eigentlichen Sinne mehr […]." 33

Während des Übergangs vom Kapitalismus zum Kommunismus bedurfte es des Staates als äußere Form der „Diktatur des Proletariats". Nach *Lenins* Tod wurden seine Gedanken von *Stalin* (eigentlich *Josef Dschugaschwili*, 1879–1953) unter dem Begriff des *Marxismus-Leninismus* fortentwickelt. Die (vorläufige) Existenz des Staates begründete *Stalin* mit der „Einkreisungstheorie". Danach müsse der Staat auch nach Eintritt des Kommunismus erhalten bleiben, solange der Kapitalismus und damit die Gefahr kriegerischer Auseinanderset- 34 zungen Bestand habe. Ungeachtet dessen blieb der Staat als Herrschaftsinstrument der Parteielite, die über die ideologische Definitionsmacht verfügte, unentbehrlich.

35 **c) Staatlichkeit als historische Übergangserscheinung.** Sowohl Nationalsozialismus als auch Kommunismus/Marxismus-Leninismus rechtfertigten den Staat somit letztlich allein instrumentell. Der Staat war in diesem Verständnis eine Erscheinungsform menschlichen Zusammenlebens, die es durch neue Ordnungssysteme zu ersetzen galt. Die Legitimation der staatlichen Ersatzkollektive „Volk“ oder „Arbeiterklasse“ durfte in diesen Systemen nicht wissenschaftlich hinterfragt werden, beide wurden damit letztlich zum Selbstzweck. Die zu erreichenden Zustände und das jeweilige Kollektiv waren jedoch noch viel weniger konkret als der Staat der Neuzeit. Beide Kollektivismustheorien eigneten sich daher in besonderer Weise zur ideologischen Verschleierung und Rechtfertigung diktatorisch-willkürlicher Machtausübung bis hin zur Vernichtung Andersdenkender und Nichtzugehöriger, wie die geschichtliche Entwicklung deutlich belegt. Dies ist nicht zuletzt darin begründet, dass ihnen ein ideologisch geprägtes, wenig reales Menschenbild zugrunde liegt. Das Individuum wird in seinen Fähigkeiten idealistisch überhöht als auch zugleich zum bloßen Objekt von Machtentfaltung degradiert. Nicht zu Unrecht sieht man deshalb in beiden Lehren einen radikalen Bruch mit der von humanistischen Vorstellungen geprägten christlich-abendländischen Tradition.

2. Religiöse Zielsetzungen

36 Die Verbindung religiöser Zielsetzungen mit dem Staat und dessen Rechtfertigung spielt in der Staatspraxis der Neuzeit zwar nur eine untergeordnete Rolle, gerät aber in islamischen Staaten heute vermehrt in den Blickpunkt. Versuche, den Staat aus dem religiösen Glauben heraus zu begründen und zu instrumentalisieren, hat es aber auch schon früher gegeben.

Bemerkenswert ist in diesem Zusammenhang, dass *Theodor Herzl* (1860–1904), der Begründer des Zionismus, den zu gründenden „Judenstaat“ (1896), das heutige Israel, trotz der auch religiösen Beweggründe als Vernunftnotwendigkeit im Hinblick auf die Schaffung eines Lebensraumes für das vom Antisemitismus betroffene jüdische Volk ansah. Dieser Staat sollte jedoch keine *Theokratie* (→ Rdn. 5/23 f.), sondern ein weltlich geprägtes Gemeinwesen sein.

a) Christentum. Der Einfluss des Christentums auf die Entwicklung der Staatlichkeit i. w. S. in Europa bis zum Spätmittelalter kann nicht hoch genug eingeschätzt werden. Dies belegt die stete Auseinandersetzung zwischen kirchlicher und weltlicher Macht in dieser Zeit (→ Rdn. 2/48 ff.). Bei dieser Konfrontation ging es allerdings mehr um die Durchsetzung allgemein machtpolitischer Interessen, weniger um die Rechtfertigung von weltlicher Herrschaftsmacht, wenngleich in der Zwei-Schwerter-Lehre (→ Rdn. 2/53 ff.) auch durchaus legitimatorische Aspekte in den Vordergrund treten. 37

Aus mehreren Bibelstellen im Alten und Neuen Testament ließ sich zudem die Befugnis zur weltlichen Herrschaft aus der göttlichen Einsetzung ableiten. *Altes Testament*: „Durch mich regieren die Könige, und die Ratsherren setzen das Recht. Durch mich herrschen die Fürsten und alle Regenten auf Erden“ (Sprüche Salomos 8, 15–16). „Höret nun, ihr Könige, und merket wohl, lernet, ihr Richter der Enden der Erde! Lauschet, ihr Herrscher über die Volksmenge, die ihr euch brüstet mit Völkermassen! Denn vom Herrn ward euch die Macht gegeben und die Herrschaft vom Höchsten, der eure Werke prüfen und eure Pläne untersuchen wird“ (Weisheit Salomos 6, 2–4). – *Neues Testament*: „Jedermann sei untertan der Obrigkeit, die Gewalt über ihn hat. Denn es ist keine Obrigkeit außer von Gott. Wo aber Obrigkeit ist, die ist von Gott verordnet. Wer sich nun wider die Obrigkeit setzet, der widerstrebet Gottes Ordnung; die aber widerstreben, werden über sich ein Urteil empfangen“ (Brief des Apostel Paulus 13, 1–2). Nach der christlichen Staatslehre war der Herrscher keineswegs frei von jeglicher Bindung. Seine Verantwortung bestand jedoch allein vor Gott, nicht jedoch – wie in der demokratischen Staatslehre – gegenüber den gewaltunterworfenen Menschen (anders aber bei *Marsilius von Padua* → Rdn. 5/33 f.).

In der historischen Entwicklung wurde der Staat dennoch nur gelegentlich als Sachwalter vorrangig kirchlicher Interessen angesehen. Schon der Kirchenvater *Augustinus* (354–430) befürwortete zwar eine Ausrichtung des politischen Gemeinwesens auf die christliche Religion und seine Nutzbarmachung, ging jedoch nicht von einer Übereinstimmung mit der Religion aus. 38

Augustinus stellte die *civitas dei*, das Gottesreich, und die *civitas terrena*, das Weltreich bzw. den irdischen Staat, gegenüber. Während das Gottesreich im Glauben lebt, ist das Weltreich von Sünde, Eitelkeit und Kampf geprägt. In ihren irdisch-historischen Erscheinungsformen sind beide Reiche nicht deutlich voneinander getrennt. Der Staat als irdische Organisationsform kann nicht zur Vorstufe des Gottesreiches werden, sondern dient vor allem der Schaffung von Frieden und Ordnung. Die Bedeutung christlicher Staatszwecklehren ging mit der Durchsetzung eines liberalen Staatsverständnisses und der Trennung von Staat und Kirche ständig weiter zurück. Aufgrund der konfessionellen Spaltung innerhalb einzelner europäischer Staaten, insbesondere Deutschlands, und dem schon im Mittelalter bestehenden Gegensatz zwischen weltlicher und kirchlicher Macht stießen theokratische Ansätze schnell an faktische Grenzen.

39 Die Wirkmächtigkeit des Christentums über die Jahrhunderte hinweg zeigt sich aber darin, dass wesentliche Grundsätze des staatlichen Rechts sich an kanonische Vorbilder anlehnen oder sich zumindest in Auseinandersetzung mit diesen gebildet haben (→ Rdn. 2/70 ff.). Außerdem bestand in Europa über Jahrhunderte eine enge Verbindung zwischen Religion und Herrschaft bzw. Staat, wie der im Augsburger Religionsfrieden von 1555 verankerte Grundsatz *cuius regio, eius religio* (→ Rdn. 2/72) offenbart.

Nur selten wurde daraus jedoch ein unmittelbarer Legitimationszusammenhang entwickelt. So sah etwa der konservative Jurist und Politiker *Friedrich Julius Stahl* (1802–1861) im Staat den Weg zur „Vollendung des sittlichen Reiches". Ein Band seiner „Philosophie des Rechts nach geschichtlicher Ansicht" (1830–1837) ist überschrieben mit: „Rechts- und Staatslehre auf der Grundlage christlicher Weltanschauung". Der Staat findet seine Legitimation in der Konzeption Stahls in göttlicher Einsetzung, in der Einheit von „Gott – König – Obrigkeit". Er wird zur Anstalt mit Zwecken jenseits irdischer Existenz. In einer späteren Auflage der „Philosophie des Rechts" heißt es, es sei „der oberste Zweck des Staates – und ist der Kern in der Stellung der Obrigkeit – Erhalter und Rächer der zehn Gebote zu sein". Dem Staat kommt damit zugleich eine religiös begründete Autorität gegenüber allen in ihm Lebenden einschließlich der Obrigkeit zu, die er durch Gesetze wahrnimmt.

40 Darüber hinaus finden sich auch noch heute ausdrückliche Bezugnahmen auf Gott in staatlichen Verfassungstexten, wie z. B. in der Präambel des Grundgesetzes. Der dort enthaltene Hinweis auf die „Verantwortung vor Gott" ist jedoch keine Anrufung Gottes (*invocatio dei*), wie dies etwa im Mittelalter bei der Abfassung von Urkunden üblich war, sondern eher eine Benennung Gottes (*nominatio dei*).

Die Bezugnahme auf Gott hat keine legitimitätsstiftende Funktion, sondern soll allein verdeutlichen, dass gewisse Wertvorstellungen als allgemeingültig angesehen werden, in denen auch die staatliche Rechts- und Verfassungsordnung wurzelt. Die Verfassungen anderer Staaten enthalten hingegen eine ausdrückliche *invocatio dei*, z. B. Griechenland („Im Namen der Heiligen, Wesensgleichen und Unteilbaren Dreifaltigkeit") und Irland („Im Namen der Allerheiligsten Dreifaltigkeit, von der alle Autorität kommt und auf die, als unserem letzten Ziel, alle Handlungen sowohl der Menschen wie der Staaten ausgerichtet sein müssen"). Das ändert jedoch nichts daran, dass auch in diesen Staaten ein „christlicher Staatszweck" nicht zur Legitimationsgrundlage des Gemeinwesens gemacht wird.

b) Islamismus. Die Instrumentalfunktion des Staates im Hinblick auf die Verwirklichung religiöser Zwecke zeigt sich in unserer Zeit besonders deutlich im *fundamentalistisch-islamischen (islamistischen) Staatsverständnis*, das derzeit in Staaten mit überwiegend islamischer Bevölkerung im Vordringen begriffen ist. Allerdings haben die politischen Umstürze in einigen arabischen Staaten infolge des „arabischen Frühlings" (2011) bislang nicht zur Herausbildung neuer islamistischer Regime geführt. Zwar hatten die Präsidentschaftswahlen in Ägypten im Juni 2012 einen Sieg des von den radikal-islamischen Muslimbrüdern aufgestellten Kandidaten zur Folge. 41

Diese Regierung hatte jedoch nicht lange Bestand. Bereits im Juli 2013 wurde der erst ein Jahr zuvor gewählte Präsident seines Amtes enthoben.

Dieses Staatsverständnis ist jedoch keineswegs unumstritten. Historisch erkannte der Islam den Dualismus von Staat und Religion an. Das von Religionsgründer *Mohammed* (571–632) geleitete Gemeinwesen in Medina zeichnete sich nicht durch die Einheit von Religion und Staat, sondern vielmehr durch Religionsfreiheit für jüdische Einwohner aus. Auch heute ist nur eine kleine Anzahl islamischer Staaten bzw. Regime islamistisch organisiert, z. B. der Iran (seit 1979) und Afghanistan während der Talibanherrschaft (1996–2001). Der Islamismus als Idee geht u. a. auf die Muslimbruderschaft zurück, die 1928 in Ägypten gegründet wurde.

Der Islam, der nicht nur als Religion, sondern als umfassende Ordnung mit religiösem Primat verstanden wird, ist danach sowohl Zweck des Staates als auch Richtschnur staatlichen Handelns. Der Staat leistet nach islamistischem Verständnis einen Beitrag zur Verwirklichung des Glaubens, indem er einerseits einen institutionellen Rahmen für diesen schafft und andererseits das religiöse Recht, die Scharia, durchsetzt. Er wird damit zum bloßen Mittel bei der Durchsetzung religiöser Vorstellungen. Seine Führung obliegt daher konsequenterweise einer Theokratie (→ Rdn. 5/23 f.). 42

Da die Weltgemeinschaft der Muslime (*Umma*) von allen Gläubigen gebildet wird, definiert sich der islamische Staat entgegen den tatsächlichen, durch die Nachwirkungen des Kolonialismus und der (im westlichen Staatsverständnis wurzelnden) völkerrechtlichen Anforderungen geprägten Wirklichkeit konzeptionell nicht als begrenzter Territorialstaat. Nach der islamistischen Staatstheorie dürfte es nur einen einzigen islamischen Staat geben. Dem entspricht es, dass die Verfassung Irans alle Muslime als einheitliche Nation bezeichnet. Die Versuche in neuerer Zeit, einen solchen einheitlichen Staat vor allem in der arabischen Welt zu schaffen, scheiterten jedoch stets an den durchaus weltlichen Ambitionen der betroffenen politischen Machthaber.

Die in den vergangenen Jahren vermehrt in den Fokus der Öffentlichkeit gerückte Gruppierung *Islamischer Staat* (IS) strebt die Gründung eines solchen Gottesstaates (Kalifat) im Nahen Osten an. Zwar kontrollierte der *IS* faktisch große Landesteile in Syrien und im Irak, bis er von einer internationale Allianz militärisch weitgehend zurückgedrängt wurde. Weiterhin existierten in diesen Gebieten staatsähnliche Strukturen im Bereich des öffentlichen Lebens (vom *IS* finanzierte und kontrollierte Schulen, Krankenhäuser, etc.). Zweifelhaft war allerdings, ob überhaupt eine geordnete Staatsgewalt vorlag, da in vielen Regionen kriegerische Auseinandersetzungen an der Tagesordnung waren. Auch ein Staatsvolk konnte nicht ohne weiteres als gegeben angesehen werden, da der *IS* durch die Vergabe von lebenswichtigen Ressourcen Abhängigkeiten geschaffen hatte, so dass sich die Bevölkerung zwangsweise dem Regime des *IS* unterwarf (s. → Rdn. 3/52).

III. Der Staat als Gerechtigkeitsordnung

43 Der griechische Philosoph *Platon* (427–348/7 v. Chr.) betrachtete den Staat als Mittel zur Erreichung von Gerechtigkeit. Diese steht jedoch nicht zwingend in Übereinstimmung mit der Herstellung größtmöglichen individuellen Wohls. Als Gerechtigkeit definiert *Platon* vielmehr denjenigen Zustand, in dem sich die Teile des Staates im Gleichgewicht befinden. Diese Teile entsprechen denen der menschlichen Seele, die sich nach seiner Vorstellung aus Verstand, Willen und Trieben zusammensetzt. Diesen Elementen werden im Staat die Stände zugeordnet. Das Gleichgewicht zwischen diesen und damit die Gerechtigkeit wird dadurch hergestellt, dass jeder Stand die ihm zugewiesene Aufgabe erfüllt. Dies beinhaltet jedoch gerade nicht deren gleichmäßige Beteiligung an der Leitung des Gemeinwesens. Vielmehr wird die Erreichung von Gerechtigkeit durch die Herrschaft von Philosophenkönigen gewährleistet, die allein in der Lage seien, das Gute zu erkennen. Der Staat dient damit der Verwirklichung philosophischer Erkenntnis.

44 In seinem Werk *Politeia* (Staat) entwirft *Platon* den idealen Staat: Dieser setzt sich aus den Ständen der herrschenden Philosophen, der nach innen und außen Ordnung und Sicherheit schaffenden Wächter sowie der produzierenden Handwerker und Bauern zusammen. Die Zugehörigkeit des Einzelnen zu einem dieser Stände entscheidet sich nicht nach seiner Herkunft, sondern nach seinen Fähigkeiten und Veranlagungen. Zu diesem Zwecke werden Kinder vom Staat erzogen und ihrem künftigen Stand gemäß auf die sich ihnen stellenden Aufgaben vorbereitet. In seinem letzten Werk *Nomoi* (Gesetze) entwickelte *Platon* als wirklichkeitsnähere zweitbeste Verfassung das Konzept

eines Gesetzesstaates, der ebenfalls auf eine umfassende Ordnung des Gemeinwesens zur Erreichung von Gerechtigkeit abzielt.

IV. Das Individuum als Bezugspunkt der Staatszwecke

Findet der Staat seine Rechtfertigung nicht allein als Herrschaftsinstrument, muss er Vorteile für die ihm Unterworfenen aufweisen. Die *individualistischen Staatszwecklehren*, deren wichtigste Ausprägungen im Folgenden beispielhaft aufgezeigt werden, befassen sich folgerichtig mit der Frage, welchen Zweck der Staat im Hinblick auf den individuellen Menschen bzw. eine Gruppe von Menschen – die Staatsbürger – zu erfüllen hat. 45

1. Freie Entfaltung der Persönlichkeit

Seit der Antike wird der Staat bzw. die ihn bildende Gemeinschaft als Existenzbedingung des einzelnen Menschen angesehen. 46

a) Aristoteles. *Aristoteles* (384–322 v. Chr.), ein Schüler des *Platon*, verband ebenso wie dieser mit der Suche nach dem Staatszweck vor allem den Gedanken der Gerechtigkeit bzw. der gerechten Ordnung. Im Unterschied zu *Platon*, der auf dem Weg der Deduktion das abstrakte Modell eines Idealstaats entwarf, ging *Aristoteles* allerdings nach der Methode der Induktion vor, indem er zunächst einmal nach den Eigenschaften der Menschen fragte, die in dem Gemeinwesen leben sollten. Soll der Einzelne nicht verkümmern, sondern seine Fähigkeiten und Vorlieben entwickeln und zur Blüte bringen, stellte *Aristoteles* fest, dann bedarf er der Gemeinschaft. Deshalb bezeichnete er in seinem Werk *Politik* den Menschen als ein *zoon politikon*. 47

Die Übersetzungen ins Deutsche verstehen dies dahin, der Mensch sei von Natur aus „ein politisches" bzw. „städtebegründendes Wesen". Allgemeiner lässt sich auch von einem „geselligen Wesen" sprechen. *Aristoteles* weiter: „Nun ist aber einzig der Mensch unter allen animalischen Wesen mit der Sprache begabt. […] Das Wort aber oder die Sprache ist dafür da, das Nützliche und das Schädliche und so denn auch das Gerechte und das Ungerechte anzuzeigen. Denn das ist den Menschen vor den anderen Lebewesen eigen, dass sie Sinn haben für Gut und Böse, für Gerecht und Ungerecht und was dem ähnlich ist. Die Gemeinschaftlichkeit dieser Ideen aber begründet die Familie und den Staat." 48

Dahinter steht der Gedanke, dass es der menschlichen Natur entspricht, sich gemeinsam mit anderen zu organisieren. Die dadurch ge- 49 schaffene Ordnung, der Staat, wird somit von einer politischen Gemeinschaft hervorgebracht, die sich gerade deshalb unter einer einheitlichen Herrschaft zusammenfindet, weil die Einzelnen so ihre jeweiligen Interessen am besten verwirklichen können und gleichzeitig Schutz erlangen. Die dadurch geschaffene Gemeinschaft wird nicht durch äußere Macht zusammengehalten, sondern vor allem durch die innere Überzeugung, dass nur im gemeinschaftlichen Zusammenleben unter einheitlicher Herrschaft die Interessen der einzelnen Menschen geschützt werden können.

50 Doch verkennt Aristoteles keineswegs die Zwiespältigkeit des menschlichen Wesens, was er in der Überlegung ausdrückt, wie sich der Mensch außerhalb der staatlichen Ordnung verhalte. „Wer aber nicht in Gemeinschaft leben kann, oder ihrer, weil er sich selbst genug ist, gar nicht bedarf, ist kein Glied des Staates und demnach entweder ein Tier oder ein Gott. [...] Denn wie der Mensch in seiner Vollendung das vornehmste Geschöpf ist, so ist er auch, des Gesetzes und des Rechtes ledig, das schlechteste von allen. Die bewaffnete Ungerechtigkeit ist am ärgsten, [...]. Deshalb ist er ohne Moralität das ruchloseste und roheste und in Bezug auf Geschlechts- und Gaumenlust das allergemeinste Geschöpf. Die Gerechtigkeit aber, der Inbegriff aller Moralität, ist ein staatliches Ding. Denn das Recht ist nichts anderes als die in der staatlichen Gemeinschaft herrschende Ordnung, und eben dieses Recht ist es auch, das über das Gerechte entscheidet."

51 **b) Thomas von Aquin.** Der Gedanke einer durch die menschliche Natur bedingten Notwendigkeit zur Gemeinschaftsbildung und der daraus sich ergebenden Schaffung von Gemeinwesen findet sich auch bei *Thomas von Aquin* (1224/25–1274). Anders als *Aristoteles* begründete er diese jedoch nicht vorrangig mit der geselligen Natur des Menschen, sondern zum einen mit dessen Schwäche und fehlender Anpassung an seine Umwelt, zum anderen mit seiner Vernunftbegabung, die ihn zum Zusammenwirken mit anderen zwinge. In Übereinstimmung mit *Aristoteles* sah er jedoch das Gemeinwesen als notwendige Bedingung für die Entfaltung der Persönlichkeit des Menschen an. Der Staat wird zum Garanten der Überlebensfähigkeit des einzelnen Menschen in Freiheit und Sicherheit.

52 Gleichwohl lag der Staatszweck-Konzeption des *Thomas von Aquin*, einem der Begründer der wissenschaftlichen Theologie, entsprechend den Vorstellungen seiner Zeit kein umfassend freiheitliches Verständnis zugrunde. Der als Vertreter Gottes angesehene Monarch war ebenso wie seine Untertanen an den Primat der Kirche in Glaubensfragen gebunden. Die Gemeinschaft und damit der Staat sollten gleichermaßen auf die Erreichung von Tugendhaftigkeit, letztlich mit dem Ziel religiöser Erlösung, ausgerichtet sein.

2. Schutz und Frieden

Die auf *Aristoteles* und *Thomas von Aquin* zurückgehenden Lehren vom Staat als notwendiger Bedingung für ein geordnetes Zusammenleben der Menschen begründen lediglich die Existenz des Gemeinwesens an sich. Davon zu unterscheiden ist die Frage, ob auch die Ausübung von Zwang durch den Staat zu rechtfertigen ist, deren Möglichkeit heute unter dem Begriff der *Staatsgewalt* als wesentliches Element von Staatlichkeit anerkannt ist. 53

a) Thomas Hobbes. Die Notwendigkeit staatlicher Zwangsgewalt wird in besonderem Maße in Zeiten deutlich, in denen sie nicht effektiv ausgeübt wird und Gesetzlosigkeit und Anarchie um sich greifen. Das Erlebnis der Auseinandersetzung zwischen König und Parlament und des ihnen folgenden englischen Bürgerkriegs zwischen 1642 und 1649 ließen *Thomas Hobbes* (1588–1679) eine Staatstheorie ausarbeiten, die wie kaum eine andere rezipiert wurde. 54

Hobbes ging davon aus, dass der Mensch von Natur aus nicht zu einem geordneten Zusammenleben fähig sei. Vielmehr sei der Mensch im Naturzustand (*status naturalis*) dem Menschen ein Wolf („*Homo homini lupus*"; *De Cive*, 1642), es handle sich um einen Bürgerkrieg aller gegen alle. Erforderlich sei deshalb eine Zwangsmacht, die diesen „natürlichen" Zustand beendet, den Einzelnen schützt und Frieden schafft. Diese Zwangsmacht sei der Staat, den *Hobbes* als die bedeutendste Schöpfung des Menschen ansah, da nur er aufgrund seiner Machtfülle in der Lage sei, Ordnung und Frieden in der menschlichen Gemeinschaft herzustellen. Seine Gründung sei daher ein Gebot der Vernunft. Gleichwohl romantisierte *Hobbes* den Staat nicht, sondern kennzeichnete ihn in seinem gleichnamigen politischen Hauptwerk als *Leviathan* (1651), als größtes, allmächtiges Ungeheuer. 55

Die Bezeichnung „Leviathan" geht zurück auf Hiob 40, 25 – 41, 26. Sie ist bezogen auf ein Seeungetüm mit dem Rachen eines Krokodils.

Der *Leviathan*, also die im Herrscher gebündelte staatliche Zwangsgewalt, entsteht aber nicht von selbst, sondern durch einen *Herrschafts-* und *Unterwerfungsvertrag*, der den Naturzustand beseitigt. Die Macht des Staates gründet in der Konzeption des *Thomas Hobbes* auf der Macht aller Einzelnen, die diese in einem einmaligen Akt auf den Herrscher übertragen. Dabei erfolgt die Ermächtigung zur Herrschaft durch jeden Einzelnen unter der Bedingung des gleichartigen Handelns durch alle Übrigen, so dass sich der Herr- 56 schaftsvertrag nicht als Übereinkunft mit dem Herrscher darstellt, sondern aller Herrschaftsunterworfenen miteinander. Hierdurch vereinigt sich der Wille aller in der neu geschaffenen „Person" des Staates. Der Staat – und damit der jeweilige Herrscher – erhält somit seine Autorität von den Herrschaftsunterworfenen selbst; er leitet seine Machtvollkommenheit allein von diesen ab. Die Herrschaftsunterworfenen sind jedoch nicht zum Widerruf der Machtübertragung befugt. Eine „Kündigung" des Herrschaftsvertrages durch den zum macht- und rechtlosen Untertan gewordenen Einzelnen ist nicht mehr möglich; vielmehr vereinigt sich in der Hand des Herrschers die souveräne Gewalt.

57 Der Herrscher als Verkörperung des allgewaltigen Staates wird damit in gewisser Weise Gott gleich. *Hobbes* legte damit – unverkennbar geleitet von religiösen Vorstellungen – zugleich die staatstheoretische Grundlage für den Absolutismus. Der Herrscher aber ist nur ein „sterblicher Gott", weil er jederzeit wieder in den Bürgerkrieg zurückfallen kann. In den Worten von *Hobbes* (*Leviathan*): „So entsteht der große Leviathan, der sterbliche Gott, dem wir unter dem ewigen Gott allein Frieden und Schutz zu verdanken haben. Dieses von allen und jedem übertragene Recht bringt eine so große Macht hervor, dass durch sie die Gemüter aller zum Frieden unter sich geneigt gemacht und zur Verbindung gegen auswärtige Feinde leicht bewogen werden."

58 Das mit dieser Konzeption verbundene Ausgeliefertsein der Untertanen gegenüber dem allmächtigen Herrscher idealisiert *Hobbes* nicht, sondern sieht es als notwendiges Übel zur Erreichung eines friedlichen Zustands an. Die einzige Alternative zu Herrschaft und Staat seien Revolution und Bürgerkrieg, die mit weitaus schrecklicheren Konsequenzen für den Einzelnen verbunden seien.

Dem *Leviathan* stellte *Hobbes* später ein weiteres biblisches Fabeltier als Versinnbildlichung der Revolution gegenüber, den *Behemoth*, ein riesiges Flusspferd, das alles sinnlos niedertrampelt. Der *Behemoth* symbolisiert den Rückfall in den herrschaftslosen Naturzustand des Bürgerkriegs.

59 **b) Carl Schmitt.** In der ersten Hälfte des 20. Jahrhunderts wurden die Gedanken von *Hobbes* von dem ebenso bedeutsamen wie aufgrund seines Engagements für das Dritte Reich umstrittenen deutschen Staats- und Völkerrechtler *Carl Schmitt* (1888–1985) aufgegriffen. Er leitete die Rechtfertigung des Staates jedoch nicht primär aus der in diesem vereinigten ordnenden Gewalt, sondern der im Staat verkörperten Einheit der politischen Entscheidungsmacht ab.

Seine Schrift *Der Begriff des Politischen* (1932) beginnt mit dem programmatischen Satz: „Der Begriff des Staates setzt den Begriff des Politischen voraus.“ Als „das Politische“ sieht *Schmitt* im Wesentlichen die Unterscheidung von Freund und Feind an, auf die sich die politischen Handlungen und Motive zurückführen ließen.

Wenn nun der Begriff des Staates den Begriff des Politischen voraussetzt, und der Begriff des Politischen seine Besonderheit in der Unterscheidung von Freund und Feind findet, dann rechtfertigt sich die Existenz des Staates aus seiner politischen Entscheidungsmacht, im Inneren wie nach außen zwischen Freund und Feind zu differenzieren. Diese Differenzierung erfolgt jedoch nicht zweckfrei, sondern – in Übereinstimmung mit der Konzeption von *Hobbes* – im Interesse der Schaffung und Sicherung einer Rechts- und Friedensordnung. Gleichwohl ist sie nicht an spezifische Voraussetzungen gebunden, sondern „führt in kritischen Situationen dazu, dass der Staat als politische Einheit von sich aus, solange er besteht, auch den ‚innern Feind‘ bestimmt.“ Der Staat legitimiert sich somit allein als politische Entscheidungsmacht über Krieg und Frieden. 60

Dabei ist *Schmitt* allerdings oftmals missdeutet worden. Er forderte nicht, dass der Staat einen Feind haben und Krieg führen müsse. Sein Anliegen war vielmehr die Betonung der Fähigkeit des Staates, im Einzelfall die Unterscheidung zwischen Freund und Feind vorzunehmen, um dann mit der ihm zukommenden Macht für eine Befriedung der Lage zu sorgen.

3. Gewährleistung sozialer Solidarität und Sicherheit

Insbesondere seit der industriellen Revolution im 19. Jahrhundert wird die soziale Absicherung des Einzelnen durch den Staat als dringliche Aufgabe und zunehmend als wesentlicher Bestandteil moderner Staatlichkeit angesehen. 61

In der vorangehenden Periode des absolutistischen Wohlfahrtsstaates wurde diese Notwendigkeit zwar ebenfalls schon erkannt. Nicht der Einzelne, sondern die Allgemeinheit stand jedoch im Vordergrund sozialer Überlegungen. Dementsprechend beschränkte sich der wohlfahrtsstaatliche Ansatz nicht auf soziale Aspekte, sondern enthielt zugleich sittliche Komponenten, indem er auf die Erreichung allgemeiner Glückseligkeit abzielte (zum Rechtsstaat als Antipoden des absolutistischen Wohlfahrtsstaats im Übergang vom 18. zum 19. Jahrhundert → Rdn. 5/146 ff.).

In komplexen arbeitsteiligen Gesellschaften ist es dem Einzelnen häufig nicht möglich, allein und aus eigener Kraft seine Teilnahme am gesellschaftlichen Leben, aber auch sein Überleben zu sichern. Vielfach ist daher eine existentielle Angewiesenheit auf den Staat gege- 62 ben. Nachdem schon *Georg Wilhelm Friedrich Hegel* (1770–1831) auf die Notwendigkeit einer sozialen Betätigung des Staates hingewiesen hatte, baute *Lorenz von Stein* (1815–1890) diesen Gedanken auch im Sinne einer Staatszwecklehre aus, wenngleich die Schaffung einer solchen nicht sein Anliegen war. Sein vorrangiges Ziel war es vielmehr, eine Lösung für die Problematik der großen Unterschiede zwischen den sozialen Klassen infolge der industriellen Revolution zu finden.

63 Die staatliche Legitimation folgt nach *v. Stein* aus der sozialgewährenden Verwaltung zum Zwecke der „Erhebung aller einzelnen zur vollsten Freiheit, zur vollsten persönlichen Entwicklung", des höchsten staatlichen Prinzips. Dabei setzt der Staat die allgemeinen Bedingungen der individuellen Entwicklung und unterstützt das Individuum mit dem Ziel, ein freies, selbstbestimmtes Leben zu führen (*Geschichte der sozialen Bewegung in Frankreich von 1789 bis auf unsere Tage, Bd. I,* 1850).

Zur Durchsetzung dieses Ziels tritt der Staat in Form der inneren, sorgenden Verwaltung in Erscheinung und arbeitet an dessen Bedingungen. In dieser Form umgibt er den Einzelnen dauerhaft und sorgt für ihn. Damit legte *v. Stein* zugleich den theoretischen Grundstein für das Konzept des *sozialen Verwaltungsstaates*.

64 Obgleich den Ideen *v. Steins* ein wohlfahrtsstaatlicher Ansatz und die Vorstellung eines vorgegebenen harmonischen Gemeinwohls aller Bürger zugrunde liegt, kommt dem Staat die ihn zugleich rechtfertigende Aufgabe der *sozialen Fürsorge* zu. Da diese jedoch im Interesse des Einzelnen besteht, ist die staatliche Tätigkeit auf die bloße Unterstützung des Einzelnen zur Ermöglichung eines freien und selbstbestimmten Lebens beschränkt.

65 *Ernst Forsthoff* (1902–1974) brachte im Rahmen der Entwicklung seines Konzepts der Daseinsvorsorge den Unterschied zwischen dem effektiven und dem beherrschten Lebensraum des Einzelnen anschaulich zum Ausdruck (*Die Verwaltung als Leistungsträger*, 1938). Den effektiven Lebensraum definierte er als den Raum, in dem sich sein Dasein abspiele. Der beherrschte Lebensraum sei dagegen derjenige, über den der Einzelne Verfügungs- und Gestaltungsmacht habe, also seine gesicherte Lebensbasis. Je größer dieser beherrschte Raum sei, desto geringer sei seine soziale Bedürftigkeit, d. h. die Angewiesenheit auf die Zugänglichmachung einer Leistung im Wege der Appropriation. Bedingt durch die industriell-technische Entwicklung, die zu einer Deregulierung der herkömmlichen Sozial- und Wirtschaftsverfassung geführt habe, sei es zu einer Reduzierung des beherrschten bei gleichzeitiger bedeutender Erweiterung des effektiven Lebensraumes gekommen, woraus eine soziale Bedürftigkeit des Einzelnen resultiere.

4. Gewährleistung des Schutzes der Umwelt

Der deutsche Staatsrechtslehrer *Dietrich Murswiek* (*1948) hat 1995 in seiner Schrift *Umweltschutz als Staatszweck* als Reaktion auf die ökologischen Probleme der Gegenwart als neuen Staatszweck den Umweltschutz benannt. Dieser ist zunächst Bestandteil des Schutzes, den der Staat dem Einzelnen zu gewähren hat und der schon nach *Hobbes* den Staat legitimiert. Insoweit liegt der Konzeption *Murswieks* ein klassischer individualistischer Ansatz zugrunde. 66

Der Staatszweck Umweltschutz weist aber über diesen Ansatz hinaus: Der Staat wird auch dadurch gerechtfertigt, dass er die natürlichen Lebensgrundlagen des Menschen erhält und schützt. Bei diesen handelt es sich nicht um Individualgüter, sondern um faktische Existenzbedingungen menschlichen Lebens. Damit liegt eine vom Einzelnen abgehobene, gleichwohl menschheits- und nicht naturbezogene Zielsetzung vor. 67

Allerdings ist nach *Murswiek* die Legitimation des Staates durch den überindividuell verstandenen Umweltschutz zumindest auch auf den Willen der Staatsbürger rückführbar. Die Erhaltung der natürlichen Lebensgrundlagen ist nicht nur vorgegebene Notwendigkeit, sondern zugleich Bestandteil des den Staat begründenden Gesellschaftsvertrages.

Ein Staat, der den Umweltschutz missachtet, ist nach *Murswiek* in seiner Legitimation erschüttert. Damit tritt die Erhaltung der natürlichen Lebensgrundlagen nicht nur ergänzend zu anderen Staatszwecken hinzu, sondern erhält eigenständiges Gewicht.

5. Die Notwendigkeit der Begrenzung des Staates: das Subsidiaritätsprinzip

Können der Staat und die mit ihm verbundene Zwangsordnung somit nach zahlreichen Begründungsansätzen als grundsätzlich legitimiert angesehen werden, ist gleichwohl zumindest in freiheitlich verfassten Staaten unumstritten, dass dem staatlichen Handeln Grenzen gesetzt werden müssen. Da der grundsätzlich gerechtfertigte Staat über die Machtmittel verfügt, die Freiheit des Einzelnen völlig auszuschalten sowie dessen Sicherheit nachhaltig zu gefährden, bedarf es gleichsam der *Bändigung des Leviathan*. Die freie Entfaltung der Persönlichkeit wird jedoch nicht durch den Staat an sich gewährleistet, sondern nur durch den nach bestimmten Strukturprinzipien verfassten Staat. Von Bedeutung sind diesbezüglich zum einen die 68

Grundrechte, die ein wesentliches Merkmal des modernen Verfassungsstaates bilden (→ Rdn. 5/110 ff.), zum anderen das *Subsidiaritätsprinzip*.

69 Eine mittlerweile schon klassische Formulierung findet das Subsidiaritätsprinzip in der katholischen Soziallehre in der Enzyklika *Quadragesimo anno* vom 15. Mai 1931 Nr. 79 von *Papst Pius XI*. Dort heißt es: „Wie dasjenige, was der Einzelmensch aus eigener Initiative und mit seinen eigenen Kräften leisten kann, ihm nicht entzogen und der Gesellschaft zugewiesen werden darf, so verstößt es gegen die Gerechtigkeit, das, was die kleineren und untergeordneten Gemeinwesen leisten und zum guten Ende führen können, für die weitere und übergeordnete Gesellschaft in Anspruch zu nehmen; zugleich ist es überaus nachteilig und verwirrt die ganze Gesellschaftsordnung." Dem Subsidiaritätsprinzip kommt insoweit eine Art Naturrechtscharakter zu. Einen weiteren Entwicklungsstrang bildet die liberale Staatslehre, die sich u. a. dadurch auszeichnet, dass sie deutlich zwischen Staat und Gesellschaft unterscheidet. Nach dieser ist Staatlichkeit nur legitim, wenn sie subsidiär zur gesellschaftlichen Selbstgestaltung ist. „Das Subsidiaritätsprinzip wirkt hier nicht als Zuständigkeitsregulativ im Staat, sondern als Freiheitsnorm, gegen den Staat" (*J. Isensee*, Subsidiaritätsprinzip und Verfassungsrecht, S. 46). In diesem Verständnis beansprucht das Subsidiaritätsprinzip insbesondere Beachtung bei der Identifizierung von Staatsaufgaben, um diese von den der Gesellschaft zu überlassenden Aufgaben abzugrenzen (→Rdn. 3/16 ff.; Rdn. 4/100 ff.).

70 Beide Entwicklungslinien des Subsidiaritätsprinzips betonen den Vorrang der privaten Zuständigkeit. Dieser Vorstellung liegt das Menschenbild einer autonomen, sozial verantwortungsvoll handelnden Persönlichkeit zugrunde. Gemeinsam mit dem Prinzip der Solidarität (→ Rdn. 5/201 ff.) bildet das Subsidiaritätsprinzip die Grundlage des Aufbaus der Rechts- und Gesellschaftsordnung. Ethisch fundiert, zielt das Subsidiaritätsprinzip auf eine basisnahe und effektive Politik und will staatliches Handeln soweit wie möglich durch privates ersetzen. Dabei sieht es keine starre Aufgabenverteilung zwischen dem Einzelnen und der Gesellschaft sowie zwischen Gesellschaft und Staat vor, sondern zielt als elastisches Prinzip auf die Erreichung der mit Bezug auf die Aufgabenerfüllung jeweils günstigsten Gestaltungsalternativen unter besonderer Berücksichtigung der jeweiligen unteren Ebene ab. Dem Staat kommt so vor allem eine Rahmenfunktion zu. Seine Aufgaben sind insbesondere die Ermöglichung, Anregung und Koordinierung der Tätigkeiten der Individuen und gesellschaftlichen Gruppen. Diese Aufgaben stellen zugleich die Grenze für seine Betätigung dar.

71 Seit 1993 ist das Subsidiaritätsprinzip als Kompetenzverteilungsprinzip auch Bestandteil des Rechts der Europäischen Union, wo es die Funktion

übernommen hat, als Korrektiv bei der Kompetenzausübung der Union gegenüber den Mitgliedstaaten zu dienen. Geschützt werden sollen dadurch vor allem die Gesetzgebungszuständigkeiten der Mitgliedstaaten. Art. 5 Abs. 3 UAbs. 1 EUV lautet: „Nach dem Subsidiaritätsprinzip wird die [Europäische] Union in den Bereichen, die nicht in ihre ausschließliche Zuständigkeit fallen, nur tätig, sofern und soweit die Ziele der in Betracht gezogenen Maßnahmen von den Mitgliedstaaten weder auf zentraler noch auf regionaler oder lokaler Ebene ausreichend verwirklicht werden können, sondern vielmehr wegen ihres Umfangs oder ihrer Wirkungen auf Unionsebene besser zu verwirklichen sind." In der Rechtspraxis der EU hat das Subsidiaritätsprinzip bislang keine nennenswerten Schranken errichten können.

V. Die Relativität der Staatszwecke

Die Vielfalt der Ansätze, die sich mit der Legitimation des Staates 72
befassen, macht deutlich, dass es eine einzig gültige (absolute) Staatszwecklehre nicht geben kann. Die Staatszwecklehren sind vielmehr in ihrer Gesamtheit zu sehen, wodurch die Staatszwecke in mehrfacher Hinsicht relativiert werden. Jede Staatszwecklehre ist zunächst eine von Erfahrungen und Wünschen geprägte Antwort auf die jeweiligen Probleme und Herausforderungen ihrer Entstehungszeit und muss daher in ihrem historischen Kontext betrachtet werden. Des Weiteren neigen die einzelnen Theorien dazu, ausgewählte Aspekte in den Vordergrund zu stellen, andere dagegen zu vernachlässigen, so dass sie sich insoweit auch gegenseitig relativieren.

So liegt es nahe, in kriegerischen Zeiten wie *Hobbes* die Schutz- und Friedensfunktion des Staates hervorzuheben, bei zunehmender staatlicher Einflussnahme auf den Lebensbereich der Bürger dagegen die Subsidiarität jeglichen staatlichen Handelns zu betonen, um als problematisch erkannten Entwicklungen entgegenzuwirken.

Der Zweck des Staates lässt sich daher nicht auf einen einzigen As- 73
pekt zurückführen. Vielmehr ist die Existenz eines jeden Staates auf eine Mehrzahl von Zwecken bezogen. Ihre Gewichtung kann einerseits im Hinblick auf den erreichten Entwicklungsstand, andererseits auch in Abhängigkeit von der jeweiligen politischen Grundausrichtung des Gemeinwesens deutlich voneinander abweichen. Staatszwecke unterliegen somit nicht nur einer unterschiedlichen Anschauung, sondern wandeln sich auch im Laufe der Zeit, während das jeweilige Gemeinwesen als solches fortbesteht.

Jedenfalls in der Staatenpraxis der demokratischen Verfassungsstaa- 74
ten besteht über die individualistischen Staatszwecklehren als Grund-

lage der Staatlichkeit heute Konsens. Sie werden aber zumindest verbal selbst von denjenigen Staatsführern nicht in Frage gestellt, die sich der Umsetzung der mit ihnen verbundenen Konsequenzen im eigenen Herrschaftsbereich entziehen und andere Zwecke für vorrangig erachten. Deutlich wird die zentrale Bedeutung des Individuums für die Rechtfertigung von Staatlichkeit insbesondere am Geltungsanspruch eines Kernbestands einzelner internationaler Menschenrechte als zwingendes Völkerrecht (→ Rdn. 7/40).

75 So kommt einem im allgemeinen Völkerrecht anerkannten menschenrechtlichen Mindeststandard (u. a. Verbot des Völkermordes, der Folter, des Sklavenhandels) nach heutiger Auffassung der Charakter zwingenden Gewohnheitsrechts (*ius cogens*) zu, den jeder Staat der Welt zu beachten hat. Anders ist dies etwa für soziale Rechte, wie sie sich aus dem Internationalen Pakt über wirtschaftliche, soziale und kulturelle Rechte (1966) ergeben, die allenfalls kraft Völkervertragsrechts gelten und von den Staaten durch neues Vertragsrecht geändert werden können.

76 Allerdings ist mit der grundsätzlichen Anerkennung der individualistischen Staatszwecklehren noch keine abschließende Aussage über die Grundausrichtung der einzelnen Staaten getroffen. Dies folgt schon aus der Unterschiedlichkeit der theoretischen Begründungsansätze, deren wesentliche Bestandteile (1) Freiheit, (2) Schutz und Sicherheit sowie (3) soziale Absicherung bzw. Solidarität bilden. Diese drei Elemente treten nicht selten in Konflikt zueinander, so dass jedes Staatswesen ihr Verhältnis immer wieder neu vor dem Hintergrund des Subsidiaritätsprinzips auszutarieren hat.

Nahezu ausgeschlossen ist in modernen Staaten die Legitimation allein aufgrund eines einzigen dieser Aspekte: Freiheit kann nur in Sicherheit ausgeübt werden und setzt ein Mindestmaß an sozialer Absicherung voraus. Zugleich steht die allgemeine Anerkennung von Menschenrechten, mag sie in der Staatspraxis auch nicht stets in der gebotenen Konsequenz verwirklicht werden, der Begründung von Staatszwecken ohne Rückgriff auf das freiheitliche Element entgegen.

D. Umsetzung der Staatszwecke in den Rechtsordnungen

77 Ungeachtet der verschiedenen theoretischen Ansätze zu seiner Rechtfertigung ist der Staat als tatsächliche Erscheinung existent. Gleichwohl rechtfertigt er sich auch in der Staatspraxis nicht allein

aus sich selbst heraus als faktische Herrschaftsordnung, sondern bezieht sich auf höhere Ziele. Diese werden teils vorausgesetzt, teils sind sie in der jeweiligen Verfassung verankert. Das Bestehen des Staates kann jedoch auch durch die Bezugnahme auf Staatszwecke nicht dauerhaft gerechtfertigt werden, wenn diese nicht ihre Konkretisierung in der Rechts- und Verfassungsordnung finden.

Die theoretischen Grundlagen zur Legitimation der Staatlichkeit 78
spielen in der Staatspraxis zwar regelmäßig nur eine geringe Rolle, sind aber keinesfalls bedeutungslos. Sie finden ihre rechtliche Konkretisierung oftmals in den Verfassungstexten der Staaten bei der Beschreibung der Staatsfunktionen und Staatsaufgaben. Ihre begrenzte Zahl und ihre regelmäßige inhaltliche Vergleichbarkeit führen zu vielfachen Parallelen in den strukturellen Ausprägungen der Staatlichkeit.

I. Staatsfunktionen als Grundlage der Zweckverwirklichung

Die Rechtfertigung des Staates durch bestimmte Zwecke spiegelt 79
sich wider in der Existenz grundlegender *Staatsfunktionen*, in denen sich eine Herrschaftsordnung als Staat manifestiert. Dieser Staatsfunktionen bedarf es zum einen, um die ordnungsgemäße Wahrnehmung der staatlichen Aufgaben nach innen und außen gewährleisten zu können, zum anderen zur dauerhaften Verwirklichung der Staatszwecke, deren legitimierende Wirkung andernfalls entfiele. Wesentliche Voraussetzung für die ordnungsgemäße Wahrnehmung der Staatsfunktionen ist, dass der Staat *einheitsbildend* wirkt. Die eng miteinander zusammenhängenden Grundfunktionen der Staatlichkeit umfassen die Sicherung des inneren Friedens (*Friedenseinheit*), die Möglichkeit autoritativer Entscheidung (*Entscheidungseinheit*) und die Befugnis zur Gestaltung (*Gestaltungseinheit*). Kennzeichnend ist darüber hinaus der Einsatz des Rechts als zentralem Instrument der Funktionswahrnehmung. Der Staat schafft mittels des Rechts eine planmäßige Ordnung, die Territorium, Volk und Staatsgewalt rational organisiert, und wird damit selbst zur organisierten Einheit, die für die Verwirklichung der Staatszwecke zwingend erforderlich ist.

1. Friedenseinheit

Hobbes rechtfertigte den Staat und die ihm zukommende Macht als 80
institutionelle Überwindung des Bürgerkriegs (→ Rdn. 4/54 ff.). In

diesem Ansatz kommt die Funktion des modernen Staates als *Friedenseinheit* zum Ausdruck. Anders als die Gemeinwesen des europäischen Mittelalters, die einen umfassenden und effektiven Landfrieden zwar anstrebten, diesen aber über lange Zeit weder erreichen konnten noch als konstituierend für ihre innere Ordnung ansahen (→ Rdn. 2/39ff.), hat der moderne Staat die Gesellschaft befriedet. Dies erfolgte mittels der Schaffung des staatlichen Gewaltmonopols, das heute universell anerkannt ist und von jedem Staat in Anspruch genommen wird. Danach ist zur Anwendung physischer Zwangsgewalt (*vis* → Rdn. 3/8) allein der Staat befugt. Für seine Bürger besteht eine rechtlich sanktionierte Friedenspflicht, die Selbsthilfe und Selbstjustiz grundsätzlich entgegensteht.

81 Das BVerfG (E 80, S. 315/334) hat diesen Zusammenhang folgendermaßen umschrieben: „Staaten stellen in sich befriedete Einheiten dar, die nach innen alle Gegensätze, Konflikte und Auseinandersetzungen durch eine übergreifende Ordnung in der Weise relativieren, dass diese unterhalb der Stufe der Gewaltsamkeit verbleiben und die Existenzmöglichkeiten des Einzelnen nicht in Frage stellen, insgesamt also die Friedensordnung nicht aufheben."

82 Die damit verbundene Beschränkung jedes Einzelnen in der Verteidigung oder Verfolgung seiner Rechte, Güter und Interessen wiederum setzt effektive staatliche Schutzmechanismen voraus, da andernfalls die Akzeptanz des staatlichen Gewaltmonopols bei den Betroffenen schwindet. Der Anspruch des Einzelnen auf staatlichen Schutz wird heute innerstaatlich grundsätzlich durch die Eröffnung von gerichtlichen und exekutiven Rechtsschutzmöglichkeiten (z. B. Polizei) gewährleistet, wenn auch deren Ausgestaltung in den einzelnen Staaten deutlich variieren kann. Nur in wenigen Fällen, in denen der Staat den Einzelnen situationsbedingt nicht wirksam zu schützen in der Lage ist, darf der Bürger selbst gegen einen Angreifer Gewalt ausüben (insbesondere in einer Notwehrsituation; zum Widerstandsrecht → Rdn. 4/116ff.).

83 Das staatliche Gewaltmonopol ist aber nicht auf den Schutz individueller Rechte beschränkt, sondern gibt dem Staat gegenüber seinen Bürgern auch die Möglichkeit, im Allgemeinwohl liegende Interessen notfalls unter Einsatz von Zwangsmitteln durchzusetzen.

In der Zeit der absolutistischen Monarchien, seit der das staatliche Gewaltmonopol alternativlos Geltung beansprucht, diente es vor allem der Durchsetzung des Willens des jeweiligen Herrschers. Gleiches gilt für seine Erscheinungsformen in Diktaturen. Im demokratischen Verfassungsstaat dient das Gewaltmonopol des Staates dagegen der Sicherung der Herrschaft des Gesetzes, das seinerseits regelmäßig einen Ausgleich zwischen Freiheitsrechten des Einzelnen und dem Allgemeinwohl herzustellen hat.

Der Schutz des Einzelnen durch und sein Gehorsam gegenüber dem Staat bedingen sich konzeptionell: Der Staat kann nur solange Gehorsam vom Bürger verlangen, wie er diesem Schutz gewährt; der Bürger kann andererseits nur solange Schutz vom Staat verlangen, wie er sich diesem gegenüber loyal verhält. Gleichwohl handelt es sich dabei um ein Idealbild. Tatsächlich erzwingt das staatliche Gewaltmonopol auch dann Gehorsam, wenn der Staat dem Einzelnen den Schutz versagt. In gleicher Weise geht auch der Illoyale nicht notwendigerweise des staatlichen Schutzes verlustig, der Rechtsbrecher wird nicht „vogelfrei". Dies folgt insbesondere daraus, dass das staatliche *Gewaltmonopol*, für sich allein betrachtet, *wertneutral* und *ethisch indifferent* ist. Es gibt vor allem dem Staat die ausschließliche Befugnis zum Einsatz physischen Zwangs, ohne jedoch eine Aussage über dessen Richtigkeit oder Notwendigkeit vor dem Hintergrund übergeordneter Zielsetzungen zu treffen. Gerade dieser Umstand trägt jedoch dazu bei, dass der Staat seine Funktion als Friedenseinheit erfüllen kann. 84

Dass mittels des staatlichen Gewaltmonopols verfolgtes Unrecht sich gleichwohl Grenzen gegenübersieht, zeigen die Überlegungen zum Naturrecht (→ Rdn. 5/124 ff.). Selbst ein naturrechtlich begründetes Widerstandsrecht (→ Rdn. 4/116 ff.) stellt das staatliche Gewaltmonopol und damit die Funktion des Staates als Friedenseinheit aber nicht grundsätzlich in Frage. Vielmehr ist auch der Widerstand Leistende im Erfolgsfall auf den Fortbestand des Gewaltmonopols angewiesen, um einen dauerhaften Bürgerkrieg zu verhindern. 85

Voraussetzung für die Friedensfunktion des Staates ist in tatsächlicher Hinsicht schließlich, dass der Staat als *Machteinheit* in Erscheinung tritt, er mithin die Möglichkeit besitzt, Konflikte auf seinem Staatsgebiet wirksam zu befrieden und sich gegen jeden inneren Widersacher aus einer Position der Stärke heraus durchzusetzen. Dieser Machteinheit bedarf es sowohl zur Etablierung als auch zur Aufrechterhaltung des staatlichen Gewaltmonopols; zugleich ist sie aber auch Folge des Gewaltmonopols. 86

2. Entscheidungseinheit

Seine Funktion als Friedenseinheit kann der Staat nur dann erfolgreich wahrnehmen, wenn er zugleich *Entscheidungseinheit* ist, ihm 87 also die alleinige Kompetenz zukommt, Streitfragen mit Anspruch auf rechtliche Verbindlichkeit einseitig und imperativ zu entscheiden. Dabei ist unerheblich, worauf sich eine umstrittene Frage bezieht. Auch Zweifelsfragen des engsten persönlichen und familiären Lebenskreises des Einzelnen sind staatlicher Entscheidung nicht notwendigerweise entzogen; per se staatsfreie Räume existieren nicht. Der Staat verfügt vielmehr über eine *virtuelle Allzuständigkeit.*

Insbesondere im modernen demokratischen Verfassungsstaat stehen jedoch die Grundrechte (→ Rdn. 5/110ff.) und das Subsidiaritätsprinzip (→ Rdn. 4/68ff.) einer uneingeschränkten staatlichen Entscheidungskompetenz entgegen. Dabei handelt es sich aber nicht um eine allgemein geltende Beschränkung des Staates als Entscheidungseinheit, sondern um den Ausdruck eines spezifischen Staats- und Verfassungsverständnisses.

88 Nicht der Konsens der Beteiligten oder gesellschaftliche Selbstregulierungskräfte, sondern die aus sich selbst heraus mit Rechtsverbindlichkeit versehene Entscheidung des Staates bildet somit die Grundlage abschließender Konfliktlösung. Auf deren Richtigkeit oder Gerechtigkeit kann es insoweit grundsätzlich nicht ankommen, da andernfalls die mit der staatlichen Entscheidungsfunktion einhergehende abschließende Befriedung innergesellschaftlicher Spannungen nicht gelingen kann.

89 Der Begriff Entscheidungseinheit darf allerdings nicht dahin missverstanden werden, staatliche Entscheidungen seien zwingend zentralisiert zu treffen. Die Entscheidungsfunktion des Staates kann durchaus innerhalb der Staatsorganisation von verschiedenen Trägern von Entscheidungsgewalt ausgeübt werden. Dies geschieht etwa durch unterschiedliche Kompetenzebenen im Rahmen eines Bundesstaates (→ Rdn. 6/8ff.), oder durch bestimmte Staatsorgane im Hinblick auf die Gewaltenteilung im freiheitlichen Verfassungsstaat. Gegenüber der Gesellschaft und dem Einzelnen treten diese Teilaspekte der Staatlichkeit gleichwohl als Entscheidungseinheit in Erscheinung.

3. Gestaltungseinheit

90 Eng verbunden mit der Funktion des Staates als Entscheidungseinheit ist seine Gestaltungsfunktion. Er ist nicht nur zur Bereinigung bestehender Konfliktlagen berufen, sondern greift planend und lenkend in Entwicklungen ein. Dabei ist er nicht auf bloße Reaktionen auf Ereignisse außerhalb seiner Sphäre beschränkt, sondern er wird zum aktiven Gestalter der Zukunft. Der Staat als Gestaltungseinheit ist somit vor allem der politisch agierende Staat. Er ist – in den Wor-

ten *Hermann Hellers* (1891–1931) – „Handlungs- und Wirkungseinheit" (Staatslehre, 1934).

Diesbezüglich zeigt sich deutlich der Unterschied des modernen Staates zu den auf Bewahrung gerichteten Gemeinwesen des Mittelalters. Die Gestaltungsfunktion des Staates baut auf dem erst seit der Neuzeit gegebenen Bewusstsein der Veränderbarkeit des Umfeldes durch rationales Handeln auf (→ Rdn. 2/78).

Besonders deutlich tritt die Gestaltungsfunktion des Staates in Form der Gesetzgebung hervor. Mittels gesetzten Rechts nimmt der Staat Einfluss auf das Verhalten seiner Bürger. Die rechtlichen Gestaltungsmöglichkeiten des Staates sind innerhalb seines Territoriums grundsätzlich unbegrenzt. Auch insoweit besteht eine virtuelle Allzuständigkeit. Die Beachtung der von ihm gesetzten Normen kann er nötigenfalls zugleich kraft seines Gewaltmonopols und der damit einhergehenden Gehorsamspflicht der Bürger erzwingen. Als Instrument hierfür dient die Verwaltung, der darüber hinaus – neben der Gesetzgebung – regelmäßig selbst eine gestaltende Funktion zukommt. 91

Wesentlicher Ausdruck des Staates als Gestaltungseinheit ist heute – am augenfälligsten in einigen Mitgliedstaaten der Europäischen Union, in denen sozialen Aspekten eine hohe staatslegitimierende Wirkung zuerkannt wird – dessen Organisation als Solidarverband. Als solcher fordert er insbesondere von seinen Mitgliedern, den Staatsbürgern, aber häufig auch von anderen Einwohnern, füreinander und für das Ganze – auch generationenübergreifend – einzustehen und setzt dies im Rahmen des politisch jeweils für erforderlich Gehaltenen mit Mitteln des Rechts durch. 92

II. Staatsziele und Staatsaufgaben

Staatszwecke, besonders in ihrer potentielle Widersprüche enthaltenden Mehrzahl, sind als abstrakte Ideen nicht hinreichend fassbar, um ein komplexes Gemeinwesen als Staat mit einer spezifischen Identität zu konstituieren. Sie rechtfertigen zwar grundsätzlich die Existenz des Staates, enthalten aber keine Aussagen darüber, wie die verschiedenen Zwecke im Rahmen gelebter Staatlichkeit verwirklicht und zum Ausgleich gebracht werden sollen. Gleiches gilt für die *Staatsfunktionen* als Mittel der Staatszweckverwirklichung, die nur Hinweise auf unerlässliche Bestandteile von moderner Staatlichkeit geben, ohne diese jedoch näher auszuformen. Angesichts dessen be- 93 darf es der weiteren *Konkretisierung* der *Staatszwecke* in der Grundordnung des Gemeinwesens, im modernen Staat – ungeachtet seiner inneren politischen Organisation und Ausrichtung – mithin in der Rechtsordnung. Erscheinungsformen derartiger Konkretisierungen sind *Staatsziele* und *Staatsaufgaben*.

1. Staatsziele als spezifische Ausformung der Staatszwecke

94 *Staatsziele* sind rechtsverbindliche, jedoch weithin offene und daher konkretisierungsbedürftige Prinzipien, durch welche die politische Grundausrichtung des jeweiligen Staates festgelegt wird. Sie sind regelmäßig in der Verfassung verankert und bilden gleichsam eine mittlere Abstraktionsebene zwischen allgemeinen Staatszwecken und konkreten Staatsaufgaben. Dabei handelt es sich um „Verfassungsnormen mit rechtlich bindender Wirkung, die der Staatstätigkeit die fortdauernde Beachtung oder Erfüllung bestimmter Aufgaben – sachlich umschriebener Ziele – vorschreiben. Sie umreißen ein bestimmtes Programm der Staatstätigkeit und sind dadurch eine Richtlinie oder Direktive für das staatliche Handeln, auch für die Auslegung von Gesetzen und sonstigen Rechtsvorschriften“ (*BMI/BMJ* [Hrsg.]: Bericht der Sachverständigenkommission „Staatszielbestimmungen/Gesetzgebungsaufträge“, 1983, S. 21). Infolge ihrer verfassungsrechtlichen Normierung als Staatsziele werden die Staatszwecke grundsätzlich auch justiziabel, soweit eine Verfassungsgerichtsbarkeit mit entsprechenden Zuständigkeiten besteht.

95 Im freiheitlichen Verfassungsstaat findet der politische Aspekt von Staatszielen sichtbaren Ausdruck insbesondere im Demokratie- und Rechtsstaatsprinzip (→ Rdn. 5/28 ff.; 5/143 ff.), durch die die Freiheit des Einzelnen hervorgehoben wird. Einer allein oder auch nur vorrangig am Staatszweck der Sicherheit orientierten Staatlichkeit, der angesichts der Konzeption des *Thomas Hobbes* auch absolutistische Herrschaft rechtfertigen kann, wird damit entgegengewirkt. Ungeachtet dessen ist der Sicherheitsaspekt ein Grundpfeiler des Rechtsstaates (→ Rdn. 5/143). Hinzu kommen heute in etlichen Staaten noch die Zielbestimmungen des Sozialstaates (→ Rdn. 4/61 ff.; 5/203 ff.) und des Umweltstaates (→ Rdn. 4/66 f.; 5/217 ff.).

96 Indem Staatsziele die Staatszwecke als Recht konkretisieren, kann ihre Ausgestaltung in den einzelnen Staaten deutlich voneinander abweichen. Zugleich macht die verfassungsrechtliche Verankerung von Staatszielen als Konkretisierung der Staatszwecke den Rückgriff auf letztere im Alltag der Staats(rechts)praxis weitgehend unnötig: Der moderne, sich über seine Verfassung definierende Staat bedarf zur

Begründung seines Handelns grundsätzlich nicht mehr des Hinweises auf die seine Existenz legitimierenden Zwecke, wenn diese auf rechtlich höchster und – zumindest auf nationaler Ebene – unbedingten Vorrang beanspruchender Regelungsstufe als Staatsziele derart konkretisiert sind, dass sich aus der Verfassung eine Leitlinie für die spezifische Ausgestaltung der Staatlichkeit ergibt.

Gleichwohl werden auch im Verfassungsstaat keineswegs alle Staatszwecke 97
als Staatsziele konkretisiert. Unterbleibt eine solche rechtliche Fassung vorrechtlicher Zwecksetzungen, werden diese dennoch von der Verfassung vorausgesetzt und häufig im Hinblick auf regelungsbedürftige Einzelaspekte aufgegriffen. So fehlt es im Grundgesetz an einem expliziten Staatsziel der Gewährleistung der persönlichen Sicherheit der Bürger. Dass es sich dabei gleichwohl um einen wichtigen Bestandteil deutscher Staatlichkeit handelt, verdeutlichen Normen wie Art. 26, 87a, 91, 115a ff. GG. Das BVerfG (E 49, S. 24/56 f.) hat dazu klargestellt: „Die Sicherheit des Staates als verfasster Friedens- und Ordnungsmacht und die von ihm zu gewährleistende Sicherheit seiner Bevölkerung sind Verfassungswerte, die mit anderen im gleichen Rang stehen und unverzichtbar sind, weil die Institution Staat von ihnen die eigentliche und letzte Rechtfertigung herleitet."

2. Staatsaufgaben als sachgebietsbezogene Ausformung der Staatsziele

Zu unterscheiden von Staatszwecken, Staatsfunktionen und Staats- 98
zielen ist schließlich die Kategorie der *Staatsaufgaben*. Dabei handelt es sich um konkrete Tätigkeitsfelder, deren sich der Staat in Ausübung seiner Funktionen zur Verwirklichung der Staatszwecke, wie sie ihre staatsspezifische Konkretisierung in den jeweiligen Staatszielen gefunden haben, annimmt. Als offensichtlichster Ausdruck staatlicher Ausrichtung trägt ihre Wahrnehmung in besonderem Maße zur Akzeptanz des Staates durch seine Bürger bei.

Als Staatsaufgaben lassen sich allgemein diejenigen Tätigkeitsfelder 99
bezeichnen, in denen sich der Staat tatsächlich engagiert oder engagieren soll. Zumindest bei der Frage, welche Tätigkeitsfelder von ihm zwingend wahrzunehmen sind, ist jedoch nicht hinreichend deutlich, um welche Bereiche es sich handelt.

So können z. B. die Gesundheitsfürsorge oder die soziale Absicherung der Staatsbürger bei Arbeitslosigkeit und die Organisation des Arbeitsmarktes zwar dem Staat zugewiesen sein; dies erscheint jedoch keineswegs zwingend.

Die Unterscheidung von Staat und Gesellschaft (→ Rdn. 3/16 ff.), 100
die gedanklicher Hintergrund auch der Staatszwecklehren ist, bietet

einen ersten, wenn auch wenig konkreten Anhaltspunkt, Staatsaufgaben gleichsam negativ zu bestimmen. Als deren Gegenpol lassen sich *Öffentliche Aufgaben* ansehen, deren Wahrnehmung unmittelbar durch die Gesellschaft, etwa durch organisierte Gruppen und Verbände, aber auch durch Einzelne, erfolgen kann (zum Subsidiaritätsprinzip → Rdn. 4/68 ff.).

Der Begriff der *Öffentlichen Aufgabe* ist allerdings unscharf. Während er in einem weiten Verständnis auch den Oberbegriff zur „Staatsaufgabe" bilden kann und insofern aufgabenträgerneutral ist, meint er im hier verwendeten engeren Sinne die Zuständigkeit der Gesellschaft für die Vornahme bestimmter Tätigkeiten unter Ausschluss des Staates. So werden bestimmte soziale Leistungen, etwa die Unterstützung hilfsbedürftiger alter Menschen bei Tätigkeiten des täglichen Lebens, vielfach durch Einrichtungen von Religionsgemeinschaften und Wohlfahrtsverbänden erbracht.

101 Auch die Erfüllung Öffentlicher Aufgaben kann der Verwirklichung der Staatsziele dienen. Die Erkenntnis der Staatsziele ist daher als alleiniges Kriterium für die Bestimmung von Staatsaufgaben nicht ausreichend. Der Begriff der Staatsaufgabe setzt vielmehr voraus, dass gerade der Staat zur Aufgabenerfüllung handelnd in Erscheinung tritt.

102 Häufig werden zwei Arten von Staatsaufgaben unterschieden: So soll es zum einen allein dem Staat zugeordnete Aufgaben geben (z. B. Polizei, Gerichtswesen), zum anderen konkurrierende Aufgaben, deren Erfüllung auch durch die Gesellschaft geschehen kann (z. B. Betreiben sozialer Einrichtungen, Straßenbau). Diese Unterscheidung wird jedoch nur relevant, wenn überhaupt vom Vorliegen einer Staatsaufgabe gesprochen werden kann.

103 Lässt sich weder den Staatszwecken noch den Staatszielen unmittelbar entnehmen, welche Tätigkeiten als Staatsaufgaben anzusehen sind (wenngleich beide Kategorien Hinweise auf einzelne Staatsaufgaben enthalten können, wie dies etwa hinsichtlich der Notwendigkeit der Aufrechterhaltung des inneren und äußeren Friedens durch Polizei und Streitkräfte der Fall ist), und ist auch eine negative Feststellung mittels Abgrenzung zu Öffentlichen Aufgaben nur eingeschränkt möglich, bedarf es zur Bestimmung von Staatsaufgaben weiterer Anknüpfungspunkte. Diese können nur im Recht des jeweiligen Staates zu finden sein, ohne dass insoweit eine Beschränkung auf die Verfassung besteht. Zwar sind die Staatsziele zumeist in der Verfassung normiert, die diese konkretisierenden Staatsaufgaben können jedoch auch im einfachen Gesetzesrecht verankert sein.

So ist z. B. in Deutschland der Naturschutz spätestens seit seiner grundlegenden Regelung im Bundesnaturschutzgesetz (BNatSchG) im Jahre 1977 als Staatsaufgabe anzusehen. Das Staatsziel Umweltschutz wurde demgegenüber erst 1994 als Art. 20a GG verfassungsrechtlich normiert (→ Rdn. 5/217 ff.).

Daraus folgt zugleich zwingend die Unmöglichkeit eines feststehenden, allgemeingültigen Katalogs von Staatsaufgaben. Einen solchen gibt es nicht und kann es angesichts der Verschiedenheit der durch die unterschiedliche Einordnung der jeweiligen Staatssituation in historischer, politischer und kultureller Hinsicht sowie des gesellschaftlichen Entwicklungsstandes ebenso wenig geben wie eine unwandelbare Vorstellung vom Staat selbst und den von ihm ausgehenden Wirkungen. Vielmehr ergeben sich die Aufgaben eines Staates von Einzelfall zu Einzelfall als Ergebnis eines politischen Prozesses, wobei neben der aktuellen wirtschaftlichen, sozialen oder gesellschaftlichen Lage und den daraus folgenden Bedürfnissen, die ein staatliches Tätigwerden im Extremfall zur Aufrechterhaltung des inneren Friedens erfordern können, eine starke Abhängigkeit von der philosophisch-politischen Grundkonstellation und den darauf beruhenden, insbesondere in der Verfassung zum Ausdruck gebrachten positiven und negativen Wertungen besteht. 104

Die Formulierung von Staatsaufgaben erfolgt somit nicht losgelöst vom Recht, sondern durch Recht, konkreter durch die dafür zuständigen staatlichen Stellen, in der Regel durch den Gesetzgeber. Die Entscheidung über Staatsaufgaben ist daher eine politische Entscheidung innerhalb der Grenzen der Verfassung unter besonderer Berücksichtigung der Staatsziele. Der Staat bestimmt damit letztlich selbst, was Staatsaufgaben sind. 105

Im Rahmen der verfassungsrechtlichen Grenzen darf sich der Staat daher auch wieder von einmal übernommenen Aufgaben trennen. Aufgabenkritik bzw. -reform sind grundsätzlich möglich und zur Aufrechterhaltung der Handlungsfähigkeit des Staates auch notwendig. Tatsächlich ist in der Staatswirklichkeit trotz der dagegen stets vorhandenen politischen Widerstände ein stetiger Aufgabenwandel feststellbar.

E. Exkurs: Widerstand und Revolution

Jeder Staat ist in seinem rechtlichen und politischen Selbstverständnis auf Kontinuität und Bewahrung angelegt. Seinen Ausdruck findet dieses Selbstverständnis in typischer Weise in der staatlichen Grund- 106 ordnung, der Staatsverfassung. Allerdings gehört es zu den historischen Erfahrungen, dass die Existenz eines staatlichen Gemeinwesens latent gefährdet ist: Unterschiedliche Vorstellungen in der Gesellschaft über die zu verfolgenden Staatszwecke, über die Gewährleistung von Bürger- und Menschenrechten sowie die konkrete Form der Herrschaftsausübung können in extremen Situationen, wenn die Bürger die Ausübung der staatlichen Herrschaftsgewalt in höchstem Maße als „ungerecht", möglicherweise sogar als „verbrecherisch" empfinden, dazu führen, dass der Entschluss reift, dieser Herrschaftsgewalt massiven Widerstand entgegen zu setzen bis hin zur Initiierung einer Revolution, d. h. der fundamentalen Umgestaltung des politischen Ordnungssystems. Existenz und Identität des jeweiligen Staates bleiben hiervon jedoch unberührt (→ Rdn. 4/136).

107 Deutlich wurde dies zuletzt im „arabischen Frühling" des Jahres 2011. Die Unzufriedenheit der Bürger in mehreren Staaten Nordafrikas und des Nahen Ostens mit deren autokratischen Regimen und der wirtschaftlichen Situation führte zu Volksaufständen, welche in Tunesien, in Ägypten, im Jemen und – nach einem blutigen Bürgerkrieg – in Libyen zu Regimewechseln und einem grundlegenden Umbau der Herrschaftsstrukturen führten. In anderen Staaten der Region wurden revolutionäre Prozesse teils erstickt, teils dauern sie noch an.

I. Begrifflich-typologische Einordnungsschwierigkeiten

108 Für die Rechtswissenschaft sind Widerstand und Revolution deshalb von Interesse, weil diese gegen die existierende staatliche Ordnung gerichtet sind. Beide finden in der Regel keine Verwendung als Rechtsbegriffe in Gesetzestexten, da eine geltende Rechtsordnung immer für sich in Anspruch nimmt, eine gerechte Ordnung zu sein. Gegen sie gerichteter Widerstand oder sogar eine Revolution sind damit – jedenfalls rechtssystemimmanent – von vornherein illegal. Dennoch hat zumindest die Revolution auch eine (staats-) rechtliche Seite, denn sie „entzieht, erfolgreich durchgeführt, der bisherigen Rechtsordnung ganz oder teilweise die Legitimität, je nach Ausmaß, Richtung und Intensität" (*W. Fiedler*, Der Staat 31/1992, 436/437).

109 Ungeachtet dessen sind Widerstand und Revolution aber Begriffe, die aufgrund ihrer Prägung durch bestimmte historische Ereignisse inhaltlich nur schwer zu erfassen sind. Sie sind einer abschließenden Definition nicht zugänglich. Es handelt sich um *Typusbegriffe*, d. h. sie umschreiben bestimmte politische Ereignisse, die gewisse Ge-

meinsamkeiten aufweisen, aber als konkrete historische Erscheinung (*Realtypus*) einen singulären Charakter haben. Um diese historischen Erscheinungen trotz ihrer Vielgestaltigkeit wissenschaftlich „auf den Begriff" zu bringen, wird ein *Idealtypus* gebildet, indem einzelne Kriterien isoliert und als maßgeblich qualifiziert werden (→ Rdn. 1/19ff.). Insbesondere bei der Einordnung einzelner historischer Ereignisse zeigt sich jedoch, dass vor allem die inhaltliche Erkenntnis einer „Revolution" (Idealtypus) mit erheblichen Unsicherheiten versehen ist, weshalb gerade dieser (Typus-) Begriff inhaltlich so flexibel zu handhaben ist, dass er sich auch als offen erweist für tatsächliche Besonderheiten des Einzelfalles (zu den Konkretisierungsschwierigkeiten → Rdn. 4/124ff.).

II. Ideengeschichtliche Grundlagen

Widerstand gegen die bestehende Herrschaftsgewalt hat in den Lehren zur Rechtfertigung von Herrschaftsgewalt – und seit dem Beginn der Neuzeit in den Lehren zur Rechtfertigung der Staatsgewalt (→ Rdn. 4/3ff.) – immer wieder eine bedeutsame Rolle gespielt. Das besondere rechtsphilosophische Augenmerk galt dabei dem Aspekt, unter welchen Voraussetzungen die Ausübung der Herrschaftsgewalt noch als legitim zu begreifen ist, und ob – im Falle der Illegitimität – Widerstandshandlungen des Einzelnen oder von Gruppen gerechtfertigt sein können. 110

1. Mittelalter

Erste philosophische Erwägungen zum Recht auf Widerstand gegen eine Tyrannis (klassisches Widerstandsrecht) finden sich bereits in der griechischen und römischen Antike. Doch brachte erst die mittelalterliche Rechtslehre ein differenziertes Bild des Widerstandsrechts hervor. Dessen Ausgangspunkt war die Annahme einer rechtlichen Gebundenheit des Herrschers, der diese Rechtsbindung regelmäßig noch durch sein Krönungsgelübde zusätzlich anerkannte und bekräftigte. Während sich diese Bindung im frühen Mittelalter noch auf die den Menschen vorgegebene „göttliche Ordnung" bezog, wandelte sich diese Vorstellung im Laufe der Zeit und es traten insbesondere vertragsrechtliche Konstruktionen in den Vordergrund, die an den Gedanken der Volkssouveränität (→ Rdn. 5/33) anknüpften und die 111 rechtliche Grundlage des Herrschaftsverhältnisses in einem Herrschaftsvertrag erblickten. Hielt der Herrscher sich nicht an diesen (nur in der Theorie bestehenden) Vertrag, dann waren auch die Untertanen daran nicht länger gebunden, schuldeten dem Herrscher keine Treue mehr und durften sich ggf. sogar mit Gewalt zur Wehr setzen.

112 Eine weitere Konstruktion des Widerstandsrechts ergab sich seit dem hohen Mittelalter zudem aus der Lehnsordnung (→ Rdn. 2/30 ff.), da die Verletzung der sich aus dem Lehnsverhältnis ergebenden Rechtspflichten durch den Lehnsherrn auch den Lehnsnehmer von seinen Pflichten entband. Soweit damit auch das Recht zum Widerstand verbunden war, ging dieses im Spätmittelalter allerdings auf die Landstände über (→ Rdn. 2/59).

2. Neuzeit

113 Gerade in der Neuzeit war die Anerkennung eines Widerstandsrechts gegen ungerechte Herrschaft äußerst umstritten. *Niccolò Machiavelli* (1469–1527) (→ Rdn. 2/66 ff.) und *Thomas Hobbes* (1588–1679) (→ Rdn. 4/54 ff.) lehnten auf der Grundlage ihrer Vorstellungen von der Legitimation und Ausübung von Herrschaftsgewalt ein Recht zum Widerstand gegen den Herrscher konsequent ab. Allerdings galt das für *Hobbes* nur solange, wie der Herrscher selbst in der Lage war, die von ihm geschuldete Sicherheit der Untertanen auch tatsächlich zu gewährleisten. Im Übrigen verlor selbst der ruchloseste Herrscher durch sein Verhalten nicht seine Legitimation zur Herrschaftsausübung. Auch *Immanuel Kant* (1724–1804) (→ Rdn. 5/146) verneinte jegliches Widerstandsrecht, da andernfalls der Anspruch des bestehenden Staates auf Unteilbarkeit seiner Herrschaftsmacht konterkariert würde, was letztlich zu einem Rückfall in den Naturzustand führe. Hingegen betonte *John Locke* (1632–1704) – ausgehend von der Theorie der Staatsgründung durch Abschluss eines Gesellschaftsvertrages (→ Rdn. 5/36 ff.) – die Verpflichtung der Regierung zum Schutz von Freiheit, Leben und Eigentum der Untertanen. Kamen die Regierenden ihrer vertraglichen Verpflichtung nicht nach, trachteten sie sogar nach den Rechtsgütern der Untertanen, die zu achten und zu schützen eigentlich ihre Aufgabe war, dann lebte das ursprüngliche Selbstverteidigungsrecht aus dem Naturzustand – nun als Widerstandsrecht – wieder auf.

3. Insbesondere: Amerikanische und Französische Revolution

Naturrechtliche und staatsphilosophische Begründungsansätze waren jedoch nicht hinreichend, um in der zweiten Hälfte des 18. Jahrhunderts das aus den Revolutionen in Nordamerika und Frankreich hervorgegangene Bedürfnis nach Legitimation der politischen Umwälzungen zufriedenzustellen. Deshalb enthielt bereits die *Virginia Bill of Rights* (1776) (→ Rdn. 5/120) nach einer Hervorhebung der Aufgaben einer Regierung (u. a. Gemeinwohl, Schutz und Sicherheit des Volkes, der Nation oder Allgemeinheit) den folgenden Satz: „[D]ie Mehrheit eines Gemeinwesens hat ein unzweifelhaftes, unveräußerliches und unverletzliches Recht, eine Regierung zu verändern oder abzuschaffen, wenn sie diesen Zwecken unangemessen oder entgegengesetzt befunden wird, und zwar so, wie es dem Allgemeinwohl am dienlichsten erscheint" (Art. 3). Die nur wenige Wochen später verkündete *amerikanische Unabhängigkeitserklärung* (→ Rdn. 5/119) bekräftigte noch einmal das Recht zum Widerstand gegen eine ungerechte Herrschaft. Und auch die *französische Erklärung der Menschen- und Bürgerrechte* (1789) nahm in ihrem zweiten Artikel das Widerstandsrecht ausdrücklich in Bezug: „Der Zweck jeder politischen Vereinigung ist die Erhaltung der natürlichen und unantastbaren Menschenrechte. Diese sind das Recht auf Freiheit, das Recht auf Eigentum, das Recht auf Sicherheit und das Recht auf Widerstand gegen Unterdrückung." 114

Im Unterschied zum klassischen Widerstandsrecht in seinem antiken und mittelalterlichen Verständnis ist die Revolution somit ein Phänomen, das – jedenfalls in seiner noch heute vorherrschenden Verständnisprägung – erst seit der zweiten Hälfte des 18. Jahrhunderts zu beobachten ist, nämlich seit der Amerikanischen und Französischen Revolution (→ Rdn. 5/134 ff.). Zwar gab es auch schon zuvor immer wieder grundstürzende Umwälzungen oder Versuche dazu, z. B. im Deutschen Bauernkrieg (1524–1526), der in einer grundlegenden Untersuchung bewusst als „Revolution des Gemeinen Mannes" (*P. Blickle*) bezeichnet worden ist. Doch erst mit den politisch-staatlichen Veränderungen in Nordamerika und Frankreich begann das besondere „Zeitalter der demokratischen Revolution" (*R.R. Palmer*). 115

III. Klassisches Widerstandsrecht

116 Wie Revolution so ist auch *Widerstand* ein Typusbegriff (→ Rdn. 4/109), d. h. er lässt sich – abgesehen von einem zentralen (Leit-) Kriterium – nicht abschließend definieren. Das gilt umso mehr, als die Wandlung vom Widerstand zur Revolution gerade bei einer Revolution von unten (→ Rdn. 4/130) mit fließenden Übergangsformen verbunden ist.

1. Widerstand und Rechtsordnung

117 Grundlage des klassischen Widerstandsrechts ist nicht die innerstaatliche Rechts- und Verfassungsordnung. Denn die innerstaatliche Rechtsordnung legalisiert im Regelfall ja gerade das staatliche Handeln, gegen das sich der Widerstand richtet. Eine Rechtsordnung, die das „Recht zum Widerstand" gegen die in Übereinstimmung mit ihren Regeln ausgeübte Herrschaft enthalten würde, wäre in sich widersprüchlich. Ein Verfassungsgesetz enthält entweder überhaupt keine Vorschriften über seine Aufhebung bzw. Ablösung oder es sieht insoweit ein Verfahren zur Verfassungsrevision vor, in dem zumindest bestimmte, die momentane Verfassungsordnung konstituierende Prinzipien als unantastbar gelten. Beim klassischen Widerstandsrecht geht es deshalb immer um die Inanspruchnahme eines Rechtes *contra legem* (bzw. *contra constitutionem*).

118 In Fortentwicklung der naturrechtlichen und staatsphilosophischen Begründungsansätze (→ Rdn. 4/111 ff.), und somit jenseits der Rechtfertigung in der positiven staatlichen Rechtsordnung, erhält ein Widerstandsrecht der Bürger gegenüber den Herrschenden, deren Herrschaft als „ungerecht" empfunden wird, jedoch immer deutlichere Konturen. Das klassische Widerstandsrecht kann dann sogar in eine *Revolution von unten* (→ Rdn. 4/130) umschlagen. Ausgehend von der Amerikanischen und der Französischen Revolution in der zweiten Hälfte des 18. Jahrhunderts (→ Rdn. 5/134 ff.) liegt dem Widerstandsrecht heute die *Idee* der *politischen Selbstbestimmung des Volkes* als *Souverän* zugrunde: Die staatliche Herrschaft bedarf der permanenten Legitimation durch das (Staats-) Volk und ist im Übrigen an überpositive („unveräußerliche") Menschenrechte gebunden. Gegen eine Herrschaft, die diese Maßgaben massiv verletzt, hat das Volk in seiner Gesamtheit ein Recht zum Widerstand (*kollektives Wi-*

derstandsrecht), letztlich ein „Recht auf Revolution“. Aus dem menschenrechtlichen Charakter des Widerstandsrechts resultiert zudem, dass auch der Bürger selbst sich darauf berufen darf (*individuelles Widerstandsrecht*). In den Einzelheiten ist allerdings noch vieles umstritten. Das BVerfG hat aber bereits 1956 seine Offenheit für ein staatsrechtlich fundiertes Widerstandsrecht als integralen Bestandteil der deutschen Verfassung gezeigt (→ Rdn. 4/139f.).

2. Völkerrechtliche Rechtfertigung des Widerstands

Dieses im Ausgangspunkt eher staatsrechtliche Widerstandsrecht 119
wird in den letzten Jahrzehnten immer stärker durch die Entwicklungen auf der völkerrechtlichen Ebene beeinflusst. Zwar enthält das Völkerrecht keine Rechtsnormen, die dem einzelnen Menschen explizit ein Widerstandsrecht gegen seine Regierung einräumen. Ein völkerrechtlich begründetes, aber innerstaatlich wirkendes Widerstandsrecht ist aufgrund der besonderen Struktur des Völkerrechts auch kaum denkbar: Denn das Völkerrecht regelt grundsätzlich nur die rechtlichen Beziehungen zwischen den Staaten, überlässt den Staaten aber im Übrigen, wie sie intern strukturiert sind und wie sie sich gegenüber ihren Gewaltunterworfenen verhalten. Der einzelne Mensch kann grundsätzlich aus dem Völkerrecht keine Rechte gegenüber dem eigenen Staat herleiten.

Davon gibt es jedoch eine wichtige Ausnahme: Das Völkerrecht 120
(Vertragsrecht und Gewohnheitsrecht) enthält mittlerweile eine Fülle menschenrechtlicher Verbürgungen (man denke nur an das Verbot des Völkermordes und die Gewährleistung eines menschenrechtlichen Mindeststandards → Rdn. 7/40), die als zwingendes Recht (*ius cogens*) für alle Staaten verbindlich sind, und zu deren Einhaltung ein Staat gegenüber allen anderen Staaten in der Völkerrechtsgemeinschaft verpflichtet ist (*erga omnes*-Wirkung → Rdn. 7/42f.). Die brutale Missachtung von Menschenrechten (einschließlich des Selbstbestimmungsrechts der Völker) ist nach heutigem Verständnis zudem ein internationales Verbrechen (*international crime*). Zumindest in diesen Fällen wird man den unterdrückten Gewaltunterworfenen auf völkerrechtlicher Grundlage ein Widerstandsrecht zubilligen müssen. Eine naturrechtliche Rechtfertigung ist angesichts des heutigen Entwicklungsstands des Völkerrechts nicht mehr erforderlich.

IV. Revolution

121 Klassisches Widerstandsrecht und Revolution sind historisch eng miteinander verwoben; das zeigen schon die den modernen Revolutionsbegriff prägenden Aufstände in Nordamerika und Frankreich (→ Rdn. 5/134 ff.). Der Begriff ist jedoch gänzlich unabhängig davon, ob am Ende der so bezeichneten Entwicklung ein demokratischer oder ein autokratischer Staat stehen soll (zu den Unterschieden → Rdn. 5/16 ff.), wie nicht zuletzt die Russische Oktoberrevolution von 1917 belegt.

1. Begriffliche Grundlagen

122 Gemeint ist hier mit Revolution ganz allgemein die *politische Umwälzung* bzw. der *politische Umsturz* innerhalb eines Staates. Die Revolution ist auf die schnelle und fundamentale Veränderung politischer Zustände in einem Staat gerichtet, und zwar in der Regel auf die Änderung der Staatsform i. e. S. (→ Rdn. 5/2).

In diesem staatstheoretischen Zusammenhang interessiert allein die auf Umwälzung staatlicher Strukturen gerichtete Revolution. Aus der Betrachtung scheiden deshalb Begriffe wie Kulturrevolution, industrielle Revolution oder digitale Revolution aus.

123 Zu unterscheiden ist die Revolution von der *Evolution*, die ebenfalls auf die Veränderung bestehender Zustände gerichtet ist: Die Revolution zielt auf die *abrupte*, d. h. übergangslose Veränderung der bestehenden politischen Zustände. Die Evolution ist demgegenüber vergleichsweise „sanft"; sie vertraut auf eine mittel- oder langfristige Entwicklung, die nicht unmittelbar zur Verwirklichung des gewünschten Endzustands führt, sondern eine mehr oder weniger große Zahl an Übergangsstufen aufweist.

Widerstand muss nicht notwendig zur Revolution führen. So haben etwa die Aufstände im Jemen 2011 nicht zu einer Beseitigung des herrschenden Regimes geführt, wohl aber evolutionäre Prozesse hinsichtlich der Herrschaftsausübung ausgelöst.

2. Konkretisierungen

124 Revolutionen als abrupte politische Umwälzungen sind zudem regelmäßig dadurch gekennzeichnet, dass sie von einer bestimmten politischen Leitidee bzw. Ideologie getragen werden und die sozialen

Umstände in dem jeweiligen Staat erst eine Lage geschaffen haben, in der sich das revolutionäre Potential dann auch tatsächlich entlädt.

a) Gewaltsamkeit des politischen Umsturzes. Problematisch ist, ob die Anwendung physischer Gewalt durch die Aufbegehrenden für den Begriff der Revolution bestimmend ist. Nimmt man die klassischen historischen Beispiele (Französische Revolution, 1789; Oktoberrevolution in Russland, 1917), dann liegt eine solche Prägung nahe. Andererseits zeigt gerade die Erfahrung mit der „friedlichen Revolution" in der damaligen DDR (1989), dass Gewaltanwendung nicht zwingend ein Mittel zur kurzfristigen Zielerreichung sein muss. 125

In der Geschichtswissenschaft ist zudem umstritten, ob die Geschehnisse in der DDR im Herbst/Winter 1989/90 tatsächlich als Revolution anzusehen sind, oder ob es sich nicht eher um einen bloßen Zusammenbruch der staatlichen Strukturen gehandelt hat. Der Unterschied liegt darin, dass bei einer Revolution die Veränderungen im staatlich-politischen Bereich ganz wesentlich auf gezielte menschliche Aktivitäten zurückzuführen sind, während der Zusammenbruch der staatlich-politischen Strukturen letztlich als eine zwingende Konsequenz des Systems erfolgt und das menschliche Handeln deshalb als sehr viel weniger bedeutsam angesehen wird (umfassend dazu *B. Schöbener*, Das Ende der DDR 1989/90 – eine demokratische Revolution in Deutschland!, FS für F. Bohl, S. 373 ff.).

b) Illegalität des politischen Umsturzes. Nicht weniger schwierig zu beantworten ist die Frage, ob die Revolution sich dadurch auszeichnet, dass sie – gemessen an den im Staatswesen bestehenden Rechts- und insbesondere Verfassungsnormen – *illegal* ist. Dies trifft zwar für die meisten Revolutionen zu, ist aber nach Ansicht der jeweiligen Revolutionäre deshalb irrelevant, weil die Revolution *legitim*, also durch höhere Werte gerechtfertigt, ist. Nach der Machtergreifung der Nationalsozialisten im Januar 1933 sprach Hitler bekanntlich von einer „legalen Revolution". Das Wort legal bedeutet in diesem Kontext die Übereinstimmung der Übernahme der Staatsgewalt mit den Vorschriften der Weimarer Reichsverfassung (WRV). Was danach folgte – zur Machtverfestigung und zum Machtausbau – trägt hingegen alle Züge einer Revolution, denn die demokratischen Staatsstrukturen wurden – unter Verstoß gegen die WRV, die formal nie außer Kraft gesetzt wurde – vollkommen zerstört und an ihrer Stelle der „Führerstaat" etabliert. 126

Auch die Wendezeit in der DDR verlief weitgehend unter Einhaltung (aber auch formal ordnungsgemäßer Änderung) der damaligen 127

Verfassung, obwohl die Fortgeltung der DDR-Verfassung angesichts der revolutionären Umstände alles andere als eindeutig war. Hintergrund für dieses Bemühen um eine „legal-revolutionäre Verfassungsablösung" (*T. Würtenberger*, HStR VIII, § 187 Rdn. 41) war vor allem, dass auf diese Weise den (Noch-) Machthabern in der DDR der Vorwand für ein militärisches Einschreiten genommen werden sollte. Legalität und Friedlichkeit waren somit die beiden Seiten derselben (Revolutions-) Medaille.

128 **c) Legitimität des politischen Umsturzes.** Jeder Revolution liegt ein (mehr oder weniger konkretes) politisches Ziel zugrunde, eine politische Leitidee, die der Revolution (in den Augen der Revolutionäre) erst ihre Legitimität verleiht. Die Unterschiede zwischen der die bisherige Staatsordnung rechtfertigenden und der den Umsturz legitimierenden Idee müssen keineswegs immer ideologischer Art sein; eine ideologische Konfrontation ist aber besonders anfällig dafür, sich in einem gewaltsamen Aufstand zu entladen.

129 **d) Unterscheidung nach dem Urheber/Träger.** Revolutionen lassen sich danach unterscheiden, von wem (welcher Person bzw. gesellschaftlichen oder politischen Gruppierung) der politische Umsturz ausgeht und durchgeführt wird. Bei der *Revolution von oben*, die oftmals auch als „Staatsstreich" bezeichnet wird, handelt es sich um einen vom Inhaber der Regierungsgewalt oder von einem anderen Träger oberster staatlicher Funktionen vorgenommenen gewaltsamen, gegen die Verfassung gerichteten Machtumsturz.

Exemplarisch sei auf den in Chile im Jahr 1973 von General *Augusto Pinochet* (1919–2006) geführten Militärputsch gegen die Regierung von *Salvador Allende* (1908–1973) verwiesen, in dessen Folge die demokratischen Strukturen in Chile bis zum Jahre 1990 beseitigt wurden.

130 Die *Revolution von unten* ist hingegen gekennzeichnet durch die Auflehnung einer bisher von der Herrschaft ausgeschlossenen, nunmehr die Macht gewaltsam ergreifenden gesellschaftlichen Gruppierung, Schicht oder „Klasse". Sie geht typischerweise einher mit der Berufung auf das klassische Widerstandsrecht (→ Rdn. 4/116 ff.) und bezieht daraus auch ihre besondere Legitimation.

Die historisch wohl bedeutsamsten Beispiele hierfür sind die Französische Revolution (1789) und die russische Oktoberrevolution (1917). Aus der deutschen Geschichte sei insbesondere die Novemberrevolution (1918) hervorgehoben, die – beginnend mit dem Kieler Matrosenaufstand – zur Abschaffung der Monarchie führte.

e) Unterscheidung nach dem Ziel. Nach dem Ziel des politischen Umsturzes lassen sich folgende Arten von Revolutionen unterscheiden: Eine *Totalumwälzung* ist darauf gerichtet, die staatlichen Strukturen in Bezug auf Herrschaftsform und Regierungsform umfassend und grundlegend zu verändern. Eine Totalumwälzung bezweckt also die Änderung des gesamten politisch-rechtlichen und sozialen Gefüges, insbesondere auch eine einschneidende Veränderung der bestehenden Eigentums- und Wirtschaftsordnung. Bei einer *Teilumwälzung* geht es hingegen darum, nur spezifische Bereiche der bisherigen Rechtsordnung (z. B. durch entschädigungslose Enteignung aller Großgrundbesitzer) grundlegend zu ändern, diese Ordnung aber im Übrigen aufrechtzuerhalten. 131

Doch selbst eine Totalumwälzung führt nicht zu einer vollständigen Aufhebung oder einem Obsoletwerden der bisherigen Rechts- und insbesondere Verfassungsordnung. Denn dies würde unweigerlich für einen Übergangszeitraum zu einer Anarchie führen (zu den verschiedenen Anarchismus-Theorien → Rdn. 4/19 ff.), an der auch Revolutionären zumeist nicht gelegen ist. Deshalb werden regelmäßig nur bestimmte Teile der bisherigen staatlichen Rechtsordnung außer Kraft gesetzt. „Die Revolution will nicht einen rechtlosen Zustand schaffen; ihr Ziel ist nicht Anarchie, sondern eine andere Form der politischen Herrschaft. Sie muss sich daher bis zu dem Zeitpunkt, zu dem die Umgestaltung der Rechtsordnung im Geist der sie leitenden Idee bewirkt werden kann, des geltenden Rechts bedienen, sei es auch, dass seinen Buchstaben ein neuer Sinn unterlegt wird" (*H.H. Klein*, FS für P. Lerche, 459/471). 132

Eine Änderung der Herrschaftsform (Staatsform i. e. S. → Rdn. 5/2, 5/14 ff.) liegt z. B. im Übergang von einem demokratischen Verfassungsstaat westlicher Prägung hin zu einer ideologisch begründeten Diktatur, so geschehen in Spanien ab 1936 (zu den historisch bedeutsamen Fällen des Kommunismus und des Nationalsozialismus → Rdn. 4/27 ff.), oder von einer weltlich orientierten Monarchie zu einem religiös legitimierten Gottesstaat, in dem eine Priesterkaste ihr politisches Handeln nicht an einer (weltlichen) Verfassung ausrichtet, sondern an einem vermeintlich göttlichen Willen bzw. an einem zum Staatsgesetz erhobenen Religionsbuch (z. B. Koran, Talmud, Bibel), wie dies im Zuge der islamischen Revolution im Iran im Jahre 1979 geschah. 133

134 Eine Änderung der Regierungsform (→ Rdn. 5/2) – die nicht zwingend mit einem Übergang in der Herrschaftsform (Staatsform i. e. S.) verbunden ist – liegt z. B. im Übergang von der Präsidialdemokratie zur parlamentarischen Demokratie. Es ist jedoch kaum vorstellbar, dass ein solcher Übergang revolutionär erfolgt und gleichzeitig die Staatsform des demokratischen Verfassungsstaates aufrechterhalten bleibt. Derartige Veränderungen innerhalb des Regierungssystems finden regelmäßig in verfassungsverträglicher, evolutionärer Weise statt, nicht durch einen politischen Umsturz.

135 **f) Staats- und völkerrechtliche Folgen der erfolgreichen Revolution.** Eine erfolgreich durchgeführte Revolution führt in der Regel zu einer Auswechslung des Inhabers der verfassungsgebenden Gewalt bzw. der Staatsgewalt. Unabhängig von der (fehlenden) Legalität und (behaupteten) Legitimität dieses Übergangs in der Herrschaftsgewalt kommt es für die völkerrechtliche Anerkennung des neuen Inhabers der Staatsgewalt allein auf deren Effektivität an (→ Rdn. 3/47; 3/109 ff.). Das hat im Hinblick auf die Revolutionswirren am Ende des Ersten Weltkriegs das Reichsgericht (unter Billigung des Staatsgerichtshofes) unmissverständlich festgestellt (RGZ 100, S. 25/27; RGZ 114, S. 1/6 ff.):

> „Der durch die Umwälzung geschaffenen neuen Staatsgewalt kann die staatsrechtliche Anerkennung nicht versagt werden. Die Rechtswidrigkeit ihrer Begründung steht dem nicht entgegen, weil die Rechtmäßigkeit der Begründung kein wesentliches Merkmal der Staatsgewalt ist. Der Staat kann ohne Staatsgewalt nicht bestehen. Mit der Beseitigung der alten Gewalt tritt die sich durchsetzende neue Gewalt an deren Stelle."

136 Diese Änderung im Bereich des Staatsrechts ist jedoch regelmäßig nicht mit einer Umgestaltung des völkerrechtlichen Status verbunden: Der jeweilige Staat bleibt als solcher auch über revolutionäre Umbrüche hinweg als Staat i. S. d. Völkerrechts bestehen (zum Kontinuitätsprinzip → Rdn. 3/105 ff.). Er ist damit grundsätzlich u. a. an die bereits zuvor abgeschlossenen völkerrechtlichen Verträge gebunden und hat auch das Völkergewohnheitsrecht zu beachten (zu den Völkerrechtsquellen → Rdn. 7/2 ff.).

V. „Konservierendes" Widerstandsrecht gem. Art. 20 Abs. 4 GG

137 Das deutsche Verfassungsrecht weist im Hinblick auf das Widerstandsrecht eine Besonderheit auf. Art. 20 Abs. 4 GG lautet:

„Gegen jeden, der es unternimmt, diese Ordnung zu beseitigen, haben alle Deutschen das Recht zum Widerstand, wenn andere Abhilfe nicht möglich ist."

Die Vorschrift hat jedoch eine gänzlich andere Funktion als das klassische Widerstandsrecht. Während das klassische Widerstandsrecht darauf gerichtet ist, die bestehende (als Unrecht angesehene) Ordnung zu beseitigen (→ Rdn. 4/117 ff.), gewährt Art. 20 Abs. 4 GG ein grundrechtsähnliches Recht, die bestehende Rechts- und Verfassungsordnung gegenüber Beseitigungsversuchen zu verteidigen. Die Vorschrift enthält inzident die (selbstverständliche) Feststellung, dass die Staatsordnung der Bundesrepublik Deutschland eine „gerechte" Lebensordnung ist, gegen die das klassische Widerstandsrecht nicht zum Tragen kommt. 138

1. Staatsphilosophische und verfassungsrechtliche Grundlegung

Art. 20 Abs. 4 GG wurde erst 1968 im Zusammenhang mit der sog. Notstandsgesetzgebung in die Verfassung aufgenommen. Doch schon zwölf Jahre zuvor, im KPD-Urteil von 1956, hat das BVerfG (E 5, S. 85/376 f.) ein dem Grundgesetz immanentes Recht auf Widerstand in Erwägung gezogen: 139

„Das Grundgesetz erwähnt ein Widerstandsrecht nicht. Damit ist aber die Frage, ob ein solches Widerstandsrecht in der grundgesetzlichen Ordnung anzuerkennen ist, nicht von vornherein verneinend entschieden. Vor allem ist ein Widerstandsrecht gegen ein *evidentes Unrechtsregime* der neueren Rechtsauffassung nicht mehr fremd. Daß gegen ein Regime solcher Art normale Rechtsbehelfe nicht wirksam sind, hat die Erfahrung gezeigt. Jedoch bedarf es einer näheren Untersuchung hierüber nicht. […] Soweit es sich aber um die Inanspruchnahme eines Widerstandsrechtes gegen einzelne tatsächliche oder vermeintliche Grundgesetzwidrigkeiten handelt, gilt folgendes: […] Ein Widerstandsrecht gegen einzelne Rechtswidrigkeiten kann es *nur im konservierenden Sinne* geben, d. h. als Notrecht zur Bewahrung oder Wiederherstellung der Rechtsordnung. Ferner muß das mit dem Widerstande bekämpfte Unrecht *offenkundig* sein und müssen alle von der Rechtsordnung zur Verfügung gestellten Rechtsbehelfe *so wenig Aussicht auf wirksame Abhilfe bieten,* daß die Ausübung des Widerstandes das letzte verbleibende Mittel zur Erhaltung oder Wiederherstellung des Rechtes ist."

Das Widerstandsrecht des Grundgesetzes unterscheidet sich deshalb fundamental von dem Widerstand, der gegen ein „evidentes Unrechtsregime" ausgeübt wird. In derselben Entscheidung hat das BVerfG (E 5, S. 85/379) zudem unter Rückgriff auf die philosophi- 140 schen Ursprünge des modernen Verfassungsstaates die Legitimität der vom Grundgesetz begründeten freiheitlichen demokratischen Staatsordnung betont:

„Die Ordnung in der Bundesrepublik ist legitim. Sie ist es nicht nur deshalb, weil sie auf demokratische Weise zustande gekommen und seit ihrem Bestehen immer wieder in freien Wahlen vom Volke bestätigt worden ist. Sie ist es vor allem, weil sie – nicht notwendig in allen Einzelheiten, aber dem Grundsatze nach – Ausdruck der sozialen und politischen Gedankenwelt ist, die dem gegenwärtig erreichten kulturellen Zustand des deutschen Volkes entspricht. Sie beruht auf einer ungebrochenen Tradition, die – aus älteren Quellen gespeist – von den großen Staatsphilosophen der Aufklärung über die bürgerliche Revolution zu der liberal-rechtsstaatlichen Entwicklung des 19. und 20. Jahrhunderts geführt und der sie selbst das Prinzip des Sozialstaates, d. h. das Prinzip der sozialen Verpflichtung hinzugefügt hat. Die sich hieraus ergebenden Wertsetzungen werden von der übergroßen Mehrheit des deutschen Volkes aus voller Überzeugung bejaht. Hieraus erwächst dieser Ordnung die innere Verbindlichkeit, die das Wesen der Legitimität ausmacht. Nur wer seinen Widerstand gegen eine Störung dieser Ordnung richtet, um sie selbst zu verteidigen oder wiederherzustellen, dürfte für diesen Widerstand selbst Legitimität in Anspruch nehmen."

141 Mit dem Begriff „diese Ordnung" ist sowohl in Art. 20 Abs. 4 GG als auch in der vorhergehenden Entscheidung des BVerfG nicht die Rechtsordnung der Bundesrepublik Deutschland insgesamt gemeint. Zur Verhütung eines Missbrauchs bedarf Art. 20 Abs. 4 GG vielmehr einer restriktiven Interpretation i. S. einer Beschränkung auf die unabdingbaren Kerngehalte der durch das Grundgesetz konstituierten freiheitlichen demokratischen Grundordnung. Dazu gehören jedenfalls die zentralen Entscheidungen des Grundgesetzes, wie sie über die sog. Ewigkeitsklausel (Art. 79 Abs. 3 GG) auch vor einer Verfassungsrevision geschützt sind (insbesondere Art. 1 u. Art. 20 Abs. 1–3 GG). Art. 20 Abs. 4 GG dient also gerade dem Schutz der freiheitlichen demokratischen Grundordnung (*verfassungsbewahrendes, „konservierendes" Widerstandsrecht*).

2. Besondere Maßgaben des grundgesetzlichen Widerstandsrechts

142 Das in Art. 20 Abs. 4 GG enthaltene Recht auf Widerstand steht nur Deutschen i. S. d. Grundgesetzes (vgl. Art. 116 GG) zu, ist also ein *Bürgerrecht.* Ausländer sind nicht berechtigt, die freiheitliche demokratische Grundordnung unter Berufung auf Art. 20 Abs. 4 GG zu verteidigen. Das Widerstandsrecht besteht – in Anlehnung an die Maßgaben des BVerfG im KPD-Urteil (→ Rdn. 4/139) – zudem nur dann, „wenn andere Abhilfe nicht möglich ist" (*Subsidiarität des Widerstandsrechts*). Bei einem Beseitigungsversuch von unten ist es zuvörderst die Regierung, die mit ihren Machtmitteln (Polizei, Streitkräfte) auf der Grundlage der einschlägigen gesetzlichen Vorschriften (z. B. der Verfassungsnormen über den sog. inneren Notstand) die Bedrohung der grundgesetzlichen Ordnung zu verhindern hat. Erst wenn staatliche Maßnahmen keinen hinreichenden Erfolg versprechen oder es die Regierung selbst ist, die sich gegen die verfassungsmäßige Ordnung wendet, kommt das Widerstandsrecht gem. Art. 20 Abs. 4 GG in Betracht. Allerdings muss das mit dem Widerstand bekämpfte Unrecht „offenkundig" sein und es sich um „das letzte verbleibende Mittel zur Erhaltung oder Wiederherstellung des Rechts" handeln (BVerfGE 5, S. 85/377; → Rdn. 4/139). Die Vorschrift verlangt zudem das „Unternehmen" eines Umsturzes, wozu auch bereits Versuchshandlungen gehören. Reine Vorbereitungshandlungen (ungeachtet der Frage ihrer Abgrenzung) reichen hingegen nicht aus.

Soweit Art. 20 Abs. 4 GG in der Rechtsfolge vorsieht, dass jeder **143**
Deutsche „das Recht zum Widerstand" hat, ist damit zumindest ein „Recht auf Ungehorsam" (*passiver Widerstand*) gegenüber denjenigen gemeint, welche die verfassungsmäßige Ordnung beseitigen wollen. Im Übrigen rechtfertigt die Vorschrift als besonderer verfassungsrechtlicher Rechtfertigungsgrund auch die Anwendung von Gewalt gegen die Umstürzler (*aktiver Widerstand*).

3. Primär symbolische Funktion des positivierten Widerstandsrechts

Art. 20 Abs. 4 GG ist eine äußerst ambivalente Vorschrift. Wer sich **144**
darauf beruft und ein „Recht zum Widerstand" für seine (Gewalt-)Handlungen reklamiert, tut dies auf eigene Gefahr. Das heißt vor allem: Scheitert der Umsturzversuch, weil z. B. die staatlichen Kräfte ihn zum Erliegen bringen, dann ist der eindeutige Beweis geführt, dass die Voraussetzungen des verfassungsrechtlich positivierten Widerstandsrechts („wenn andere Abhilfe nicht möglich ist") nicht vorlagen. Der Betreffende hat dann rechtswidrig gehandelt und wird verurteilt (z. B. wegen Landfriedensbruchs, Körperverletzung); er kann sich allenfalls darauf berufen, irrtümlich die Voraussetzungen des Widerstandsrechts für erfüllt gehalten zu haben. Ist der Umsturz erfolg-

reich, dann nützt dem Bürger der Rechtfertigungsgrund des Art. 20 Abs. 4 GG nichts. Denn der Machthaber, gegen den der Betreffende Widerstand geleistet hat, wird die Geltung des verfassungsrechtlich garantierten Widerstandsrechts für den Fall des von ihm unternommenen Umsturzes verneinen (und diese Rechtsansicht mit den ihm zur Verfügung stehenden Machtmitteln auch durchsetzen). Allein der (wohl nur theoretische) Fall, dass der Umsturz durch die Bürger tatsächlich verhindert wird, obwohl staatliche Stellen (Polizei und Streitkräfte) dazu nicht in der Lage waren, verspricht eine erfolgreiche Anwendung des Art. 20 Abs. 4 GG.

145 Letztlich hat das verfassungsrechtlich garantierte Widerstandsrecht deshalb vor allem *symbolische Funktion*: Es gibt dem Bürger weniger ein „objektives Recht auf Widerstand“, als vielmehr eine „subjektive Selbstrechtfertigung“ für inopportune Handlungen. Darin liegt aber auch die große Missbrauchsgefahr, dass nämlich das Recht zur politischen Verfügungsmasse wird, und unter dem Deckmäntelchen der angeblichen verfassungsrechtlichen Rechtfertigung sich möglicherweise selbst diejenigen auf dieses Recht berufen, die durch ihre Handlungen die freiheitliche demokratische Grundordnung zu beseitigen trachten.

146 **Literatur zu B.:** *A. Anter*, Max Weber und die Staatsrechtslehre, 2016; *U. Fink*, Legalität und Legitimität von Staatsgewalt im Lichte neuerer Entwicklungen im Völkerrecht, JZ 1998, S. 330 ff.; *J. Habermas*, Wie ist Legitimität durch Legalität möglich?, KJ 1987, S. 1 ff.; *H.H. Klein*, Legitimität gegen Legalität?, in: FS für K. Carstens, 1984, S. 645 ff.; *H. Hofmann*, Legitimität gegen Legalität. Der Weg der politischen Philosophie Carl Schmitts, 5. Aufl. 2010; *D. Lucke*, Akzeptanz. Legitimität in der „Abstimmungsgesellschaft“, 1995; *W. Lübbe*, Wie ist Legitimität durch Legalität möglich? Rekonstruktion der Antwort Max Webers, ARSP 79 (1993), S. 80 ff.; *N. Luhmann*, Legitimation durch Verfahren, 1969; *W. Pauly*, Das Recht vor dem Baum der Erkenntnis. Legitimität kraft Legalität und das Recht des Rechts bei Max Weber im Rückgang auf das antike Judentum, Der Staat 55 (2016), S. 235 ff.; *U. Schliesky*, Souveränität und Legitimität von Herrschaftsgewalt. Die Weiterentwicklung von Begriffen der Staatslehre und des Staatsrechts im europäischen Mehrebenensystem, 2004; *C. Schmitt*, Legalität und Legitimität, 1932; *A. Somek*, Legalität heute: Variationen über ein Thema von Max Weber, Der Staat 47 (2008), S. 428 ff.; *R. Steininger*, Thesen zur formalen Legitimität, PVS 1980, S. 267 ff.; *J. Winckelmann*, Die verfassungsrechtliche Unterscheidung von Legitimität und Legalität, ZfGSW 112 (1956), S. 164 ff.; *T. Würtenberger*, Die Legitimität staatlicher Herrschaft. Eine staatsrechtlich-politische Begriffsgeschichte, 1973.

Zu C. (Grundlagen): *W. Brugger*, Staatszwecke im Verfassungsstaat, NJW 1989, S. 2425 ff.; *H.P. Bull*, Staatszwecke im Verfassungsstaat, NVwZ 1989,

S. 801 ff.; *M.W. Hebeisen*, Staatszweck, Staatsziele, Staatsaufgaben. Leistungen und Grenzen einer juristischen Behandlung von Leitideen der Staatstätigkeit, 1996; *H. Hug*, Die Theorien vom Staatszweck, 1954; *H.C. Link*, Staatszwecke im Verfassungsstaat, VVDStRL 48 (1990), S. 7 ff.; *C. Möllers*, Staat als Argument, 2. Aufl. 2011; *C. Polke*, Werte und Normen im Recht – Hans Kelsen und die weltanschauliche Neutralität des Staates, Der Staat 52 (2013), S. 99 ff.; *G. Ress*, Staatszwecke im Verfassungsstaat, VVDStRL 48 (1990), S. 56 ff.; *J. Rolin*, Der Ursprung des Staates. Die naturrechtlich-rechtsphilosophische Legitimation von Staat und Staatsgewalt im Deutschland des 18. und 19. Jahrhunderts, 2005; *R. Voigt* (Hrsg.), Staatsdenken. Zum Stand der Staatstheorie heute, 2016; *K. Waechter*, Sicherheit und Freiheit in der Rechtsphilosophie, 2016; *R. Weber-Fas*, Staatsdenker der Vormoderne. Klassikertexte von Platon bis Luther – mit Einführungen, 2005; *R. Zippelius*, Geschichte der Staatsideen, 10. Aufl. 2003; *ders.*, Allgemeine Staatslehre, 16. Aufl. 2010, §§ 16, 17, – **I.:** *H. Diefenbacher*, Anarchismus. Zur Geschichte und Idee der herrschaftsfreien Gesellschaft, 1996; *P. Lösche*, Anarchismus, 2. Aufl. 1987; *D. Loick*, Anarchismus zur Einführung, 2017; *D. Kopp/S. Markewitz* (Hrsg.), Anarchismus in Vor- und Nachmärz, 2017; *R. Voigt* (Hrsg.), Staatsdenken. Zum Stand der Staatstheorie heute, 2016, Kap. 2 (Kap. 7 Anarchistisches Staatsdenken). – **II.1.a.:** *H. Dreier*, Die deutsche Staatsrechtslehre in der Zeit des Nationalsozialismus, VVDStRL 60 (2001), S. 9 ff.; *E. Hatzl*, Nationalsozialistisches Rechtsdenken, Jura 1997, S. 575 ff.; *D. Majer*, Grundlagen des nationalsozialistischen Rechtssystems. Führerprinzip, Sonderrecht, Einheitspartei, 1987; *W. Pauly*, Die deutsche Staatsrechtslehre in der Zeit des Nationalsozialismus, VVDStRL 60 (2001), S. 73 ff.; *M. Schmoeckel*, Die Großraumtheorie – Ein Beitrag zur Geschichte der Völkerrechtswissenschaft im Dritten Reich, insbesondere der Kriegszeit, 1994; *H. Wilms*, Die Staatsrechtslehre im Nationalsozialismus, DVBl. 2000, S. 1237 ff. – **II.1.b.:** *W. Meder*, Grundzüge der sowjetischen Staatstheorie, JOR 15 (1966), S. 9 ff.; *V. Petev*, Kritik der marxistisch-sozialistischen Rechts- und Staatsphilosophie, 1989; *D. Pfaff*, Die Entwicklung der sowjetischen Rechtslehre, 1968; *U. Zilbersheid*, Marx‘ Abkehr von der Theorie über die Aufhebung des Staates, Der Staat 29 (1990), S. 87 ff. – **II.2.a.:** *K. Adomeit*, Rechts- und Staatsphilosophie I (Antike Denker über den Staat), 3. Aufl. 2001, S. 151 ff. (Augustinus); *L. Álvarez Álvarez*, Das Kruzifix in den europäischen Klassenzimmern. Ein kontextueller Ansatz zur staatlichen Neutralitätspflicht, JöR n. F. 62 (2014), S. 287 ff.; *E.-W. Böckenförde*, Geschichte der Rechts- und Staatsphilosophie (Antike und Mittelalter), 2. Aufl. 2006, S. 192 ff. (Augustinus); *E.G. Mahrenholz*, „Verantwortung vor Gott und den Menschen“. Gedanken zur Präambel des Grundgesetzes, JöR n. F. 57 (2009), S. 61 ff.; *T. Moos*, Staatszweck und Staatsaufgaben in den protestantischen Ethiken des 19. Jahrhunderts, 2005; *R. Weber-Fas*, Staatsdenker der Vormoderne, 2005, S. 103 ff. (Augustinus); *C. Wiegand*, Über Friedrich Julius Stahl (1801–1862) – Recht, Staat, Kirche, 1981. – **II.2.b.:** *M.M. Daghles*, Die Kompatibilität islamischer Staatsauffassungen mit der freiheitlich demokratischen Grundordnung, 2010; *H.-G. Ebert/J. Heilen*, Islamisches Recht, 2016; *Chr. Günther/T. Kaden*, Mehr als bloßer Terrorismus – Die Autorität des „Islamischen Staates" als soziale Bewegung und als Parastaat, ZfP 2016, S. 93ff.; *C. Kartal*, Islam und Menschenrechte. Konturen des Konzepts vom Koran und der Scharia im Vergleich der UN-Konventionen, KJ 2003, S. 382ff.; *M. Khan*, Demokratische und islamische Staatlichkeit, APuZ 2007, Nr. 26–27, S. 17; *R.-G. Khoury*, Politik und Religion im Islam. Die Probleme in der modernen Zeit und der Beitrag der Reformen, in: W. Schreckenberger (Hrsg.), Staat und Religion. Der moderne Staat im Rahmen kultureller und religiöser Lebenselemente, 2006, S. 25ff.; *A. Nerz*, Das saudi-arabische Rechtssystem – Eine Darstellung anhand ausgewählter Rechtsgebiete, 2. Aufl. 2014, insb. S. 10ff.; *A. Pfahl-Traughber*, Islamismus – der neue Extremismus, Faschismus, Fundamentalismus und Totalitarismus? Eine Erörterung zu Angemessenheit und Erklärungskraft der Zuordnungen, ZfP 2008, S. 33ff.; *A. Sadr*, Islamismus. Hintergründe, Entstehungsbedingungen, Grundzüge, Kriminalistik 2010, S. 547ff.; *P. Scholz*, Recht im Nahen und Mittleren Osten: Ausdruck moderner Staatlichkeit, Träger islamischen Erbens und Instrument autoritärer Regime, HumFoR 2011, S. 24ff.; *P. Thiee*, Muslimisches Recht – Zwischen liberaler Reform und reaktionärem Fundamentalismus, KJ 2005, S. 187ff.; *T. Tohidipur*, Islam und Menschenrechte revisited. Wider die dunkle Seite der Projektion, KJ 2004, S. 305ff.; *S. Uslucan*, Islamisches Rechts- und muslimisches Gesellschaftsverständnis. Zur Verrechtlichung des Islam und Islamisierung des Rechts, ZAR 2006, S. 237ff.; *ders.* Menschenrechte im Islam oder nur islamische Menschenrechte? Zum Menschen(rechts)bild im Koran, JöR n. F. 62 (2014), S. 117. – **III.:** *E. v. Hippel*, Der Sinn des Staates und die Lehre von den Staatsformen bei Platon, 1927; *R.K. Maurer*, Platons „Staat" und die Demokratie. Historisch-systematische Überlegungen zur politischen Ethik, 1970; *S.-C. Rhim*, Die Struktur des idealen Staates in Platons Politeia. Die Grundgedanken des platonischen Idealstaates angesichts antiker und moderner Kritik, 2005; *A. Schubert*, Platon: „Der Staat". Ein einführender Kommentar, 1995. – **IV.1.:** *K. Adomeit*, Rechts- und Staatsphilosophie I (Antike Denker über den Staat), 3. Aufl. 2001, S. 58ff. (Aristoteles); *E.-W. Böckenförde*, Geschichte der Rechts- und Staatsphilosophie (Antike und Mittelalter), 2. Aufl. 2006, S. 100ff. (Aristoteles), S. 222ff. (Thomas von Aquin); *F. Faller*, Die rechtsphilosophische Begründung der gesellschaftlichen und staatlichen Autorität bei Thomas von Aquin, 1954; *R. Heinzmann*, Thomas von Aquin. Eine Einführung in sein Denken, 1994; *O. Höffe*, Aristoteles, 1996; *ders.* Aristoteles Lexikon, 2005; *S. Lippert*, Recht und Gerechtigkeit bei Thomas von Aquin, 2000; *J. Miethke*, Politiktheorie im Mittelalter. Von Thomas von Aquin bis Wilhelm von Ockham, 2008; *E. Rolfes* (Hrsg.), Aristoteles, Politik, 3. Aufl. 1948; *H.J. Schneider*, Thomas von Aquin und die Grundlegung der politischen Philosophie in „De regno", in: E. Mock/G. Wieland (Hrsg.), Rechts- und Sozialphilosophie des Mittelalters, 1990, S. 47ff.; *T. Struve*, Die Bedeutung der aristotelischen „Politik" für die natürliche Begründung der staatlichen Gemeinschaft, in: J. Miethke (Hrsg.), Das Publikum politischer Theorie im 14. Jahrhundert, 1992, S. 153ff.; *R. Weber-Fas*, Staatsdenker der Vormoderne, 2005, S. 43ff. (Aristoteles), S. 137ff. (Thomas von Aquin); *G. Wieland*, Die Rezeption der aristotelischen Politik und die Entwicklung des

Staatsgedankens im Mittelalter am Beispiel des Thomas von Aquin und des Marsilius von Padua, in: E. Mock/G. Wieland (Hrsg.), Rechts- und Sozialphilosophie des Mittelalters, 1990, S. 67 ff. – **IV.2.:** *K. Adomeit*, Rechts- und Staatsphilosophie II (Rechtsdenker der Neuzeit), 2. Aufl. 2002, S. 39 ff. (Hobbes); *E.-W. Böckenförde*, Der Begriff des Politischen als Schlüssel zum staatsrechtlichen Werk Carl Schmitts, in: ders., Recht – Staat – Freiheit, 3. Aufl. 2000, S. 344 ff.; *ders.*, Was kennzeichnet das Politische und was ist sein Grund?, Der Staat 44 (2005), S. 595 ff.; *W. Brugger*, Gewährleistung von Freiheit und Sicherheit im Lichte unterschiedlicher Staats- und Verfassungsverständnisse, VVDStRL 63 (2004), S. 101 ff.; *D. Hüning*, Freiheit und Herrschaft in der Rechtsphilosophie des Thomas Hobbes, 1998; *ders.* (Hrsg.), Der lange Schatten des Leviathan, 2005; *B. Koch*, Zur Dis-/Kontinuität mittelalterlichen politischen Denkens in der neuzeitlichen politischen Theorie. Marsilius von Padua, Johannes Althusius und Thomas Hobbes im Vergleich, 2005; *R. Mehring* (Hrsg.), Carl Schmitt, der Begriff des Politischen – Ein kooperativer Kommentar, 2003; *A. Herberg-Rothe*, Hannah Arendt und Carl Schmitt – „Vermittlung" von Freund und Feind, Der Staat 43 (2004), S. 35 ff.; *H. Rumpf*, Carl Schmitt und Thomas Hobbes, 1972; *H. Schelsky*, Thomas Hobbes. Eine politische Lehre, 1981; *C. Schmitt*, Der Begriff des Politischen, 1932; *ders.*, Der Leviathan in der Staatslehre des Thomas Hobbes, 1938; *P. Schröder*, Naturrecht und absolutistisches Staatsrecht. Eine vergleichende Studie zu Thomas Hobbes und Christian Thomasius, 2001; *D.R. Wenger*, Der Grund des Politischen bei Carl Schmitt, Der Staat 43 (2004), S. 83 ff.; *R. Voigt* (Hrsg.), Staatsdenken. Zum Stand der Staatstheorie heute, 2016, Kap. 2 (Kap. 2 Klassisches Staatsdenken). – **IV.3.:** *H.P. Bull*, Daseinsvorsorge im Wandel der Staatsformen, Der Staat 47 (2008), S. 1 ff.; *E. Denninger*, Solidarität als Verfassungsprinzip. Ideengeschichtlicher Hintergrund und moderne Deutungsversuche, KritV 2009, S. 20 ff.; *O. Depenheuer*, Solidarität im Verfassungsstaat. Grundlegung einer normativen Theorie der Verteilung, 2009; *E. Forsthoff*, Die Verwaltung als Leistungsträger, 1938; *G.W.F. Hegel*, Grundlinien der Philosophie des Rechts oder Naturrecht und Staatswissenschaft im Grundrisse, hrsg. von E. Moldenhauer und K. M. Michel, Bd. 7 der Werke in zwanzig Bänden, 1970; *P. Hilpold*, Solidarität als Rechtsprinzip – völkerrechtliche, europarechtliche und staatsrechtliche Betrachtungen, JÖR 55 (2007), S. 195 ff.; *J. Kersten*, Die Entwicklung des Konzepts der Daseinsvorsorge im wissenschaftlichen Werk von Ernst Forsthoff, Der Staat 44 (2005), S. 534 ff.; *M. Ochsner*, Die soziale Verantwortung des Staates. Wie sich Wohlfahrtsleistungen auf die Legitimität des Staates auswirken, 2016; *R. Schlegel*, Solidarität, FS für Renate Jaeger, 2011, S. 331 ff.; *L. v. Stein*, Handbuch der Verwaltungslehre und des Verwaltungsrechts mit Vergleichung der Literatur und Gesetzgebung von Frankreich, England und Deutschland, 1870; *ders.:* Geschichte der sozialen Bewegung in Frankreich von 1789 bis auf unsere Tage, Bd. 1: Der Begriff der Gesellschaft und die soziale Geschichte der Französischen Revolution bis zum Jahre 1830, 1850, hrsg. von G. Salomon, 1959 (Nachdruck von 1921); *ders.:* Die Verwaltungslehre, Teil 2: Die Lehre von der Innern Verwaltung, 1975 (Neudruck der Ausgabe von 1866). – **IV.5.:** *P. Blickle/Th. Hüglin/D.*

Wyduckel (Hrsg.), Subsidiarität als rechtliches und politisches Ordnungsprinzip in Kirche, Staat und Gesellschaft, 2002; *R. Herzog*, Subsidiarität und Staatsverfassung, Der Staat 2 (1963), S. 399 ff.; *J. Isensee*, Subsidiaritätsprinzip und Verfassungsrecht, 2. Aufl. 2001; *W. Moersch*, Leistungsfähigkeit und Grenzen des Subsidiaritätsprinzips, 2001; *T. Oppermann/K. W. Nörr* (Hrsg.), Subsidiarität: Idee und Wirklichkeit, 1997; *T. A. Schmitt*, Das Subsidiaritätsprinzip, 1979; *T. Würtenberger*, Das Subsidiaritätsprinzip als Verfassungsprinzip, StWissStPrax 4 (1993), S. 621 ff. – **V.:** *J. Isensee*, Die alte Frage nach der Rechtfertigung des Staates. Stationen in einem laufenden Prozess, JZ 1999, S. 265 ff.

Zu D.I.: *O. Depenheuer* u. a. (Hrsg.), Die Einheit des Staates, 1998; *A. Fisahn*, Legitimation des Gewaltmonopols, KritV 2011, S. 3 ff.; *T. Gutmann/B. Pieroth* (Hrsg.), Die Zukunft des staatlichen Gewaltmonopols, 2011; *J. Isensee*, Die Friedenspflicht des Bürgers und das staatliche Gewaltmonopol, FS für K. Eichenberger, 1982, S. 23 ff.; *ders.*, Staat und Verfassung, in: HStR II, 3. Aufl. 2004, § 15, Rdn. 82 ff.; *ders.*, Artikel „Staat" in: Handbuch der katholischen Soziallehre, 2008, S. 741 ff.; *E. Klein*, Staatliches Gewaltmonopol, in: O. Depenheuer/Chr. Grabenwarter (Hrsg.), Verfassungstheorie, 2010, § 19; *C. Müller*, Das staatliche Gewaltmonopol. Historische Entwicklung, verfassungsrechtliche Bedeutung und aktuelle Rechtsfragen, 2007; *F. G. Schwegmann*, Idee und Entstehung des staatlichen Gewaltmonopols, VR 1987, S. 217 ff.; *Chr. Waldhoff*, Staat und Zwang, 2008. – **II.1.:** *D. Hahn*, Staatszielbestimmungen im integrierten Bundesstaat. Normative Bedeutung und Divergenzen, 2010; *D. Merten*, Über Staatsziele, DÖV 1993, S. 368 ff.; *K. Rode*, Rechtsbindung und Staatszielbestimmung. Zugleich ein Beitrag zum Wesen des Rechtssatzes, 2010; *M. Schladebach*, Staatszielbestimmungen im Verfassungsrecht, JuS 2018, 118 ff.; *K.-P. Sommermann*, Staatsziele und Staatszielbestimmungen, 1997. – **II.2.:** *M. Brenner*, Staatsaufgaben, in: O. Depenheuer/Chr. Grabenwarter (Hrsg.), Verfassungstheorie, 2010, § 25; *C. Gramm*, Privatisierung und notwendige Staatsaufgaben, 2001; *D. Grimm* (Hrsg.), Staatsaufgaben, 1994; *C. Gusy*, Gewährleistung von Freiheit und Sicherheit im Lichte unterschiedlicher Staats- und Verfassungsverständnisse, VVDStRL 63 (2004), S. 151 ff.; *P. Häberle*, Verfassungsrechtliche Staatsaufgabenlehre, AöR 111 (1986), S. 595 f.; *J. Isensee/P. Kirchhof* (Hrsg.), Aufgaben des Staates, HStR IV, 3. Aufl. 2006; *H.-C. Link*, Staatszwecke im Verfassungsstaat – nach 40 Jahren Grundgesetz, VVDStRL 48 (1990), S. 7 ff.; *M. Möstl*, Die staatliche Garantie für die öffentliche Sicherheit und Ordnung – Sicherheitsgewährleistungen im Verfassungsstaat, im Bundesstaat und in der Europäischen Union, 2002; *G. Ress*, Staatszwecke im Verfassungsstaat – nach 40 Jahren Grundgesetz, VVDStRL 48 (1990), S. 56 ff.; *W. Weiß*, Privatisierung und Staatsaufgaben, 2002.

Zu E: *P. Blickle*, Der Bauernkrieg – Die Revolution des Gemeinen Mannes, 4. Aufl. 2012; *R. Dolzer*, Der Widerstandsfall, in: HStR VII, 1. Aufl. 1992, § 171; *K. Dicke*, Zwischen Gehorsam und Widerstand – Luthers Theologie des Gehorsams in staatstheoretischer Perspektive, ThürVBl. 2017, S. 1 ff.; *T.A. Elpel*, Das Widerstandsrecht. Eine rechtsphilosophische und völkerrechtliche Betrachtung der Legitimität innerstaatlichen Widerstands zur Durchsetzung von Menschenrechten, 2017; *W. Fiedler*, Zur rechtlichen Bewältigung von Revolutionen und Umbrüchen in der staatlichen Entwicklung Deutschlands, Der Staat 31 (1992), S. 436 ff.; *ders.*, Die deutsche Revolution von 1989: Ursache, Verlauf, Folgen, in: HStR, VIII, 1. Aufl. 1995, § 184; *G. Gornig*, Der Tyrannenmord, FS für G. Brunner, 2001, S. 603 ff.; *R. Gröschner*, Evolution der Revolution oder: Das Ende der DDR als Fortschritt im Begriff der Freiheitsrevolution, JZ 2009, S. 1025 ff.; *B. Grzeszick*, Ungeschriebenes Verfassungsrecht, in: O. Depenheuer/Chr. Grabenwarter (Hrsg.), Verfassungstheorie, 2010, § 12; *J. Heinemann*, Das Widerstandsrecht nach Art. 20 Abs. 4 GG, in: M. Thiel (Hrsg.), Wehrhafte Demokratie, 2003, S. 99 ff.; *Chr. Hillgruber*, Deutsche Revolutionen – „legale Revolutionen"? Über den legitimatorischen Mehr- oder Minderwert (des Anscheins) verfassungskontinuierlicher Legalität, Der Staat 49 (2010), S. 167 ff.; *D. Johst*, Begrenzung des Rechtsgehorsams. Die Debatte um Widerstand und Widerstandsrecht in Westdeutschland 1945–1968, 2016; *H.H. Klein*, Verfassungskontinuität im revolutionären Umbruch?, FS für P. Lerche, 1993, S. 459 ff.; *R.R. Palmer*, Das Zeitalter der demokratischen Revolution – Eine vergleichende Geschichte Europas und Amerikas von 1760 bis zur Französischen Revolution, 1970; *K. Peters*, Widerstandsrecht und humanitäre Intervention, 2005; *H. Quaritsch*, Eigenarten und Rechtsfragen der DDR-Revolution, VerwArch. 1992, S. 314 ff.; *T. Schieder*, Ethisch motivierter Rechtsungehorsam. Rechtsdebatten zu Widerstandsrecht, Gewissensfreiheit und zivilem Ungehorsam in der Bundesrepublik Deutschland 1949–1989, 2018; *B. Schlink*, Deutsch-deutsche Verfassungsentwicklungen im Jahre 1990, Der Staat 30 (1991), S. 163 ff.; *B. Schöbener*, Das Ende der DDR 1989/90 – eine demokratische Revolution in Deutschland, FS für F. Bohl, 2015, S. 373 ff.; *K.-A. Schwarz*, Widerstandsfall, in: HStR XII, 3. Aufl. 2014, § 282; *F. Scriba*, „Legale Revolutionen"?, 2. Aufl. 2009; *Chr. Tomuschat*, The Arabellion – Legal Features, ZaöRV 72 (2012), S. 447 ff.; *T. Würtenberger*, Die Verfassung der DDR zwischen Revolution und Beitritt, in: HStR VIII, 1. Aufl. 1995, § 187.

§ 5. Der moderne Verfassungsstaat – Grundprinzipien der Staatsgrundordnung

A. Vorbemerkung: Einteilung der Staatsformen (Staatstypen)

1 Die Vielfalt der Meinungen über Zweck und Rechtfertigung des Staates und der Staatsgewalt spiegelt sich in der Vielfalt der (früher oder heute) existierenden Staatsverfassungen wider. Die Staatsgewalt ist aber nicht nur ein bestimmter machtpolitischer Tatbestand. Staatsgewalt ist „rechtlich organisierte politische Macht" (*H. Heller*; vgl. *R. Zippelius*, AStL, § 9 III 2). Viele Staatswissenschaftler haben im Laufe der Geschichte versucht, die Mannigfaltigkeit der rechtlichen Organisation von Staatsgewalt nach Idealtypen zu ordnen, um die politischen Grundordnungen der Staaten abstrahieren, systematisch einordnen und vergleichen zu können. Man spricht insoweit auch von der *Staatsformenlehre*.

2 Der Begriff der Staatsform wird im Folgenden als Oberbegriff verwendet, der zwei Varianten einschließt: Zum einen sind damit die Herrschaftsformen (*Staatsformen i. e. S.*) gemeint, die eine Unterscheidung nach dem Inhaber der Staatsgewalt treffen; zum anderen die Regierungsformen, welche nach der Art und Weise der Ausübung von Staatsgewalt fragen (*Staatsformen i. w. S.*), z. B. die Unterscheidung von parlamentarischer Demokratie und Präsidialdemokratie.

I. Klassische Einteilung der Herrschaftsformen bei Aristoteles

3 Die klassische Einteilung der Herrschaftsformen stammt von dem griechischen Philosophen *Aristoteles* (384–322 v. Chr.), der insoweit aber auf Vorarbeiten anderer Denker der griechischen Antike (*Herodot*, 484–425 v. Chr.; *Platon*, 427–347 v. Chr.) aufbauen konnte. *Aristoteles* legte seiner Klassifizierung drei Differenzierungskriterien zugrunde:

4 Ausgangspunkt ist zunächst ein *quantitativ-personales Kriterium*, nämlich die Frage, wie viele Personen Herrschaftsgewalt ausüben.

Dabei meint Herrschaftsgewalt immer nur die oberste Spitze der Hierarchie, von der man annehmen kann, dass sie mit der größten Machtvollkommenheit ausgestattet ist.

Das zweite ist ein *qualitativ-personales Kriterium*: Hier ist die Frage zu stellen, nach welchen Merkmalen (bei mehreren Herrschern) sich die Herrschergruppe zusammensetzt, insbesondere was die Einzelnen zur Ausübung von Staatsgewalt qualifiziert. Es handelt sich insoweit um eine Unterkategorie des quantitativ-personalen Kriteriums. 5

Zu berücksichtigen ist außerdem das *Kriterium der Gemeinwohlzuwendung*: Nach diesem Merkmal werden verschiedene Herrschaftsformen danach befragt, ob und inwieweit ihr Handeln dem Gemeinwohl (d. h. dem Wohl aller Gewaltunterworfener) dienen soll, oder ob sie lediglich die Interessen einzelner (insbesondere eigene Interessen) verfolgen. 6

Aristoteles arbeitete mit der Methode der Bildung von Idealtypen, die besonders dadurch Anschaulichkeit gewinnen, indem er jeweils die Extreme (die Entartungen) in ihrer jeweiligen idealtypischen Form einander gegenüberstellt. Daraus ergibt sich folgende Einteilung der Herrschaftsformen: 7

Die *Monarchie* („wahrhaftes Königtum“) ist die Herrschaft einer einzelnen Person (quantitativ-personales Kriterium). Ihre Entartungsform ist die *Tyrannis* (Despotie). Das Differenzierungskriterium zwischen beiden Herrschaftsformen ist die Gemeinwohlzuwendung: Während der Monarch sich dem Gemeinwohl verpflichtet weiß und sich gesetzestreu verhält, übt der Tyrann eine Willkürherrschaft aus, die er zur Mehrung des eigenen Nutzens oder des Nutzens einer bestimmten Gruppe von Personen einsetzt. 8

Demgegenüber versteht *Aristoteles* unter *Aristokratie* die gemeinsame Herrschaft einer Gruppe von Personen (quantitativ-personales Kriterium). Die Auswahl der Mitglieder dieser Gruppe erfolgt nach dem qualitativ-personalen Kriterium der „Besten“ bzw. der „Elite“ im Hinblick auf ihre Tugendhaftigkeit und Tüchtigkeit. Aufgrund ihrer besonderen Kenntnisse und Fähigkeiten erscheint diese Gruppe am besten geeignet, Herrschaft auszuüben. Die Aristokratie verkommt jedoch zur *Oligarchie*, wenn diese Gruppe ihre Herrschaftsgewalt nicht (mehr) im Interesse des gesamten Volkes (des Allgemeinwohls) einsetzt, sondern willkürlich handelt, insbesondere ihren eigenen Nutzen verfolgt. Aristoteles spricht von der „Herrschaft zum Nutzen der Reichen“. 9

10 Die *Politie* ist die unmittelbare Herrschaft des Volkes, wobei Aristoteles sie beschränkt auf die Herrschaft der wohlhabenden Bürger (Besitzenden) zum allgemeinen Nutzen. Die Entartungsform ist für ihn die *Demokratie*, verstanden als Herrschaft der Armen zu ihrem alleinigen Nutzen (*Ochlokratie*). Seine Befürchtung bestand darin, dass bei einer Herrschaft der Armen willkürliche Begünstigungen verteilt würden, statt nach Gesetz und Recht zum gemeinsamen Besten zu regieren. Auch die Politie und die Demokratie unterscheiden sich mithin nach dem Kriterium des Gemeinwohlbezugs staatlichen Handelns.

Diese negative Konnotation von Demokratie in ihrem Verständnis als „Herrschaft des Pöbels" existierte noch bis weit ins 18. Jahrhundert hinein. Erst mit der amerikanischen Unabhängigkeitsbewegung und der Französischen Revolution (→ Rdn. 5/134 ff.) änderte sich die Wortbedeutung allmählich hin zu einer Herrschaft des Volkes.

11 In seiner Klassifizierung unterschied *Aristoteles* nicht danach, wie die Staatsgewalt legitimiert wurde. Entscheidend war allein, ob eine oder mehrere Personen oder sogar „die Menge" (Politie) tatsächlich Inhaber der Staatsgewalt war.

12 Das dritte Typisierungskriterium der *Gemeinwohlzuwendung* diente ersichtlich als Differenzierungsmerkmal zur Ausgrenzung aller Entartungsformen. *Aristoteles* hat zwischen den drei gemeinwohlorientierten Staatsformen nicht grundsätzlich im Sinne einer besseren oder schlechteren Staatsform unterschieden. Alle drei Staatsformen garantierten das Gemeinwohl. Für welche der Staatsformen sich ein Gemeinwesen entschied, das sollte abhängig sein von den konkreten Zeitumständen und der Lage des Volkes. Für normale Zeiten (insbesondere Friedenszeiten) gab er jedoch der *Politie* den Vorrang, die er mit Rücksicht auf die Natur des Menschen als die (zeitweise) beste Staatsform ansah. Im Übrigen aber war ihm auch durchaus eine Mischung der Staatsformen vertraut, durch die einer Entartung vorgebeugt werden sollte.

13 Nach der antiken Lehre gibt es keinen Endzustand, der eine bestimmte Staatsform idealtypisch verwirklicht. Beherrschend war vielmehr die Vorstellung von einem Gesetz des Kreislaufs („zyklisches Denken").

J. Isensee (Artikel „Staat", in: Staatslexikon, Sp. 133/156) hat diesen Kreislauf folgendermaßen umschrieben: „Die gute Staatsform neigt zur Entartung, wird dadurch diskreditiert und geht in die nächste (gute) über, bis diese ihrerseits verfällt; die Rotation läuft von der Allein- über die Gruppen- zur Volksherrschaft und zur ersteren zurück. Das Gesetz der permanenten Verfassungslabilität und -bewegung wird aufgehoben in der ‚gemischten Staatsform', die Elemente aller ‚guten' Staatstypen in sich zu dauerhafter Stabilität vereinigt. Sie kehrt in der Entwicklung des Verfassungsstaates wieder."

II. Zwei Staatsformen bei Machiavelli

Niccolò Machiavelli (1469–1527) unterschied – vor dem Hinter- 14
grund der seinerzeitigen Entwicklung in Norditalien – nur zwei Herrschaftsformen (→ Rdn. 2/67 ff.). Gleich zu Anfang seines Buches *Der Fürst* schreibt er: „Alle Staaten, alle Herrschaften, die Macht über die Menschen besessen haben und besitzen, sind Republiken oder Fürstentümer." Dieser Zweiteilung liegt eine Unterscheidung nur nach dem quantitativ-personalen Kriterium zugrunde: Herrscht nur ein Einzelner, dann ist dies eine Monarchie (Fürstentum); herrschen hingegen mehrere Personen, dann handelt es sich um eine Republik. Der Begriff der Republik ist damit ein Sammelbegriff für so unterschiedliche Herrschaftsformen wie Demokratie und Aristokratie.

Diese grundlegende Unterscheidung von Monarchie und Nicht-Monarchie 15
(Republik) ist bis heute überliefert. Sie kehrt wieder in der inhaltlichen Bestimmung des Begriffes *Republik* im Grundgesetz (vgl. Art. 20 Abs. 1 GG: Bundes*republik* Deutschland). Diese Begriffsbildung ist eine verfassungsrechtlich zwingende Absage an ein monarchisches Staatsoberhaupt.

III. Moderne Einteilung der Staatsformen: Demokratischer Verfassungsstaat vs. Autokratie

Die moderne Einteilung der Staatsformen gibt sich grundsätzlich 16
mit einer Zweiteilung zufrieden, nämlich der *Demokratie* auf der einen und als idealtypische Negation (sog. Antitypus) der *Autokratie* auf der anderen Seite. Entscheidendes Kriterium ist nicht die Zahl der Herrschenden und die Merkmale für ihre Auswahl, sondern die *Art und Weise* der *Legitimation von Herrschaft*. Soweit die jeweiligen Idealtypen (Demokratie, Autokratie) noch weiter differenziert werden, handelt es sich um Fragen der Ausübung von Staatsgewalt (sog. Regierungsformen → Rdn. 5/19 ff.; 5/58 ff.).

1. Demokratie als Synonym für den modernen Verfassungsstaat westlicher Prägung

17 Im modernen Verständnis ist die *Demokratie* (Volksherrschaft) die Herrschaftsform, in der die Bürger entweder selbst und unmittelbar Sachentscheidungen treffen oder bestimmte Personen oder Gremien zur Ausübung von Staatsgewalt legitimieren. Die Demokratie ist – bei aller Unterschiedlichkeit im Einzelnen – das unabdingbare Grundprinzip des westlichen Verfassungsstaates. Demokratie als „Herrschaft des Volkes" (→ Rdn. 5/44 ff.) und Rechtsstaat als „Herrschaft des Rechts" (→ Rdn. 5/143 ff.) sind die zentralen Leitgedanken dieses Verfassungsstaates. Verbunden ist damit eine Ablehnung jeglicher Form nicht-demokratischer Herrschaftslegitimation (z. B. dynastischer oder charismatischer Legitimation) ebenso wie jede Form willkürlicher (nicht gesetzesgebundener) Herrschaftsausübung. Der Rechtsstaat umfasst dabei auch – und insbesondere – die Gewährleistung grundlegender Bürger- und Menschenrechte (→ Rdn. 5/156). Erst diese Gewährleistungen geben dem modernen Verfassungsstaat einen – über das formale demokratische Verfahren hinausgehenden – inhaltlichen Wertbezug und seine spezifische Prägung. Der moderne demokratisch-rechtsstaatliche Verfassungsstaat verkörpert damit im Hinblick auf die Grund- und Menschenrechte einen materiellen Wertekonsens. Man kann insoweit durchaus von einem homogenen Staatstypus des modernen Verfassungsstaates sprechen.

2. Autokratie als Antitypus

18 Die *Autokratie* (Selbstherrschaft) ist der idealtypische Gegenentwurf zum demokratischen Verfassungsstaat. Autokratie ist die selbstermächtigte Herrschaft eines Einzelnen oder einer Gruppe von Personen. Die Ausübung von Staatsgewalt ist nicht vom Staatsvolk legitimiert. Rechtsstaatliche Bindungen (u. a. an Gesetz und Recht, Willkürverbot) und menschenrechtliche Freiheitsgewährleistungen können theoretisch auch in einer Autokratie gewährleistet sein – dies entspricht allerdings nicht den historisch-politischen Erfahrungen. Autokratische Herrschaftssysteme setzen schon aus Gründen der eigenen Machtsicherung eine zentrale Lenkung des gesamten Staatsapparates (Legislative, Exekutive, Judikative) durch. Außerdem weist die Autokratie regelmäßig oligarchische Strukturen auf. Nachfolgend sollen einige typische Erscheinungsformen autokratischer Systeme kurz dargestellt werden.

a) Einparteienherrschaft. Als *Einparteienherrschaft* bezeichnet man ein politisches System, in dem nur eine Partei zugelassen ist, die für sich das staatliche Machtmonopol beansprucht. 19

Dies wird deutlich in Art. 6 Abs. 1 S. 1 der Verfassung der damaligen Sowjetunion von 1977: „Die führende und lenkende Kraft der sowjetischen Gesellschaft, der Kern ihres politischen Systems, der staatlichen und gesellschaftlichen Organisation ist die Kommunistische Partei der Sowjetunion." Und noch heute bestimmt die Verfassung der Volksrepublik China von 1983 zwar, dass der Nationale Volkskongress das höchste Staatsorgan ist (Art. 57), schreibt aber gleichzeitig fest: „Unter der Führung der Kommunistischen Partei Chinas [...] werden die Volksmassen aller Nationalitäten in China weiterhin an der demokratischen Diktatur des Volkes festhalten und dem sozialistischen Weg folgen" (Abs. 7 der Präambel).

Soweit überhaupt Wahlen stattfinden, entsprechen diese nicht den Anforderungen des Demokratieprinzips im verfassungsstaatlichen Verständnis (→ Rdn. 5/63 f.; 5/72 ff.), weil eine wirkliche Auswahl zwischen politischen Alternativen nicht möglich ist. 20

In der damaligen DDR gab es zwar neben der SED noch weitere Parteien (z. B. CDU, LDPD), doch boten diese keine politisch-inhaltliche Alternative, weil sie die führende Rolle der SED anerkennen mussten. Zudem waren sie mit anderen Massenorganisationen (z. B. FDGB, FDJ) auf einer gemeinsamen Liste aufgeführt, deren Anzahl der Sitze etwa in der Volkskammer von vornherein festgelegt war. Der Staatsname „Deutsche *Demokratische* Republik" verschleierte die wahren Herrschaftsstrukturen und die fehlende demokratische Legitimation der politischen Machthaber.

b) Militärdiktatur. Kennzeichnend für eine *Militärdiktatur* (*Junta*) ist die Übernahme der staatlichen Herrschaftsgewalt durch hochrangige Angehörige des Militärs (z. B. einen General oder eine Gruppe von Offizieren). Aufgrund seiner Befehlsbefugnis gegenüber dem Militär verfügt ein solches Regime über das zentrale staatliche Machtmittel, um seinen Willen auch in der Verwaltung, bei der Gesetzgebung und in der Gerichtsbarkeit durchzusetzen. 21

Vor allem in Lateinamerika ist im 20. Jahrhundert eine gewisse Häufigkeit von Militärdiktaturen zu beobachten gewesen. Es ist diesen aber nicht gelungen, ihr Regime über einen längeren Zeitraum zu installieren. Das hat seinen Grund zum einen in der ohnehin von vornherein auf Ausschaltung der aktuellen (oftmals linksgerichteten) Regierung beschränkten Zielsetzung; zum anderen in der Tatsache, dass die freie Wirtschaftsordnung regelmäßig nicht angetastet wurde und auf Dauer den Bürgern die Vorenthaltung politischer Rechte 22 nicht zu vermitteln war. Die Transformation von einer Militärdiktatur hin zu einem demokratischen Verfassungsstaat zieht sich oftmals über Jahre und hat vor allem die politische Frage zu lösen, wie die juristische Bewältigung der unter der Leitung oder Duldung des Regimes begangenen Straftaten gegen Leib und Leben der politischen Gegner aussehen soll.

Militärdiktaturen bestanden u. a. in Chile (1973–1989), Argentinien (1976–1983), Togo (1967–1991), Griechenland (1967–1974). Die Militärdiktatur in Birma (Myanmar) begann 1988, unterliegt seit einigen Jahren aber einer demokratischen Wandlung.

23 **c) Herrschaft einer religiösen Kaste (Theokratie, Hierokratie).** Über die Jahrhunderte hat es immer wieder Staaten gegeben, deren Herrscher (als Einzelperson oder als Gruppe) ihre Legitimation mit ihrer angeblichen besonderen Beziehung zu einem Gott oder mit der Zielsetzung der Verwirklichung bestimmter religiöser Prinzipien begründet haben. Insoweit kann man zwischen theokratischen und hierokratischen Herrschaftssystemen unterscheiden.

24 Eine *Theokratie* (Gottesherrschaft, *theós* griech.: Gott) im klassischen Verständnis liegt dann vor, wenn der Herrscher als von Gott in sein Amt eingesetzt bzw. legitimiert gilt. Eine theokratische Herrschaftslegitimation war noch in antiken Gemeinwesen weit verbreitet.

Typisch theokratische Herrschaftsgewalt übten z. B. die ägyptischen Pharaonen und die antiken römischen Kaiser aus, die sich beide sogar selbst als Götter verehren ließen. Im Unterschied zur Theokratie war das Gottesgnadentum („König von Gottes Gnaden"), das über das Mittelalter hinaus teilweise noch formal bis 1918 von den europäischen Dynastien proklamiert wurde, weniger auf Herrschaftslegitimation ausgerichtet, sondern sollte vor allem die Pflichtenbindung des Herrschers gegenüber Gott verdeutlichen.

25 Eine *Hierokratie* (Priesterherrschaft, *hieros* griech.: heilig) unterscheidet sich von einer Theokratie dadurch, dass die Herrschaftslegitimation nicht auf eigene Göttlichkeit oder Gotteseinsetzung zurückgeführt wird, sondern die Machtstellung der Herrschenden auf ihrer Zugehörigkeit zu einer bestimmten religiösen Gruppe (i. d. R. der Priester) beruht.

26 Eine aktuelle Form der Hierokratie stellt der islamische Gottesstaat dar. Dahinter steht die Vorstellung, dass staatlich-weltliche Ordnung und Religion eine untrennbare Einheit bilden und dem Staat die Aufgabe zufällt, die religiösen Gebote in der Lebenswirklichkeit umzusetzen. Bestes Beispiel für einen solchen Gottesstaat ist der Iran, der

sich nach der Islamischen Revolution von 1979 unter dem damaligen Religionsführer *Ayatollah Khomeini* eine Verfassung gab, in welcher der Staat als „Islamische Republik“ und „Gottesstaat“ bezeichnet wird.

Staatsoberhaupt des Iran ist der zwölfte Imam, eine nicht existente Erlöserfigur, in deren Vertretung der schiitische Klerus die Herrschaft ausübt, insbesondere der Oberste Rechtsgelehrte, der in der Nachfolge von Khomeini die Rolle des „Revolutionsführers“ übernommen hat. Ebenfalls im Zuge der Islamischen Revolution wurde die Scharia eingeführt, d. h. das islamische Recht, das allerdings nicht kodifiziert ist, sondern dessen Inhalt von den religiösen Rechtsgelehrten jeweils bestimmt wird. Eine besondere Aufgabe hat der Wächterrat, ein aus geistlichen und weltlichen Juristen zusammengesetztes Gremium, das nicht nur jedes Gesetz wegen Verstoßes gegen die Scharia verwerfen darf, sondern auch über die Zulassung der Kandidaten für die Parlamentswahlen entscheidet. 27

B. Demokratie als verfassungsstaatliches Grundprinzip

Der moderne Verfassungsstaat gründet historisch in der amerikanischen und der Französischen Revolution der zweiten Hälfte des 18. Jahrhunderts. Die damals proklamierten Ziele und Prinzipien wurden im 19. Jahrhundert weiterentwickelt und haben – nach den Katastrophen der Weltkriege und des politischen Totalitarismus – nach 1945 zunächst in der westlichen Hemisphäre, dann ansatzweise in Asien und Afrika und seit dem Zusammenbruch des kommunistischen Blocks auch in Mittel- und Osteuropa ihre Verankerung zumindest in den jeweiligen Staatsverfassungen gefunden. Die Staatswirklichkeit weicht zwar in vielen neuen *Demokratien* von den Verfassungsmaßgaben noch nicht unwesentlich ab. Doch ist es keine neue Erfahrung, dass sich solche Transformationsprozesse oftmals über mehrere Generationen erstrecken. 28

Man kann die Situation in diesen Staaten wohl am besten dahin beschreiben, dass sich die westliche Vorstellung des Verfassungsstaates in *statu nascendi* befindet, dass es bis zur Stabilisierung des proklamierten Verfassungssystems aber noch einer längeren Zeitspanne bedarf, die oftmals auch durch Irritationen und Orientierungslosigkeit gekennzeichnet ist. Zur Charakterisierung der verfassungspolitischen Instabilität werden dann Begriffe wie „Halbdemokratie“ oder „Präsidialdiktatur“ verwendet. 29

30 Wenn im Folgenden die verfassungsrechtlichen Grundprinzipien des modernen Verfassungsstaates dargestellt werden, handelt es sich auch insoweit natürlich um idealtypische Erscheinungen, die von Staat zu Staat in unterschiedlicher Gewichtung realisiert werden.

I. Ideengeschichtliche Grundlagen des Demokratieprinzips

31 Unser heutiges Verständnis von einem demokratischen Verfassungsstaat wird geprägt durch die Theorie von der demokratischen Legitimation der Staatsgewalt. „Die Demokratie hat, so scheint es, ihre Legitimität in sich selbst, ja sie wird, darüber hinausgehend, in wachsendem Maß als die vom Gedanken der Menschenrechte und der menschlichen Freiheit her gebotene Staatsform angesehen" (*E.-W. Böckenförde*, FS für K. Eichenberger, S. 301). Bahnbrechend für die Neuzeit sind die amerikanische und die Französische Revolution und die damals proklamierten Ideen. Beide Ereignisse sind zum Fundament des modernen Verfassungsstaates geworden. Die Theorie von der *demokratischen Legitimation* ist nicht eigentlich Staatszwecklehre, da sie nicht dazu dient, dem Staat materielle Aufgaben und Handlungsinhalte vorzugeben. Sie setzt das Vorhandensein von Staatsgewalt vielmehr voraus und stellt sich der Aufgabe, die Ausübung von Staatsgewalt durch bestimmte Organe zu rechtfertigen, insbesondere im Legitimationskontext von (Staats-) Volk und Staatsorganen. Ganz in diesem Sinne lautet Art. 20 Abs. 2 S. 1 GG: „Alle Staatsgewalt geht vom Volke aus."

1. Antike und Mittelalter

32 Demokratietheoretische Ansätze finden sich schon in der Antike. So entwickelte bereits *Aristoteles* den Gedanken, im demokratischen Staat (*politeia*) liege ein wesentliches Element der Freiheit für den Bürger darin, abwechselnd zu regieren und regiert zu werden. Gehorsam auf der einen und Ausübung von Staatsgewalt auf der anderen Seite stehen in einem gegenseitigen Abhängigkeitsverhältnis, das dadurch gekennzeichnet ist, dass der Gewaltunterworfene möglicherweise irgendwann einmal selbst Staatsgewalt ausübt und umgekehrt.

33 Im Mittelalter war es vor allem *Marsilius von Padua* (1275/1280–1343), der eine vielbeachtete Schrift vorlegte (*Defensor Pacis*, 1324). Nach seiner Lehre von der Volkssouveränität legitimiert das Volk ins-

besondere die vom Herrscher ausgeübte gesetzgebende Gewalt. Auf dem klar zum Ausdruck gekommenen Volkswillen ruhe die Kraft und Autorität der Regierung. Deshalb sei es am besten, wenn die Regierenden durch Wahl eingesetzt würden. Gesetzgeber und erste und eigentlich wirksame Ursache des Gesetzes sei das Volk oder die Gesamtheit der Bürger oder deren gewichtigster Teil, also die Mehrheit. Neben diese normativen Legitimationsgedanken traten zudem – so würden wir heute sagen – soziologische Argumente: So werde der gemeine Nutzen (d. h. das Allgemeinwohl) am zuverlässigsten von der Gesamtheit beurteilt und angestrebt; außerdem habe ein so beschlossenes Gesetz die beste Aussicht, von allen Gewaltunterworfenen befolgt zu werden.

Diese Theorie war Sprengstoff für das mittelalterliche Verhältnis 34 von geistlicher und weltlicher Gewalt, und damit für das Verhältnis von Kirche und Staat (→ Rdn. 2/48 ff.). Erstmals ging ein Staatstheoretiker so weit, Herrschaftsgewalt allein unter Bezugnahme auf den menschlichen Willen zu legitimieren, ohne Rückgriff auf theologische Begründungen. Das barg Gefahren vor allem für die geistliche Gewalt der Kirche: Denn nach der These des Marsilius von Padua stand der Kirche keine Gewalt kraft göttlichen Rechts zu; die Inhaber der Gewalt waren vielmehr allein die Gläubigen.

2. Neuzeit

Erst der französisch-schweizerische Philosoph *Jean-Jacques Rousseau* (1712–1778) verdichtete vorangegangene demokratietheoretische 35 Entwürfe zu einer das zukünftige politische Denken prägenden Konzeption. Er schöpfte dabei aus verschiedenen Quellen, insbesondere aber aus dem Gedankengut der englischen Aufklärung.

a) Vorläufer der Lehre Rousseaus. Prägend für *Rousseau* war vor 36 allem *John Locke* (1632–1704) und dessen Gegenentwurf zu *Thomas Hobbes* (Two Treatises of Government, 1689). *Locke* war neben *George Berkeley* (1684–1753) und *David Hume* (1711–1776) der bedeutendste Vertreter der englischen Aufklärung. Im Unterschied zu *Hobbes* bestand die vertragliche Vereinbarung bei *John Locke* nicht nur zwischen den Untertanen, die sich dadurch dem – nicht am Vertrag beteiligten – Herrscher unterwerfen (Unterwerfungsvertrag). *Locke* entwickelte vielmehr die *Lehre vom Staatsvertrag* als *Vereinigungsvertrag*. Der gedankliche Ausgangspunkt von *Hobbes* und *Locke* ist noch identisch, nämlich die Vorstellung eines Naturzustands (*status naturalis*), in dem alle in Freiheit und Gleichheit leben. Während aber *Hobbes* den Bürgerkrieg vor Augen hat, der nach seiner Ansicht allein durch den mächtigen *Leviathan* zu befrieden war, der den Menschen zumindest Schutz und Sicherheit garantiere, versucht *Locke* diesen Leviathan zu bändigen sowie Herrscher und Untertanen mit gegenseitigen Rechten und Pflichten zu versehen. Bei ihm ist die vertragliche Begründung der Herrschaft Ausdruck der menschlichen Vernunft. In dieser Konzeption ist der Einzelne auch nicht mehr nur Untertan, sondern Bürger, und damit Mitglied einer bürgerlichen Gesellschaft, die nach dem Mehrheitsprinzip entscheidet.

37 *Hobbes* und *Locke* betonen in ihren Lehren letztlich zwei Seiten des Staates, die erst in ihrer Wechselbezüglichkeit ein vollständiges Bild vermitteln: „Auf der ersten, der Hobbesianischen Entfaltungsstufe der liberalen Idee geht es um den Schutz des Bürgers vor privater Gewalt. Auf der zweiten, der Locke'schen Stufe ist das Ziel der Schutz vor der staatlichen Gewalt. Der Staat zeigt sich nun unter neuem Aspekt: nicht als Sicherheitsgarant, sondern als Sicherheitsrisiko. Es handelt sich aber um Aspekte desselben Objekts Staat. Der Schutz des Bürgers *vor* dem Staat macht den Schutz des Bürgers *durch* den Staat nicht entbehrlich" (*J. Isensee*, FS K. Eichenberger, S. 23/28).

38 Im Unterschied zu *Hobbes* kann der Monarch aber bei *Locke*, wenn er seine Pflichten nicht erfüllt, nach dem Willen der Mehrheit auch wieder abgesetzt werden.

Durch diese Konstruktion der Abhängigkeit des Herrschers vom Willen der Mehrheit des Volkes rechtfertigt sich auch das Widerstandsrecht des Volkes (d. h. das Recht, den Herrscher zu stürzen) – ein Recht, das von *Hobbes* negiert wurde. Auf der Grundlage der *Hobbes'schen* Lehre war dies sogar konsequent, weil der Herrscher selbst am Unterwerfungsvertrag nicht beteiligt war. (Zum Widerstandsrecht → Rdn. 4/116 ff.)

39 Das Volk hat aber nicht nur ein Recht zum Sturz des seine Macht missbrauchenden Herrschers. Vielmehr unterliegt der Herrscher nach der *Locke'schen* Konzeption einer permanenten Kontrolle durch die Volksvertretung, indem er die strikte Trennung zwischen gesetzgebender und ausführender Gewalt propagiert (*balancing the power of government by placing several parts of it in different hands*). *Locke* unterschied zwischen der Legislativgewalt, der Exekutivgewalt und der auswärtigen Gewalt. Allerdings fehlte bei ihm noch die Hervorhebung der richterlichen Gewalt, die erst von *Montesquieu* begründet wurde. Überdies wurde *Locke* zum Wegbereiter des modernen Verfassungsstaates, indem er auch die Macht des Parlaments einer aus

dem Naturrecht hergeleiteten Beschränkung unterwarf: Über Leben, Freiheit und Eigentum des Einzelnen durfte auch das Parlament nicht verfügen, ebenso wenig wie der Einzelne selbst. Niemand habe die Gewalt, der Gesellschaft Gesetze zu geben, „wenn er sie nicht durch ihre eigene Zustimmung und durch die von ihr empfangene Ermächtigung erhalten hat.“

Zu den geistigen Wegbereitern *Rousseaus* gehört auch *Charles-Louis de Secondat, Baron de La Brèche de Montesquieu* (1689–1755). Er gilt heute als der Schöpfer der Lehre von der Gewaltenteilung und als Vorkämpfer gegen die absolute Monarchie. In seiner Abhandlung *Vom Geist der Gesetze* (De l'esprit des lois, 1748) unterschied er erstmals die drei Gewalten der Legislative (gesetzgebende Gewalt), der Judikative (richterliche Gewalt) und der Exekutive (administrative Gewalt, Verwaltung). 40

b) Jean-Jacques Rousseau. Zur Zeit *Jean-Jacques Rousseaus* (1712–1778) war die staatliche Ordnung bereits zur Selbstverständlichkeit geworden. *Rousseau* stellte deshalb die Ziele der Freiheit, der Gleichheit und der sozialen Gerechtigkeit in den Vordergrund. Ausgangspunkt der Lehre *Rousseaus* ist die Einsicht, dass jeder Mensch frei geboren wird. Das führt bei ihm allerdings nicht zur Ablehnung des Staates und seiner Zwangsgewalt. Vielmehr erkennt *Rousseau* den politisch mündigen Bürger, der aufgrund seiner eigenen Vernunft dazu befähigt ist, durch willentliche Abtretung seiner natürlichen Freiheit an einen Kollektivwillen (Gemeinwillen, Gesamtwillen) den idealen Staat zu schaffen. *Rousseau* unterscheidet insoweit den *Gemeinwillen* (*volonté générale*) von der *Summe der Einzelwillen* (*volonté de tous*). Der Gemeinwille ist der selbstständige und einheitliche Wille eines als personale Gemeinschaft geltenden Verbandes. Der demokratische Gemeinwille ist allumfassend und allmächtig. Er duldet keine Teilung oder irgendwie geartete Begrenzung. 41

Im Unterschied zu *Thomas Hobbes* überträgt das Volk die Staatsgewalt nicht einem Dritten (dem Herrscher). Allein das Volk ist und bleibt Inhaber der Staatsgewalt. Lediglich die *Ausübung der Staatsgewalt* wird zeitlich beschränkt einer bestimmten Person oder einer Gruppe von Personen übertragen. Durch die Artikulierung des Gemeinwillens entsteht ein *gemeinschaftliches Ich*, dem gegenüber der Summe der Einzelwillen eine eigene Identität zugesprochen wird.

Rousseaus demokratische Konzeption ist zusammengefasst in dem 42
Satz: „Das Volk, das den Gesetzen gehorcht, muss auch ihr Urheber

sein; nur denen, die sich verbinden, kommt es zu, die Bedingungen ihrer Vereinigung zu bestimmen.“ Er knüpft damit, wie schon *John Locke*, an den Gedanken des Vertrages an: Die Aktualisierung des Gemeinwillens begründet einen *Gesellschaftsvertrag*, in dem eine Herrschaftsordnung vereinbart wird zu dem Zweck, Frieden und Sicherheit für alle zu gewährleisten. Deutlich wird dabei der unmittelbare Zusammenhang zwischen der demokratischen Legitimation von Staatsgewalt einerseits mit dem Anspruch auf Befolgung der von dieser Staatsgewalt erlassenen allgemeinen Gesetze andererseits. *Rousseau* sah in einer derart gebildeten und legitimierten staatlichen Ordnung die beste Voraussetzung zur Gewährleistung dessen, was wir heute das „Gemeinwohl“ nennen. Die staatliche Ordnung dient dazu, die Person und die Habe jedes Gesellschaftsmitglieds mit der gemeinschaftlichen Kraft zu schützen und zu verteidigen.

II. „Verfassungsgebung“ im demokratischen Verfassungsstaat

43 Die Frage nach dem *Verfassungsgeber* – wer ist berechtigt, eine Staatsverfassung zu geben bzw. ein Verfassungsgesetz zu erlassen? – wurde in den zwei Jahrhunderten, in denen sich die moderne Staatsverfassung entwickelt hat, sehr unterschiedlich beantwortet. Die Antworten waren vor allem abhängig von der historischen Situation, in denen diese Staatsverfassungen entstanden.

1. Idee von der verfassungsgebenden Gewalt des Volkes

44 Die Idee von der *verfassungsgebenden Gewalt des Volkes*, vom Volk als alleinigem Träger der Staatsgewalt – und damit auch der Gewalt zur Verfassungsgebung – beruht auf Überlegungen des *Abbé Emmanuel Joseph Sieyès* (1748–1836) aus dem Jahr 1789. Dieser unterschied den *pouvoir constituant* (Inhaber der verfassungsgebenden Gewalt) vom *pouvoir constitué* (Ausübung der Staatsgewalt nach Maßgabe der Verfassung). Diese Unterscheidung ist mittlerweile verfassungstheoretisches Allgemeingut. Eine begriffliche Verschiebung hat sich allerdings insoweit ergeben, als wir heute mit dem Begriff *pouvoir constitué* auch die Frage verbinden, wer unter welchen Voraussetzungen befugt ist, die *Verfassung* inhaltlich zu *ändern* (sog. verfassungsändernde Gewalt, *pouvoir constituant constitué*).

Die *verfassungsändernde* Gewalt gehört ebenfalls zur *verfassten Staatsgewalt*. Allerdings mit der Besonderheit, dass die verfassungsändernde Gesetzgebung – im Unterschied zur normalen Gesetzgebung, welche die gesamte Verfassung zu beachten hat – nur den von der verfassungsgebenden Gewalt errichteten besonderen Schranken unterliegt (z. B. Art. 79 Abs. 3 GG). 45

Auch hinsichtlich des Begriffs des Volkes ist ein Vergleich unseres heutigen Verständnisses mit der Unterscheidung des *Abbé Sieyès* nur mit Einschränkungen möglich. Für *Sieyès* war das „Volk" nicht die Gesamtheit der Franzosen, sondern allein das Bürgertum (ergänzt noch um Handwerker und Bauern), der sog. Dritte Stand. Die beiden ersten Stände (die Geistlichkeit und der Adel) verfügten über ca. 300.000 Angehörige, während der Dritte Stand ca. 25 Millionen Angehörige zählte. In der Versammlung der Generalstände war das Bürgertum aber nur mit so viel Personen vertreten wie auch jeweils der Adel und der Klerus. Nach dem Selbstverständnis des Dritten Standes war eigentlich nur er selbst der wahre Repräsentant des Volkes. In einer kleinen Kampfschrift formulierte *Sieyès*: „Was ist der Dritte Stand? – Alles. Was ist er bisher gewesen? – Nichts. Was verlangt er? – Etwas zu werden." Diese Einschätzung gipfelte in einer Formulierung, die überall im Land offene Ohren fand: „Der Dritte Stand allein ist die Nation." Damit war der Dritte Stand auch der alleinige Inhaber der verfassungsgebenden Gewalt, allerdings mit der Besonderheit, dass diese Zuordnung sich nicht – wie bislang bei den Generalständen – nach der objektiven gesellschaftlichen Zugehörigkeit richtete, sondern zum Dritten Stand jede Person zählte, die ein Bekenntnis ihrer Zugehörigkeit zu diesem Stand ablegte. Unserem heutigen Demokratie- und Verfassungsverständnis entspricht dieses Denken in gesellschaftlichen Gruppierungen nicht mehr. Grundlegend und in gewisser Weise repräsentativ ist vielmehr Art. 20 Abs. 2 S. 1 GG: „Alle Staatsgewalt geht vom Volke aus." Der Begriff des Volkes ist hier bezogen auf das Staatsvolk, d. h. auf die Gesamtheit der deutschen Staatsangehörigen (vgl. BVerfGE 83, S. 37ff., S. 60ff.). 46

2. Verfassungsgebung im 19. und 20. Jahrhundert (Deutschland)

Die historische Situation des deutschen Frühkonstitutionalismus war noch weitgehend geprägt vom *monarchischen Prinzip*. Zwei Arten der Verfassungsgebung lassen sich für diese Zeit unterscheiden: die *oktroyierte Verfassung* und der *Verfassungsvertrag*. Erst im 20. Jahrhundert wurden die Verfassungen (Weimarer Reichsverfassung, 1919; Grundgesetz, 1949) demokratisch legitimiert. 47

a) Oktroyierte Verfassungsgebung. Vorherrschend war im 19. Jahrhundert zumal in Deutschland noch der Gedanke der einseitig vom Fürsten *oktroyierten Verfassung*. Es war als Ausdruck des 48 monarchischen Prinzips das Privileg des Fürsten, seinem Land und seinen Untertanen eine Verfassung zu geben. Der Fürst war nach diesem Verständnis Inhaber der Staatsgewalt und damit gleichzeitig Inhaber der verfassungsgebenden Gewalt. Soweit mit der oktroyierten Verfassung Beschränkungen der fürstlichen Herrschaftsmacht verbunden waren, nahm der Monarch seine ursprünglich rechtlich nicht begrenzte politische Machtvollkommenheit zurück. Er war aber weiterhin Inhaber der Staatsgewalt sozusagen „aus eigenem Recht".

Deutlich wird diese Konzeption in Titel II, § I der Bayerischen Verfassung von 1818: „Der König ist das Oberhaupt des Staats, vereinigt in sich alle Rechte der Staatsgewalt und übt sie unter den von ihm gegebenen, in der gegenwärtigen Verfassungsurkunde festgesetzten Bedingungen aus." Eine oktroyierte Verfassung war auch die preußische Verfassung von 1850.

49 Das *Volk* als *Träger der Staatsgewalt* und *Verfassungsgeber* hatte sich noch nicht durchgesetzt. Die bestehenden Volksvertretungen waren nur insoweit zuständig, wie ihnen der Monarch in der Verfassung Rechte einräumte. Trotz seiner verfassungsgebenden Gewalt war der Monarch aber nicht befugt, die Verfassung inhaltlich einseitig zu ändern oder gar aufzuheben. Maßgeblich war dafür allein das in der Verfassung geregelte Verfahren, das regelmäßig eine Beteiligung der Volksvertretung vorsah.

50 **b) Paktierte Verfassungsgebung (Verfassungsvertrag).** Eine erste Anerkennung fand das Volk als Inhaber der Staatsgewalt in den *Verfassungsverträgen* des 19. Jahrhunderts: „Die Verfassung kann danach weder vom Monarchen einseitig oktroyiert oder gewährt noch vom Volk oder der Volksvertretung unmittelbar beschlossen werden; sie muss vielmehr – als politische Grundordnung – zwischen den beiden konstituierenden Gewalten, d. h. zwischen Monarch und Volk, vereinbart werden" (*E.-W. Böckenförde*, Geschichtliche Entwicklung, S. 29/37). Der *Souveränitätskonflikt* – die Frage, ob allein der Monarch oder allein das Volk als Souverän anzusehen war – wurde auf diese Weise in der Schwebe gehalten. Der Verfassungsvertrag war ein Kompromiss, in dem der *Dualismus der Staatsgewalten* (Monarch und Volk) zum Ausdruck kam. Typische Erscheinungsformen der vereinbarten Verfassung waren die württembergische Verfassung (1819), die sächsische Verfassung (1831) sowie die Verfassung des Norddeutschen Bundes (1867).

51 Die Verfassung des Norddeutschen Bundes (1867) war in doppelter Hinsicht ein Verfassungsvertrag: Zum einen als (echter) Bundesvertrag zwischen

den sich zum Norddeutschen Bund zusammenschließenden Fürsten und freien Städten, zum anderen und zugleich ein Verfassungsvertrag zwischen diesen Fürsten und freien Städten auf der einen Seite und einem eigens zu diesem Zweck gewählten verfassungsberatenden Reichstag auf der anderen Seite (*E.-W. Böckenförde*, Geschichtliche Entwicklung, S. 29/38; zur Unterscheidung von „echten" Verfassungsverträgen in Form von Bundesverträgen [z. B. zur Gründung eines Bundesstaates → Rdn. 6/6 ff.] und „unechten" Verfassungsverträgen [wie solche zwischen Monarch und Volksvertretung] grundlegend *C. Schmitt*, Verfassungslehre, S. 61 ff.).

Auch die Reichsverfassung vom 16. April 1871 war ein Bundesvertrag zwischen den in der Präambel im Einzelnen aufgeführten Monarchen zur Gründung eines neuen Bundesstaates (einen „ewigen Bund schließen"). Verabschiedet wurde die Verfassung dann aber noch als Anlage eines Reichsgesetzes, das vom Reichstag und vom Bundesrat beschlossen und vom Kaiser ausgefertigt und verkündet wurde (vgl. dazu *H. Maurer*, FS Stern, S. 29 ff.). 52

Der Verfassungsvertrag war aber nur eine historische Übergangserscheinung, die vor allem dem Zweck diente, den Souveränitätskonflikt nicht durch Gewaltmaßnahmen auszutragen. 53

c) Verfassungsgebende Gewalt des Volkes. Der Dualismus der Souveräne endete in Deutschland mit der Weimarer Reichsverfassung (1919). Diese beruhte auf einer nicht-monarchischen, demokratischen Verfassungsgebung. Für die Ausarbeitung und Verabschiedung war die verfassungsgebende Nationalversammlung zuständig, die aus einer allgemeinen, freien, gleichen, unmittelbaren und geheimen Wahl hervorging. Sie tagte in Weimar vom 6. Februar 1919 bis zur Annahme der Verfassung am 31. Juli 1919. Damit hatte sich in Deutschland ein politischer Gedanke durchgesetzt, der mehr als hundert Jahre vorher in den Wirren der Französischen Revolution geboren worden war. 54

Auch die nach dem Zweiten Weltkrieg in den Jahren 1946 bzw. 1947 erlassenen Landesverfassungen wurden von direkt gewählten Landesparlamenten beschlossen und – mit Ausnahme der hamburgischen Verfassung – vom jeweiligen Landesvolk durch ein Plebiszit angenommen. Grundlegend anders gestaltete sich allerdings 1949 die Schaffung des Grundgesetzes. Da die alliierten Mächte besondere Rechte und Verantwortlichkeiten für sich beanspruchten, machten die drei Westmächte (USA, Vereinigtes Königreich und Frankreich) u. a. zwingende Vorgaben für das Verfahren der Verfassungsgebung und den Inhalt der Verfassung (sog. Frankfurter Dokument Nr. I vom 1. Juli 1948). Statt zu der von den Besatzungsmächten noch geforderten Wahl einer verfassungsgebenden Versammlung entschieden sich die Ministerpräsidenten der westdeutschen Länder dann jedoch 55 für die Einsetzung eines *Parlamentarischen Rates*, der sich aus 65 Abgeordneten zusammensetzte, die von den bestehenden Landesparlamenten gewählt worden waren. Ein unmittelbar durch das deutsche Volk in seiner Gesamtheit legitimiertes Verfassungsgebungsorgan war der Parlamentarische Rat deshalb nicht. Nach der Beschlussfassung über das Grundgesetz (8. Mai 1949) bedurfte es zu seinem Inkrafttreten noch der Genehmigung durch die drei westlichen Militärgouverneure, die – mit kleineren Vorbehalten – auch erteilt wurde (12. Mai 1949). Außerdem sah Art. 144 Abs. 1 GG vor: „Dieses Grundgesetz bedarf der Annahme durch die Volksvertretungen in zwei Dritteln der deutschen Länder, in denen es zunächst gelten soll." Bis auf den Bayerischen Landtag wurde das Grundgesetz in den anderen zehn Landtagen angenommen, so dass es mit Ablauf des 23. Mai 1949 in Kraft treten konnte (Art. 145 Abs. 2 GG). Die Ausübung der verfassungsgebenden Gewalt bei der Schaffung des Grundgesetzes wich somit ganz erheblich sowohl von den theoretischen Grundlagen dieses Rechtsinstituts als auch von der mit der Weimarer Reichsverfassung (verfassungsgebende Nationalversammlung) begründeten und in den Länderverfassungen (Verabschiedung durch die Landesparlamente, Plebiszite) fortgeführten Tradition ab. Geschuldet war dies der besonderen Nachkriegssituation, die nicht nur im Ost-West-Konflikt ihren Ausdruck fand, dessen Konfrontationslinie mitten durch Deutschland führte, sondern auch in den fortbestehenden Rechten der alliierten Besatzungsmächte. Von einer auf innerer Souveränität (→ Rdn. 3/56 ff.) gründenden Verfassungsgebung kann deshalb für das Jahr 1949 keine Rede sein.

56 Dennoch verkündet das Grundgesetz in seiner Präambel, dass „sich das Deutsche Volk kraft seiner verfassungsgebenden Gewalt dieses Grundgesetz gegeben" habe. Bezieht man diese Feststellung auf die Entstehung und Inkraftsetzung des Grundgesetzes im Jahre 1949, dann handelt es sich schlicht um ein bewusst herbeigeführtes Trugbild. Eine (nachträgliche) Legitimation ist auch nicht – wie regelmäßig behauptet – in der Teilnahme der Bürger an der ersten Bundestagswahl (August 1949) zu sehen, hatte diese doch allenfalls einen mittelbaren Bezug zur Legitimation des Grundgesetzes. Erst der Beitritt der fünf Länder der ehemaligen DDR zur Bundesrepublik Deutschland am 3. Oktober 1990 könnte als gesamtdeutsche Legitimation des Grundgesetzes zu qualifizieren sein, da man – in beiden Teilen Deutschlands – darin vor allem einen Beitritt auf der Grundlage (Art. 23 GG a. F.) und nach Maßgabe des Grundgesetzes gesehen hatte. Genau genommen handelte es sich – nicht zuletzt aufgrund der Besonderheiten der Rechtslage Deutschlands nach 1945 (→ Rdn. 3/119ff.) – um einen Beitritt zum Geltungsbereich des Grundgesetzes der Bundesrepublik Deutschland. Ganz bewusst wurde ein alternativer Weg zur Wiedervereinigung, nämlich ein Beitritt unter Erlass einer neuen Verfassung, wie es Art. 146 GG a. F. ermöglicht hätte („Dieses Grundgesetz verliert seine Gültigkeit an dem Tage, an dem eine Verfassung in Kraft tritt, die von dem deutschen Volke in freier Entscheidung beschlossen worden ist.") nicht gewählt. Zutreffend heißt es in dem im Zuge der Wiedervereinigung den neuen staatsrechtlichen Verhältnissen angepassten Art. 146 GG n. F., dass das Grundgesetz „nach der Vollendung der Einheit und Freiheit Deutschlands für das gesamte deutsche Volk gilt". Diese Formulierung ist insbesondere auch Ausdruck dafür, dass die Legitimation des Grundgesetzes für das gesamte deutsche Volk sich aus den Besonderheiten und der verfassungsrechtlichen Art und Weise der Wiedervereinigung ergibt.

III. Die konstitutionalisierte Demokratie des modernen Verfassungsstaates

Im modernen Verfassungsstaat stellt sich die Frage, wie das Prinzip der Demokratie (Volkssouveränität) mit der Ausübung von Staatsgewalt verbunden ist. Eine Demokratie im modernen Verständnis ist immer *konstitutionalisierte Demokratie*: Sie ist nicht ursprünglich und nur sich selbst verantwortlich, sondern in einer bestimmten Weise rechtlich „verfasst", in der Regel durch die Verfassungsurkunde. Diese *Konstitutionalisierung der Demokratie* hat Auswirkungen in zwei Bereichen: 57

Sie betrifft zum einen Subjekt und Verfahren der demokratischen Willensbildung: In welcher Weise ist das Volk an der demokratischen Willensbildung beteiligt: nur durch die Wahl der Repräsentativorgane oder auch durch eigene Sachentscheidung?

Sie betrifft zum anderen das Repräsentativorgan selbst: Wird das Volk durch ein Gremium (i. d. R. Parlament) repräsentiert oder durch eine Einzelperson (i. d. R. Präsident) oder sind beide Möglichkeiten in bestimmter Weise miteinander kombiniert?

Anhand dieser Kriterien lassen sich innerhalb der Staatsform des demokratischen Verfassungsstaates mehrere *Regierungsformen* 58

(Staatsformen i. w. S.) unterscheiden. Sie alle sind für den demokratischen Verfassungsstaat grundsätzlich gleichbedeutend. Eine Differenzierung nach dem Grad der Übereinstimmung mit dem Idealbild des demokratischen Verfassungsstaates wäre willkürlich.

1. Unterscheidung nach dem Grad der Beteiligung des Volkes an der Sachentscheidung

59 Die Überlegungen des *Aristoteles* (und anderer antiker Denker) zur Demokratie geschahen vor dem Hintergrund überschaubarer Gemeinwesen der griechischen Stadtstaaten (*Polis*). Die unmittelbare Sachentscheidung des Volkes (der Bürger) war deshalb eine Selbstverständlichkeit. Als Urtypus der unmittelbaren Demokratie gilt die Volksversammlung (→ Rdn. 2/20). Erst durch die Ausbildung größerer Gemeinwesen ergab sich die Notwendigkeit, das Volk nicht mehr selbst zur Sachentscheidung aufzurufen, sondern die Entscheidung durch ein vom Volk gewähltes Repräsentativorgan treffen zu lassen. Diese Abgrenzung von *unmittelbarer* und *mittelbarer* Demokratie ist heute nur noch als idealtypisches (theoretisches) Grundmuster von Belang. Sie ist eine Unterscheidung nach dem Grad der Beteiligung des Volkes an den politischen Entscheidungen.

60 **a) Unmittelbare Demokratie.** Bei der *unmittelbaren Demokratie* (plebiszitäre Demokratie, Basisdemokratie) entscheidet das Staatsvolk selbst über Sachfragen. Ein Gremium oder eine Einzelperson, die das Volk bei der Entscheidung repräsentieren, ist nicht zwischengeschaltet. Das Funktionieren einer unmittelbaren Demokratie hängt von manchen außerrechtlichen Voraussetzungen ab, die in Anbetracht der Größe der heutigen Massengesellschaft kaum zu gewährleisten sind: Das Volk kann nicht jede Sachfrage selbst entscheiden, weil dies schon aus organisatorischen und zeitlichen Gründen nicht denkbar ist. Je häufiger das Volk „zu den Urnen gerufen" wird, desto mehr – das zeigt die Erfahrung – ermüdet die Bereitschaft zur demokratischen Mitgestaltung. Hinzu kommt, dass die Komplexität der modernen Industriegesellschaft (im Zeitalter der Globalisierung) den einzelnen Bürger überfordert, wenn es darum geht, bestimmte Sachfragen richtig einzuschätzen. Unmittelbare Demokratie erhöht damit keinesfalls die „inhaltliche Richtigkeit" der Entscheidung. Sie steht vielmehr in der permanenten Gefahr mangelnder Berechenbarkeit der Entscheidung, insbesondere wenn mit der Entscheidung über bestimmte Sachfragen ganz allgemein „politische Denkzettel" verteilt werden.

Das schließt nicht aus, bestimmte Sachfragen dem Staatsvolk zur Entscheidung vorzulegen, wie es in der Schweiz üblich ist (z. B. über den Beitritt zur Europäischen Union oder zu den Vereinten Nationen, zur Zulassung der Gentechnik). Eine zunehmende Verwirklichung hat die unmittelbare Demokratie in der Bundesrepublik Deutschland in den letzten Jahren auf der Landes- und Gemeindeebene erfahren. So wurde in vielen Ländern die Durchführung von Volksbegehren (→ Rdn. 5/69) und Volksentscheiden (→ Rdn. 5/66 ff.) sowie von Bürgerbegehren und Bürgerentscheiden in den Kommunen ermöglicht. Auf der kommunalen Ebene ist die unmittelbare Demokratie nicht so sehr mit den angesprochenen Problemen und Gefahren behaftet: Das Sachproblem ist regelmäßig aus eigener Anschauung und Betroffenheit bekannt; die Kausalzusammenhänge sind übersichtlicher und die Information des Bürgers durch Presse und Verwaltung erfolgt in der Regel sachlich. 61

b) Mittelbare Demokratie. Die Verwirklichung einer unmittelbaren Demokratie ist aus den genannten Gründen auf der staatlichen Ebene mit einer Vielzahl von Schwierigkeiten verbunden. Alle modernen Verfassungsstaaten sind deshalb im Grundsatz *mittelbare (repräsentative) Demokratien*, was nicht ausschließt, dass ausnahmsweise auch Elemente der unmittelbaren Demokratie hinzutreten. 62

Beispiele für derartige Elemente sind einzelne Kantone in der Schweiz mit ihren Landsgemeinden oder die im Freistaat Bayern bereits seit 1946 bestehende, verfassungsrechtlich geregelte Volksgesetzgebung (→ Rdn. 5/67).

Die mittelbare Demokratie ist dadurch gekennzeichnet, dass das Staatsvolk durch Wahlen ein Gremium (Parlament) oder eine Person (z. B. Präsidenten) mit der Repräsentation des Volkes beauftragt. Diese Gremien bzw. Einzelpersonen treffen die politischen Entscheidungen dann für das Volk – sozusagen „in Vertretung" des Volkes. Dabei kann einmal das Parlament die führende Rolle haben, was seinen Ausdruck auch in der Befugnis findet, die anderen Staatsorgane zu legitimieren (z. B. der Bundestag, der den Bundeskanzler wählt). Es kann aber neben dem Parlament auch einer Einzelperson eine führende Rolle zufallen (z. B. in Frankreich dem vom Volk gewählten Präsidenten oder dem US-Präsidenten, der allerdings nicht unmittelbar vom Volk gewählt wird).

c) Verhältnis zwischen unmittelbarer und mittelbarer Demokratie. Beide Varianten können in den unterschiedlichsten „Mi- 63 schungsverhältnissen“ auftreten. Obwohl alle Staaten, die sich zum modernen (demokratischen) Verfassungsmodell bekennen, heute im Grundsatz als mittelbare Demokratien ausgestaltet sind, ist die Beteiligung des Souveräns (des Volkes) unterschiedlich. Unverzichtbar ist jedoch in jedem Fall die Legitimation der Repräsentanten durch Wahl seitens des Staatsvolkes. Nach welchen Prinzipien die Wahl durchgeführt wird (Mehrheitswahl, Verhältniswahl oder gemischtes Wahlsystem), ist grundsätzlich unerheblich, sofern nur die gleiche Möglichkeit der Einflussnahme jedes Wahlbürgers auf die Wahlentscheidung gewährleistet ist.

64 Zwischen der unmittelbaren und der mittelbaren Demokratie, letztere ausgestaltet als parlamentarische oder Präsidialdemokratie (→ Rdn. 5/72 ff.), bestehen keine Unterschiede im Hinblick auf „mehr Demokratie“ oder eine „bessere Demokratie“. Beide haben zur Grundlage, dass die Staatsgewalt vom Volk ausgeht; lediglich das Verfahren zur Ausübung der Staatsgewalt ist unterschiedlich. Die unmittelbare Demokratie entspricht zwar eher dem Grundgedanken von „Volksherrschaft“ im Sinne einer „Identität von Herrschern und Beherrschten“, doch ist sie „die nur theoretische Vorstellung einer Volksherrschaft ohne Staat. Demokratie als Staatsform ist egalitär kontrollierte und legitimierte Repräsentation durch eine frei gewählte und selbständig entscheidende Volksvertretung. Nur eine repräsentative Ausübung politischer Gewalt ermöglicht eine Herrschaft nach Rechtsgesetzen. Parlamentarische ‚Repräsentation‘ bedeutet, dass die gewählte Volksvertretung – und nur sie – gewährleistet, dass die Staatsgewalt konkret auf der Anerkennung und Billigung des Volkes beruht“ (*P. Badura*, HStR II, § 25 Rdn. 35, m. w. N.). Die repräsentative Demokratie ist – verglichen mit der plebiszitären Demokratie – deshalb keine defizitäre Staats- und Regierungsform, sondern der eigentliche Typus staatlich-verfassungsrechtlicher Demokratieverwirklichung.

2. Möglichkeiten zur Ausgestaltung der plebiszitären Demokratie

65 Trotz der verfassungsrechtlichen Grundentscheidung zugunsten der repräsentativen Demokratie bleibt auch in den Verfassungsstaaten noch hinreichend Raum für eine Ergänzung durch plebiszitäre Elemente. Insoweit gibt es verschiedene Möglichkeiten, wie das Volk die Sachentscheidungen seiner Repräsentativorgane vollständig durch eine eigene Sachentscheidung ersetzen oder zumindest beeinflussen kann.

a) Volksentscheid (Sachplebiszit). Das Volk kann die Sachfrage selbst entscheiden (etwa über den Erlass eines Gesetzes oder eine außenpolitische Frage). Zum *Volksentscheid* kann es auf zwei Wegen kommen: (1) Entweder beschließt das Repräsentativorgan, das Volk über die Sachfrage abstimmen zu lassen; oder (2) dem Volksentscheid geht ein Volksbegehren (→ Rdn. 5/69) voraus. Die rechtliche Verbindlichkeit eines Volksentscheids wird zudem regelmäßig davon abhängig gemacht, dass eine bestimmte Prozentzahl des Wahlvolkes überhaupt an der Abstimmung teilnimmt. 66

Beispiel: Art. 74 der Bayerischen Verfassung (BV) sieht unter bestimmten Voraussetzungen vor, dass ein Volksentscheid über eine Gesetzesvorlage durchzuführen ist. Der Gesetzentwurf kann auch auf Änderung der Verfassung selbst gerichtet sein. Für verfassungsändernde Gesetze bestimmt Art. 75 Abs. 2 BV zudem: „Beschlüsse des Landtages auf Änderung der Verfassung bedürfen einer Zweidrittelmehrheit der Mitgliederzahl. *Sie müssen dem Volk zur Entscheidung vorgelegt werden.*" Ein bestimmtes Teilnehmerquorum am Volksentscheid oder eine qualifizierte Mehrheit der abgegebenen gültigen Stimmen wird in der Verfassung nicht gefordert. Dennoch hat der BayVerfGH (BayVBl. 1999, S. 719/724 f.) das Erfordernis eines Zustimmungsquorums aufgestellt. Zur Begründung verweist er darauf, dass eine Verfassung üblicherweise einen erhöhten Bestandsschutz genießt, eine größere Stabilität benötigt und auf einem breiten Konsens beruht. „Die Auslegung der Verfassung muss im Auge haben, welche Möglichkeiten sie eröffnet, jedenfalls soweit diese Möglichkeiten Realitätsgehalt haben. [...] Aus heutiger Sicht hat es jedoch nichts Irreales an sich, mit der Möglichkeit zu rechnen, der Verzicht auf ein Quorum könnte dazu führen, dass relativ kleine aktive Minderheiten Änderungen an der Verfassung durchsetzen, die von großen Teilen der Bevölkerung nicht gewollt werden, und dass die Verfassung deshalb an Integrationskraft einbüßt." Das erforderliche Zustimmungsquorum näher zu bestimmen, ist Aufgabe des Gesetzgebers. Der BayVerfGH sieht eine „mögliche Lösung, die den verfassungsrechtlichen Vorgaben entspricht, [in einem] Zustimmungsquorum von 25 v. H. der stimmberechtigten Bürger. [...] Ein Zustimmungsquorum von 25 v. H. berücksichtigt, dass nach den Erfahrungen im In- und Ausland ein erheblicher Teil der Stimmberechtigten an Volksentscheiden nicht teilnimmt, auch wenn es um Verfassungsänderungen geht. [...] Ein Zustimmungsquorum von 25 v. H. für verfassungsändernde Gesetze verleiht der Verfassung gegenüber dem einfachen Gesetz auch im Volksgesetzgebungsverfahren einen deutlich erhöhten Bestandsschutz [...]. Ein Zustimmungsquorum von 25 v. H. stellt sicher, dass Verfassungsänderungen von einem erheblichen Teil der Bevölkerung mitgetragen werden." Der bayerische Gesetzgeber hat diese Vorgaben im Landeswahlgesetz (Art. 79 Abs. 1 Nr. 1) umgesetzt. 67

Selbst dann, wenn das Volk eine eigene Befugnis zur Sachentscheidung hat, handelt es sich nicht um eine „freie", sondern um eine *ver-* 68 *fassungsgebundene Entscheidung*. Dies entspricht dem *Prinzip der konstitutionalisierten Demokratie*. Auch die Sachentscheidung des Volkes ist an die im Verfassungsgesetz gezogenen Grenzen politischer Gestaltung gebunden. Die politische Gestaltungsfreiheit des Volkes geht in der Regel nicht weiter als die politische Gestaltungsfreiheit des Parlaments. Die Entscheidung des Volkes hat im Vergleich zur Entscheidung des Parlaments grundsätzlich keine größere demokratische Legitimation. Insbesondere ist eine Sachentscheidung des Volkes zu Einzelfragen etwas vollkommen anderes als die Willensbildung des Volkes als *verfassungsgebende Gewalt* (zur Unterscheidung von verfassungsgebender und verfassungsändernder Gewalt → Rdn. 5/44 f.).

69 **b) Volksbegehren (Volksinitiative).** Ein *Volksbegehren* ist darauf gerichtet, eine Sachentscheidung des Volkes (Volksentscheid) zu initiieren und ggf. zu erzwingen. Es sind – je nach gesetzlicher Ausgestaltung – vor allem zwei Varianten denkbar. (1) Ein bestimmtes Quorum (z. B. 20 v. H. der Wahlberechtigten) verlangt rechtlich verbindlich vom Parlament oder der Regierung, sich mit einer bestimmten Sachfrage zu befassen. Findet eine solche Befassung nicht statt oder wird der mit dem Begehren verbundene Antrag von den staatlichen Organen abgelehnt, dann führt dies in der Regel zu einem obligatorischen Volksentscheid. (2) Ein bestimmtes Quorum der Wahlberechtigten verlangt, dass eine bestimmte Sachfrage dem Volk unmittelbar zur Entscheidung vorgelegt wird, ohne dass es insoweit noch eines Zwischenschrittes in Form der Befassung der zuständigen staatlichen Organe bedarf.

Beispiel: Art. 74 Abs. 1 BV lautet: „Ein Volksentscheid ist herbeizuführen, wenn ein Zehntel der stimmberechtigten Staatsbürger das Begehren nach Schaffung eines Gesetzes stellt.“ Ist dieses Volksbegehren erfolgreich, dann hat zunächst der Landtag die Möglichkeit, den Gesetzentwurf des Volksbegehrens zu verabschieden. Lehnt er das Volksbegehren ab, findet ein Volksentscheid statt.

70 **c) Volksbefragung.** Im Unterschied zum Volksentscheid und zum Volksbegehren hat die *Volksbefragung* keine rechtliche Verbindlichkeit für die Repräsentativorgane (Parlament, Regierung). Die Volksbefragung dient allein dazu, zu einer bestimmten Sachfrage das Stimmungsbild im Volk zu ergründen. Das Ergebnis der Volksbefragung wird jedoch – wenn es eindeutig ausfällt – so starken politischen

Druck auf die Repräsentativorgane ausüben, dass diese dem geäußerten „Volkswillen“ entsprechen.

d) Exkurs: Verwirklichung der unmittelbaren Demokratie im Grundgesetz. Soweit die Beteiligung des Volkes an Sachentscheidungen rechtliche Verbindlichkeit haben soll, ist sie – jedenfalls nach dem Verfassungsverständnis in Deutschland – nur zulässig, wenn dies in der Verfassung ausdrücklich vorgesehen ist. Die Formulierung in Art. 20 Abs. 2 S. 2 GG („Sie [die Staatsgewalt] wird vom Volke in Wahlen und Abstimmungen […] ausgeübt.“) soll nach h. M. (vgl. *K.-P. Sommermann*, in: von Mangoldt/Klein/Starck (Hrsg.), GG-Kommentar, Bd. 2, 7. Aufl. 2018, Art. 20 Rdn. 161 f., m. w. N.) als verfassungsrechtliche Grundlage für einen *Volksentscheid* und ein *Volksbegehren* nicht ausreichen. Dahinter steht eine restriktive Interpretation des Begriffs „Abstimmungen“, wonach diese nur dann zulässig sind, wenn sie im Grundgesetz explizit in einem bestimmten Sachzusammenhang geregelt sind. Solche Regelungen fehlen jedoch bislang. Selbst die Vorschriften über Länderneugliederungen (Art. 29 Abs. 2, 3; Art. 118; Art. 118a GG), in denen solche Instrumente genannt sind, werden nicht erfasst, weil sie nicht das gesamte Staatsvolk der Bundesrepublik Deutschland ermächtigen, sondern lediglich einzelne Teile in den jeweiligen Ländern. Ob das Verdikt der Unzulässigkeit auch für eine Volksbefragung gilt, ist umstritten; nach überwiegender Ansicht ist auch eine Volksbefragung wegen des damit verbundenen politischen Drucks unzulässig. 71

3. Möglichkeiten zur Ausgestaltung der repräsentativen Demokratie

Innerhalb der mittelbaren (repräsentativen) Demokratie sind zwei Untermodelle idealtypisch zu unterscheiden: die parlamentarische Demokratie und die Präsidialdemokratie. 72

a) Parlamentarische Demokratie. Bei der *parlamentarischen Demokratie* wählt das Volk ein Gremium (Parlament), das dann alle weiteren Entscheidungen als Repräsentant bzw. Vertreter des Volkes trifft (z. B. Wahl der Regierung oder auch nur des Regierungschefs, vgl. zur Wahl des Bundeskanzlers Art. 63 Abs. 1 GG, oder Beschlussfassung über Gesetze). Die Regierung ist dem Parlament verantwortlich und von diesem abhängig. Genießt die Regierung nicht mehr das Vertrauen der Mehrheit des Parlaments, dann hat dieses grundsätzlich 73 die Möglichkeit, die Regierung (bzw. in der Bundesrepublik Deutschland den Bundeskanzler durch ein konstruktives Misstrauensvotum, vgl. Art. 67 Abs. 1 GG) abzuberufen. Die zentrale Funktion des Parlaments besteht neben der Gesetzgebung (*Legislative*) insbesondere in der Kontrolle des Regierungshandelns. Dieser Aufgabe kommt aber – entgegen der staatstheoretischen Idealvorstellung – in der Praxis regelmäßig nicht das Parlament als solches nach, weil die Mehrheit ja gerade die Regierung im Parlament stützt und absichert, sondern allein die Opposition. Deshalb ist es in parlamentarischen Demokratien wichtig, dass die Opposition mit eigenen Kontrollrechten gegenüber der Regierung als Spitze der Exekutive ausgestattet ist.

74 Man spricht insoweit oftmals von Minderheitenrechten, weil sie auch von einzelnen Abgeordneten, Fraktionen oder sonstigen Parlamentsgruppen in Anspruch genommen werden können. Dazu gehören u. a. das Recht, einen Untersuchungsausschuss einzusetzen (vgl. Art. 44 GG), das Recht jedes Abgeordneten auf hinreichende Informationen, damit er sein Mandat ordnungsgemäß wahrnehmen kann, sowie das Recht, Fragen an die Regierung zu stellen, verbunden mit dem Anspruch auf umfassende Beantwortung (*Interpellationsrecht*).

75 **b) Präsidialdemokratie.** Bei der *Präsidialdemokratie* wählt das Volk nicht nur ein Parlament, sondern darüber hinaus ein zweites Staatsorgan (in der Regel einen Präsidenten). Beide sind demokratisch legitimiert; im Unterschied zum parlamentarischen Regierungssystem ist der Präsident allerdings regelmäßig vom Parlament unabhängig. Gleichwohl hat das Parlament gewisse Kontrollbefugnisse.

76 Beispiel: Die US-Verfassung sieht die Möglichkeit einer Anklage gegen den Präsidenten (aber auch gegen andere hohe Amtsträger) wegen des Vorwurfs eines Amtsvergehens (*impeachment*) vor, wenn dieser „des Landesverrats, der Bestechung oder anderer schwerer Verbrechen und Vergehen für schuldig befunden worden" ist. Mit einer Zwei-Drittel-Mehrheit im Senat kann der Präsident des Amtes enthoben werden. Dadurch wird die dem präsidialen Regierungssystem eigentümliche Nichtbeteiligung des Parlaments an der demokratischen Legitimation des Präsidenten bei der Wahl jedenfalls für seine Absetzung modifiziert.

77 Die Aufteilung der Kompetenzen zwischen Parlament und Präsident ist unterschiedlich ausgestaltet. In den USA liegt die gesetzgebende Gewalt beim Kongress, der seinerseits aus zwei Kammern besteht (Repräsentantenhaus und Senat). Das Repräsentantenhaus ist die Vertretung des gesamten Volkes; der Senat ist die Vertretung der

im Bundesstaat zusammengeschlossenen Einzelstaaten. Ein Gesetz bedarf der Zustimmung beider Häuser (echtes Zweikammer-System). Außerdem hat der Präsident bei allen Gesetzesbeschlüssen ein Veto-Recht, das nur durch eine 2/3-Mehrheit beider Häuser des Kongresses außer Kraft gesetzt werden kann. Der Präsident hat vor allem die vollziehende Gewalt (Spitze der Exekutive) inne. Er vereinigt in seiner Person die Funktionen des Staatsoberhaupts, des Regierungschefs und des militärischen Oberbefehlshabers. Durch die Unabhängigkeit des Präsidenten (und der gesamten Regierung) von der parlamentarischen Mehrheit wird der Grundsatz der Gewaltentrennung gestärkt.

4. Das Staatsoberhaupt im demokratischen Verfassungsstaat

Die westlichen Verfassungsstaaten gestalten die Rolle des Staats- 78
oberhaupts – teilweise aufgrund historischer Überlieferung und Tradition – sehr unterschiedlich aus. Etliche Staaten (z. B. USA) sehen in ihren Verfassungen eine personelle Identität des Regierungschefs und des Staatsoberhauptes vor. Der Präsident ist in diesen Fällen demokratisch legitimiert und hat als Spitze der Exekutive umfassende politische Gestaltungsfunktionen. In Deutschland hat das Staatsoberhaupt (Bundespräsident) hingegen keine wesentlichen politischen Entscheidungsfunktionen. Seine Hauptaufgabe besteht darin, den Staat nach innen und außen zu repräsentieren und gewisse „staatsnotarielle" Funktionen wahrzunehmen (z. B. Ausfertigung von Gesetzen). In beiden Varianten ist der Präsident das Staatsoberhaupt einer Republik. Der demokratische Verfassungsstaat versteht sich insoweit als republikanischer Verfassungsstaat.

Die problematischste Form des Staatsoberhaupts ist die, dass auf- 79
grund historischer Gegebenheiten nach wie vor ein Monarch als Staatsoberhaupt fungiert (z. B. Vereinigtes Königreich von Großbritannien und Nordirland, Niederlande, Belgien, Schweden). Der Monarch ist in der Regel nicht demokratisch, sondern dynastisch legitimiert (insbesondere in Form der Erbmonarchie). Die Vereinbarkeit mit dem Prinzip eines demokratischen Verfassungsstaates ist nicht leicht zu begründen.

Nicht zu erörtern ist in diesem Zusammenhang die *absolute Monarchie*. 80
Diese ist der Staatsform der *Autokratie* zuzuordnen (→ Rdn. 5/18 ff.), weil der Monarch allein als Inhaber der Staatsgewalt (Souverän) angesehen wird. Die absolute Monarchie entwickelte sich in Europa in der Zeit des Absolutismus seit Mitte des 17. Jahrhunderts, um dann im Laufe des 19. Jahrhunderts durch das aufkommende demokratische Prinzip in Frage gestellt und im

20. Jahrhundert endgültig abgeschafft zu werden. Gehalten haben sich absolute Monarchen teilweise noch in einigen arabischen Staaten sowie in Brunei.

81 Zu unterscheiden ist im verfassungsstaatlichen Kontext zwischen der *konstitutionellen Monarchie* und der *parlamentarischen Monarchie*:

82 Die *konstitutionelle Monarchie* war charakteristisch für das 19. Jahrhundert, in dem die monarchische Herrschaft zwar grundsätzlich als solche akzeptiert, ihr durch die Staatsverfassung (*Konstitution*) aber auch Schranken gesetzt wurden. Insbesondere Gesetzgebung und Aufstellung des Staatshaushalts waren Aufgaben der Volksvertretung, die allerdings der Zustimmung des Monarchen bedurften. In der konstitutionellen Monarchie ist die Frage nach dem Souverän (Träger der Staatsgewalt) – der Monarch, das Volk oder beide – weitgehend offen geblieben (zur paktierten Verfassung → Rdn. 5/50 ff.).

83 Deutlich wird dies im Streit um die preußische Heeresreform 1862/63, in dem sich zwar noch einmal das *monarchische Prinzip* machtpolitisch durchsetzte, zugleich aber das *demokratische Prinzip* in Form der Volksvertretung unübersehbar seine verfassungsrechtlichen Errungenschaften zu verteidigen gedachte (zum Ablauf und zur verfassungsrechtlichen Bewertung des preußischen Verfassungskonflikts vgl. *Frotscher/Pieroth*, Verfassungsgeschichte, Rdn. 387 ff.).

84 Demokratisch legitimierte Volksvertretung und dynastisch legitimierter Monarch standen sich letztlich als Antipoden gegenüber und waren darauf angewiesen, ihre Kompetenzen in der Verfassung voneinander abzugrenzen (zu den oktroyierten und paktierten Verfassungen des 19. Jahrhunderts → Rdn. 5/48 ff.). Eine konstitutionelle Monarchie ist mit dem Prinzip des demokratischen Verfassungsstaates nicht vereinbar, weil die politische Herrschaftsgewalt – soweit sie den Monarchen betrifft – nicht demokratisch legitimiert ist.

85 Auch die *parlamentarische Monarchie* ist eine konstitutionelle Monarchie insofern, als die Kompetenzen von Monarch und Parlament in der Verfassung – soweit vorhanden – voneinander abgegrenzt werden. Sie unterscheidet sich von der konstitutionellen Monarchie aber dadurch, dass der Monarch für sich keine originäre Staatsgewalt als Souverän mehr beansprucht. Er erkennt vielmehr die ausnahmslose demokratische Legitimation aller Staatsgewalt an. Die Verfassungsnormen schränken nicht – wie in der konstitutionellen Monarchie i. e. S. – die außerrechtlich begründeten Souveränitätsrechte des Mo-

narchen ein; die Verfassungsnormen begründen erst die Rechte des Monarchen. Der Monarch ist dann in der Regel auf Repräsentationsaufgaben beschränkt; vor allem ist er Repräsentant der staatlichen Einheit des Volkes. Soweit er darüber hinaus noch „echte" Entscheidungsbefugnisse besitzt, werden diese aber regelmäßig nicht mehr wahrgenommen.

Beispiel: Die englische Krone hat das mit dem Erfordernis der Genehmi- 86
gung jedes Parlamentsgesetzes (*royal assent*) verbundene Veto-Recht letztmals 1708 in Anspruch genommen. Für das Vereinigte Königreich ist zudem wesentlich, dass nach gängiger Auffassung auch die Krone nicht außerhalb der Rechtsordnung steht, sondern den rechtlichen Maßgaben des *common law* unterliegt. Das Verhältnis von Parlament und Krone wird am besten gekennzeichnet durch den Satz vom *King in Parliament*. Danach ist der König (bzw. die Queen) zwar noch immer formal der Inhaber der Staatsgewalt, tatsächlich wird diese jedoch vom Parlament ausgeübt (zur britischen Parlamentssouveränität → Rdn. 5/181). Eine solcherart parlamentarisch eingebundene Monarchie ohne wesentliche politische Entscheidungskompetenzen lässt sich durchaus noch als Erscheinungsform des modernen demokratischen Verfassungsstaates verstehen.

Im Schnittbereich von konstitutioneller und parlamentarischer Monarchie 87
bewegt sich noch immer das Fürstentum Liechtenstein, das über zwei Souveräne verfügt: den Fürsten und das Volk. Art. 2 der Verfassung (1921/2003) lautet: „Das Fürstentum ist eine konstitutionelle Erbmonarchie auf demokratischer und parlamentarischer Grundlage (Art. 79 und 80); die Staatsgewalt ist im Fürsten und im Volke verankert und wird von beiden nach Maßgabe der Bestimmungen dieser Verfassung ausgeübt." § 2 S. 1 und § 3 der Verfassung des Königreichs Dänemark (1953) bestimmen: „Die Regierungsform ist beschränkt-monarchisch. [...] Die gesetzgebende Gewalt liegt beim König und dem *Folketing* (Parlament) gemeinsam. Die vollziehende Gewalt liegt beim König. Die rechtsprechende Gewalt liegt bei den Gerichten."

IV. Exkurs: Verwirklichung des Demokratieprinzips in der Europäischen Union

Die Gründung der Europäischen Union (EU) als einer institutio- 88
nalisierten Form der Zusammenarbeit von Staaten hat die Frage aufkommen lassen, ob und inwieweit auch in einer solchen zwischenstaatlichen Organisation das Demokratieprinzip umgesetzt werden kann, oder ob dies nur innerhalb von Staaten möglich ist. Es handelt sich dabei um eine grundlegende Frage der Demokratietheorie.

1. Übertragung von Hoheitsgewalt durch die Mitgliedstaaten auf die Europäische Union

89 Zur EU gehören derzeit 28 Staaten, die allesamt auf einer demokratischen und rechtsstaatlichen Verfassungsordnung beruhen (zur Rechtsstaatlichkeit in der EU → Rdn. 5/199). Die EU selbst ist kein Staat, sondern eine zwischenstaatliche Einrichtung (BVerfG: *Staatenverbund* → Rdn. 5/104; 6/43), auf welche die Mitgliedstaaten Hoheitsrechte übertragen haben. Wo Hoheitsgewalt ausgeübt wird, ist diese nach verfassungsstaatlichem Grundverständnis demokratisch zu legitimieren. Die Einhaltung des Demokratieprinzips ist deshalb für die Legitimation von Herrschaft unabweisbar, auch wenn diese auf der zwischenstaatlichen Ebene angesiedelt ist.

90 Insoweit bedarf es allerdings einer begrifflichen Klarstellung: Nach Art. 47 EUV besitzt die Union selbst Völkerrechtssubjektivität. Vor diesem Hintergrund spricht das europäische Recht von Staaten als „Mitglied der *Union*" (Art. 49 Abs. 1 EUV) und das Grundgesetz versteht den Begriff *Europäische Union* als eine Art Oberbegriff für den gesamten europäischen Integrationsprozess (vgl. Art. 23 Abs. 1 GG). Dieses weite Verständnis wird dem Begriff Europäische Union auch in der nachfolgenden Darstellung zugrunde gelegt.

2. Besonderheiten des Europäischen Parlaments

91 Die Gesetzgebung in der EU ist nur eingeschränkt demokratisch legitimiert, weil das Europäische Parlament nicht dieselbe Rechtsstellung besitzt wie die Parlamente der Mitgliedstaaten. Angesichts der höchst unterschiedlichen Verwirklichungsformen in den einzelnen Mitgliedstaaten lässt sich zudem die wertende Rechtsvergleichung zur Konkretisierung des Demokratieprinzips im Rahmen der Europäischen Union nur eingeschränkt fruchtbar machen (anders beim Rechtsstaatsprinzip → Rdn. 5/199). Vielmehr führen die Besonderheiten der Union zu nicht unerheblichen Abweichungen vom mitgliedstaatlichen Demokratieverständnis.

92 **a) Zusammensetzung und Aufgaben.** Das Europäische Parlament besteht aus maximal 750 Abgeordneten (Art. 14 Abs. 2 S. 2 EUV), die gem. Art. 14 Abs. 3 EUV für die Dauer von fünf Jahren gewählt werden; hinzu kommt – von Amts wegen – der Parlamentspräsident. Es hat seinen Sitz in Straßburg. Die Wahl erfolgt nach den Wahlgesetzen der Mitgliedstaaten und deshalb nach unterschiedlichen Wahlverfahren. Zudem werden die Abgeordneten des Europäischen Parlaments

in mitgliedstaatlichen Kontingenten erfasst, so dass kleinere Mitgliedstaaten im Hinblick auf ihre Bevölkerungszahl überproportional im Europäischen Parlament vertreten sind (→ Rdn. 5/96).

Jeder Unionsbürger übt sein Wahlrecht zum *Europäischen Parlament* gem. Art. 22 Abs. 1 AEUV an seinem Wohnsitz aus (*Wohnsitzprinzip*). Er ist in dem jeweiligen Mitgliedstaat bei den Wahlen ohne Rücksicht auf seine Staatsangehörigkeit aktiv und passiv wahlberechtigt. Der in einem anderen Mitgliedstaat wohnende Unionsbürger wählt somit im Rahmen des diesem Staat zustehenden Kontingents. Das Wohnsitzprinzip gilt für Staatsangehörige aus anderen Mitgliedstaaten auch auf der Ebene des *Kommunalrechts*: Unionsbürger aus anderen Mitgliedstaaten sind bei allen kommunalen Wahlen und Abstimmungen wahlberechtigt (vgl. Art. 22 Abs. 2 AEUV). 93

Von einem echten parlamentarischen System unterscheidet sich die Union insbesondere aufgrund der fehlenden eigenständigen Rechtsetzungsbefugnis des Europäischen Parlaments. Hauptrechtsetzungsorgane in der EU sind nämlich gemeinsam das Europäische Parlament und der Rat, in dem die Fachminister der EU-Mitgliedstaaten zusammenkommen (Art. 16 Abs. 2 EUV). Das Europäische Parlament ist deshalb kein klassisches Parlament. Gleichwohl haben seine zu Beginn der europäischen Integration schwachen Befugnisse seit dem Vertrag von Maastricht (1992) und insbesondere seit den Verträgen von Amsterdam (1997) und von Lissabon (2007) eine stete Aufwertung erfahren. Gerade gegenüber dem Rat fehlen aber effektive Kontrollrechte. Dieses Demokratiedefizit wird durch die Verantwortlichkeit der Mitglieder des Ministerrates gegenüber den nationalen Parlamenten nur teilweise kompensiert. 94

b) Wahlrechtsgrundsätze, insbesondere der Grundsatz der Wahlrechtsgleichheit. Gem. Art. 14 Abs. 3 EUV werden die Abgeordneten „in *allgemeiner, unmittelbarer, freier und geheimer Wahl* gewählt“. Die Vorschrift nennt nicht den z. B. von Art. 38 Abs. 1 GG für die Wahlen zum Deutschen Bundestag festgelegten Grundsatz der gleichen Wahl. Das Fehlen des Grundsatzes der Wahlrechtsgleichheit ist die Konsequenz aus der von Art. 14 Abs. 2 S. 3 und 4 EUV vorgeschriebenen Sitzverteilung auf die 28 Mitgliedstaaten der EU; danach sind die Unionsbürger im Europäischen Parlament *degressiv proportional* vertreten, mindestens aber mit 6 Abgeordneten je Mitgliedstaat, höchstens mit 96 Abgeordneten (sog. Kontingentierung). Das bedeutet, dass die bevölkerungsreichen Mitgliedstaaten im Vergleich zu den kleinen Mitgliedstaaten im Europäischen Parlament 95 bewusst unterrepräsentiert sind. Die Abstufung der Mandatszahlen orientiert sich zwar grundsätzlich an der Einwohnerzahl der einzelnen Staaten, verläuft jedoch nicht strikt proportional. Ein deutscher Abgeordneter vertritt nach diesem Verteilungsmaßstab z. B. 857.000 Einwohner, während ein luxemburgischer Abgeordneter nur 83.000 Personen repräsentiert (vgl. BVerfGE 123, S. 267/374 f.).

96 Rechtfertigen lässt sich diese Abweichung vom Grundsatz der Wahlrechtsgleichheit mit den Besonderheiten der Europäischen Union als „Staatenverbund" (→ Rdn. 5/104; 6/43), in welchem die Mitgliedstaaten nach wie vor die dominierende Rolle spielen und sich noch *kein europäisches Volk* herausgebildet hat. Der Staatenverbund muss neben dem *Grundsatz der Gleichheit der Wahl* als Ausdruck des Demokratieprinzips auch dem *Grundsatz der souveränen Gleichheit der Mitgliedstaaten* Rechnung tragen, wonach jeder Mitgliedstaat ungeachtet seiner Bevölkerungszahl eigentlich über dasselbe Stimmengewicht verfügen müsste. Über den Grundsatz der degressiven Proportionalität wird deshalb ein verhältnismäßiger Ausgleich zwischen den beiden widerstreitenden Grundprinzipien gesucht, solange sich der vom Demokratieprinzip geforderte Grundsatz der gleichen Wahl bei den Wahlen zum Europäischen Parlament (noch) nicht umfassend verwirklichen lässt. Das ungleiche Stimmengewicht der Wähler in den verschiedenen Mitgliedstaaten führt aber auch dazu, dass der Übertragung von Legislativkompetenzen auf das Europäische Parlament Grenzen gesetzt sind.

97 **c) Europäisches Parlament als Mitgesetzgeber.** Das Europäische Parlament wird gemeinsam mit dem (Minister-) Rat als Gesetzgeber tätig (Art. 14 Abs. 1, Art. 16 Abs. 1 EUV). Dafür stehen grundsätzlich zwei verschiedene Gesetzgebungsverfahren zur Verfügung, nämlich das ordentliche Gesetzgebungsverfahren (Art. 289 Abs. 1, Art. 294 AEUV) sowie besondere Gesetzgebungsverfahren (Art. 289 Abs. 2 AEUV). Beim ordentlichen Gesetzgebungsverfahren, das in der EU heute als Regelverfahren ausgestaltet ist, bedarf es der „gemeinsamen Annahme" des jeweiligen Gesetzgebungsaktes durch beide Organe. Die besonderen Gesetzgebungsverfahren räumen regelmäßig dem Rat die Funktion des (alleinigen) Gesetzgebungsorgans ein, während das Europäische Parlament lediglich das Recht hat, den Gesetzentwurf des Rates insgesamt anzunehmen oder abzulehnen (ohne inhaltliche Änderungsmöglichkeit; z. B. Art. 19 Abs. 1 AEUV), oder auf eine Anhörung beschränkt ist (z. B. Art. 21 Abs. 3 AEUV). Es

kommt hinzu, dass das Europäische Parlament im Regelfall auch nicht über die Befugnis zur Gesetzgebungsinitiative verfügt, da diese bei der Kommission angesiedelt ist (vgl. 17 Abs. 2 EUV; Art. 293 Abs. 2 AEUV).

Während die Legitimation der Abgeordneten des Europäischen 98 Parlaments auf ihrer unmittelbaren Wahl durch die Völker der Mitgliedstaaten beruht, ist die *demokratische Legitimation des Rates* auf eine *Legitimationskette* zurückzuführen: Die nationalen Parlamente vermitteln die ihnen durch Wahlen zukommende demokratische Legitimation seitens ihrer Staatsvölker weiter zur Regierung, von dort zum zuständigen Minister und von diesem in den Rat (zur Zusammensetzung des Rates vgl. Art. 16 Abs. 2 EUV). Diese höchst mittelbare demokratische Legitimation wird auch als *Demokratiedefizit* angesehen. Das unmittelbar von den Staatsangehörigen der EU-Mitgliedstaaten gewählte Europäische Parlament hat zwar mittlerweile eine Stellung erlangt, die es ihm erlaubt, an der Rechtsetzung der EU gleichberechtigt neben dem Rat mitzuwirken. Keinesfalls aber kann es – wie etwa der Bundestag (unter Mitwirkung des Bundesrates) – selbständig Gesetze erlassen. Denn auch das Europäische Parlament leidet an einem Legitimationsdefizit, da in seiner Zusammensetzung der Grundsatz der gleichen Wahl nicht verwirklicht ist (→ Rdn. 5/95 f.).

3. Abbau des Demokratiedefizits durch Verstärkung der Befugnisse des Europäischen Parlaments?

a) Institutioneller und struktureller Legitimationskontext. Um 99 das Demokratiedefizit in der EU abzubauen, wird in Wissenschaft und Politik teilweise gefordert, dem Europäischen Parlament eine von anderen Organen, insbesondere dem Rat, unabhängige Gesetzgebungsbefugnis einzuräumen. Damit steht die Frage im Raum, ob auf EU-Ebene überhaupt eine Verwirklichung des Demokratieprinzips durch Stärkung der Gesetzgebungsbefugnis des Europäischen Parlaments erreicht werden kann. Dazu werden unterschiedliche Theorien vertreten:

Ein nicht unerheblicher Teil der Rechtswissenschaft sieht keine 100 grundsätzlichen Probleme im Hinblick auf die verstärkte Demokratisierung der EU (*Theorie von der institutionellen Demokratiefähigkeit der EU*). Das Europäische Parlament sei unmittelbar durch die Unionsbürger demokratisch legitimiert. Würde man das Europäische

Parlament mit eigenständigen Gesetzgebungskompetenzen ausstatten, dann werde damit das Demokratieprinzip gestärkt. Die demokratische Legitimation europäischer Rechtsetzung müsste dann nicht mehr von den nationalen Parlamenten abgeleitet werden.

101 Die Gegenansicht geht hingegen grundsätzlich davon aus, dass eine Stärkung der Gesetzgebungsbefugnisse des Europäischen Parlaments allenfalls einen begrenzten Zugewinn an demokratischer Legitimation europäischer Rechtsetzung bringt (*Theorie von der strukturellen Demokratieunfähigkeit der EU*). Hingewiesen wird in diesem Zusammenhang auf strukturelle Defizite der EU im Vergleich zu den Mitgliedstaaten, nämlich insbesondere das Fehlen eines europäischen Staatsvolkes sowie die bislang unzureichende Verwirklichung des Grundsatzes der Wahlrechtsgleichheit im europäischen Recht (→ Rdn. 5/95f.). Deshalb seien die Organe auf längere Sicht noch auf die Herleitung ihrer demokratischen Legitimation von den nationalen Parlamenten angewiesen. Das BVerfG (E 89, S. 155/185f.) hat das wie folgt begründet:

102 „Demokratie, soll sie nicht lediglich formales Zurechnungsprinzip bleiben, ist vom Vorhandensein bestimmter vorrechtlicher Voraussetzungen abhängig, wie einer ständigen freien Auseinandersetzung zwischen sich begegnenden sozialen Kräften, Interessen und Ideen, in der sich auch politische Ziele klären und wandeln (vgl. BVerfGE 5, 85 [135, 198, 205]; 69, 315 [344ff.]) und aus der heraus eine öffentliche Meinung den politischen Willen vorformt. Dazu gehört auch, dass die Entscheidungsverfahren der Hoheitsgewalt ausübenden Organe und die jeweils verfolgten politischen Zielvorstellungen allgemein sichtbar und verstehbar sind, und ebenso, dass der wahlberechtigte Bürger mit der Hoheitsgewalt, der er unterworfen ist, in seiner Sprache kommunizieren kann.

103 Derartige tatsächliche Bedingungen können sich, soweit sie noch nicht bestehen, im Verlauf der Zeit im institutionellen Rahmen der Europäischen Union entwickeln. Eine solche Entwicklung hängt nicht zuletzt davon ab, dass die Ziele der Gemeinschaftsorgane und die Abläufe ihrer Entscheidungen in die Nationen vermittelt werden. Parteien, Verbände, Presse und Rundfunk sind sowohl Medium als auch Faktor dieses Vermittlungsprozesses, aus dem heraus sich öffentliche Meinung in Europa zu bilden vermag. [...]

104 Im Staatenverbund der Europäischen Union erfolgt mithin demokratische Legitimation notwendig durch die Rückkoppelung des Handelns europäischer Organe an die Parlamente der Mitgliedstaaten; hinzu tritt – im Maße des Zusammenwachsens der europäischen Nationen zunehmend – innerhalb des institutionellen Gefüges der Europäischen Union die Vermittlung demokratischer Legitimation durch das von den Bürgern der Mitgliedstaaten gewählte Europäische Parlament. Bereits in der gegenwärtigen Phase der Entwicklung kommt der Legitimation durch das Europäische Parlament eine

stützende Funktion zu, die sich verstärken ließe, wenn es nach einem in allen Mitgliedstaaten übereinstimmenden Wahlrecht [...] gewählt würde und sein Einfluss auf die Politik und Rechtsetzung der Europäischen Gemeinschaften wüchse. Entscheidend ist, dass die demokratischen Grundlagen der Union schritthaltend mit der Integration ausgebaut werden und auch im Fortgang der Integration in den Mitgliedstaaten eine lebendige Demokratie erhalten bleibt. Ein Übergewicht von Aufgaben und Befugnissen in der Verantwortung des europäischen Staatenverbundes würde die Demokratie auf staatlicher Ebene nachhaltig schwächen, so dass die mitgliedstaatlichen Parlamente die Legitimation der von der Union wahrgenommenen Hoheitsgewalt nicht mehr ausreichend vermitteln könnten.

Vermitteln die Staatsvölker – wie gegenwärtig – über die nationalen Parlamente demokratische Legitimation, sind mithin der Ausdehnung der Aufgaben und Befugnisse der europäischen Gemeinschaften vom demokratischen Prinzip her Grenzen gesetzt. Jedes der Staatsvölker ist Ausgangspunkt für eine auf es selbst bezogene Staatsgewalt. Die Staaten bedürfen hinreichend bedeutsamer eigener Aufgabenfelder, auf denen sich das jeweilige Staatsvolk in einem von ihm legitimierten und gesteuerten Prozess politischer Willensbildung entfalten und artikulieren kann, um so dem, was es – relativ homogen – geistig, sozial und politisch verbindet (vgl. hierzu H. Heller, Politische Demokratie und soziale Homogenität, Gesammelte Schriften, 2. Band, 1971, S. 421 [427 ff.]), rechtlichen Ausdruck zu geben. Aus alledem folgt, dass dem Deutschen Bundestag Aufgaben und Befugnisse von substantiellem Gewicht verbleiben müssen." 105

Diese Begründung hat sehr heftige Kritik erfahren. So ist dem BVerfG insbesondere vorgeworfen worden, es vertrete ein veraltetes Demokratieverständnis. Dass Demokratie eine *geistige, soziale und politische Homogenität* derjenigen voraussetze, die als *Demos*, als Volk, ein Repräsentationsorgan wählten, sei ein Rückfall in nationalstaatliche Denkmuster. Hingewiesen wird auf ähnliche Äußerungen von *Carl Schmitt* (1888–1985) in den 1920er Jahren, als dieser die *nationale Homogenität* der Staatsangehörigen als Voraussetzung der Demokratie lehrte: 106

„Ein demokratischer Staat, der in der nationalen Gleichartigkeit seiner Bürger die Voraussetzungen seiner Demokratie findet, entspricht dem sog. Nationalitätsprinzip, nach welchem eine Nation einen Staat bildet, ein Staat eine Nation umfasst. Ein national homogener Staat erscheint dann als etwas Normales; ein Staat, dem diese Homogenität fehlt, hat etwas Abnormes, den Frieden Gefährdendes" (Verfassungslehre, S. 231).

Ein weiterer, auf *Dieter Grimm* (JZ 1995, S. 581 ff.) zurückgehender Ansatz ist die Forderung nach *Homogenität in den Rahmenbedingungen*, wozu insbesondere die weitgehende Einheitlichkeit der 107

Sprache zu zählen ist, um die für eine Demokratie notwendige Kommunikation überhaupt erst zu ermöglichen. Hinzu tritt das Erfordernis der Homogenität der Parteienlandschaft oder in den Massenmedien im Hinblick auf ihren Verbreitungsgrad.

108 **b) Außerrechtliche Funktionsvoraussetzungen der Demokratie.** Damit spitzt sich die Problematik zu auf die Frage: Ist Voraussetzung für das Funktionieren einer Demokratie das Vorhandensein einer gewissen sozialen, geistigen und politischen, vielleicht sogar einer nationalen Homogenität, wie sie heute nur die schon existierenden Staaten gewährleisten? Die Begründung des BVerfG ist vor diesem Hintergrund nur zum Teil richtig. Sicher bedarf die politische Willensbildung des Volkes gewisser außerrechtlicher Voraussetzungen: Es muss überhaupt ein Pluralismus der Meinungen bestehen, der sich in einer Mehrzahl von Parteien ausdrückt. Presse und Rundfunk müssen frei berichten, der Bürger muss sich frei informieren können. Das erfordert aber weder eine wie auch immer geartete Homogenität des Volkes noch eine einheitliche Sprache. *Politische Homogenität* – nimmt man den Begriff wörtlich – wäre zudem nichts anderes als die Negierung des politischen Pluralismus.

109 Der Begriff der *Homogenität* ist zudem äußerst unglücklich. Gemeint ist wohl eher das Selbstverständnis des Volkes als eine *geistige, soziale, politische* und vielleicht auch *nationale Einheit*. Die entscheidende Frage für das Funktionieren der Demokratie ist *nicht*, auf welcher tatsächlichen Grundlage der *Willensbildungsprozess* beruht, sondern: *Wieso akzeptiert die Minderheit die Entscheidung der Mehrheit?* Damit Demokratie funktionieren kann, muss die Minderheit die Entscheidung der Mehrheit *freiwillig* akzeptieren. Die Antwort darauf kann nur lauten: Die Minderheit akzeptiert die Entscheidung der Mehrheit, weil sie sich mit der Mehrheit als Einheit versteht! Die typische Einheit des 20. Jahrhunderts war der Nationalstaat europäischer Prägung, wie er sich nach der Französischen Revolution entwickelt hat. Dabei mag die Nation – das nationale Zusammengehörigkeitsgefühl – mittlerweile sogar etwas in den Hintergrund getreten sein, jedenfalls soweit es das Selbstverständnis als *Willensnation* betrifft. Im Vordergrund stehen heute eher Aspekte des Sozialen oder auch des Geistigen, das sich Fühlen als eine historisch gewachsene Kulturgemeinschaft, was sich auch im Begriff der *Kulturnation* zusammenfassen lässt. Hinzu tritt – in einer gewissen Parallele zu den USA – vielleicht auch ein gewisser *Verfassungspatriotismus*. Das

alles sind Kennzeichen des modernen Nationalstaates des 21. Jahrhunderts; Kennzeichen aber auch, über welche die Europäische Union (noch) nicht verfügt. Ihr fehlt noch das einheitsstiftende Merkmal, der Mythos, der über die vorhandene politisch-rechtliche Klammer hinaus den Unionsbürgern das Wissen und Wollen einer grundlegenden Zusammengehörigkeit vermittelt.

4. Unmittelbare Demokratie in der EU

Obwohl in zahlreichen Mitgliedstaaten der EU eine unmittelbare Beteiligung des Volkes an der Entscheidungsfindung praktiziert wird und vielfach sogar verfassungsrechtlich geboten ist, waren direktdemokratische Elemente der EU bis zum Inkrafttreten des Vertrags von Lissabon (2009) fremd. In Art. 11 Abs. 4 EUV und Art. 24 AEUV, die durch die Verordnung (EU) Nr. 211/2011 ergänzt und konkretisiert werden, ist nunmehr aber eine „Europäische Bürgerinitiative" verankert. Diese zielt darauf ab, die Kommission zur Vorlage eines Rechtsetzungsvorschlags zu bewegen. Daher stellt sich die Europäische Bürgerinitiative gleichsam als Vorstufe für eine gesetzgeberische Tätigkeit ähnlich den Aufforderungsrechten nach Art. 225, 241 AEUV dar. 109a

Zwischen April 2012 und Ende März 2015 wurden in 51 Fällen Registrierungsanträge gestellt, 32 davon hatten Erfolg. Jedoch wurden die erforderlichen Quoren in der Mehrzahl der Fälle nicht innerhalb der vorgesehenen Jahresfrist erreicht. In drei Fällen („Right2Water", „Einer von uns", „Stop Vivisection") erreichten die Initiativen den formalen Status einer Bürgerinitiative. Alle drei Initiativen bezogen sich auf Gegenstände (Wasserversorgung, Embryonen- und Tierschutz), die das Interesse größerer Bevölkerungsgruppen ansprechen und sich zugleich für eine hochemotionale Auseinandersetzung eignen. Die Kommission hat es abgelehnt, unmittelbar mit Legislativvorschlägen zu reagieren, sondern sich weithin auf allgemeinpolitische Aussagen affirmativer Natur beschränkt (COM[2015] 145 final).

Ihren Ausgang nimmt eine Europäische Bürgerinitiative stets bei mindestens sieben volljährigen Unionsbürgern, die ihren Wohnsitz in unterschiedlichen Mitgliedstaaten haben und sich in einem Bürgerausschuss organisieren (müssen). Diese melden die geplante Bürgerinitiative zunächst bei der Kommission an. Auf Grundlage einer vollständigen Anmeldung nimmt die Kommission innerhalb von zwei Monaten eine Vorprüfung vor. Diese bezieht sich zum einen auf die ordnungsgemäße Organisation, zum anderen auf den Inhalt der geplanten Bürgerinitiative, die nach Art. 4 Abs. 2 Verordnung (EU) Nr. 211/2011 „nicht offenkundig außerhalb des Rahmens [liegen 109b darf], in dem die Kommission befugt ist, einen Vorschlag für einen Rechtsakt der Union vorzulegen, um die Verträge umzusetzen". Zudem darf diese „nicht offenkundig missbräuchlich, unseriös oder schikanös" sein und „nicht offenkundig gegen die Werte der Union, wie sie in Artikel 2 EUV festgeschrieben sind", verstoßen. Sofern auf dieser Grundlage die Vorprüfung positiv ausfällt, erfolgen eine Registrierung der geplanten Bürgerinitiative und deren umfassende Darstellung in einem Online-Register. Im Folgenden obliegt es den Organisatoren, innerhalb eines Zeitraums von höchstens zwölf Monaten Unterstützungsbekundungen zu sammeln. Die Mindestunterzeichnerzahl beträgt nach Art. 11 Abs. 1 EUV eine Million Unionsbürger.

Nach Art. 7 Verordnung (EU) Nr. 211/2011 müssen die Unterzeichner zudem aus „mindestens einem Viertel der Mitgliedstaaten stammen" und zugleich „[i]n mindestens einem Viertel der Mitgliedstaaten […] zumindest die zum Zeitpunkt der Registrierung der geplanten Bürgerinitiative in Anhang I genannte Mindestzahl an Bürgern umfassen", die wiederum „der Anzahl der im jeweiligen Mitgliedstaat gewählten Mitglieder des Europäischen Parlaments, multipliziert mit 750" entspricht. Damit beträgt die Mindestzahl notwendiger Unterzeichner zwischen 4.500 (Estland, Luxemburg, Malta und Zypern) und 72.000 (Deutschland). Die hierdurch entstehenden Abweichungen in den Beteiligungsquoten, gemessen am Anteil der zu den Wahlen zum Europäischen Parlament wahlberechtigten Bevölkerung, und das Fehlen eines Art. 16 Abs. 4 EUV vergleichbaren Korrektivs wirken sich in Anbetracht der aus Art. 11 Abs. 1 EUV folgenden Mindestunterzeichnerzahl allerdings nicht in relevanter Weise aus.

Nach Überprüfung der Unterstützung durch den jeweiligen Mitgliedstaat können die Organisatoren die darüber ausgestellten Bescheinigungen bei der Kommission vorlegen. Beizufügen sind Informationen über jedwede Unterstützung und Finanzierung. Diese Informationen werden ebenso wie die Europäische Bürgerinitiative als solche von der Kommission im Register veröffentlicht.

109c Das weitere Verfahren ist nur partiell normiert. Die Kommission muss die Organisatoren empfangen und mit ihnen im Detail die mit der Bürgerinitiative angesprochenen Aspekte erläutern. Es schließt sich eine Anhörung im Europäischen Parlament an. Danach legt die Kommission innerhalb einer mit dem Eingang der Europäischen Bürgerinitiative beginnenden Dreimonatsfrist „in einer Mitteilung ihre rechtlichen und politischen Schlussfolgerungen zu der Bürgerinitiative sowie ihr weiteres Vorgehen bzw. den Verzicht auf ein weiteres Vorgehen und die Gründe hierfür dar", leitet diese Mitteilung an die Organisatoren, das Europäische Parlament und den Rat weiter und veröffentlicht sie, Art. 10 Abs. 1 lit. c, Abs. 2 Verordnung (EU) 211/2011. Hieraus folgt ein rechtlicher Zwang der Kommission zur politischen Positionierung. Ob sie darüber hinaus primärrechtlich einer Pflicht zur Ergreifung einer Rechtsetzungsinitiative unterliegt und welchen Inhalt diese ggf. hat, ist umstritten. Sofern die Europäische Bürgerinitiative auf den Erlass eines Sekundärrechtsakts gerichtet ist, kann die Mitteilung bereits mit dem entsprechenden Vorschlag der Kommission verbunden werden, welcher das Gesetzgebungsverfahren anstößt.

C. Gewährleistung von Grund- und Menschenrechten

Die Garantie der Grund- und Menschenrechte gehört für den modernen Verfassungsstaat westlicher Prägung zum unabdingbaren Kerngehalt. „Der heutige Verfassungsstaat versteht sich primär als ‚Grundrechtsstaat'" (*P. Häberle*, HdGR, Bd. 1, § 7 Rdn. 31). 110

I. Begrifflichkeit: Grund- und Menschenrechte

Die Begriffe *Grund- und Menschenrechte* verdeutlichen zwei verschiedene Aspekte dieser Rechtsgewährleistungen: Sie zeigen zum einen, dass es sich um grundlegende Rechte des Einzelnen handelt, die allen anderen subjektiven Rechten vorausliegen und denen besondere, grundsätzliche Bedeutung zukommt (Grundrechte). Sie benennen zum anderen den Träger (Inhaber) dieser Rechte, indem sie das menschliche Individuum in Bezug nehmen (Menschenrechte). 111

Zwischen Grund- und Menschenrechten wird aber von einigen Autoren auch in anderer Weise differenziert: Grundrechte sind danach positives Recht, Menschenrechte gehören dem Naturrecht an (*M. Kriele*, Einführung in die Staatslehre, S. 111; vgl. auch *K. Stern*, HdGR, Bd. 1, § 1 Rdn. 46ff.). Die Niederlegung (Positivierung) von Menschenrechten etwa in einem Verfassungsgesetz lässt sie danach zu Grundrechten werden. Innerhalb dieser Grundrechte ist dann wiederum zu unterscheiden zwischen Bürger- und Menschenrechten; erstere gelten allein für die jeweiligen Staatsbürger (z. B. Art. 12 GG), auf letztere können sich alle Menschen berufen (z. B. Art. 14 GG). Es handelt sich dann aber nur um einen Unterfall der verfassungsrechtlich garantierten Grundrechte. 112

II. Naturrecht als Geltungsgrund vorstaatlicher Menschenrechte

113 Nach ihrem *Geltungsgrund* sind vorstaatliche Menschenrechte von staatlich oder zwischenstaatlich garantierten Grund- und Menschenrechten zu unterscheiden. Staatlich und zwischenstaatlich verbürgte Menschenrechte finden ihren Geltungsgrund in einem Rechtsakt, z. B. innerstaatlich in einer Verfassungsurkunde oder zwischenstaatlich in einem völkerrechtlichen Vertrag (→ Rdn. 5/133 ff.; 7/5 ff.). In dem Umfang, in dem solche verbindlichen Rechtsnormen zur Verfügung stehen, bedarf es keines Rückgriffs auf vorstaatliche Rechte. Für den *Rechtspositivismus* gibt es ohnehin nur von den dafür zuständigen Autoritäten gesetztes (positives) Recht. Er lehnt jede andere Form der Begründung von Recht ab. Anders die *Naturrechtslehre*, die – ungeachtet verschiedener Argumentationsmuster (→ Rdn. 5/114 ff.) – davon ausgeht, dass dem Menschen auch unabhängig von einer staatlichen Gewährleistung Rechte aufgrund seiner Existenz als Mensch zustehen können. Solche Rechte hat auch der Staat zu achten, weshalb man sie als vorstaatlich und als „unveräußerlich und unantastbar" bezeichnet.

1. Theorien zur Begründung von Naturrecht

114 *Naturrecht* ist nicht mehr als ein simplifizierender Oberbegriff für eine Vielzahl von Begründungsansätzen, die über die Jahrtausende (von der Antike bis ins 19. Jahrhundert, dann wieder unmittelbar nach der nationalsozialistischen Schreckensherrschaft) die Rechtsdiskussion mitgeprägt haben. Dabei wird schon der Ausdruck *Natur* nicht einheitlich verwendet. In einer allgemeinen Form bezeichnet er alles, was nicht vom Menschen geschaffen worden ist. Im Konkreten kann dies die *göttliche Schöpfungsordnung* sein, aber auch die *Natur des Menschen*, der man gewisse wesensmäßige Eigenschaften zuschreibt (z. B. ein geselliges oder sittliches Individuum zu sein), zu deren Verwirklichung es notwendiger Rechte bedarf. Zur Begründung von Naturrecht sind im Laufe der Jahrhunderte unterschiedliche Theorien entwickelt worden (vgl. dazu *P. Pernthaler*, Allg. Staatslehre und Verfassungslehre, § 74, S. 247 ff.).

115 Die *Theorie vom religiös motivierten Naturrecht* hat das Rechtsdenken in Europa nicht unerheblich geprägt. Ausgangspunkt ist der

christliche Freiheits- und Gleichheitsbegriff. Christliche Freiheit steht allerdings – jedenfalls in ihrem Ursprung – in einem unmittelbaren Bezugsrahmen zur Glaubenswahrheit, differenziert zwischen der Freiheit des Christen und der Unfreiheit des Nichtchristen. Auch die christliche Gleichheit bewegt sich – als Gleichheit vor Gott – in diesem Bezugsrahmen. Im Übrigen unterschieden sich die christlich motivierten Naturrechtslehren in der erstmals von *Augustinus* (343–430) thematisierten Frage, ob das „ewige Gesetz“ (*lex aeterna*) sich vorrangig aus der Vernunft Gottes (so *Thomas von Aquin*, 1225–1274) oder dem Willen Gottes (so *Wilhelm von Ockham*, 1285–1347) ergebe. Die Überzeugungskraft religiös motivierter rechtlicher Argumente ist – das gilt für jedes auf Glaubenswahrheiten beruhende Rechtsdenken – beschränkt auf die Rechtsgenossen, die als Glaubensgenossen dieselbe religiöse Anschauung teilen. Wer in religiösen Dingen etwas anderes glaubt, der erkennt regelmäßig auch andere Rechtsgehalte an.

Im Übrigen bedarf es der Differenzierung zwischen der römisch-katholi- 116
schen Kirche und den seit Beginn der Neuzeit sich ausbreitenden protestantischen Bewegungen. Letztere standen – vor allem in Form des Calvinismus – dem Gedanken individueller Freiheit und Gleichheit sehr viel offener gegenüber. Sie konnten sich zumal in der Abgeschiedenheit der Neuen Welt entwickeln und formten unter dem Einfluss von Rationalismus und Aufklärung (→ Rdn. 2/74 ff.) und im Geist der Säkularisierung (→ Rdn. 2/70 ff.) ihr eigenes Staats- und Verfassungsverständnis. „Gleichwohl gibt es keinen direkten Weg von der christlichen Lehre zu den modernen Menschenrechtserklärungen – auch nicht von der reformatorischen Theologie aus. Christliche Freiheit ist Freiheit nur in und aus der Glaubenswahrheit. Danach gilt der Christ als frei und der Nichtchrist als unfrei – welchen sozialen Status auch immer der eine oder der andere habe. Christliche Freiheit bedeutet zudem alles andere als Hemmungslosigkeit eines vernünftigen Egoismus. Christliche Gleichheit ist Gleichheit vor Gott. Aber sie unterscheidet zwischen ‚Wahrheit‘ und ‚Irrtum‘ und kennt keine pluralistische Gleichheit von Wahrheitsansprüchen“ (*H. Hofmann*, JuS 1988, S. 841/844).

Nach der *Theorie vom existentiellen Naturrecht* ergibt sich das 117
Naturrecht aus der *Rechtserfahrung* des Einzelnen und der Gruppe. Diese Theorie geht davon aus, dass dem Menschen eine grundlegende Unterscheidungsfähigkeit immanent ist, die ihn in die Lage versetzt, zwischen *Recht* und *Unrecht* zu unterscheiden. Das gilt jedenfalls für einen harten Kern existenznotwendiger Rechte, nämlich Leben, Freiheit und Eigentum. Im Unterschied zu den eher ideellen Naturrechtslehren weist das existentielle Naturrecht methodisch eine empi-

rische Grundlage auf, aus der dann weitere (vermeintlich logische) Folgerungen abgeleitet werden. Problematisch ist diese Form des Naturrechtsdenkens deshalb, weil sie die Rechtserkenntnis sehr stark individualisiert; die Entscheidung darüber, was Recht ist, also weitgehend in das Belieben des einzelnen stellt. Lässt sich für die Existenz eines Rechts auf Leben, Freiheit und Eigentum noch ein gesellschaftlicher Grundkonsens finden, so ist dies nicht mehr möglich, wenn es um das notwendige Maß der Einschränkung solcher Rechte im Einzelfall geht.

118 Die *Theorie vom rationalen Naturrecht* (*Vernunftrecht*) findet ihre ideengeschichtliche Grundlage seit der frühen Neuzeit im Geist der Säkularisation (→ Rdn. 2/70 ff.) sowie in den Gedanken von Rationalismus und Aufklärung (→ Rdn. 2/74 ff.). Diese Theorie stellt das Individuum in den Mittelpunkt der Betrachtung (*methodischer Individualismus*) und rekurriert auf einen hypothetischen Naturzustand (*status naturalis*), in dem der Mensch, wenngleich in unterschiedlicher Akzentuierung, als freies und gleiches Individuum begegnet. Vertreter dieses philosophischen Denkansatzes waren u. a. *Thomas Hobbes*, *John Locke* und *Jean-Jacques Rousseau*. Die Einschränkung dieses Urzustands bedurfte der vertraglichen Vereinbarung der Freien in Form eines Gesellschafts- oder Herrschaftsvertrages. Dessen Ausgestaltung war dann allerdings höchst unterschiedlich, man denke nur an die divergierenden Konzeptionen von *Thomas Hobbes* (→ Rdn. 4/54 ff.) und *John Locke* (→ Rdn. 5/36 ff.). Aber gerade *John Locke* haben wir die Einsicht zu verdanken, dass es einen gewissen Bestand an Rechten gibt (*life, liberty, property*), den auch der staatliche Herrscher nicht antasten darf.

119 Ihren Niederschlag haben insbesondere die Ideen von *John Locke* (1632–1704) in der im Wesentlichen von *Thomas Jefferson* (1743–1826) ausgearbeiteten *amerikanischen Unabhängigkeitserklärung von 1776* gefunden: „Folgende Wahrheiten erachten wir als selbstverständlich: dass alle Menschen gleich geschaffen sind; dass sie von ihrem Schöpfer mit gewissen unveräußerlichen Rechten ausgestattet sind; dass dazu Leben, Freiheit und das Streben nach Glück gehören; dass zur Sicherung dieser Rechte Regierungen unter den Menschen eingesetzt werden, die ihre rechtmäßige Macht aus der Zustimmung der Regierten herleiten; dass, wenn immer irgendeine Regierungsform sich als diesen Zielen abträglich erweist, es das Recht des Volkes ist, sie zu ändern oder abzuschaffen und eine neue Regierung einzusetzen und diese auf solchen Grundsätzen aufzubauen und ihre Gewalten in der Form zu organisieren, wie es ihm zur Gewährleistung seiner Sicherheit und seines Glücks geboten zu sein scheint."

Die Vorstellung von der natürlichen bzw. naturrechtlichen Freiheit des Menschen taucht auch in der *Bill of Rights* von *Virginia* (1776) auf, entworfen von *George Mason* (1725–1792). Ihr Art. 1 bestimmt, alle Menschen seien „von Natur aus gleichermaßen frei und unabhängig und besitzen gewisse ihnen innewohnende Rechte, deren sie, wenn sie in eine staatliche Gemeinschaft (*state of society*) eintreten, ihre Nachkommenschaft durch keinen Vertrag berauben oder entkleiden können, nämlich den Genuss von Leben und Freiheit, mit den Mitteln zum Erwerb von Besitz und Eigentum und zum Streben und der Erlangung von Glück und Sicherheit.“ 120

Die unterschiedlichen Zielrichtungen und Begründungen von *Naturrecht* belegen, dass über die Jahrhunderte immer wieder andere Erkenntnisinteressen im Vordergrund standen und jeder theoretische Neuansatz stark von dem jeweiligen politischen und gesellschaftlichen Umfeld geprägt war. In keiner seiner oben dargestellten Varianten konnte das Naturrecht dem in der ersten Hälfte des 19. Jahrhunderts sich durchsetzenden *Rechtspositivismus* etwas entgegenhalten. Eine Begründung weltlichen Rechts aus Glaubensüberzeugungen hatte sich mit dem Beginn der Neuzeit überlebt. Existentielles und rationales Naturrecht setzten gleichermaßen voraus, dass es eine dem menschlichen Verstand und der wissenschaftlichen Erkenntnis zugängliche *universale Wahrheit* gibt, die unabhängig ist von Ort und Zeit, von kulturellen Besonderheiten sowie von historischen Bedingtheiten. Aber gerade die Vernunft gebot insoweit Zurückhaltung, ist doch letztlich jede wissenschaftliche Erkenntnis nur „Annäherungswissen“ (→ Rdn. 1/24), eine universale oder objektive Wahrheit nichts anderes als eine wissenschaftliche Utopie. Alles Naturrecht gründet letztlich in bestimmten Welt- und Rechtsanschauungen, die abhängig sind von der jeweiligen historischen Lage, vor allem dem jeweiligen Bedrohungsszenario. 121

2. Renaissance des Naturrechtsdenkens nach 1945

Dennoch erlebte das *Naturrecht* vor allem in Deutschland eine Erneuerung nach der Beseitigung des nationalsozialistischen Regimes. Das ist jedoch keineswegs so ungewöhnlich wie es zunächst erscheint. Denn das Naturrecht hatte seine Blüte über die Jahrhunderte zuvor ebenfalls immer in politischen Krisen, insbesondere in (Bürger-) Kriegszeiten. Nach der Überwindung der Diktatur stand die Frage im Vordergrund, ob das von den Nationalsozialisten geschaffene „Recht“ diese Bezeichnung wirklich verdiente oder ob es nicht vielmehr als Zerstörung und Verachtung des Rechts anzusehen war. 122

123 Vom Standpunkt des Rechtspositivismus konnte kein Zweifel bestehen, dass auch das nationalsozialistische Recht in dieser Zeit geltendes Recht gewesen war. Bereits 1892 hatte der Staatsrechtler und Rechtsphilosoph *Karl Magnus Bergbohm* (1849–1927) den Anspruch des Rechtspositivismus wie folgt formuliert: „Alles Recht ist positiv, alles Recht ist ‚gesetzt', und nur positives Recht ist Recht", um an anderer Stelle fortzufahren: „Das niederträchtigste Gesetz muss als verbindlich anerkannt werden, sofern es nur korrekt erzeugt ist" (Jurisprudenz und Rechtsphilosophie, Bd. I).

124 Es war der Strafrechtler und Rechtsphilosoph *Gustav Radbruch* (1878–1949), der sich noch in seiner 1932 erschienenen „Rechtsphilosophie" (3. Aufl.) deutlich zum Rechtspositivismus bekannt hatte, der seine Position unter dem Eindruck der nationalsozialistischen Verbrechen, des Machtmissbrauchs und der Pervertierung des Rechtsgedankens während des Dritten Reiches aber später deutlich relativierte. Als Abgrenzungspostulat zwischen positivem Recht und Gerechtigkeit stellte er die folgenden Maßgaben auf (Gesetzliches Unrecht und übergesetzliches Recht, SJZ 1946, S. 105/107):

> „Der Konflikt zwischen der Gerechtigkeit und der Rechtssicherheit dürfte dahin zu lösen sein, dass das positive, durch Satzung und Macht gesicherte Recht auch dann den Vorrang hat, wenn es inhaltlich ungerecht und unzweckmäßig ist, es sei denn, dass der Widerspruch des positiven Gesetzes zur Gerechtigkeit ein so unerträgliches Maß erreicht, dass das Gesetz als ‚unrichtiges Recht' der Gerechtigkeit zu weichen hat. Es ist unmöglich, eine schärfere Linie zu ziehen zwischen den Fällen des gesetzlichen Unrechts und den trotz unrichtigen Inhalts dennoch geltenden Gesetzen; eine andere Grenzziehung aber kann mit aller Schärfe vorgenommen werden: wo Gerechtigkeit nicht einmal erstrebt wird, wo die Gleichheit, die den Kern der Gerechtigkeit ausmacht, bei der Setzung positiven Rechts bewusst verleugnet wurde, da ist das Gesetz nicht etwa nur ‚unrichtiges Recht', vielmehr entbehrt es überhaupt der Rechtsnatur."

125 Bei genauer Betrachtung enthält diese als *Radbruchsche Formel* diskutierte Passage zwei Kernaussagen, nämlich im ersten Teil die *Unerträglichkeitsthese* zur Begrenzung des Geltungsanspruchs des positiven Rechts, im zweiten Teil die *Verleugnungsthese*, wonach von Recht überhaupt nur dann gesprochen werden kann, wenn überhaupt die gesetzliche Verwirklichung von Gerechtigkeit beabsichtigt ist. Die *Unerträglichkeitsthese* hat später auch in der deutschen Rechtsprechung Anerkennung gefunden, und zwar nicht nur im Kontext der rechtlichen Aufarbeitung des nationalsozialistischen Regimes (vgl. BVerfGE 3, S. 225 ff.; 6, S. 132 ff.), sondern auch nach der

Wiedervereinigung bei der strafrechtlichen Ahndung der Taten der DDR-Mauerschützen an der innerdeutschen Grenze (z. B. BGHSt 39, S. 1 ff.). Das BVerfG (E 95, S. 96/134 f.) hat diese Vorgehensweise jedenfalls im Grundsatz gebilligt und ausgeführt:

„Das Bundesverfassungsgericht war bisher mit dem Problem des ‚gesetzlichen Unrechts' nur im außerstrafrechtlichen Bereich befasst. Es hat in Betracht gezogen, dass in Fällen eines unerträglichen Widerspruchs des positiven Rechts zur Gerechtigkeit der Grundsatz der Rechtssicherheit geringer zu bewerten sein kann als der der materiellen Gerechtigkeit. Es hat dazu auf die Ausführungen von Gustav Radbruch (SJZ 1946, S. 105 ff.), insbesondere die so genannte Radbruchsche Formel, Bezug genommen (vgl. BVerfGE 3, 225 [232 f.]; 6, 132 [198 f.]; 6, 389 [414 f.]). Dabei hat es mehrfach betont, dass eine Unwirksamkeit des positiven Rechts auf extreme Ausnahmefälle beschränkt bleiben muss und eine bloß ungerechte, nach geläuterter Auffassung abzulehnende Gesetzgebung durch das auch ihr innewohnende Ordnungselement noch Rechtsgeltung gewinnen und so Rechtssicherheit schaffen kann (vgl. BVerfGE 6, 132 [199]; 6, 389 [414 f.]). Indessen habe gerade die Zeit nationalsozialistischer Herrschaft gezeigt, dass der Gesetzgeber schweres ‚Unrecht' setzen könne (vgl. BVerfGE 3, 225 [232 f.]; 23, 98 [106]) und deshalb einer Norm wegen unerträglichen Widerspruchs zur Gerechtigkeit von Anfang an der Gehorsam zu versagen sei (vgl. BVerfGE 23, 98 [106]; 54, 53 [67 f.])." 126

Damit hat naturrechtliches Denken auch Eingang gefunden in die Rechtsprechung des BVerfG, ohne dass der Begriff *Naturrecht* insoweit allerdings genannt wird. Der Begriff der *Gerechtigkeit* enthält – wie schon bei Radbruch – nichts anderes als die Bezugnahme auf eine vorstaatliche Rechtsgewährleistung, die als geltendes, dem positiven Recht im extremen Konfliktfall vorgehendes Recht behandelt wird. Allerdings hat das BVerfG davon abgesehen, mit der *Unerträglichkeitsthese* die gesamte Normenordnung des Dritten Reiches in Frage zu stellen, weil es – im Konflikt von Rechtssicherheit und Gerechtigkeit – der Rechtssicherheit den Vorrang einräumt. 127

III. Gibt es ein „Urgrundrecht"?

Ob es so etwas wie ein *Urgrundrecht* gibt, das in seiner besonderen Normstruktur zum Vorbild für alle danach durch staatliche Rechtsetzung geschaffenen Grundrechte geworden ist, wird unterschiedlich beantwortet. Der *Religionsfreiheit* wurde dieser Rang namentlich von *Georg Jellinek* (1851–1911, Die Erklärung der Menschen- und 128

Bürgerrechte, 4. Aufl. 1927) zugedacht. Seine These basierte auf der Beobachtung, dass in einigen amerikanischen Kolonien (u. a. Rhode Island) bereits Mitte des 17. Jahrhunderts die Religions- und Gewissensfreiheit rechtlich anerkannt war.

129 Diese These fand allerdings kaum Gefolgschaft und wird heute einhellig abgelehnt: „Denn weder hat die Kolonie Rhode Island wirklich eine Vorreiterrolle gespielt, noch ist jene vermeintlich zentrale Bedeutung der Glaubens- und Gewissensfreiheit als eines Vorbildes aller Menschenrechte historisch zu belegen. In vielen Kolonien herrschte härteste Unduldsamkeit – nunmehr im Zeichen des neuen Glaubens. Wo Toleranz gewährt wurde (was etwas anderes ist als die Anerkennung der Glaubensfreiheit), war sie in der Regel auf Christen beschränkt – Katholiken wegen deren Bindung an das ausländische Papsttum nicht selten ausgenommen. Die insgesamt gleichwohl zunehmende Duldsamkeit beruhte denn auch weniger auf der Anerkennung des Prinzips individueller Glaubens- und Gewissensfreiheit als auf dem Bedürfnis, Einwanderer anzulocken" (*H. Hofmann*, JuS 1988, S. 841/845).

130 Nach einer weiteren, von *Martin Kriele* (*1931) vertretenen These findet sich das Urgrundrecht im Recht der *Freiheit vor willkürlicher Verhaftung* (*Habeas Corpus*). Ausgangspunkt ist der folgende Satz der englischen *Magna Charta Libertatum* (1215): „Kein freier Mann soll verhaftet, gefangen gesetzt, seiner Güter beraubt, geächtet, verbannt oder sonst angegriffen werden; noch werden wir ihm anders etwas zufügen, oder ihn ins Gefängnis werfen lassen, als durch das gesetzliche Urteil von Seinesgleichen, oder durch das Landesgesetz." Diese Formel, so folgert *Kriele* (Einführung in die Staatslehre, S. 112), „wurde zur Mutter aller Grundrechte: Der Schutz vor willkürlicher Verhaftung und Strafverfolgung ist das Ur-Grundrecht, die Wurzel der Freiheit. Denn ohne dieses Grundrecht ist der Mensch ständig bedroht, jede Art geistiger, politischer, religiöser oder sonstiger Äußerung oder Betätigung kann ihn die persönliche Freiheit kosten, die Angst verschließt ihm den Mund."

131 Kritiker dieses Ansatzes meinen, Schutzgesetzgebung zugunsten eines kleineren oder größeren Kreises von Untertanen („freier Mann") sei nicht gleichbedeutend mit der Anerkennung prinzipieller Freiheiten. Menschenrechte entstünden – „in einem qualitativen Sprung" – erst dort, wo individuelle Rechtsgarantien mit dem Prinzip gleicher Freiheit aller sich kreuzten (*H. Hofmann*, JuS 1988, S. 841/845).

132 Diese Kritik geht allerdings an dem Verständnis *Krieles* von einem Urgrundrecht vorbei. Gemeint ist das Recht vor willkürlicher Verhaftung als

Grundbedingung der Entfaltung auch aller anderen Inhalte menschenrechtlicher Verbürgung. Dass diese erst als Rechte (zunächst für den Adel) erstritten werden mussten, steht dem nicht entgegen. Anders formuliert: Das Recht gegen willkürliche Verhaftung ist nicht alles; ohne dieses Recht sind aber alle (anderen) Grund- und Menschenrechte nichts. Die rechtliche Absicherung des *Habeas Corpus-Gedankens* ist unter diesem Blickwinkel eine zwingende Voraussetzung aller anderen Gewährleistungen. Festzuhalten bleibt allerdings sowohl für die Religions- und Gewissensfreiheit als auch für das Recht auf Schutz vor willkürlicher Verfolgung, dass aus ihnen die anderen grund- und menschenrechtlichen Gewährleistungen nicht gleichsam „automatisch" folgten. Die Vorstellung eines solchen Automatismus wäre ahistorisch und ideengeschichtlich nicht zu fundieren.

IV. Grundrechte kraft staatlicher Gewährleistung

Der Geltungsgrund der *Grundrechte* hat sich im Laufe der beiden letzten Jahrhunderte erheblich gewandelt. Zu unterscheiden von den Grundrechten vorstaatlichen (naturrechtlichen) Ursprungs (→ Rdn. 5/113 ff.) sind die Grundrechte kraft staatlicher Schöpfung bzw. Gewährleistung. Die Übernahme der Grund- und Menschenrechte in die staatliche Verantwortung ist zugleich die Geburtsstunde des Verfassungsstaates. 133

1. Revolutionäre Grundlegung des Verfassungsstaates

Die Jahre 1776 (amerikanische Unabhängigkeitserklärung, erste *Bills of Rights*), 1787 (amerikanische Verfassung, zunächst ohne Grundrechtsteil, seit 1791 mit den entsprechenden Amendments, sog. *Federal Bill of Rights*) und 1789 (Französische Revolution, Erklärung der Menschen- und Bürgerrechte) sind die grundlegenden historischen Daten für die Entwicklung des modernen Verfassungsstaates und seiner beiden Grundprinzipien: Demokratie und Gewährleistung der Grund- und Menschenrechte. 134

Sowohl den *Bills of Rights* und der amerikanischen Verfassung (einschließlich der Zusatzartikel) als auch der französischen Erklärung der Menschen- und Bürgerrechte lagen die im Natur- und Vernunftrecht wurzelnden Ideen der Aufklärung (→ Rdn. 2/76 f.) zugrunde. Freiheit und Gleichheit sind danach ebenso Fundamente der modernen Gerechtigkeitsphilosophie wie die Gewährleistung unveräußerlicher Menschenrechte, Volkssouveränität und Widerstandsrecht gegen ungerechte Herrschaft. Die amerikanischen *Bills of Rights* sind in der historischen Abfolge führend; ihre Vorbildfunktion 135 für die französische Erklärung der Menschen- und Bürgerrechte lässt sich nicht bestreiten. Dafür sorgten schon personelle Kontinuitäten, vor allem die Beteiligung von General *Lafayette* (1757–1834), der bereits am amerikanischen Unabhängigkeitskrieg teilgenommen hatte und zu einer seiner Symbolfiguren geworden war, und der den ersten Entwurf der französischen Menschenrechtserklärung verfasst hatte. Hinzu trat *Thomas Jefferson* (1743–1826), der die amerikanische Unabhängigkeitserklärung maßgeblich entworfen hatte (→ Rdn. 5/119) und von 1785 bis 1789 als amerikanischer Gesandter in Paris Einfluss auf die Abfassung der Erklärung der Menschen- und Bürgerrechte nehmen konnte.

136 Die amerikanischen *Bills of Rights* gründeten nicht zuletzt in der englischen Tradition von Rechts- und Freiheitsverbürgungen (insbesondere: *Magna Charta Libertatum*, 1215; *Petition of Right*, 1628; *Habeas-Corpus-Akte*, 1679; *Bill of Rights*, 1689). Im Unterschied zu den vorangegangenen englischen Verbürgungen, die im Wesentlichen der Vergewisserung der überkommenen Privilegien des Adels gegenüber der Krone dienten und vertraglich vereinbart wurden, erhoben die amerikanischen *Bills of Rights* den generellen Anspruch, Ausdruck grundlegender Wahrheiten auch über das eigene staatliche Territorium und die eigenen gesellschaftlich-politischen Verhältnisse hinaus zu sein.

2. Unterschiedliche Akzentsetzungen in Nordamerika und Frankreich

137 Trotz der inhaltlichen und personellen Verflechtungen in der Entstehung der maßgeblichen Texte in Nordamerika und Frankreich fanden die grundlegenden Ideen – vor allem aufgrund der Verschiedenheit in der historisch-politischen Ausgangslage – doch eine unterschiedliche Gewichtung.

138 Politisch ging es für die 13 britischen Kolonien an der Ostküste Nordamerikas im Unabhängigkeitskrieg (1775–1783) vor allem darum, die eigenen wirtschaftlichen Interessen durchzusetzen und die Abhängigkeit von England zu beenden (*No taxation without representation*!). Der Krieg, in dem sie ihre Loslösung vom englischen Mutterland durchsetzten und – nach der Übergangslösung eines Staatenbundes – einen neuen, unabhängigen Staat gründeten, bedurfte der Legitimation. In Frankreich war die Ausgangslage hingegen eine andere: Die Herrschaftsstruktur innerhalb des bereits bestehenden Staates, wie sie insbesondere in der die tatsächlichen Verhältnisse nicht einmal ansatzweise repräsentierenden Zusammensetzung der Ver-

sammlung der Generalstände zum Ausdruck kam (→ Rdn. 5/46), aber vor allem die Not und Armut großer Teile der Bevölkerung hatten eine Situation herbeigeführt, die sich im Sturm auf die Bastille entlud. Auch die Beseitigung der ständischen Feudalordnung und der Monarchie bedurfte aber der Legitimation. Es liegt in der historischen Logik beider Revolutionen, dass sie ihr Legitimationsbedürfnis aus der Quelle des *rationalen Naturrechts* (*Vernunftrecht*) (→ Rdn. 5/118 ff.) und der Aufklärung (→ Rdn. 2/74 ff.) stillten.

Vor dem Hintergrund ihrer besonderen historisch-politischen Ent- 139
stehungssituation stand in den *amerikanischen Rechtstexten* (*Bills of Rights* sowie in den Verfassungen der Einzelstaaten) der *Freiheitsgedanke* im Vordergrund. Die Erkenntnis, dass „alle Menschen gleich geschaffen“ sind, wie die amerikanische Unabhängigkeitserklärung noch einleitend betonte (→ Rdn. 5/119), trat hinter der Freiheitsidee zurück. Der Grund dafür lag weniger in der Tatsache der auch weiterhin praktizierten Sklavenhaltung; für diesen Widerspruch fehlte es noch weithin an dem erforderlichen Bewusstsein. Die Hervorhebung des Freiheitsaspekts sollte vielmehr ein Signal für die Menschen in Europa sein, sich dem Joch der politischen Unterdrückung durch Auswanderung in die Neue Welt zu entziehen.

Der Freiheitsgedanke prägte auch die Erklärung der Menschen- 140
und Bürgerrechte, in der – wie die Präambel aussagt – „die natürlichen, unveräußerlichen und geheiligten Menschenrechte“ dargelegt werden. Daneben tritt aber auch der Gleichheitsgedanke sehr viel stärker in Erscheinung. Die naturrechtliche Herkunft dieser Rechte wird bereits in Art. 1 S. 1 deutlich: „Die Menschen werden frei und gleich an Rechten geboren und bleiben es.“ Doch lässt bereits der zweite Satz den revolutionären Hintergrund des Ständestaates erkennen: „Die gesellschaftlichen Unterschiede können nur im gemeinen Nutzen begründet sein.“ Und Art. 6 nimmt nicht nur die Lehre *Rousseaus* in seinem ersten Satz auf („Das Gesetz ist der Ausdruck des allgemeinen Willens.“), sondern verbindet damit gleichzeitig das Postulat der staatsbürgerlichen Egalität: „[Das Gesetz] soll für alle das gleiche sein, mag es nun beschützen oder bestrafen. Da alle Bürger in seinen Augen gleich sind, können sie nach ihrer Fähigkeit gleichermaßen zu allen öffentlichen Würden, Stellen oder Ämtern zugelassen werden, ohne anderen Unterschied als den ihrer Tugenden und ihrer Talente.“ Art. 13 gewährleistete die Abgaben- und Steuergleichheit; die Verpflichtung zur Leistung von Abgaben „soll auf alle Bürger ihrem Vermögen entsprechend gleichmäßig verteilt werden.“

141 Im Unterschied zu den amerikanischen Texten ist die französische Erklärung der Menschen- und Bürgerrechte deutlich universalistischer geprägt; sie ist „nicht nur kämpferischer, sie ist in ihren Aussagen zugleich auch allgemeiner und knapper, katechetisch-lehrhafter, philosophischer“ (*H. Hofmann*, JuS 1988, S. 841/846). Während trotz ihrer allgemeinen Formulierungen die amerikanische Unabhängigkeitserklärung, aber auch die *Bills of Rights*, in ihrem Geltungsanspruch auf den neu gegründeten Staat beschränkt wurden, erhob die französische Erklärung einen universellen Anspruch: Sie wollte allgemeingültige Wahrheiten über die Gestaltung der Staatsgrundordnung verkünden, die über Frankreich hinaus für jedes staatliche Gemeinwesen gelten sollten. Dazu gehörte neben der Übernahme des *Rousseauschen* Modells des Gesellschaftsvertrages (Art. 6) auch die Inbezugnahme der Gewaltenteilung nach dem Vorbild *Montesquieus*. Ganz in diesem universellen Geltungsanspruch formuliert Art. 16: „Eine jede Gesellschaft, in der weder die Gewährleistung der Rechte zugesichert noch die Gewaltenteilung festgelegt ist, hat keine Verfassung.“

142 Ein wesentlicher Unterschied zwischen den nordamerikanischen *Bills of Rights* bzw. den verfassungsgesetzlichen Gewährleistungen und der französischen Erklärung der Menschen- und Bürgerrechte liegt zudem in der Verbindlichkeit der Verbürgungen. Die *Bills of Rights* waren von Beginn an darauf angelegt, für die gesamte Staatsgewalt, insbesondere auch für den Gesetzgeber, verbindlich zu sein. Das ergibt sich zwar nicht aus dem Verfassungstext selbst, wohl aber aus den näheren Umständen der Verfassungsänderung und der daran anknüpfenden Rechtsprechung des Supreme Courts in der Rechtssache *Marbury vs. Madison*, aus dem Jahr 1803 (vgl. zu diesem Fall *Frotscher/Pieroth*, Verfassungsgeschichte, Rdn. 43 ff.; außerdem → Rdn. 5/189 ff.). Bei der französischen Erklärung der Menschen- und Bürgerrechte war das anders: Die dort proklamierten Rechte sollten nur als Programmsätze gelten, als politische Leitsätze für den Gesetzgeber, diesen aber nicht rechtlich beschränken, schon gar nicht sollte ein gegen die Erklärung verstoßendes Gesetz nichtig sein. Getragen wurde diese Auffassung von dem Gedanken des unbedingten Vorrangs der Volkssouveränität, wie er an mehreren Stellen der Erklärung niedergelegt war. „Der Ursprung aller Souveränität“, so hieß es in Art. 3 Satz 1, „liegt wesenhaft in der Nation.“ Und das „Gesetz ist der Ausdruck des allgemeinen Willens“ (Art. 6 S. 1). Damit war es schlechterdings nicht vereinbar, ein formell ordnungsgemäß vom Parlament beschlossenes Gesetz an einer normenhierarchisch höherrangigeren Rechtsnorm zu messen und ggf. durch richterliches Urteil das einfache Gesetz zu verwerfen.

D. Rechtsstaatsprinzip

I. Vorbemerkung: Rechtsstaatsprinzip und *rule of law*

Das kontinental-europäische Rechtsstaatsprinzip und die anglo- 143
amerikanisch geprägte *rule of law* beinhalten jeweils fundamentale Grundprinzipien der Staatsgrundordnung. Wegen ihres unterschiedlichen historischen Kontextes sind sie zwar nicht synonym zu verstehen, beide Grundsätze haben jedoch einen gemeinsamen „materiellen Fluchtpunkt" (*K.-P. Sommermann*, Entwicklungsperspektiven des Rechtsstaates, 2007), nämlich den Schutz der individuellen Freiheit.

Die *rule of law* war ein Resultat der Revolutionen im Vereinigten 144
Königreich und den Vereinigten Staaten von Amerika und Teil der neu geborenen Staatsordnungen (→ Rdn. 5/179 ff.). Mit dem gleichzeitigen Erstarken der Menschenrechte stand die *rule of law* von Beginn an in einem materiell-rechtlichen Kontext. Die deutsche Idee vom Rechtsstaatsprinzip knüpfte hingegen an die bereits bestehende Ordnung, nämlich den stark ausgeprägten Verwaltungsapparat an und versuchte, diesen rechtsstaatlich durch Prinzipien, wie z. B. die Bindung an Recht und Gesetz, einzuhegen. Dieser sukzessive Prozess begründete eine besonders lange Tradition der Idee des *Rechtsstaates* in Deutschland, die bis in den Übergang vom Spätmittelalter zur Neuzeit zurückreicht. Dieser Übergang zeichnete sich u. a. aus durch die Herausbildung von Rechtsstrukturen, die Überwindung des Fehdewesens durch Landfrieden (→ Rdn. 2/39 ff.) und die Verfestigung des staatlichen Gewaltmonopols. Der Zweck des Staates als Schutz- und Friedensordnung (→ Rdn. 4/53 ff.) fand darin seinen besonderen, in gewisser Weise bereits *rechtsstaatlichen* Ausdruck.

Anders als die *rule of law* erhielt der Begriff des *Rechtsstaates* in 145
Deutschland erst im 19. Jahrhundert eine inhaltliche Prägung, die noch heute nachwirkt. Trotz ihrer langen Tradition ist die Rechtsstaatsidee jedoch keine „deutsche Erfindung". Deshalb meinte schon 1895 einer der großen deutschen Staats- und Verwaltungsrechtler, „nichts wäre […] verfehlter als zu glauben, die Idee des Rechtsstaates sei eine ganz besondere deutsche Eigentümlichkeit" (*Otto Mayer*, 1846–1924, Deutsches Verwaltungsrecht, Bd. 1). In Deutschland aber hat der Rechtsstaatsgedanke eine ganz eigene Faszination hervorgebracht, was dazu führte, dass dieser Begriff mittlerweile eine

beachtliche Differenziertheit aufweist. Über die in Art. 20 Abs. 3 GG niedergelegte Bindung aller staatlichen Gewalt an Recht und Gesetz hinaus hat man aus dem allgemeinen Prinzip des Rechtsstaates eine Vielzahl an Subprinzipien entwickelt, die nach unserem heutigen Verständnis der gesamten Verfassungsordnung zugrunde liegen. Dies birgt aber auch die Gefahr einer beliebigen argumentativen Einsetzbarkeit dieser Subprinzipien, zumal das Grundgesetz sie oftmals nur wenig eindeutig normiert.

II. Historische Grundlagen im Deutschland des 19. Jahrhunderts

146 Die Wurzeln dessen, was wir heute mit dem Begriff des Rechtsstaates versehen, gehen zurück bis auf *Immanuel Kant* (1724–1804). In seiner Schrift *Über den Gemeinspruch* (1793) heißt es: „Niemand kann mich zwingen, auf *seine* Art glücklich zu sein, sondern ein jeder darf seine Glückseligkeit auf dem Wege suchen, welcher ihm selbst gut dünkt." Das „öffentliche Heil, welches zuerst in Betrachtung zu ziehen steht, ist gerade diejenige gesetzliche Verfassung, die jedem seine Freiheit durch Gesetze sichert: wobei es ihm unbenommen bleibt, seine Glückseligkeit auf jedem Wege, welcher ihm der beste dünkt, zu suchen, wenn er nur nicht jener allgemeinen gesetzmäßigen Freiheit, mithin dem Rechte anderer Mituntertanen, Abbruch tut." Seinerzeit war der Begriff des Rechtsstaates noch nicht gebräuchlich, und dennoch gibt *Kant* dem Staat (*civitas*) in seiner Abhandlung *Metaphysik der Sitten* (1797) eine Definition, die für das Verständnis des Rechtsstaates nach wie vor grundlegend ist: „Ein Staat ist die Vereinigung einer Menge von Menschen unter Rechtsgesetzen." Auch für *Johann Gottlieb Fichte* (1762–1814) ist die „gesetzmäßige Freiheit" ein Kernpunkt seiner idealistischen Staatsphilosophie: „Die Freiheit der Person ist nach dem Rechtsgesetz durch nichts beschränkt als durch die Möglichkeit, dass andere neben ihr auch frei sein und Rechte haben können" (*Grundlage des Naturrechts*, 1796).

147 In einem spezifischen Sinne verwendet hat den Begriff *Rechtsstaat* im Jahre 1832 erstmals der deutsche Staatsrechtler *Robert von Mohl* (1799–1875): „Ein Rechtsstaat kann […] keinen andern Zweck haben, als den: das Zusammenleben des Volkes so zu ordnen, dass jedes Mitglied desselben in der möglichst freien und allseitigen Übung und Benutzung seiner sämtlichen Kräfte unterstützt und gefördert werde"

(Die Polizeiwissenschaft nach den Grundsätzen des Rechtsstaates, 2. Aufl. 1844). Mit dem Rechtsstaatsbegriff war eine bewusste Entgegensetzung zum „Polizeistaat" des 18. Jahrhunderts intendiert, der – über den heute üblichen Begriff der „Polizei" hinaus – die gesamte staatliche Verwaltungstätigkeit erfasste. Diese Verwaltungstätigkeit hatte sich gerade in den Zeiten des aufgeklärten Absolutismus (→ Rdn. 2/92 ff.) zunehmend ausgeweitet zu dem Zweck, nicht nur die persönliche Sicherheit der Bürger zu gewährleisten, sondern in paternalistischer Absicht auch für deren persönliches Wohlergehen („Glückseligkeit") zu sorgen. Für die rechtlich scheinbar unbegrenzte Verwaltungstätigkeit existierten keine gesellschaftlichen oder persönlichen Bereiche, in die einzugreifen ihr verwehrt gewesen wäre. Diese paternalistisch-polizeistaatliche Fürsorgeverwaltung wird auch als „Wohlfahrtsstaat" bezeichnet.

Herbert Krüger (AStL, S. 778 f.) hat die damalige Kritik am Wohlfahrtsstaat prägnant zusammengefasst: „Es ist dieser Polizeistaat, dessen Ersetzung durch den Rechtsstaat die Bürgerliche Bewegung fordert. Zwei Überlegungen sind es vor allem, die diese Forderung tragen: Zum ersten macht man geltend, der Staat könne seinen Bürgern zwar Sicherheit, nicht aber Glück verschaffen; denn das Bedürfnis nach Sicherheit sei für alle Bürger das gleiche, während das Glück eine Sache sehr persönlicher und daher sehr verschiedener Auffassung sei. In subjektiver Hinsicht kämpft gegen den Polizeistaat die idealistische Überzeugung, es gehöre zur Würde des Menschen als Menschen, dass er nicht, und sei es auch noch so wohlwollend, glücklich gemacht werde, sondern – wenn überhaupt – sein Glück selbständig zu suchen und zu finden habe. Völlig unangemessen insbesondere ist für den mündig gewordenen Menschen der Gedanke, er sei einer ‚väterlichen Fürsorge' des Staates in allen Zweigen der Wohlfahrt und zwar der materiellen wie der geistigen Wohlfahrt unterworfen." Zur Kritik an der erzwungenen „Glückseligkeit" s. auch das Zitat von *Kant* (→ Rdn. 5/146). 148

Während aber bei *von Mohl* der Rechtsstaatsbegriff noch materiell akzentuiert war, verfestigte sich seit der Mitte des 19. Jahrhunderts ein eher formelles Verständnis, wie es in den Worten des Juristen und Politikers *Otto Bähr* (1817–1895) seinen deutlichen Ausdruck fand: Ein Rechtsstaat sei ein Staat, der „das Recht zur Grundbedingung seines Daseins" erhebe (Der Rechtsstaat, 1864). Damit war allerdings nicht nur gemeint, dass allein das Vorhandensein einer Rechtsordnung bereits den Rechtsstaat ausmache. Vielmehr war dem Begriff des Rechtsstaates immanent der Gedanke der *Freiheitsgewährleistung durch Gesetze*: Gesetze sichern private Freiheit gegen staatliche wie auch gegen private Einschränkung. Der Staat grenzt 149 die Freiheitssphären gegeneinander ab und bindet sich selbst durch Gesetze gegenüber dem Bürger.

150 Ein anderes Verständnis des Rechtsstaates offenbarte im 20. Jahrhundert vor dem Hintergrund seiner *Reinen Rechtslehre* (→ Rdn. 3/12ff.) *Hans Kelsen* (1881–1973): „Von einem streng positivistischen, jedes Naturrecht ausschließenden Standpunkt aus muss aber jeder Staat Rechtsstaat in diesem formalen Sinne sein, sofern eben jeder Staat irgendeine Ordnung, eine Zwangsordnung menschlichen Verhaltens und diese Zwangsordnung, wie immer sie erzeugt wird, ob autokratisch oder demokratisch, und welchen Inhalt immer sie haben mag, eine Rechtsordnung sein muss" (Allg. Staatslehre, 1925). Dieser rein formale Rechtsstaatsbegriff hat mit dem hier interessierenden Rechtsstaatsprinzip als Teilaspekt einer verfassungsstaatlichen Grundordnung nichts zu tun, was sich schon darin zeigt, dass *Kelsen* bewusst auf eine Differenzierung zwischen autokratischer und demokratischer Normsetzung verzichtete. Allerdings ergänzte er diesen „formellen" Begriff des Rechtsstaates um einen „Begriff des Rechtsstaates im materiellen oder technischen Sinn des Wortes", dem er dann all die Grundsätze zuordnet, die üblicherweise dem Rechtsstaatsprinzip im formellen Sinn (→ Rdn. 5/152) angehören (vgl. *K.-P. Sommermann*, Staatsziele und Staatzielbestimmungen, S. 55f.).

151 Unabhängig von allen Unterschieden in den Einzelheiten (vgl. dazu *K. Sobota*, Das Prinzip Rechtsstaat, S. 263ff.; *E. Šarčević*, Der Rechtsstaat, S. 292ff.) ist ein gemeinsamer Grundzug der Rechtsstaatsdiskussion des 19. Jahrhunderts unverkennbar: die Notwendigkeit der Eingrenzung staatlicher Machtvollkommenheit durch gesetzliche Regeln, um auf diese Weise die Freiheit der Bürger zu sichern. Solche Eingrenzungen waren zwar schon zuvor diskutiert, zum Teil auch anerkannt worden – etwa als Ausdruck naturrechtlicher Ideen im Zeichen der Aufklärung (→ Rdn. 2/76; 5/114ff.). Nunmehr aber ging es – in der Zeit der Verdrängung des naturrechtlichen Denkens durch den Rechtspositivismus – um ihre gesetzesförmige Ausgestaltung. Im Vordergrund stand dabei die Gesetzmäßigkeit der Verwaltung, um jeder Form administrativer Willkür entgegen zu wirken und die Vorhersehbarkeit staatlichen Handelns zu gewährleisten (Rechtssicherheit). Zugleich erhob man unter Verweis auf den Rechtsstaat auch die Forderung nach einer gerichtlichen Kontrolle der Verwaltungstätigkeit (z. B. O. *Bähr*), die in den Aufbau einer unabhängigen Verwaltungsgerichtsbarkeit mündete.

152 Der im 19. Jahrhundert dominierende Aspekt der Rechtsstaatlichkeit war rein formaler Art. Es ging fast ausschließlich um die Gewährleistung bestimmter Kompetenzen und Verfahren bei der Ausübung von Staatsgewalt, deren Verteilung auf verschiedene Organe,

insbesondere unter Einschluss einer unabhängigen Gerichtsbarkeit, sowie allgemein die Gesetzmäßigkeit der Verwaltung (sog. *formeller Rechtstaatsbegriff*). Materielle Eingrenzungen waren damit regelmäßig nicht verbunden. Der Jurist und Politiker *Friedrich Julius Stahl* (1802–1861) brachte dieses Verständnis auf den Punkt, indem er formulierte, der Rechtsstaat bedeute „überhaupt nicht Ziel und Inhalt des Staates, sondern nur Art und Charakter, dieselben zu verwirklichen" (Rechts- und Staatslehre, 3. Aufl. 1878, Bd. 2). Dem in Deutschland nach dem Scheitern der Revolution von 1848 entwickelten Rechtsstaatsgedanken fehlte sowohl eine Querverbindung zum Demokratieprinzip als auch zur Gewährleistung von Grund- und Menschenrechten.

Angestrebt wurde von der bürgerlichen Gesellschaft damals nicht die ausschließlich durch eine Volksvertretung (Parlament) zu vermittelnde demokratische Legitimation der Gesetze, sondern allein deren Existenz. Das Zustandekommen der Gesetze oblag aber nach wie vor im Wesentlichen dem Monarchen, während die Parlamente zumindest ein Recht auf Beratung und Zustimmung beanspruchen konnten. Gerade für Eingriffe in Freiheit und Eigentum sollte der *Grundsatz des Gesetzesvorbehalts* gelten; der – auch das Demokratieprinzip einschließende – *Grundsatz des Parlamentsvorbehalts* war davon (noch) nicht umfasst. **153**

Nicht demokratisch legitimiert waren zudem die Grundrechtskataloge in den Verfassungsurkunden der Länder, die zunächst als oktroyierte, später auch als paktierte Verfassungen erlassen wurden (→ Rdn. 5/48 ff.). Ihre rechtliche Verbindlichkeit erstreckte sich zudem allein auf die Verwaltung, wodurch der Gesetzesvorbehalt verstärkt wurde, nicht aber auf die Gesetzgebung. Ein Vorrang der Verfassung gegenüber dem einfachen Gesetzesrecht, wodurch auch die Bindung der Legislative an die Verfassungsordnung (einschließlich Grundrechtskatalog) deutlich geworden wäre, kannte die Staatslehre des 19. Jahrhunderts nicht.

III. Ausgestaltung im Grundgesetz

1. Grundlagen

Wie das Demokratieprinzip (→ Rdn. 5/28 ff.) so ist auch das **154**
Rechtsstaatsprinzip nur soweit geltendes Verfassungsrecht, wie es in der jeweiligen Verfassung *konstitutionalisiert* wird. Jeder moderne Verfassungsstaat versteht sich heute als Rechtsstaat. Das heißt jedoch nicht, dass auch der Inhalt insoweit identisch ist. Das jeweilige Verständnis hängt ab von der Konkretisierung, die der Rechtsstaat in

der Verfassungsurkunde findet, und von den spezifischen verfassungsrechtlichen Traditionen, den verfassungshistorischen Prägungen, die er erfahren hat. Der moderne Verfassungsstaat ist nicht nur dadurch gekennzeichnet, dass in ihm überhaupt Rechtsnormen existieren und das Handeln des Staates an Rechtsnormen gebunden ist. Der moderne Verfassungsstaat zeichnet sich vielmehr dadurch aus, dass er bestimmte inhaltliche Forderungen an die rechtlichen Gewährleistungen stellt, wodurch erst seine Modernität begründet wird (sog. *materieller Rechtsstaatsbegriff*).

155 Im Text des Grundgesetzes hat der Rechtsstaat als Begriff nur fragmentarisch Berücksichtigung gefunden. Genannt wird der Rechtsstaat in Art. 28 Abs. 1 GG (Homogenitätsgebot → Rdn. 6/20). Durch die Hinzufügung mehrerer Adjektive erhält er überdies eine inhaltliche Verknüpfung mit drei weiteren zentralen Verfassungsgrundsätzen („Grundsätze des republikanischen, demokratischen und sozialen Rechtsstaates im Sinne dieses Grundgesetzes"). Art. 23 Abs. 1 S. 1 GG spricht von „rechtsstaatlichen Grundsätzen", deren Beachtung durch die Europäische Union zur verfassungsrechtlichen Grundbedingung für die Mitwirkung Deutschlands am europäischen Integrationsprozess erklärt wird. Einzelgehalte des Rechtsstaatsprinzips sind im Grundgesetz – ohne dass insoweit von Rechtsstaat die Rede ist – zudem explizit aufgeführt. So liegt das Rechtsstaatsprinzip Art. 20 GG zugrunde, der in Abs. 2 S. 2 die Gewaltenteilung und in Abs. 3 ein wesentliches Merkmal des Rechtsstaates – die Gesetzesbindung der staatlichen Gewalt – normiert, einschließlich der unmittelbaren Bindung des Gesetzgebers an die verfassungsmäßige Ordnung. Art. 19 Abs. 4 GG enthält eine Justizgewährleistungsgarantie für den Fall der Rechtsverletzung durch die öffentliche Gewalt. Nach Ansicht des BVerfG (E 2, S. 380/403) ergibt sich das Rechtsstaatsprinzip letztlich „aus einer Gesamtschau der Bestimmungen des Art. 20 Abs. 3 GG über die Bindung der Einzelgewalten und der Art. 1 Abs. 3, 19 Abs. 4, 28 Abs. 1 S. 1 GG sowie aus der Gesamtkonzeption des Grundgesetzes."

156 Der durch das Grundgesetz errichtete Rechtsstaat erschöpft sich jedoch nicht in der Gewährleistung formaler Subprinzipien im Geiste des *formellen Rechtsstaatsverständnisses*, geprägt von den Ideen der Gewährleistung von Rechtssicherheit und Vorhersehbarkeit staatlichen Handelns. Auch der *Rechtsstaat im materiellen Sinn* hat seinen Niederschlag im Grundgesetz gefunden, und zwar in all den Vorschriften, die rechtliche Anforderungen an den Inhalt staatlichen

Handelns stellen. Dazu gehören (neben dem hochabstrakten, juristisch nicht fassbaren Postulat der *Gerechtigkeit*) an oberster Stelle die Gewährleistung der Menschenwürde (Art. 1 Abs. 1 GG) und die Sicherung der individuellen Freiheiten (Grundrechte gem. Art. 2 ff. GG). Einen besonderen Stellenwert bei der individuellen Freiheit haben das Recht auf freie Entfaltung der Persönlichkeit (Art. 2 Abs. 1 i. V. m. Art. 1 Abs. 1 GG) und der allgemeine Gleichheitssatz (Art. 3 Abs. 1 GG). Untrennbar verbunden ist mit den Grundrechtsgewährleistungen zudem der – im Grundgesetz nicht ausdrücklich positivierte – Grundsatz der Verhältnismäßigkeit, der vom BVerfG sowohl dem Rechtsstaatsprinzip (BVerfGE 108, S. 129/136) zugeordnet als auch dahin verstanden wird, dass er sich „im Grunde bereits aus den Wesen der Grundrechte selbst“ ergibt (BVerfGE 65, S. 1/44).

2. Einzelgewährleistungen

a) International anerkannte Ausprägungen. Hinsichtlich einer Anzahl von rechtsstaatlichen Einzelgewährleistungen lässt sich eine Übereinstimmung der grundgesetzlichen Gewährleistungen mit denjenigen in zahlreichen anderen Rechtsordnungen feststellen. Diese stellen gleichsam den allgemein anerkannten Kern von Rechtsstaatlichkeit dar. 157

aa) Gewaltenteilung. Die Aufteilung der Hoheitsgewalt auf mehrere Organe, die mit Machtbegrenzung und gegenseitiger Kontrolle einhergeht, ist ein wirksames Mittel zur Verhinderung ihrer willkürlichen Ausübung. Dieser *Grundsatz der Gewaltenteilung* hat vielfach verfassungsrechtlichen Niederschlag gefunden. So sieht Art. 20 Abs. 3 GG Organe der Gesetzgebung, der Verwaltung und der Gerichtsbarkeit vor. Diese verfassungsrechtliche Dreiteilung geht zurück auf die klassische Unterscheidung bei *Montesquieu* (→ Rdn. 5/40). Sie entspricht allerdings in parlamentarischen Demokratien nur eingeschränkt der verfassungsrechtlich gestalteten Realität, die durch eine Gewaltenverschränkung gekennzeichnet ist. Dies gilt insbesondere für das Verhältnis von Legislative und Exekutive infolge der politischen Übereinstimmung von parlamentarischer Mehrheit und der von dieser „getragenen“ Regierung. Eine derartige Gewaltenverschränkung lässt sich gleichwohl als moderne, auf die Bedingungen der parlamentarischen Demokratie zugeschnittene Interpretation des Gewaltenteilungsgrundsatzes verstehen, da die Funktionen der 158

Machtbegrenzung und -kontrolle keineswegs aufgehoben, sondern nur modifiziert werden.

159 **bb) Vorrang des Rechts und der Verfassung.** Der *Vorrang des Rechts* lässt sich ebenfalls als zentraler Ausdruck von Rechtsstaatlichkeit qualifizieren. Zugleich ist er Voraussetzung für deren Realisierung. Aufgrund seiner eigenen Rechtsqualität kann das Rechtsstaatsprinzip den Vorrang des Rechts allerdings nicht allein begründen, sondern baut auf einem vorgefundenen Verständnis der Wirkungsweise des Rechts auf. Rechtsstaatlichkeit setzt notwendig sowohl einen Vorrang des Rechts vor anderen Sollens-Ordnungen, die ihre Grundlage etwa in Moral, Tradition oder Religion finden, voraus, als auch die Fähigkeit des Rechts, tatsächliches Handeln zu steuern. Beides folgt aus der Verbindlichkeit des Rechts als dessen besondere Eigenschaft. Dieser Vorrang des Rechts wiederum lässt sich im theoretischen Ausgangspunkt sowohl im Konsens der Rechtsunterworfenen begründen als auch in der zumindest auf staatlicher Ebene gegebenen Fähigkeit der Herrschenden zur tatsächlichen Durchsetzung der von ihnen als Recht aufgestellten Regeln.

160 Die Vorrangfrage stellt sich aber vor allem innerhalb der Rechtsordnung im Verhältnis verschiedener Erscheinungsformen von Recht. Sie ist unter Heranziehung des Rechtsstaatsprinzips und seiner rechtsordnungsspezifischen normativen Ausgestaltung und Interpretation zu beantworten. Von zentraler Bedeutung sind insoweit die heute zumindest grundsätzlich anerkannten Vorstellungen vom *Vorrang der Verfassung* und von der damit verbundenen Existenz einer Normenhierarchie (zur hist. Entwicklung → Rdn. 5/191 ff.). Es handelt sich dabei um grundlegende Ordnungsprinzipien, die willkürlichen Entscheidungen entgegenstehen. Der Vorrang, welcher der Verfassung als Grund- und Rahmenordnung für die jeweilige Staatlichkeit zukommt, trägt die darin getroffenen Entscheidungen in die einfache Rechtsordnung hinein und erfordert deren Ausrichtung an und ihre Anwendung gemäß den verfassungsrechtlichen Vorgaben (vgl. Art. 20 Abs. 3 GG). Der Verfassung widersprechendes Recht ist grundsätzlich unwirksam.

161 Im Verhältnis zum Verwaltungshandeln tritt der Vorrang des Rechts in den dogmatischen Figuren des *Vorrangs* und des *Vorbehalts des Gesetzes* zu Tage. Der Vorrang des Gesetzes steht dabei einem Handeln gegen das Gesetz entgegen; der Vorbehalt des Gesetzes verbietet ein Handeln ohne gesetzliche Grundlage. Letzteres ist in

Deutschland nur im Hinblick auf Maßnahmen anerkannt, die in Rechte des Einzelnen eingreifen. Beide Grundsätze dienen sowohl der Funktionsfähigkeit der Rechtsordnung als auch der Wahrung individueller Rechte. Sie bewirken eine strikte Rückbindung der Verwaltung an die vom Gesetzgeber getroffenen Entscheidungen. Die Gesetzesbindung der Verwaltung ist explizit in Art. 20 Abs. 3 GG normiert.

cc) Bestimmtheit, Publizität und Widerspruchsfreiheit. Eine weitere zentrale rechtstaatliche Gewährleistung ist das *Gebot der Erkennbarkeit des Gesollten.* Es richtet sich in besonderer Weise an den Rechtsetzer und entspricht mit Blick auf die beabsichtigten Steuerungswirkungen zugleich der praktischen Notwendigkeit. Zu unterscheiden ist insoweit zwischen der Bestimmtheit und der Publizität von Normen. 162

Das in Verfassungstexten kaum explizierte *Bestimmtheitsgebot* fordert eine inhaltliche Verständlichkeit rechtlicher Anforderungen aus sich selbst heraus und soll Rechtsanwendern, vor allem den Normadressaten, ermöglichen, den jeweiligen Regelungsgehalt zu erkennen und ihr Verhalten daran auszurichten. Damit dies geschehen kann, muss der Rechtsetzer eindeutige Festlegungen treffen, die zugleich die Ausübung von Hoheitsgewalt rechtlich binden. Bestimmtheit bezieht sich primär auf die tatbestandlichen Voraussetzungen und die Rechtsfolgen einzelner Normen. Der Rechtsanwender muss in die Lage versetzt werden, zu erkennen, ob und unter welchen Voraussetzungen er einer Rechtsnorm unterfällt und welches die Konsequenzen ihrer Anwendung sind. Jenseits von Normen, die potentiell besonders intensive Eingriffswirkungen für den Einzelnen zeitigen, wie etwa diejenigen des materiellen Strafrechts und die daher besonders strengen Anforderungen unterliegen (vgl. Art. 103 Abs. 2 GG), fordert das Bestimmtheitsgebot nicht die Erreichung eines Bestimmtheitsmaximums. Grundsätzlich genügt die Bestimmbarkeit des Regelungsinhalts von Normen im Wege der Auslegung. Generalklauseln, unbestimmte Rechtsbegriffe und die Einräumung von Ermessens- oder sonstigen Abwägungsspielräumen werden daher allgemein nicht als Überschreitungen des Bestimmtheitsgebots angesehen. Dies trägt nicht zuletzt der notwendigen Kompromisshaftigkeit von Recht Rechnung. Darüber hinaus ist das Bestimmtheitsgebot für das Zusammenspiel von Normen von Bedeutung. Selbst inhaltlich eindeutige Vorschriften vermögen dem Rechtsunterworfenen nicht 163 als Maßstab für die Ausrichtung seines Verhaltens zu dienen, wenn sie nicht in ein System eingebunden sind, welches die Erkennbarkeit der Maßgeblichkeit spezifischer Normen im jeweiligen Einzelfall ermöglicht. Ein zweifelsfreies, gleichsam „bestimmtes" Mindestmaß an Bestimmtheit im Hinblick auf Normzusammenhänge lässt sich dem Bestimmtheitsgebot jedoch noch weniger als für die Fassung einzelner Normen entnehmen.

164 Auch inhaltlich hinreichend bestimmte Anordnungen können nur dann von ihren Adressaten beachtet werden, wenn die normunterworfenen Personen von deren Inhalt Kenntnis nehmen können. Dies setzt die *Publizität des Rechts* voraus, die ebenfalls als zentrale rechtsstaatliche Anforderung zu qualifizieren ist. Sowohl Normen als auch Einzelakte müssen den Rechtsunterworfenen daher zugänglich gemacht werden. Damit korrespondierend erfordert das Verfassungsrecht die amtliche Veröffentlichung von Gesetzen (vgl. Art. 82 Abs. 1 GG). Bei Einzelakten bedarf es zumindest der Bekanntgabe an den Adressaten.

165 Schließlich ist die *Widerspruchsfreiheit* der normativen Anforderungen sicherzustellen. Dies gilt sowohl hinsichtlich einzelner Normkomplexe als auch für ihr Zusammenspiel mit Normen anderer Sachbereiche und Normgeber. Damit geht neben der Notwendigkeit einer ganzheitlichen Gesetzgebung die Entwicklung eines Instrumentariums der Konfliktvermeidung und -lösung einher.

166 **dd) Rechtssicherheit.** Ausdruck einer willkürfreien und damit rechtstaatlichen Herrschaftsausübung ist des Weiteren die Existenz von *Rechtssicherheit*. Deren Kern ist die Verlässlichkeit einmal getroffener rechtlicher Entscheidungen. Diese Verlässlichkeit vermittelt den Rechtsunterworfenen Sicherheit über die rechtliche Bewertung ihres Handelns im Zeitpunkt seiner Vornahme. Rechtssicherheit erfordert insbesondere, dass die möglichen Wirkungen von Rechtsänderungen in zeitlicher Hinsicht begrenzt werden. Dies schlägt sich in der Anerkennung von Rückwirkungsverboten nieder. Das besonders „sensible" Strafrecht unterliegt dabei expliziten verfassungsrechtlichen Normierungen, welche einer rückwirkenden Begründung der Strafbarkeit eines Verhaltens strikt entgegenstehen (vgl. Art. 103 Abs. 2 GG). Nach deutschem Verfassungsverständnis werden bloße Strafverfolgungsvoraussetzungen (z. B. zur Verjährung) hiervon allerdings nicht erfasst. Darüber hinaus ist die Abgrenzung zwischen unzulässigen und aufgrund besonderer Umstände zulässigen Rückwirkungen

von Rechtsnormen nicht abschließend geklärt. Übereinstimmung besteht jedoch insoweit, dass eine unbeschränkte Rückwirkung von Gesetzen rechtsstaatswidrig ist.

ee) Verhältnismäßigkeit. Vor dem Hintergrund menschenrechtlicher Gewährleistungen ist der *Grundsatz der Verhältnismäßigkeit* nahezu umfassend anerkannt, wenngleich er im Grundgesetz bis heute keine explizite Erwähnung findet. Mit dem Vertrag von Lissabon hat der Verhältnismäßigkeitsgrundsatz allerdings an zentraler Stelle auch Eingang in das europäische Primärrecht gefunden: Nach Art. 5 Abs. 4 EUV „gehen die Maßnahmen der Union inhaltlich wie formal nicht über das zur Erreichung der Ziele der Verträge erforderliche Maß hinaus.“ In dieser Formulierung scheinen Zweck und Struktur des Grundsatzes auf: Dieser zielt darauf ab, die mit hoheitlichen Maßnahmen häufig verbundenen Belastungen der Betroffenen auf ein unvermeidbares und zumutbares Maß zu beschränken. Dies schlägt sich in den kumulativ zu erfüllenden Voraussetzungen eines legitimen Zwecks der Maßnahme, ihrer Geeignetheit zu dessen Erreichung, ihrer Erforderlichkeit im Sinne des Fehlens eines gleich effektiven, jedoch milderen Mittels, und ihrer Angemessenheit im Hinblick auf die Inanspruchnahme des Einzelnen nieder. Trotz der grundsätzlichen Übereinstimmung über diese Anforderungen variieren die gerichtliche Kontrollintensität und damit die praktische Handhabung des Verhältnismäßigkeitsgrundsatzes jedoch deutlich. Während in Deutschland eine sehr intensive Überprüfung des hoheitlichen Handelns am Maßstab der Verhältnismäßigkeit erfolgt und kontrollfreie Entscheidungsspielräume nur punktuell anerkannt sind, erkennen Gerichte in anderen Rechtsordnungen, einschließlich des Europäischen Gerichtshofs, zumindest im Bereich der Rechtsetzung ein weites Ermessen an. 167

ff) Rechtsschutz, Justizgrundrechte und Staatshaftung. Wesentlicher Ausdruck von Rechtsstaatlichkeit ist schließlich die Existenz von *effektivem Rechtsschutz* insbesondere gegen die öffentliche Gewalt. Entsprechende Gewährleistungen finden sich in zahlreichen Verfassungen als objektive Garantien (vgl. Art. 92 GG) oder subjektivrechtlich angereichert (vgl. Art. 19 Abs. 4 GG). Abgesehen von der Unabhängigkeit der Gerichte (vgl. Art. 97 Abs. 1 GG) ist damit jedoch keine spezifische Ausgestaltung des Rechtsschutzsystems verbunden. Darüber hinaus werden verfassungsrechtlich sog. *Justizgrundrechte* gewährleistet, wie etwa das Recht auf ein faires 168

Verfahren, das Doppelbestrafungsverbot oder die Notwendigkeit einer richterlichen Entscheidung über Freiheitsentziehungen (vgl. Art. 103, Art. 104 Abs. 2 GG); rechtsstaatlich fundiert ist darüber hinaus das Recht auf den gesetzlichen Richter (vgl. Art. 101 Abs. 1 S. 2 GG). Ungeachtet ihrer Verwurzelung im Rechtsstaatsprinzip weisen diese Garantien in der Regel auch einen subjektivrechtlichen Charakter auf. Ebenfalls im Kontext der Rechtsschutzgewährleistung gegen den Staat steht schließlich das Erfordernis seiner *Unrechtshaftung*. Obwohl diese als Ausprägung von Rechtsstaatlichkeit generell anerkannt ist, ist ihre konkrete Ausgestaltung selbst in stark rechtstaatsorientierten Rechtsordnungen wie der deutschen mitunter defizitär.

169 **b) Weitergehende Interpretationen.** Die (insbesondere deutsche) Rechtswissenschaft hat sich zudem über den dargestellten Kernbereich des Rechtsstaatsprinzips hinaus als einfallsreich erwiesen bei der Entwicklung weiterer rechtstaatlicher Gewährleistungen. Diese haben sich zwar gelegentlich in einzelnen verfassungsgesetzlichen Verbürgungen niedergeschlagen, sind aber vor allem im generellen Verständnis von Rechtsstaatlichkeit verwurzelt. Gleichwohl sind sie nur mit Einschränkungen über den konkreten staatsrechtlichen Bezugsrahmen hinaus verallgemeinerungsfähig.

170 **aa) Grundrechtsschutz.** Nach vielfach vertretener Auffassung setzt Rechtsstaatlichkeit auch die Existenz von Grundrechten voraus. Tatsächlich zeichnen sich Staaten, die sich selbst als Rechtsstaaten begreifen, zugleich durch einen hohen Grundrechtsstandard aus. In Anbetracht der Überschneidungen der Zielsetzungen von Rechtsstaatlichkeit und Grundrechten verwundert dies nicht: Die Verhinderung einer willkürlichen Ausübung von Hoheitsgewalt erfolgt zwar auch im Interesse des Gemeinwesens; vor allem dient sie aber der Sicherung individueller Freiheitsräume und der Gleichbehandlung der Rechtsunterworfenen. Es erscheint daher nicht fernliegend, wenngleich nicht zwingend, diese tatsächliche Verbindung auch normativ zu deuten. Allerdings stellt sich in diesem Falle die Frage, welche konkreten Anforderungen an das Niveau des Grundrechtsschutzes zu stellen sind. Insoweit lässt sich allenfalls ein grundrechtlicher Kernbereich auch als rechtsstaatliche Notwendigkeit verstehen. Eine besondere Nähe besteht zweifellos zu grundlegenden menschenrechtlichen Gewährleistungen wie dem Folterverbot. Auch ein Recht auf den gesetzlichen Richter (vgl. Art. 101 Abs. 1 S. 2 GG) weist

ebenso wie das Gleichbehandlungsgebot eine Wirkungsrichtung auf, die sich mit objektiven rechtsstaatlichen Gewährleistungen überschneidet. Ob eine derartige Verbindung jedoch bei allen klassischen Freiheitsrechten und ihren möglichen Dimensionen oder gar bei Menschenrechten der zweiten und dritten Generation (→ Rdn. 7/56f.) anzuerkennen ist, erscheint zweifelhaft.

bb) „Gute Gesetzgebung“ als rechtsstaatliches Gebot. Weitere Deutungen des Rechtsstaatsprinzips zielen auf eine *„gute Gesetzgebung“* ab. Ausdruck dieser Zielsetzung ist unzweifelhaft das Bestimmtheitsgebot (→ Rdn. 5/163); daneben werden aber auch die Gebote der Normenklarheit, der Normenwahrheit und der Praktikabilität als rechtsstaatliche Teilgewährleistungen bezüglich der Qualität von Rechtsnormen angesehen. Zumindest handelt es sich – soweit man eine verfassungsrechtliche Verbindlichkeit ablehnt – um an den Gesetzgeber gerichtete Klugheitsgebote. 171

Normenklarheit betrifft zunächst die äußere Fassung von Normen. Diese darf nicht geeignet sein, dem Rechtsanwender die normativen Anforderungen zu verschleiern. Deshalb müssen sachlich zusammengehörige Regelungen auch formal in einem erkennbaren Zusammenhang stehen. Darüber hinaus müssen Normen zumindest für ihre jeweiligen Adressaten verständlich sein, ohne dass jedoch die unrealistische Forderung nach maximaler Verständlichkeit erhoben würde. Irreführende Normierungen sind in jedem Falle zu vermeiden. 172

Das Gebot der *Normenwahrheit* verbietet dem Gesetzgeber die „normative Lüge“. Normen sind danach so zu fassen, dass ihr tatsächlicher Regelungsgehalt erkennbar aus ihnen hervortritt. Dies soll sowohl für einzelne Vorschriften wie auch für die Bezeichnung von Gesetzen gelten. Darüber hinaus sollen nach dem *Praktikabilitätsgebot* Normen so gefasst sein, dass ihre sinnvolle Anwendung möglich ist. Auch bei Anerkennung ihrer normativen Qualität kommt diesen Grundsätzen vor allem eine Appellfunktion zu. 173

cc) Verfahrenstransparenz und Informationsoffenheit. Neben dem allgemein anerkannten rechtsstaatliche Publizitätsgebot (→ Rdn. 5/164) lassen sich auch die Grundsätze der Verfahrenstransparenz und der Informationsoffenheit als rechtsstaatlich begründet ansehen. *Verfahrenstransparenz* bedeutet die Sichtbarkeit aktuell erfolgender staatlicher Entscheidungsprozesse in Gesetzgebung und Verwaltung. *Informationsoffenheit* sichert dagegen den Einblick in 174 vorhandene Informationen, die staatlichen Stellen vorliegen. Diese Grundsätze betreffen das gesamte hoheitliche Handeln und tragen zu dessen Nachvollziehbarkeit bei.

175 **dd) Vertrauensschutz und Selbstbindung.** Die Verlässlichkeit staatlichen Handelns wird schließlich durch die *Grundsätze des Vertrauensschutzes* und der *Selbstbindung* gewährleistet. Diese lassen sich ebenfalls als Ausdruck von Rechtssicherheit ansehen und sind vielfach, wenn auch nicht umfassend, zumindest auch als rechtsstaatliche Prinzipien anerkannt. Einen expliziten verfassungsrechtlichen Niederschlag haben diese jedoch kaum gefunden; teilweise sind sie im einfachen Recht positiviert. *Vertrauensschutz* erfordert, dass ein Verhalten Rechtsunterworfener, das in der Erwartung des Bestands rechtlicher Wertungen auf deren Grundlage erfolgt, aus rechtlicher Perspektive als schutzwürdig anzusehen ist und grundsätzlich Bestand haben soll. Die *Selbstbindung* verpflichtet die Exekutive zu einer mit früheren Entscheidungen übereinstimmenden Ausübung von Hoheitsgewalt. Eine Erstreckung dieses Gebotes auf die Gesetzgebung wird allgemein abgelehnt, da ein derartiges Vorgehen sowohl die Parlamentssouveränität stark beschneiden als auch Rechtsänderungen nahezu unmöglich machen würde.

IV. Funktionen von Recht und anderen Regelungsformen im Rechtsstaat

176 Im Rechtsstaat ist das Recht schon begrifflich das zentrale Regelungs- und Gestaltungsinstrument des Staates. Die im und für den Staat wesentlichen Entscheidungen sind in den Formen des Rechts zu treffen. Gleichwohl kann es keine Ausschließlichkeit für sich in Anspruch nehmen. Es besteht mithin kein Regelungsmonopol des Rechts. Dem steht bereits die fehlende Eindeutigkeit des Rechtsbegriffs entgegen. In der Rechtstheorie werden zahlreiche Rechtsbegriffe vertreten, die an die Wirkungen und die Urheberschaft von Regelungen anknüpfen. Üblicherweise erfolgt die Qualifikation einer Regelung als Recht mittels formaler Kriterien. Recht kann nach neuzeitlich-positivistischem Verständnis nur durch den Staat oder aufgrund seiner Ermächtigung bzw. Anerkennung (z. B. Gewohnheitsrecht) erlassen werden. Zudem zeichnet es sich durch einen umfassenden und unbedingten Verbindlichkeitsanspruch aus. Damit

gehen vielfach, wenn auch nicht notwendig, das Bestehen individueller Verpflichtungen und die Möglichkeit einer zwangsweisen und gerichtlichen Durchsetzung einher. Die Beachtung des Verbindlichkeitsanspruchs und damit die Funktionsfähigkeit des Rechts beruhen wiederum in erheblichem Maße auf seiner Durchsetzungsfähigkeit auch gegen den Willen des Einzelnen. Diese Potenz zur Verwirklichung des Verbindlichkeitsanspruchs gründet im Zugriff auf staatliche Ressourcen, lässt Recht als hoheitliches Machtinstrument erscheinen und begründet seine Sonderstellung im Verhältnis zu nichtrechtlichen Regelungsformen, die auf andere Durchsetzungsmechanismen angewiesen sind.

Solche anderen Regelungsformen existieren allerdings in erheb- 177
lichem Umfang und werden zum Teil auch durch den Staat selbst zur Erzielung von Steuerungswirkungen genutzt. Dies ist etwa der Fall bei der Setzung von – vor allem wirtschaftlichen – *Anreizen*, durch die ein gewünschtes Verhalten der Adressaten belohnt wird, so dass dieses gegenüber einem anderen Verhalten attraktiver wird. Dasselbe gilt auch für die Verwendung von *Soft Law*, verstanden als verhaltensbezogene Regelungen, die zwar durch Hoheitsträger bzw. mit der Ausübung von Hoheitsgewalt befassten Stellen geschaffen werden, die aber über keine – oder nur eine auf die Innensphäre des Regelungsgebers bezogene – Rechtsverbindlichkeit verfügen und die ihre Steuerungswirkungen deshalb auf außerrechtlichem Wege erzielen.

Exemplarisch seien von Behörden verfasste „Leitlinien“ und „Mitteilungen“ oder außerrechtliche Vereinbarungen wie das Lindauer Abkommen zwischen Bund und Ländern über die verfassungsrechtliche Zuweisung der Kompetenz zum Abschluss völkerrechtlicher Verträge im Kontext des Art. 32 GG genannt.

Daneben bestehen zahlreiche weitere Regelungsformen, an denen der Staat nicht unmittelbar beteiligt ist. Beispiele sind die sog. *private Rechtsetzung*, etwa in Gestalt des Erlasses von DIN-Normen durch das Deutsche Institut für Normung e. V., oder die *gesellschaftliche Selbstregulierung* z. B. in der Form der Abgabe von (rechtlich unverbindlichen) Selbstverpflichtungserklärungen durch große Wirtschaftsunternehmen (sog. *wirtschaftliche Selbstregulierung*).

Derartigen außerrechtlichen Regelungsformen kommt heutzutage 178
in der Praxis nicht nur rein tatsächlich eine erhebliche Bedeutung zu; ihre zunehmende Verwendung entspricht auch einem gesellschaftlichen Bedürfnis und bezieht daraus ihre spezifische Berechtigung. In vielfacher Hinsicht besteht nämlich ein tatsächlicher Bedarf

nach Regelungen, der allein durch staatlich gesetztes Recht nicht (hinreichend) erfüllt werden kann. Außerrechtliche Regelungsformen müssen jedoch den durch das Recht gesetzten Rahmen beachten. Insoweit kommt dem *Recht* eine Funktion als *„Leitregelungsform“* zu und bildet damit den Maßstab für Geltung und Inhalte außerrechtlicher Regelungsformen. Ohne dass dem Recht eine hierarchisch übergeordnete Stellung verliehen würde, wird ihm die Aufgabe zugewiesen, eine Entscheidung über die Relevanz außerrechtlicher Regelungsformen zu treffen. Deren Wirkungen unterliegen mithin einem *rechtlichen Anerkennungsvorbehalt*. Das Rechtssystem und die davon geformte Realität werden damit nach Maßgabe der jeweils einschlägigen Rechtsnormen für spezifische Einwirkungen außerrechtlicher Regelungsformen geöffnet oder verschlossen.

Die Anforderungen und Erwartungen außerrechtlicher Regelungen, etwa sozialer Art, können daher keine Rolle spielen, wenn sie dem Recht entgegengesetzt sind. Insoweit erfolgt kein Ausgleich zwischen den Positionen, sondern die Qualifikation der divergierenden Anforderungen als rechtlich unerheblich und damit irrelevant, wenn nicht gar als rechtswidrig. Letzteres kann im Extremfall empfindliche Sanktionen nach sich ziehen, wie die Strafbarkeit nach § 211 StGB wegen (angeblich) sittlich gebotenen „Ehrenmordes“ verdeutlicht.

V. Die *rule of law* im anglo-amerikanischen Rechtskreis

179 Die *rule of law* hat sich im anglo-amerikanischen Rechtskreis aus anderen Wurzeln entwickelt als das deutsche bzw. kontinental-europäische Rechtsstaatskonzept.

1. Vereinigtes Königreich

180 Grundlegend für das Verständnis der britischen *rule of law* ist das Werk des englischen Verfassungsrechtlers *Albert Venn Dicey* (1835–1922). Nach seiner Lehre (*Introduction to the Study of the Law of the Constitution*, 1885) fußt die *rule of law* auf drei wesentlichen Grundsätzen:

181 Erstens soll das ordentliche Recht absoluten Vorrang vor Rechtsakten der Verwaltung haben. Demnach darf ein Engländer allein wegen einer durch ein ordentliches Gericht festgestellten Verletzung des Rechts bestraft werden. Dieser Gedanke der Eingrenzung der Herrschermacht zur Verhinderung ihrer willkürlichen Ausübung ist be-

reits niedergelegt in der *Magna Charta Libertatum* (1215), die – wenngleich noch als Privilegierung des „freien Mannes" – eine Bindung des Monarchen an das Gesetz vorsah und die Einschränkung der Freiheiten nur auf der Grundlage eines Gerichtsurteils erlaubte (→ Rdn. 5/130). Ende des 17. Jahrhunderts (*Glorious Revolution, Bill of Rights*, 1688/89) trat zum Vorrang des ordentlichen Rechts der Gedanke der Parlamentssouveränität hinzu, wonach das Parlament (auch gegenüber dem König) über die entscheidende Machtposition verfügt. Dadurch wurde der englische Monarch schon frühzeitig parlamentarisch eingebunden (*King in Parliament* → Rdn. 5/86) und die absolute in eine konstitutionelle Monarchie (→ Rdn. 5/85) umgewandelt. Der Parlamentssouveränität entsprechend sollten die Parlamentsgesetze keiner gerichtlichen Kontrolle unterliegen, konnten vom Parlament selbst aber jederzeit wieder geändert oder aufgehoben werden. Ein gegenüber einfachen Gesetzen höherrangiges Verfassungsrecht war mit dem Prinzip der Parlamentssouveränität nicht vereinbar. Beide Grundsätze sind noch heute geltendes britisches Verfassungsrecht.

Besonderheiten weist das britische Parlamentsrecht durch ein Zwei-Kammer-System auf, das nur teilweise demokratisch legitimiert ist, und zu dem auch der Monarch (*King in Parliament*) gehört. Die beiden Kammern bilden das Oberhaus (*House of Lords*) und das Unterhaus (*House of Commons*). Während das Oberhaus sich aus Erzbischöfen und Bischöfen (*Lords Spiritual*) sowie weltlichen Lords aus dem Adel zusammensetzt, ist das Unterhaus das einzig unmittelbar demokratisch legitimierte Organ (Mehrheitswahlrecht). Durch den *Parliament Act* (1911, geändert 1949) wurde das Oberhaus jedoch weithin politisch entmachtet. Es ist kein gleichberechtigter Teil der Legislative, kann Gesetzesbeschlüsse des Unterhauses insbesondere nicht durch ein Veto verhindern, sondern das Inkrafttreten von Gesetzen allenfalls um ein Jahr verzögern (aufschiebendes Veto). Das Prinzip der demokratischen Legitimation der Staatsgewalt (hier: der Legislative) ist deshalb auch im britischen Parlamentarismus verwirklicht. 182

Der zweite fundamentale Grundsatz der *rule of law* sieht vor, dass alle Bürger dem Recht gleichermaßen unterworfen werden. Zwar mag es nach *Dicey* bestimmte, insbesondere mit dem Staatsdienst verbundene Einschränkungen oder Privilegien geben (sog. *official law*). Dieses Beamtenrecht soll jedoch selbst den Premierminister nicht von den Rechten und Pflichten entbinden, die für jeden englischen Bürger gelten. 183

Drittens gilt das Verfassungsrecht im Sinne *Diceys* nicht als Quelle, sondern als Folge der Individualrechte, wie sie von den Gerichten de- 184 finiert und durchgesetzt werden. Im Unterschied zu den meisten anderen Verfassungsstaaten besitzt das Vereinigte Königreich daher – wie auch Israel – kein einheitliches Verfassungsdokument. Das britische „Verfassungsrecht" bezeichnet einen Kanon grundlegender Rechtssätze über Organisation und Funktionsweise der Staatsgewalt sowie der Rechtsstellung des Individuums, der in historischen Rechtsdokumenten (insbesondere *Magna Charta Libertatum*, 1215; *Petition of Right*, 1627; *Bill of Rights*, 1689), im einfachen Gesetzesrecht (*Statutes*) und im *Common Law* (richterrechtlich als *Case Law* entwickeltes Gewohnheitsrecht) niedergelegt ist. Hinzu treten gewisse Verfassungskonventionen (*constitutional conventions*), die zwar nicht einklagbar, gleichwohl für das Funktionieren des Gesamtsystems aber unentbehrlich sind (insbesondere Verfahrensregeln). Das Fehlen eines einheitlichen Verfassungsdokuments äußert sich in der Rechtsdurchsetzung in einer starken prozeduralen Dimension. *Dicey* formuliert insofern: „The Habeas Corpus Acts declare no principles and define no rights, but they are for practical purposes, worth a hundred constitutional articles guaranteeing individual liberty." (Introduction, S. 195).

185 Die Verfassungskonzeption des Vereinigten Königreichs und sein *rule of law*-Verständnis sind seit einigen Jahren einer schleichenden Erosion ausgesetzt. 1998 hat man durch den *Human Rights Act* (HRA) die Europäische Menschenrechtskonvention (EMRK) aus dem Jahr 1950 in nationales Recht umgesetzt. Zu den Aufgaben der britischen Gerichte gehört nach dem HRA auch die Kontrolle von einfachem Gesetzesrecht auf seine Übereinstimmung mit der EMRK, ohne dass dem Konventionsrecht damit aber ein normenhierarchischer Rang oberhalb des Gesetzesrechts zukommt. Deshalb führt ein Verstoß gegen die EMRK auch nicht automatisch zur Unwirksamkeit (Nichtigkeit) des Gesetzes.

186 Selbst die Obergerichte sind weder befugt, die Nichtigkeit des Gesetzes festzustellen, noch das Gesetz aufzuheben. Sie können lediglich eine Erklärung abgeben, in welcher die Unvereinbarkeit mit der Konvention ausgesprochen wird (*declaration of incompatibility*). Die Erklärung ist nicht mehr als eine Empfehlung an das Parlament, das betreffende Gesetz zu ändern. Eine Änderungsverpflichtung besteht allerdings nicht. Beide Maßgaben – keine automatische Nichtigkeit des Gesetzes, keine Änderungspflicht des Parlaments – tragen den Besonderheiten der britischen Verfassungstradition und der Parlamentssouveränität Rechnung. Allerdings sind die Gerichte gehalten, soweit wie möglich das Gesetzesrecht so zu interpretieren, dass es mit den Anforderungen der EMRK in Übereinstimmung steht (konventionskonforme Auslegung). Dass Parlamentsgesetze überhaupt von der Judikative einer Rechtskontrolle unterzogen werden können und die Auslegung nach dem Rechtsmaßstab eines völkerrechtlichen Vertrages (EMRK) erfolgt, belegt aber durchaus die aktuellen Wandlungsprozesse im britischen Verständnis der *rule of law* und ihre Annäherung an das kontinental-europäisch geprägte allgemeine Rechtsstaatsprinzip.

Erst 2009 wurde der *Supreme Court of the United Kingdom* ge- 187
schaffen. Oberstes Berufungsgericht des Vereinigten Königreiches waren zuvor die Lordrichter (*Law Lords*), ein Ausschuss des Oberhauses (*House of Lords Appellate Committee*). Die Lordrichter gehörten damit sowohl zur Legislative als auch zur Judikative, dessen nationale Spitze sie darstellten; eine mit dem Grundsatz der Gewaltenteilung kaum zu vereinbarende Konstellation. Der Oberste Gerichtshof ist dann zunächst mit den bisherigen Lordrichtern besetzt worden. Während diese weiterhin Mitglied des Oberhauses bleiben, üben die danach in das Gericht gewählten Richter diese Doppelfunktion nicht mehr aus. Zu den verfassungsrechtlichen Aufgaben des *Supreme Court* gehört u. a. die Überprüfung des Gesetzesrechts auf seine Vereinbarkeit mit der EMRK, ohne allerdings den Grundsatz der *Parlamentssouveränität* anzutasten. Insoweit bleibt es bei den vom HRA aufgestellten Maßgaben (→ Rdn. 5/185).

2. Vereinigte Staaten von Amerika

Anders als im Vereinigten Königreich gestaltete sich das Konzept 188
der *rule of law* in Nordamerika. Die negativen Erfahrungen der ehemaligen Kolonisten mit dem englischen Parlamentarismus, der zwar über sie bestimmte, ihnen aber keine Vertretung ihrer Interessen ermöglichte (→ Rdn. 5/138), beflügelte eine kritische Distanz zur britischen Konzeption der Parlamentssouveränität. Hinzu trat das frühzeitige Bekenntnis zu einer als grundlegendes Rechtsdokument ausgestalteten Verfassungsurkunde. Damit weist die amerikanische *rule of law* zumindest eine gewisse Nähe zum deutschen Rechtsstaatsbegriff auf. Mit der Verfassungsurkunde positivierten die Gründerväter eine Gesellschaftsordnung nach der Locke'schen *Lehre vom Staatsvertrag* als *Vereinigungsvertrag* (→ Rdn. 5/36). Nach *John Locke* galt die legislative Gewalt zwar als das höchste Gut des Staates, jedoch musste auch vor ihr geschützt werden, um die individuellen Rechte aus dem Naturzustand zu verteidigen. Der Garant dieser Begrenzung sollte nach der Verfassung eine unabhängige, starke Richterschaft sein. Ohnehin war das rechtsstaatliche Verständnis in den

Vereinigten Staaten von der Annahme geprägt, dass die mutmaßliche Bedrohung individueller Freiheitsrechte hauptsächlich in der Legislative zu erblicken ist. Dieser Gesetzesskeptizismus der amerikanischen Gesellschaft bleibt im Wesentlichen bis heute bestehen. Das Gesetz wird in den USA, anders als in Deutschland, zunächst als Mittel zur Beschränkung bürgerlicher Freiheiten gesehen.

189 Grundlegend für die amerikanische *rule of law* ist die Entscheidung des *US-Supreme Court* in der Sache *Marbury vs. Madison* (→ Rdn. 5/142). In ihr stellte das Gericht im Jahre 1803 erstmals klar, dass auch die gesetzgebende Gewalt keineswegs rechtlich ungebunden ist. Auch der Gesetzgeber ist der Verfassung unterworfen. Und die Gerichte sind befugt, die Einhaltung dieser Vorgaben zu überprüfen und dem Gesetz im Einzelfall die Anwendbarkeit zu versagen.

190 Überdies betonte der *Supreme Court* die Rechtsbindung aller staatlichen Herrschaftsgewalt: „The government of the United States has been emphatically termed a government of laws and not of men. It will certainly cease to deserve this high appellation, if the laws furnish no remedy for the violation of a vested legal right.“ Neben der Rechtsbindung ist damit aber auch (Satz 2) der Grundsatz ausgesprochen, dass es bei einer Verletzung der Rechte des Einzelnen durch die Staatsgewalt eine verfahrensrechtliche Möglichkeit zur Anrufung eines unabhängigen Gerichts geben muss. Beide Prinzipien waren auch schon im 19. Jahrhundert Gegenstand der deutschen Rechtsstaatskonzeption (Gesetzesbindung der Verwaltung, gerichtliche Überprüfung der Verwaltungsentscheidungen).

191 Die Möglichkeit der gerichtlichen Überprüfung und – bei Verstoß gegen die Verfassung – auch Verwerfung des einfachen Gesetzes machte den grundlegenden Unterschied zur bis in die Zeit der Weimarer Republik andauernden deutschen Rechtsstaatsdiskussion aus. Der *Supreme Court* beschrieb in *Marbury vs. Madison* das Problem (und seine Lösung) folgendermaßen:

192 „The constitution is either a superior paramount law, unchangeable by ordinary means, or it is on a level with ordinary legislative acts, and, like other acts, is alterable when the legislature shall please to alter it. If the former part of the alternative be true, then a legislature act contrary to the constitution is not law; if the latter part be true, then written constitutions are absurd attempts, on the part of the people, to limit a power in its own nature illimitable. Certainly all those who have framed written constitutions contemplate them as forming the fundamental and paramount law of the nation, and, consequently, the theory of every such government must be, that an act of the legislature, repugnant to the constitution, is void.“

Damit war das Fundament für die Aufnahme des Grundsatzes vom Vorrang der Verfassung gelegt, der dann auch im Grundgesetz (Art. 20 Abs. 3, Art. 1 Abs. 3 GG) seinen Niederschlag gefunden hat. 193

In der deutschen Staats- und Verfassungslehre war der Grundsatz vom Vorrang der Verfassung jedoch noch bis einschließlich der Zeit der Weimarer Republik nicht allgemein anerkannt. So schrieb *Gerhard Anschütz* (1867–1948), einer der führenden Staatsrechtler der 1920er Jahre: „Die Verfassung steht nicht über der Legislative, sondern zur Disposition derselben" (vgl. *H. Dreier*, ZNR 20 [1998], S. 28/38 ff.). Der Vorrang der Verfassung galt damals noch als „amerikanische" These. Eine Vielzahl insbesondere der sozialen Grundrechtsverbürgungen hatte (in der französischen Tradition stehend) ohnehin nur den Charakter von Programmsätzen. Im Grundgesetz ist der Vorrang der Verfassung ausdrücklich normiert (Art. 20 Abs. 3: „Die Gesetzgebung ist an die verfassungsmäßige Ordnung […] gebunden."); vgl. dazu *R. Wahl*, Der Staat 20 (1981), S. 485 ff.; *H. Dreier*, JZ 1994, S. 741 ff. 194

Zugleich war die Entscheidung *Marbury vs. Madison* wegweisend für die institutionelle Verankerung einer Verfassungsgerichtsbarkeit, deren Aufgabe die der Hüterin der Verfassung ist. In Deutschland nimmt das BVerfG diese Aufgabe wahr. Der *US-Supreme Court* ist bis heute aber nicht ausschließlich mit verfassungsrechtlichen Streitigkeiten befasst; vielmehr sind ihm auch (und insbesondere) die Aufgaben des obersten Bundesgerichts übertragen. 195

Übereinstimmend mit dem britischen Verständnis von der *rule of law* spielt auch im amerikanischen Recht das Verfahren für den Rechtsschutz eine herausragende Rolle.

VI. Universalität des Rechtsstaatsgedankens

Viele andere Staaten haben die Begriffe *Rechtsstaat* und *rule of law* mittlerweile in entsprechender Übersetzung in ihren Verfassungen verankert (Übersicht bei *K.-P. Sommermann*, Staatsziele und Staatszielbestimmungen, S. 205 ff.). Dazu gehören insbesondere solche Staaten, die in Überwindung autokratischer Systeme ihre Rechts- und Gesellschaftsordnung in einen modernen Verfassungsstaat überführt haben. Außerdem wird der jeweilige Rechtsstaatsbegriff regelmäßig durch die Voranstellung von Adjektiven in den Gesamtkontext der Verfassungen systematisch eingebunden. 196

So bestimmt Art. 2 der portugiesischen Verfassung (1976/2004): „Die Republik Portugal ist ein demokratischer Rechtsstaat […]." Und Art. 1 Abs. 1 der 197 spanischen Verfassung (1978) lautet: „Spanien konstituiert sich als demokratischer und sozialer Rechtsstaat […].“ In anderen Staaten ist die Rede von einem „souveränen, demokratischen Rechtsstaat“, z. B. Art. 1 Abs. 1 der slowakischen Verfassung (1992), oder vom „demokratischen Rechtsstaat“ in Art. 2 der polnischen Verfassung (1997). Die Tschechische Republik ist laut Verfassung (1992) ein „souveräner, einheitlicher und demokratischer Rechtsstaat“ (Art. 1 Abs. 1). Und selbst die Verfassung Russlands bestimmt (Art. 1): „Russland ist ein demokratischer föderativer Rechtsstaat mit republikanischer Regierungsform.“ Zur aktuellen Rechtsstaatsrezeption in Frankreich vgl. *K.-P. Sommermann*, in: von Mangoldt/Klein/Starck (Hrsg.), GG-Kommentar, 2. Bd., 7. Aufl. 2018, Art. 20 Abs. 3 Rdn. 243.

198 Mit der Übernahme des *Rechtsstaats* als Begriff in das nationale Verfassungsrecht anderer Staaten ist jedoch keineswegs eine schablonenhafte Übertragung der im deutschen Recht damit angesprochenen inhaltlichen Maßgaben verbunden. Wie im deutschen Recht handelt es sich vielmehr um eine Art verfassungsrechtlicher Auffangtatbestand, der über die regelmäßig explizit normierten Gegenstände (z. B. Gewaltenteilung, Gesetzesbindung von Exekutive und Judikative) hinaus auch weitere Gewährleistungen (z. B. Vertrauensschutz, Verhältnismäßigkeit) enthalten kann. Insoweit eröffnet der allgemeine Rechtsstaatsbegriff den nationalen Verfassungsgerichtshöfen inhaltliche Erkenntnispotentiale, in die sowohl die jeweils eigene Verfassungstradition als auch – über den Rechtsvergleich – die Rechtstaatserfahrungen anderer Staaten einfließen können.

199 Gerade der Rechtsvergleich steht im Vordergrund bei der Konkretisierung eines Rechtstaatsbegriffs der Europäischen Union. Art. 2 EUV lautet: „Die Werte, auf die sich die Union gründet, sind die Achtung der Menschenwürde, Freiheit, Demokratie, Gleichheit, Rechtsstaatlichkeit und die Wahrung der Menschenrechte einschließlich der Rechte der Personen, die Minderheiten angehören. Diese Werte sind allen Mitgliedstaaten in einer Gesellschaft gemeinsam, die sich durch Pluralismus, Nichtdiskriminierung, Toleranz, Gerechtigkeit, Solidarität und die Gleichheit von Frauen und Männern auszeichnet.“ Die Vorschrift ist Ausdruck des *Grundsatzes der strukturellen Homogenität* von Europäischer Union und Mitgliedstaaten (→ Rdn. 5/233 ff.). Sie geht davon aus, dass alle EU-Mitgliedstaaten als moderne Verfassungsstaaten zu qualifizieren sind. Übertragen diese Staaten nunmehr eigene Hoheitsgewalt auf eine zwischenstaatliche Einrichtung wie die EU, die in den meisten Bereichen mit supranationaler Gewalt ausgestattet ist (zum Begriff der Supranationalität → Rdn. 6/36 ff.), dann müssen die verfassungsstaatlichen Grundprinzipien auch durch die zwischenstaatliche Rechtsordnung gewährleistet sein. Art. 2 EUV bringt diesen Zusammenhang klar zum Ausdruck. Er enthält – neben der Inbezugnahme der anderen Fundamentalprinzipien – auch das Bekenntnis zum Rechtsstaat. Der Begriff ist aber schon allein deshalb missverständlich,

weil die EU kein Staat ist, mithin auch kein Rechts*staat* sein kann. Der EuGH verwendet synonym regelmäßig den Begriff der „Rechtsgemeinschaft". Mit der Methode der wertenden Rechtsvergleichung hat der EuGH unter Rückgriff auf den Rechtsstaats- bzw. Rechtsgemeinschaftstopos bereits eine Fülle von Einzelprinzipien gewonnen, etwa die Grundsätze vom Vorbehalt des Gesetzes, des Vertrauensschutzes und der Verhältnismäßigkeit (vgl. dazu ausführlich *C. Calliess*, in: Calliess/Ruffert [Hrsg.], EUV/EGV-Kommentar, 4. Aufl. 2011, Art. 2 EUV Rdn. 25 ff.). Auch die Entwicklung der Unionsgrundrechte durch den EuGH (→ Rdn. 5/240 ff.) lässt sich noch in den Wirkungszusammenhang eines materiell verstandenen Rechtsstaatsprinzips stellen. Allerdings unterliegen die aus den mitgliedstaatlichen Verfassungsordnungen bekannten Einzelausprägungen des Rechtsstaatsprinzips auf der europäischen Ebene oftmals Modifizierungen, durch die den Besonderheiten dieser zwischenstaatlichen Organisationsform Rechnung getragen wird. So ist das Prinzip der Gewaltenteilung nicht ohne weiteres auf die Europäische Union übertragbar; hier ist vielmehr der Grundsatz des institutionellen Gleichgewichts einschlägig. Ähnliches gilt für das Demokratieprinzip (→ Rdn. 5/88 ff.).

Auch außerhalb der Europäischen Union gewinnen die Prinzipien 200 in der zwischenstaatlichen Rechtskultur, insbesondere in Internationalen Organisationen an Bedeutung. Trotz der aufgezeigten inhaltlichen Differenzen werden die Termini *Rechtsstaatsprinzip* und *rule of law* in diesem Kontext für gewöhnlich reziprok übersetzt und verwendet. Dadurch entwickelt sich grenzüberschreitend ein globales Rechtsstaatsverständnis, das Rechtsstaatsprinzip und *rule of law* miteinander verbindet und nicht zuletzt in völkerrechtlichen Verträgen ein „Minimum rechtsstaatlicher Homogenität" sichert (*K.-P. Sommermann*, in: von Mangoldt/Klein/Starck (Hrsg.), GG-Kommentar, Bd. 2, 7. Aufl. 2018, Art. 20 Rdn. 247).

E. Solidaritätsprinzip

Jeder dem Staatstypus des modernen Verfassungsstaates zuzuord- 201 nende Staat verwirklicht in seiner Rechtsordnung immer auch das *Solidaritätsprinzip*, wenngleich in unterschiedlichem Umfang und Ausrichtung.

I. Vorbemerkung

Solidarität besagt zunächst nichts anderes als *Zusammengehörig-* 202 *keit* oder *Zusammengehörigkeitsgefühl* bzw. *Gemeinsinn* und bedeutet die wechselseitige Verbundenheit einer (mehr oder weniger großen) Gruppe von Menschen. Die Gründe für diese Verbundenheit können höchst unterschiedlich sein. Abgesehen von der reinen *Interessensolidarität*, bei der sich Personen mit einer gemeinsamen Interessenlage (z. B. wirtschaftlicher oder politischer Art) freiwillig zusammenfinden, um durch gemeinsames und gezieltes Handeln die Interessenwahrnehmung und -verwirklichung zu optimieren, ist Solidarität ein allgemeines gesellschaftliches Phänomen. Sie findet Ausdruck in familiärer Solidarität oder in Form privater Stiftungen, die bestimmten Allgemeinwohlbelangen zu dienen bestimmt sind (z. B. zur Unterstützung von Hilfsbedürftigen oder zur Finanzierung der Forschung). Neben diese Formen der *freiwilligen* Solidarität tritt die *staatliche erzwungene Solidarität.* Der moderne Verfassungsstaat ist notwendig auch ein *Solidarverband.* Er erzwingt gegebenenfalls die Solidarität seiner Staatsbürger untereinander, teilweise sogar mit Dritten, z. B. auf dem Staatsgebiet lebenden ausländischen Staatsangehörigen. Erforderlich ist der Staat als Solidarverband vor allem zur Risikobegrenzung angesichts gewisser Bedrohungsszenarien. Der Solidaritätsaspekt hat deshalb im Laufe der Zeit seinen Ausdruck in unterschiedlichen Staatszielen gefunden, die regelmäßig in den Verfassungen normiert sind, insbesondere in Form des Sozialstaats- und des Umweltstaatsprinzips (generell zu Staatszielen → Rdn. 4/101 ff.).

II. Sozialstaatsprinzip

1. Problemhorizont des 19. Jahrhunderts

203 Das am Anfang der sozialen Ausrichtung des Staates stehende Bedrohungsszenario war die industrielle Revolution seit Beginn des 19. Jahrhunderts und das damit verbundene Aufkommen der „sozialen Frage“. Große Teile der Arbeiterschaft, aber auch der Bauern und Handwerker lebten in Armut oder drohten zu verelenden. Sie waren die Verlierer des Wandels der landwirtschaftlich und handwerklich geprägten Gesellschaften zur industriellen Massenproduktion. Vor diesem Hintergrund war es vor allem *Lorenz von Stein* (1815–1890), der die Gewährleistung sozialer Sicherheit zu einer Art neuem Staatszweck erhob (→ Rdn. 4/61 ff.). Die – soweit ersichtlich – erste Formulierung der sozialstaatlichen Idee geht ebenfalls auf *Lorenz von Stein* zurück (Gegenwart und Zukunft der Rechts- und Staatswissen-

schaft Deutschlands, 1876): „[Der Rechtsstaat] muss aber endlich mit seiner Macht den wirtschaftlichen und gesellschaftlichen Fortschritt aller seiner Angehörigen fördern, weil zuletzt die Entwicklung des einen stets die Bedingung und eben so sehr die Konsequenz der Entwicklung des andern ist; und in diesem Sinne sprechen wir von dem gesellschaftlichen oder dem socialen Staate.“ Zuvor hatte bereits *Robert von Mohl* (1799–1875) in seine Definition des Rechtsstaates (→ Rdn. 5/147) die soziale Komponente eingeschlossen („dass jedes Mitglied desselben in der möglichst freien und allseitigen Übung und Benutzung seiner sämtlichen Kräfte unterstützt und gefördert werde“) und hinzugefügt, dass „die Hindernisse zu beseitigen“ seien, welche „der allseitigen Entwicklung der Kräfte der Bürger im Wege stehen“.

In den Verfassungstexten des 19. Jahrhunderts fand der Gedanke 204
der Verantwortung des Staates für die existentielle Absicherung der Bürger jedoch noch keinen Widerhall. Die Zeit war geprägt von der Dominanz der Freiheitsrechte (zumal der Wirtschafts- und Vertragsfreiheit) und dem Versuch, den omnipräsenten Staat durch das Rechtsstaatsprinzip in seine Schranken zu weisen (→ Rdn. 5/146 ff.).

Nur auf der gesetzlich-institutionellen Ebene übernahm z. B. das Deutsche Reich durch die Bismarcksche Sozialgesetzgebung (Kranken- und Unfallversicherung, Alters- und Invaliditätsversicherung, Rentenversicherung, 1883–1891) zumindest teilweise Verantwortung für die Bekämpfung des sozialen Elends. Diese Gesetzgebung war aber primär motiviert aus innenpolitischen Erwägungen zur Befriedung der Arbeiterschaft, verbunden mit dem Versuch, sie von den seit den Sozialistengesetzen (1878) verbotenen sozialistischen und sozialdemokratischen Organisationen abzuspalten. Unabhängig davon hatte die deutsche Sozialgesetzgebung aber eine weltweite Vorbildfunktion für den Aufbau eines staatlichen Sozialsystems und ist ein Beleg für eine rechtspraktische Verwirklichung von Sozialstaatlichkeit – auch wenn es diesen Begriff damals weder gab noch dieser gar in der Verfassung verankert war.

2. Weimarer Reichsverfassung

Erst mit der Weimarer Reichsverfassung von 1919 (zur Entstehung 205
→ Rdn. 5/54) änderte sich das Bild. In einer Vielzahl von Vorschriften wurde der soziale Auftrag des Staates deutlich angesprochen. Ein Abschnitt war überschrieben mit „Das Wirtschaftsleben“ und begann mit einer erstaunlichen programmatischen Aussage: „Die Ordnung des Wirtschaftslebens muss den Grundsätzen der Gerechtigkeit mit den Zielen der Gewährleistung eines menschenwürdigen Daseins für

alle entsprechen. In diesen Grenzen ist die wirtschaftliche Freiheit des einzelnen zu sichern“ (Art. 151 Abs. 1 WRV). Hervorzuheben ist vor allem die Festlegung auf die (soziale) „Gerechtigkeit“ sowie das „menschenwürdige Dasein für alle“, mit denen die Grundanliegen des Sozialstaatsprinzips prägnant zum Ausdruck gebracht wurden.

206 Beide Begriffe (soziale Gerechtigkeit und Menschenwürde) bilden das Fundament der Sozialstaatlichkeit, können zur Konkretisierung des Gewährleistungsinhalts jedoch kaum etwas beitragen. „Gerechtigkeitskonzepte gibt es in großer Zahl; sie bleiben indes, jedenfalls in einer pluralistischen Gesellschaft, letztlich ‚unentrinnbar subjektiv‘ [W. Henke], ganz zu schweigen von zusätzlicher Relativierung durch konfligierende Gerechtigkeitsforderungen. Bei der Inhaltsbestimmung in der rechtlichen Sphäre sind vielmehr konkrete Elemente (Unterziele) zu benennen, die sich in der verfassungsrechtlichen Entwicklung als Wesensmerkmale verfestigt haben“ (*K.-P. Sommermann*, in: von Mangoldt/Klein/Starck (Hrsg.), GG-Kommentar, Bd. 2, 7. Aufl. 2018, Art. 20 Rdn. 104). Zum inneren Zusammenhang von Sozialstaat und Menschenwürde → Rdn. 5/212.

3. Sozialstaatsprinzip in den Nachkriegsverfassungen

207 Nach dem Zweiten Weltkrieg fand die Idee des (auch) sozialen Staates in den Verfassungstexten vor allem als Staatszielbestimmung breite Berücksichtigung. Den Anfang machten in Deutschland die neu entstandenen Länder, die zumeist in adjektivischer Form, teilweise aber auch schon als Substantiv den Sozialstaat in den verfassungsrechtlichen Zielkatalog einstellten.

Beispiele: Rheinland-Pfalz: „demokratischer und sozialer Gliedstaat Deutschlands“ (Art. 74); Bayern: „Rechts-, Kultur- und Sozialstaat“ (Art. 3); nach dem Inkrafttreten des Grundgesetzes: „republikanischer, demokratischer und sozialer Rechtsstaat“ (Art. 23 Baden-WürttVerf; Art. 1 NdsVerf). Hinzu kamen programmatische Aussagen wie die, „das Gemeinschaftsleben nach dem Grundsatz der sozialen Gerechtigkeit zu ordnen“ (Präambel Baden-WürttVerf. und Verfassung von Rheinland-Pfalz) oder: „Die Allgemeinheit hilft in Fällen der Not den wirtschaftlich Schwachen“ (Präambel HbgVerf).

208 Ohne dass im Parlamentarischen Rat (→ Rdn. 5/55) der Bedeutungsgehalt des Wortes „sozial“ näher erörtert wurde, verständigte man sich darauf, an zentralen Stellen des Grundgesetzes die Sozialstaatlichkeit der Bundesrepublik Deutschland klarzustellen. Art. 20 Abs. 1 GG bezeichnet die Bundesrepublik Deutschland als einen „sozialen“ Bundesstaat. Art. 28 Abs. 1 S. 1 GG (Homogenitätsklausel → Rdn. 6/20) spricht von einem „sozialen Rechtsstaat“. In diesen – wenn auch nur adjektivischen – Bezugnahmen ist das Sozialstaats-

prinzip verankert. Weitere Hinweise auf die soziale Ausrichtung des Grundgesetzes finden sich z. B. in Art. 14 Abs. 2 GG („Eigentum verpflichtet. Sein Gebrauch soll zugleich dem Wohle der Allgemeinheit dienen.“).

4. Verfassungsvergleichung

Auch andere westliche Verfassungen kennen eine Sozialpflichtigkeit des Staates, teilweise ergibt sie sich zumindest aus einer Gesamtschau der verfassungsrechtlichen Aussagen. Einige Verfassungen proklamieren sogar ausdrücklich – wie Art. 28 Abs. 1 S. 1 GG – den „sozialen Rechtsstaat“ (z. B. Art. 1 Abs. 1 der spanischen Verfassung). Das in der deutschen Lehre entwickelte Modell des sozialen Rechtsstaats ist offensichtlich, wie der erste Präsident des spanischen Verfassungsgerichts hervorgehoben hat, trotz seiner Herkunft aus einem bestimmten nationalen Kontext sowohl als generelles Erklärungsmodell für „die Anpassung des traditionellen Staates an die industrielle und postindustrielle Gesellschaft“ geeignet wie auch als normatives Leitbild verwendbar (vgl. *K.-P. Sommermann*, Staatsziele und Staatszielbestimmungen, S. 179). Und in Art. 2 der portugiesischen Verfassung findet sich die Formulierung, die Republik Portugal sei ein „demokratischer Rechtsstaat“, dessen Ziel es u. a. sei, „eine Demokratie auf wirtschaftlicher, *sozialer* und kultureller Ebene“ zu verwirklichen. 209

In einigen Verfassungstexten begegnen uns zudem Vorschriften, die z. B. deutliche Parallelen zum materiellen, den sozialen Aspekt einschließenden Rechtsstaatsbegriff *Robert von Mohls* (→ Rdn. 5/147) aufweisen. So lautet Art. 3 Satz 2 der italienischen Verfassung (1947): „Es ist Aufgabe der Republik, die Hindernisse wirtschaftlicher und gesellschaftlicher Art zu beseitigen, die die Freiheit und Gleichheit der Bürger tatsächlich einschränken, und die volle Entfaltung der menschlichen Persönlichkeit und die wirksame Teilnahme aller Arbeitenden an der politischen, wirtschaftlichen und sozialen Gestaltung des Landes verhindern.“ Und Art. 9 Abs. 2 der spanischen Verfassung (1978) bestimmt: „Der öffentlichen Gewalt obliegt es, die Bedingungen dafür zu schaffen, dass Freiheit und Gleichheit des einzelnen und der Gruppen, denen er angehört, real und wirksam sind, die Hindernisse zu beseitigen, die ihre volle Entfaltung verhindern oder erschweren, und die Teilnahme aller Bürger am politischen, wirtschaftlichen, kulturellen und gesellschaftlichen Leben zu fördern.“ Zum sozialen Rechtsstaat als transnationales Phänomen vgl. *K.-P. Sommermann*, Staatsziele und Staatszielbestimmungen, S. 179 ff.; *ders.*, in: von Mangoldt/Klein/Starck (Hrsg.), GG-Kommentar, Bd. 2, 7. Aufl. 2018, Art. 20 Rdn. 113, m. w. N.; zu einer verfassungsgesetzlichen Normierung einzelner sozialer Schutzgegenstände s. § 19 des finnischen Grundgesetzes. 210

5. Normstruktur und Rechtsverbindlichkeit

211 Über die Normstruktur und den konkreten Inhalt des Sozialstaatsprinzips ist damit allerdings noch nichts ausgesagt. Auch insoweit gilt: Trotz etwaiger begrifflicher Identität konstitutionalisiert jeder Staat ein eigenes Verständnis der Sozialstaatlichkeit, das auch zu höchst unterschiedlichen Gewichtungen in der gesetzlichen Umsetzung des Verfassungsprinzips führen kann. Art. 28 Abs. 1 S. 1 GG spricht bewusst von den „Grundsätzen des […] sozialen Rechtsstaates *im Sinne dieses Grundgesetzes*". Grundlegend ist jedoch, um das Sozialstaatsprinzip als Verfassungsgrundsatz qualifizieren zu können, dass ihm eine verfassungsgesetzliche Bindungswirkung zukommt; es also rechtlich verpflichtenden Charakter für die Staatsgewalt aufweist. Diese Wirkung hat das BVerfG (E 1, S. 97/105) bereits frühzeitig verdeutlicht, indem es darauf hinwies, der Gesetzgeber sei „gewiss verfassungsrechtlich zu sozialer Aktivität, insbesondere dazu verpflichtet, sich um einen erträglichen Ausgleich der widerstreitenden Interessen und um die Herstellung erträglicher Lebensbedingungen für alle die zu bemühen", die in Not geraten seien.

212 Später hat das BVerfG (E 40, S. 121/133) insbesondere den Zusammenhang von Menschenwürdegarantie (Art. 1 GG) und Sozialstaatsprinzip betont, der dem Einzelnen im Extremfall sogar einen Rechtsanspruch auf die Gewährleistung der Grundbedingungen eines menschenwürdiges Dasein vermitteln kann: „Gewiss gehört die Fürsorge für Hilfsbedürftige zu den selbstverständlichen Pflichten eines Sozialstaates […]. Dies schließt notwendig die soziale Hilfe für die Mitbürger ein, die wegen körperlicher oder geistiger Gebrechen an ihrer persönlichen und sozialen Entfaltung gehindert und außerstande sind, sich selbst zu unterhalten. Die staatliche Gemeinschaft muss ihnen jedenfalls die *Mindestvoraussetzungen für ein menschenwürdigen Daseins sichern* und sich darüber hinaus bemühen, sie soweit möglich in die Gesellschaft einzugliedern, ihre angemessene Betreuung in der Familie oder durch Dritte zu fördern sowie die notwendigen Pflegeeinrichtungen zu schaffen. […] Jedoch bestehen vielfältige Möglichkeiten, den gebotenen Schutz zu verwirklichen. Es liegt grundsätzlich in der Gestaltungsfreiheit des Gesetzgebers, den ihm geeignet erscheinenden Weg zu bestimmen […]. Ebenso hat er, soweit es sich nicht um die bezeichneten Mindestvoraussetzungen handelt, zu entscheiden, in welchem Umfang soziale Hilfe unter Berücksichtigung der vorhandenen Mittel und anderer gleichrangiger Staatsaufgaben gewährt werden kann und soll." Praktische Bedeutung hat dieser verfassungsrechtliche Anspruch jedoch nicht, weil die sozialhilferechtlichen Vorschriften entsprechende Regelungen enthalten. So formuliert § 1 S. 1 SGB XII: „Aufgabe der Sozialhilfe ist es, den Leistungsberechtigten die Führung eines Lebens zu ermöglichen, das der Würde des Menschen entspricht." Art. 23 Abs. 1 der belgischen Verfassung hebt her-

vor: „Jeder hat das Recht, ein menschenwürdiges Leben zu führen." Die Bedingungen für die Ausübung dieses Rechts, das etwa auch das Recht auf eine angemessene Wohnung und das Recht auf soziale Sicherheit, Gesundheitsschutz und sozialen, medizinischen und rechtlichen Beistand umfasst, bedürfen allerdings der gesetzlichen Normierung.

Abgesehen von diesem nur in einer extremen Notlage bestehenden Rechtsanspruch enthält das grundgesetzliche Sozialstaatsprinzip aber „infolge seiner Weite und Unbestimmtheit regelmäßig keine unmittelbaren Handlungsanweisungen, die durch die Gerichte ohne gesetzliche Grundlage in einfaches Recht umgesetzt werden könnten" (BVerfGE 65, S. 182/193; 82, S. 60/80). Als Verfassungsauftrag ist es vorrangig an den Gesetzgeber gerichtet, der die gesellschaftliche Entwicklung zu beobachten und im Rahmen eines weiten – gerichtlich nur äußerst beschränkt überprüfbaren – Beurteilungsspielraums über das Ob und Wie der sozialen Absicherung zu entscheiden hat. Die verfassungsrechtliche Grenze bildet auch insoweit (nur) die Notwendigkeit der Sicherstellung des Existenzminimums. Für die Rechtsprechung und die Verwaltung besitzt das Sozialstaatsprinzip lediglich Relevanz bei der Anwendung und Auslegung bestehender Gesetze sowie für die Verwaltung bei der – soweit gesetzlich vorgesehen – Ausfüllung von Ermessensspielräumen. Beiden Gewalten ist es versagt, eine eigenständige Sozialpolitik zu betreiben. 213

Ob die Sicherung des menschlichen Existenzminimums zu den verfassungsrechtlich bestehenden Pflichten des Staates gehört, wird selbst in Europa unterschiedlich gesehen. § 19 Abs. 1 des finnischen Grundgesetzes sieht eine solche Verpflichtung vor: „Jeder, der die für ein menschenwürdiges Leben erforderliche Sicherheit nicht erwerben kann, hat das Recht auf lebensnotwendige Unterstützung und Fürsorge." Die Verfassungen anderer Staaten (z. B. Österreich, Schweden) enthalten hingegen weder eine solche ausdrückliche Festlegung noch haben die Verfassungsgerichte aus der Gesamtschau der sozialstaatlichen Vorschriften eine solche Verpflichtung abgeleitet. In Frankreich und Spanien hat die Rechtsprechung zwar eine in der jeweiligen Verfassung wurzelnde objektiv-rechtliche Verpflichtung zur Gewährleistung eines menschenwürdigen Mindeststandards anerkannt, einen Rechtsanspruch des einzelnen aber damit nicht verbunden. 214

III. Umweltstaatsprinzip

1. Aktueller Problemhorizont

So wie das Sozialstaatsprinzip als Antwort auf die ökonomisch-soziale Entwicklung seit der industriellen Revolution zu verstehen ist, 215 so stellt das *Umweltstaatsprinzip* (auch: Umweltprinzip, Umweltschutzprinzip) die verfassungsstaatliche Antwort auf die mit der weltweiten Umweltverschmutzung einhergehenden Herausforderungen dar. Waren diese Auswirkungen auf die Medien Boden, Wasser und Luft seit den 1950er Jahren zunächst noch einigermaßen lokalisierbar, so kamen im Laufe der Jahrzehnte medienübergreifende Gefahrenpotentiale hinzu (z. B. das Anwachsen des Ozonlochs oder der weltweite Klimawandel), die in ihrer Konsequenz für die natürlichen Lebensgrundlagen nicht absehbar sind.

„Natürliche Lebensgrundlagen" bezeichnet die von der Natur vorgegebenen und für die Existenz von Leben unentbehrlichen „natürlichen Ressourcen", also die (wildlebende) Tier- und Pflanzenwelt sowie die Ökosysteme in ihrer Gesamtheit, mithin die Bedingungen des gemeinsamen Zusammenlebens.

216 Verbunden mit den medienübergreifenden Gefahrenpotentialen sind Risiken, die nicht nur – wie bei der „sozialen Frage" – einzelne Menschen oder eine (überschaubare) Gruppe von Personen betreffen, sondern die Menschheit als solche möglicherweise ihrer Existenzgrundlagen berauben können. Wie hoch dieses Risiko zu veranschlagen ist, lässt sich – u. a. aufgrund multikausaler Verläufe – nicht in konkreten Zahlen ausdrücken. Die Prognoseunsicherheit über die Wahrscheinlichkeit der Risikorealisierung ist insoweit Teil des Umweltproblems. Im Vergleich zur Herstellung „sozialer Sicherheit" ist die Gewährleistung „ökologischer Sicherheit" für den Staat mit strukturell anderen Schwierigkeiten verbunden, die gänzlich neue Herausforderungen an den Verfassungsstaat stellen.

2. Staatsziel Umweltschutz

217 Geht man heute von einem *Staatszweck Umweltschutz* aus (→ Rdn. 4/66 f.), dann liegt es nahe, diesen Aspekt auch im Verfassungstext als Staatsziel oder als Staatsaufgabe zu verankern (zu dieser Differenzierung → Rdn. 4/100 ff.), um ihn dadurch für alle Staatsorgane rechtlich verbindlich zu machen. In der Bundesrepublik Deutschland hat man 1994 das Grundgesetz um einen Art. 20a ergänzt, der als Staatszielbestimmung verstanden wird.

„Der Staat schützt auch in Verantwortung für die künftigen Generationen die natürlichen Lebensgrundlagen im Rahmen der verfassungsmäßigen Ordnung durch die Gesetzgebung und nach Maßgabe von Gesetz und Recht durch die vollziehende Gewalt und die Rechtsprechung." Im Jahr 2002 wurde den „natürlichen Lebensgrundlagen" noch der „Tierschutz" hinzugefügt.

Auch andere Staaten haben in den letzten zwei Jahrzehnten entsprechende Bestimmungen in ihre Verfassungstexte aufgenommen, die jedoch – im Vergleich zum Sozialstaatsprinzip („sozialer Rechtsstaat") – inhaltlich und in der Normstruktur recht große Unterschiede aufweisen. 218

Die belgische Verfassung (Art. 23 Abs. 3 Nr. 4) nennt ausdrücklich „das Recht auf den Schutz einer gesunden Umwelt", das allerdings der näheren gesetzlichen Regelung bedarf. Art. 20 des finnischen Grundgesetzes ist hingegen objektiv-rechtlich ausgestaltet und nimmt die Bürger selbst in die Pflicht: „Jeder trägt Verantwortung für die Natur und ihre Mannigfaltigkeit sowie für die Umwelt und das Kulturerbe. Das Gemeinwesen wirkt darauf hin, dass für alle eine gesunde Umwelt gesichert wird und dass jeder die Möglichkeit hat, auf Entscheidungen in Angelegenheiten, die die eigene Lebensumwelt betreffen, Einfluss zu nehmen." Und Art. 24 Abs. 1 S. 1 und 2 der griechischen Verfassung lauten: „Der Schutz der natürlichen und kulturellen Umwelt ist eine Pflicht des Staates und ein Recht für jeden. Der Staat ist verpflichtet, besondere vorbeugende oder hemmende Maßnahmen zu deren Bewahrung im Rahmen des Prinzips der Gewährleistung dauerhaft gleichbleibender Mengenverhältnisse zu treffen."

Bei der Aufnahme eines Staatsziels Umweltschutz in die Verfassung 219
gibt es grundsätzlich zwei Möglichkeiten der inhaltlichen Ausrichtung. Nämlich entweder *anthropozentrisch*, dann steht der Mensch im Mittelpunkt auch des Schutzes der Umwelt; Umweltschutz geschieht mithin um des Menschen Wohl. Oder *ökozentrisch*, dann wird Umweltschutz um des Schutzes der Natur und der Umweltmedien (Boden, Wasser, Luft) selbst betrieben. Die meisten Verfassungstexte verknüpfen die Pflicht des Staates zum aktiven Umweltschutz mit den Interessen des Menschen, sind also einem anthropozentrischen Grundansatz zuzuordnen. Nicht eindeutig ist Art. 20a GG, der vom Schutz der „natürlichen Lebensgrundlagen" spricht, was eher ökozentrisch zu verstehen sein dürfte, um diesen Schutz aber gleichzeitig mit der „Verantwortung für die künftigen Generationen" zu begründen. Damit wird deutlich, dass offensichtlich „Menschen-Generationen", nicht aber schlicht „Generationen von Lebewesen" gemeint sind. Dieses Verständnis ergibt sich zudem zwingend aus einer Gesamtbetrachtung des Grundgesetzes, dessen Grundnorm nach wie vor den Menschen in den Mittelpunkt der Verfassungsordnung stellt (Art. 1 Abs. 1 GG: Schutz der Menschenwürde).

Die Einfügung des Art. 20a in das Grundgesetz war über annähernd 15 220
Jahre politisch heftig umstritten. Die Befürchtungen bezogen sich vor allem

darauf, Verwaltung und Rechtsprechung könnten ein Staatsziel Umweltschutz dazu missbrauchen, eigene umweltpolitische Vorstellungen unter dem Deckmantel der Rechtsanwendung zu verfassungsrechtlichen Forderungen zu erheben und dadurch in den Kompetenzbereich des Gesetzgebers eingreifen. Dieser Befürchtung wurde in Art. 20a GG durch zwei „Angstklauseln" Rechnung getragen, nämlich durch die ausdrückliche Hervorhebung, dass der staatliche Schutz durch die Gesetzgebung „im Rahmen der verfassungsmäßigen Ordnung" und durch Verwaltung und Rechtsprechung „nach Maßgabe von Gesetz und Recht" erfolge. Beide Klauseln normieren etwas ohnehin Selbstverständliches. Sie haben keinen eigenständigen Bedeutungsgehalt, weil sie insoweit nur Art. 20 Abs. 3 GG wiederholen.

3. Normstruktur und Rechtsverbindlichkeit

221 Für die Normstruktur der Staatszielbestimmung Umweltschutz gilt weithin dasselbe wie für das Sozialstaatsprinzip: Auch das Umweltstaatsprinzip enthält für den Gesetzgeber eine objektiv-rechtlich verbindliche Weisung, dass er überhaupt umweltschützende Rechtsnormen erlassen soll, und dies nicht nur im Hinblick auf den Schutz der heute lebenden Menschen, sondern auch „in Verantwortung für die künftigen Generationen". Es handelt sich also im Wesentlichen um eine vom Gesetzgeber auszufüllende Ziel- und Aufgabennorm. Wie – und vor allem auf welchem Schutzniveau – er dieser Verpflichtung nachkommt, ist eine grundsätzlich nicht justiziable Frage politischer Einschätzung. Daneben ist das Umweltstaatsprinzip für die Verwaltung bedeutsam bei der inhaltlichen Ausgestaltung planerischer Abwägungsentscheidungen oder bei der Ermessensausübung, für Verwaltung und Rechtsprechung zudem bei der Anwendung und Auslegung umweltrechtlicher Vorschriften.

F. Der „offene Verfassungsstaat" als Teil der internationalen Ordnung

222 Neben den bereits behandelten Prinzipien gehört zu den charakteristischen Merkmalen des Verfassungsstaates sein besonderes Verhältnis zur *internationalen Ordnung*, hier namentlich zum Völkerrecht. Ein Kennzeichen des modernen Verfassungsstaates besteht darin, die internationalen Ordnungsstrukturen in einer Weise zu beeinflussen, dass diese die ihn prägenden Prinzipien (z. B. Friedenssicherung und Schutz der Grund- und Menschenrechte) zumindest in einem Kernbereich widerspiegeln (zur *Konstitutionalisierung* der zwischenstaatli-

chen Beziehungen → Rdn. 7/32 ff.). Der moderne Verfassungsstaat ist aber auch offen gegenüber völkerrechtlichen Entwicklungen; man spricht deshalb auch vom „offenen Verfassungsstaat". Er trennt nicht strikt zwischen innerstaatlicher und zwischenstaatlicher Rechtsordnung, sondern enthält regelmäßig Verfassungsvorschriften, über die Grundprinzipien der Völkerrechtsordnung auch in die innerstaatliche Rechtsordnung übernommen werden.

I. Transformation völkerrechtlicher Normen in innerstaatliches Recht (Überblick)

Die Völkerrechtsordnung enthält regelmäßig keine rechtlichen Vorgaben, auf welcher Ebene der innerstaatlichen Normenhierarchie die jeweiligen völkerrechtlichen Regeln und Prinzipien nach ihrer Umsetzung einzuordnen sind. Deshalb ist es dem Selbstverständnis der einzelnen Verfassungsstaaten überantwortet, diesen Rang näher zu bestimmen. Oftmals ist die Rangzuweisung eher vage formuliert, was zu Unklarheiten führt. Zudem muss man auch innerstaatlich grundsätzlich zwischen den verschiedenen Rechtsquellen des Völkerrechts (→ Rdn. 7/2 ff.) differenzieren. In welchem Umfang sich nun der jeweilige Verfassungsstaat für Einflüsse des Völkerrechts öffnet, ist abhängig von der konkreten verfassungsgesetzlichen Ausgestaltung. Für die Transformation eines völkerrechtlichen Vertrages in innerstaatliches Recht ist in den meisten Staaten aber grundsätzlich ein entsprechender *Rechtsanwendungsbefehl* in der Form eines Gesetzes erforderlich. 223

So bedarf ein völkerrechtlicher Vertrag – um innerstaatlich Rechtswirkungen erzeugen zu können – auch im britischen Recht (*common law*) eines gesetzlichen Transformationsaktes, der in der Regel vom Parlament zu erlassen ist (zur Parlamentssouveränität → Rdn. 5/181 ff.). Art. 55 der französischen Verfassung bestimmt: „Die ordnungsgemäß ratifizierten oder genehmigten Verträge oder Abkommen erlangen mit ihrer Veröffentlichung höhere Rechtskraft als die Gesetze, vorausgesetzt, dass die Abkommen oder Verträge von den Vertragsparteien angewandt werden." Ein solcher völkerrechtlicher Vertrag hat dann innerstaatlich einen höheren Rang als einfaches Gesetzesrecht, steht aber gleichwohl im Rang unterhalb der Verfassung. Auch die modernen Verfassungsstaaten räumen dem Völkerrecht in der innerstaatlichen Normenhierarchie nur selten einen Rang über der Verfassung ein (so aber Art. 94 Verfassung der Niederlande; Art. 28 Abs. 1 Verfassung Griechenlands), siedeln es 224 teilweise aber zumindest auf derselben Ebene wie nationales Verfassungsrecht an (z. B. Art. 10 Abs. 1 Verfassung Italiens).

225 Durch diese Offenheit für das Völkerrecht sichert der moderne Verfassungsstaat seine Integration in die internationale Gemeinschaft, so dass Normwidersprüche zwischen den beiden Rechtsordnungen (Völkerrecht einerseits, nationales Recht andererseits) soweit wie möglich vermieden werden.

II. Die völkerrechtliche und europäische Integrationsoffenheit des Grundgesetzes

226 Auch das Grundgesetz enthält eine Reihe von Vorschriften, durch die es sich für die Völkerrechtsordnung öffnet. Darüber hinaus trägt es insbesondere durch Art. 23 GG den Besonderheiten Rechnung, die sich für Deutschland aus der Mitgliedschaft in der Europäischen Union ergeben.

1. Integration in die völkerrechtliche Ordnung der Staatengemeinschaft

227 **a) Normenbestand und -hierarchie.** Das BVerfG (E 111, S. 307/318) hat die Öffnung des Grundgesetzes für das Völkerrecht folgendermaßen umschrieben:

> „Das Grundgesetz hat die deutsche öffentliche Gewalt programmatisch auf die internationale Zusammenarbeit (Art. 24 GG) und auf die europäische Integration (Art. 23 GG) festgelegt. Das Grundgesetz hat den allgemeinen Regeln des Völkerrechts Vorrang vor dem einfachen Gesetzesrecht eingeräumt (Art. 25 S. 2 GG) und das Völkervertragsrecht durch Art. 59 Abs. 2 GG in das System der Gewaltenteilung eingeordnet. Es hat zudem die Möglichkeit der Einfügung in Systeme gegenseitiger kollektiver Sicherheit eröffnet (Art. 24 Abs. 2 GG), den Auftrag zur friedlichen Beilegung zwischenstaatlicher Streitigkeiten im Wege der Schiedsgerichtsbarkeit erteilt (Art. 24 Abs. 3 GG) und die Friedensstörung, insbesondere den Angriffskrieg, für verfassungswidrig erklärt (Art. 26 GG). Mit diesem Normenkomplex zielt die deutsche Verfassung, auch ausweislich ihrer Präambel, darauf, die Bundesrepublik Deutschland als friedliches und gleichberechtigtes Glied in eine dem Frieden dienende Völkerrechtsordnung der Staatengemeinschaft einzufügen."

228 Diese völkerrechtliche Integrationsoffenheit des Grundgesetzes bedeutet aber keineswegs, dass in nationales Recht transformierte Völkerrechtsnormen normenhierarchisch über dem sonstigen nationalen

Recht stehen. Vielmehr hat der deutsche Verfassungsgeber von der Möglichkeit Gebrauch gemacht, den normenhierarchischen Rang im nationalen Recht differenziert auszugestalten (zu den Regelungen in anderen Staaten → Rdn. 5/224).

Gemäß Art. 59 Abs. 2 S. 1 GG bedürfen *völkerrechtliche Verträge*, welche die politischen Beziehungen des Bundes regeln oder sich auf Gegenstände der Bundesgesetzgebung beziehen, der Zustimmung oder der Mitwirkung der jeweils für die Bundesgesetzgebung zuständigen Körperschaften (Bundestag und Bundesrat) in der Form eines Bundesgesetzes. Dadurch erhält der Inhalt des völkerrechtlichen Vertrages – neben seiner zwischenstaatlichen Verbindlichkeit – den Status eines einfachen Bundesgesetzes. Als solches bindet er grundsätzlich auch die innerstaatlichen Organe bei der Rechtsanwendung. Einzelne Normen des Völkerrechts – soweit sie zu den „allgemeinen Regeln des Völkerrechts“ gehören (*Völkergewohnheitsrecht* und *allgemeine Rechtsgrundsätze*) – werden zudem nicht nur über Art. 25 GG zum objektiven „Bestandteil des Bundesrechts“; sie „gehen den Gesetzen vor“ (Normenhierarchie) und „erzeugen Rechte und Pflichten unmittelbar für die Bewohner des Bundesgebietes“, wandeln sich somit – soweit dies ihrem Wesen nach möglich ist – zu subjektiven Rechtsgewährleistungen. Art. 25 GG unterscheidet sich insofern von Art. 59 Abs. 2 GG, als es für die Transformation von Völkergewohnheitsrecht und allgemeinen Rechtsgrundsätzen in deutsches Recht keines Gesetzgebungsaktes bedarf, d. h. diese Normen sind automatisch Bestandteil des Bundesrechts. Überdies nehmen Völkergewohnheitsrecht und allgemeine Rechtsgrundsätze einen Rang zwischen Verfassung (Grundgesetz) und einfachem Parlamentsgesetz ein, während bei der Transformation eines völkerrechtlichen Vertrages der Gesetzgebungsakt auch den normenhierarchischen Rang des völkerrechtlichen Vertrages in der deutschen Rechtsordnung bestimmt, nämlich den eines einfachen Parlamentsgesetzes. Das Grundgesetz regelt den normenhierarchischen Rang der Völkerrechtsquellen im innerstaatlichen Recht somit bewusst uneinheitlich.

b) Völkerrechtliche Nebenverfassung und Grundsatz der Völkerrechtsfreundlichkeit. Durch die Öffnung des Grundgesetzes für das Völkerrecht erhält die Bundesrepublik Deutschland gleichzeitig eine *völkerrechtliche Nebenverfassung*; d. h. das Völkerrecht ist auch innerstaatlich als Rechtsmaßstab für die Ausübung von Hoheitsgewalt zu beachten. Die grundsätzliche (klassische) Unterscheidung zweier getrennter Rechtsordnungen – einerseits das alle Organe und Behörden verpflichtende innerstaatliche Recht, andererseits das nur die Staaten in ihrem Verhältnis zueinander bindende Völkerrecht (sog. *Dualismus der Rechtsordnungen*) – wird dadurch zumindest teilweise aufgelöst (zu den Grenzen dieser Auflösung → Rdn. 5/231). 229

230 Aus der Vielzahl der den Verfassungsstaat Bundesrepublik Deutschland für die internationale Ordnung, zumal das Völkerrecht, öffnenden Normen lässt sich ein *allgemeines Rechtsprinzip* der *Völkerrechtsfreundlichkeit des Grundgesetzes* ableiten. Dieses Rechtsprinzip führt über den Anwendungsbereich der Einzelvorschriften hinaus und bedeutet vor allem für die Auslegung anderer Verfassungsnormen, dass diese – soweit möglich – nach Maßgabe der völkerrechtlichen Anforderungen zu interpretieren sind.

Der Grundsatz der Völkerrechtsfreundlichkeit gewinnt Relevanz insbesondere für die Auslegung der Grundrechtsgewährleistungen des Grundgesetzes. Bei mehreren Interpretationsmöglichkeiten tendiert das BVerfG (E 111, S. 307/316ff.) dazu, eine inhaltliche Ausrichtung zu wählen, die mit der Auslegung der EMRK durch den Europäischen Gerichtshof für Menschenrechte (EGMR) in Straßburg in Übereinstimmung steht, den Konventionsgarantien aber jedenfalls nicht widerspricht. Dadurch wird eine weitgehende inhaltliche Konvergenz der Grundrechtsgewährleistungen der nationalen Verfassung mit den internationalen (regionalen) Menschenrechtsgewährleistungen erreicht.

231 **c) Verfassungsrechtliche Grenzen der Völkerrechtsfreundlichkeit.** Obwohl dem Grundgesetz das Rechtsprinzip der Völkerrechtsfreundlichkeit zugrunde liegt, gilt dieses Prinzip jedoch keineswegs vorbehaltlos. Es gehört vielmehr zum verfassungsrechtlichen Selbstverständnis, dass im Falle eines Konfliktes zwischen Fundamentalprinzipien des Grundgesetzes und völkerrechtlichen Prinzipien, der nicht durch Norminterpretation zu beheben ist, sich das nationale Recht durchsetzt. Insoweit beansprucht auch der Verfassungsstaat noch ein Souveränitätsresiduum, das in der rechtlichen Form der Verfassungsautonomie (→ Rdn. 3/56ff.) auch völkerrechtliche Einwirkungen wirksam zu begrenzen vermag. Ganz in diesem Sinne hat das BVerfG (E 111, S. 307/318) formuliert: „Die Völkerrechtsfreundlichkeit entfaltet Wirkung nur im Rahmen des demokratischen und rechtsstaatlichen Systems des Grundgesetzes."

Weiter heißt es in dieser Entscheidung: „Das Grundgesetz erstrebt die Einfügung Deutschlands in die Rechtsgemeinschaft friedlicher und freiheitlicher Staaten, verzichtet aber nicht auf die in dem letzten Wort der deutschen Verfassung liegende Souveränität. Insofern widerspricht es nicht dem Ziel der Völkerrechtsfreundlichkeit, wenn der Gesetzgeber ausnahmsweise Völkervertragsrecht nicht beachtet, sofern nur auf diese Weise ein Verstoß gegen tragende Grundsätze der Verfassung abzuwenden ist. Das Grundgesetz will eine weitgehende Völkerrechtsfreundlichkeit, grenzüberschreitende Zusammenarbeit und politische Integration in eine sich allmählich entwickelnde internationale Gemeinschaft demokratischer Rechtsstaaten. Es will jedoch keine jeder verfassungsrechtlichen Begrenzung und Kontrolle entzogene Unterwerfung unter nichtdeutsche Hoheitsakte“ (BVerfGE 111, S. 307/319).

2. Integration im Rahmen der Europäischen Union

Von großer rechtspraktischer Bedeutung ist die verfassungsstaatliche Öffnung der Mitgliedstaaten der Europäischen Union (EU). Bei der EU handelt es sich um einen Integrationsverband besonderer Art, da die Mitgliedstaaten eine Vielzahl von Hoheitsrechten, insbesondere Gesetzgebungskompetenzen, auf sie übertragen haben. Die EU ist eine Supranationale Organisation, die sich insbesondere dadurch auszeichnet, dass einige ihrer Rechtsakte (Verordnungen, Beschlüsse; vgl. Art. 288 AEUV) in den Mitgliedstaaten unmittelbar geltendes Recht sind (sog. *Direktwirkung* → Rdn. 6/36 ff.). Das Handeln der EU unterliegt allein ihrem eigenen Rechtsregime, nämlich dem europäischen Unionsrecht. Eine Rechtskontrolle am Maßstab des nationalen Rechts der einzelnen Mitgliedstaaten scheidet grundsätzlich aus, weil sonst die einheitliche Anwendung des Unionsrechts in allen Mitgliedstaaten nicht mehr sichergestellt wäre. Dies aber widerspräche dessen Integrationsfunktion (zu Ausnahmen → Rdn. 5/245). 232

a) **Verfassungsstaatliche Struktursicherung.** Um dem Bürger durch die Übertragung von Hoheitsrechten die verfassungsstaatlichen Gewährleistungen nicht völlig zu entziehen, gehört es zum Selbstverständnis der EU-Mitgliedstaaten, dass die EU bei der Ausübung ihrer Kompetenzen zumindest *ähnlichen Beschränkungen* unterliegen muss wie sie selbst bei der Wahrnehmung staatlicher Hoheitsbefugnisse. Aufgrund ihrer Besonderheiten im Vergleich zu einem Staat ist es hingegen nicht erforderlich, dass die Union die verfassungsstaatlichen Grundprinzipien völlig identisch umsetzt. Dies ist schon allein deshalb nicht möglich, weil auch die einzelnen Staaten sowohl nach ihrer konkreten Verfassungsordnung als auch nach ihrer Verfassungstradition erheblich voneinander abweichen. Die Öffnung der Staaten für den europäischen Integrationsprozess geht deshalb einher mit der Forderung, dass auch die zwischenstaatliche Einrichtung gewisse verfassungsstaatliche Mindesterfordernisse erfüllen muss (*Grundsatz der strukturellen Homogenität*). In den Verfassungen einzelner Mitgliedstaaten finden sich deshalb sog. *Struktursicherungsklauseln*, in denen die Bedingungen für eine Beteiligung des jeweiligen Staates am europäischen Integrationsprozess niedergelegt sind. 233

234 Besonders deutlich sind diese Bedingungen in Art. 23 Abs. 1 S. 1 GG formuliert: „Zur Verwirklichung eines vereinten Europas wirkt die Bundesrepublik Deutschland bei der Entwicklung der Europäischen Union mit, die demokratischen, rechtsstaatlichen, sozialen und föderativen Grundsätzen und dem Grundsatz der Subsidiarität verpflichtet ist und einen diesem Grundgesetz im wesentlichen vergleichbaren Grundrechtsschutz gewährleistet." Art. 7 Abs. 6 der portugiesischen Verfassung enthält eine ähnliche Klausel, die jedoch über die verfassungsstaatlichen Grundprinzipen hinaus auch einzelne Politikbereiche benennt, die besonders souveränitätssensibel sind: „Portugal ist ermächtigt, nach dem Grundsatz der Gegenseitigkeit und unter Beachtung der fundamentalen Prinzipien des demokratischen Rechtsstaats und des Subsidiaritätsprinzips sowie im Hinblick auf die Verwirklichung des wirtschaftlichen, sozialen und territorialen Zusammenhalts, eines Freiheits-, Sicherheits- und Justizraumes und zur Festlegung und Ausführung einer gemeinsamen Außen-, Sicherheits- und Verteidigungspolitik Vereinbarungen über die gemeinschaftliche, in Zusammenarbeit mit den Organen der Europäischen Union oder durch diese zu erfolgende Ausübung der zur Bildung oder Festigung der Europäischen Union erforderlichen Befugnisse zu treffen." Und Kapitel 10, Art. 5 Abs. 1 S. 1 und 2 der schwedischen Verfassung lautet: „Der Reichstag kann im Rahmen der Zusammenarbeit in der Europäischen Union Beschlussrechte übertragen, soweit sie die Grundsätze der Staatsform nicht berühren. Eine solche Übertragung setzt voraus, dass der Freiheits- und Rechtsschutz in dem Bereich der Zusammenarbeit, in dem die Beschlussrechte übertragen werden, demjenigen dieser Verfassung und der Europäischen Konvention zum Schutz der Menschenrechte und Grundfreiheiten entspricht."

235 In den Verfassungen der Mehrzahl der Mitgliedstaaten ist zwar eine explizite Struktursicherungsklausel nicht vorgesehen, doch enthalten sie regelmäßig zumindest eine *Öffnungsklausel*, die eine Teilnahme am europäischen Integrationsprozess erlaubt und besondere verfahrensrechtliche Regelungen zur nationalen Kontrolle der Handlungen der Unionsorgane aufweist (z. B. Art. 88–4 der französischen Verfassung, § 96 der finnischen Verfassung).

236 Ein vollständiges Aufgehen der Staatlichkeit der EU-Mitgliedstaaten in einem europäischen Bundesstaat lässt schließlich zumindest das Grundgesetz in seiner geltenden Fassung für die Bundesrepublik Deutschland nicht zu (BVerfGE 123, S. 267/364 – Lissabon). Allerdings erscheint die Verwirklichung der Vision von den „Vereinigten Staaten von Europa" (vgl. zuletzt *G. Verhofstadt*, Die Vereinigten Staaten von Europa, 2006) auf absehbare Zeit politisch ohnehin unerreichbar.

237 **b) Unionsrechtliche Struktursicherung. aa) Verpflichtung auf die verfassungsstaatlichen Fundamentalprinzipien.** Seinen Aus-

druck findet der *Grundsatz der strukturellen Homogenität* zudem in Art. 2 EUV, in dem die Grundprinzipien der EU, die zugleich die verfassungsstaatlichen Fundamentalprinzipien widerspiegeln, explizit niedergelegt sind. Die Vorschrift lautet:

„Die Werte, auf die sich die Union gründet, sind die Achtung der Menschenwürde, Freiheit, Demokratie, Gleichheit, Rechtsstaatlichkeit und die Wahrung der Menschenrechte einschließlich der Rechte der Personen, die Minderheiten angehören. Diese Werte sind allen Mitgliedstaaten in einer Gesellschaft gemeinsam, die sich durch Pluralismus, Nichtdiskriminierung, Toleranz, Gerechtigkeit, Solidarität und die Gleichheit von Frauen und Männern auszeichnet.“

Die in Art. 2 EUV aufgeführten verfassungsstaatlichen Grundprinzipien entbehren im europarechtlichen Kontext weithin der inhaltlichen Präzision. Während die mitgliedstaatlichen Verfassungsordnungen auf gewisse Traditionslinien zur Erhellung solcher Begriffe zurückgreifen können, ist dies in der Union nur beschränkt möglich. Wenn es sich aber um solche Prinzipien handelt, die – wie es Art. 2 S. 2 EUV formuliert – allen Mitgliedstaaten „gemeinsam“ sind, dann ist es geboten, die Inhalte im Wege *wertender Rechtsvergleichung* zu ermitteln, was Modifizierungen vor dem Hintergrund unionsrechtlicher Besonderheiten nicht ausschließt. Da die unionsrechtlichen Dimensionen des in Art. 9 ff. EUV teils näher ausgestalteten *Demokratieprinzips* (→ Rdn. 5/88 ff.) und des *Rechtsstaatsprinzips* (→ Rdn. 5/199; 5/233 ff.) bereits dargestellt worden sind, ist an dieser Stelle noch auf das *allgemeine Freiheitsprinzip* und die *Gewährleistung von Grund- und Menschenrechten* einzugehen. 238

bb) Insbesondere: das allgemeine Freiheitsprinzip. Wie der moderne Verfassungsstaat so geht auch die Rechtsordnung der EU von einem allgemeinen Freiheitsprinzip aus, das dem Einzelnen grundsätzlich jedes Verhalten erlaubt, das nicht durch Recht und Gesetz verboten oder anderweitig reglementiert ist. Dem europäischen Integrationsprozess liegt seit Anbeginn der Gedanke der wirtschaftlichen Freiheit zugrunde, später erweitert um einzelne auch politische Freiheitsrechte. Als generelle Verbürgung besitzt Art. 2 EUV angesichts der spezifischen Freiheitsgewährleistungen des europäischen Vertragsrechts kaum Substanz. Der Freiheitsbegriff hat hier vor allem Bekenntnischarakter. Er betont aber auch das grundsätzliche Recht des Einzelnen auf Selbstbestimmung, wie insbesondere auch aus der zusätzlichen Bezugnahme der Vorschrift auf die Menschenwürde 239 deutlich wird. Für die das allgemeine Freiheitsprinzip konkretisierenden Einzelgewährleistungen (insbesondere Grundrechte, Grundfreiheiten) gewinnt dies insofern Relevanz, als darin die Grundentscheidung zutage tritt, dass die selbstbestimmte Inanspruchnahme der Freiheit nicht rechtfertigungsbedürftig ist, wohl aber jeder Eingriff in dieses Recht.

240 **cc) Insbesondere: Grund- und Menschenrechtsschutz.** Art. 2 S. 1 EUV zählt die „Wahrung der Menschenrechte" zu den Grundwerten der EU. Dieses Bekenntnis wird durch Art. 6 EUV konkretisiert:

„(1) Die Union erkennt die Rechte, Freiheiten und Grundsätze an, die in der Charta der Grundrechte der Europäischen Union vom 7. Dezember 2000 in der am 12. Dezember 2007 in Straßburg angepassten Fassung niedergelegt sind; die Charta der Grundrechte und die Verträge sind rechtlich gleichrangig.
[...]
(2) Die Union tritt der Europäischen Konvention zum Schutz der Menschenrechte und Grundfreiheiten bei. Dieser Beitritt ändert nicht die in den Verträgen festgelegten Zuständigkeiten der Union.
(3) Die Grundrechte, wie sie in der Europäischen Konvention zum Schutz der Menschenrechte und Grundfreiheiten gewährleistet sind und wie sie sich aus den gemeinsamen Verfassungsüberlieferungen der Mitgliedstaaten ergeben, sind als allgemeine Grundsätze Teil des Unionsrechts."

241 In der Entwicklung der EU-Grundrechte und damit für das europäische Verfassungsrecht insgesamt bedeutet die durch den Vertrag von Lissabon mit Wirkung seit dem 1. Dezember 2009 neu gefasste Vorschrift einen bedeutsamen Fortschritt.

Im Unterschied zu fast allen Verfassungsstaaten enthielt das Europarecht bis 2009 keinen geschriebenen und verbindlichen Grundrechtskatalog. Es gewährte allein punktuelle Grundrechtsgarantien (z. B. zur Lohngleichheit von Mann und Frau; heute Art. 157 AEUV) bzw. Regelungen grundrechtsähnlichen Charakters wie das Verbot der Diskriminierung aus Gründen der Staatsangehörigkeit (heute Art. 18 AEUV). Die Grundfreiheiten (Warenverkehrsfreiheit, Dienstleistungs-, Kapital- und Niederlassungsfreiheit sowie Arbeitnehmerfreizügigkeit) setz(t)en die Gewährleistung wirtschaftlicher Grundrechte, insbesondere der Berufsfreiheit und des Eigentums, aber z. B. auch der Vereinigungsfreiheit, voraus. Anerkennung gefunden hatten auf Unionsebene zudem allgemeine rechtsstaatliche Grundsätze (→ Rdn. 5/199; 5/237 ff.).

Mit der Entwicklung von Gemeinschaftsgrundrechten hat der EuGH 1969 begonnen, als er in der Entscheidung *Stauder* noch recht apodiktisch feststellte, die streitige Vorschrift enthalte nichts, „was die in den allgemeinen Grundsätzen der Gemeinschaftsrechtsordnung, deren Wahrung der Gerichtshof zu sichern hat, enthaltenen Grundrechte der Person in Frage stellen könnte“ (Slg. 1969, S. 419/425). Die Gemeinschaftsgrundrechte gehören danach zu den *allgemeinen Rechtsgrundsätzen*, bei deren Gewährleistung der Gerichtshof „von den *gemeinsamen Verfassungsüberlieferungen der Mitgliedstaaten* auszugehen [hat], so dass in der Gemeinschaft keine Maßnahmen als Rechtens anerkannt werden können, die unvereinbar sind mit den von den Verfassungen dieser Staaten geschützten Grundrechten“ (EuGH, Slg. 1979, S. 3727 Tz. 15 – Hauer).

Neben den *gemeinsamen Verfassungstraditionen* zog der Gerichtshof zur Konkretisierung des Gewährleistungsstandards auch *internationale Verträge über den Schutz der Menschenrechte* heran, vor allem die EMRK, aus denen er Hinweise gewann, die im Rahmen des Gemeinschaftsrechts zu berücksichtigen waren. Der Rückgriff auf die EMRK war bereits deshalb naheliegend, weil alle Mitgliedstaaten der EU auch Mitglieder des Europarates und Vertragsstaaten der Konvention sind. Über die EMRK hinaus gehörten zum vom EuGH zu berücksichtigenden Konventionsrecht auch die Zusatzprotokolle zur EMRK, die von allen Mitgliedstaaten ratifiziert worden sind. Beide Rechtserkenntnisquellen – mitgliedstaatliche Verfassungsüberlieferungen und EMRK – werden seit dem Vertrag von Maastricht (1992) ausdrücklich im EU-Recht aufgeführt (heute Art. 6 Abs. 3 EUV), wodurch die legitimatorische Basis der Grundrechtsrechtsprechung auch aus dem Vertragstext ersichtlich ist.

Die *richterrechtliche Entwicklung* von *Grundrechten* birgt jedoch eine *Reihe von Nachteilen*, die sich insbesondere daraus ergeben, dass es sich um *ungeschriebenes Recht* handelt, das von den europäischen Gerichten *nur punktuell und fallbezogen konkretisiert* wird. Ein geschriebener und rechtlich verbindlicher Grundrechtskatalog hat hingegen den Vorteil, dass die Gesamtheit der Gewährleistungen für jedermann aus einem einheitlichen Rechtsdokument ersichtlich ist und dadurch auch ein höheres Maß an Rechtssicherheit erreicht wird. Außerdem erlaubt ein geschriebener Grundrechtskatalog eine bessere dogmatische Durchdringung der Materie sowie inhaltliche Konkretisierungen und Abgrenzungen.

Auf dem EU-Gipfel in Köln setzte der Europäische Rat 1999 einen (Grundrechte-) *Konvent* ein, der aus Beauftragten der Staats- und Regierungschefs und der Kommission sowie Mitgliedern des Europäischen Parlaments und der nationalen Parlamente bestand und dessen *Vorsitz* dem ehemaligen deutschen Bundespräsidenten *Roman Herzog* übertragen wurde. Der Europäische Rat war der Auffassung, „dass im gegenwärtigen Entwicklungsstand der Europäischen Union die auf der Ebene der Union geltenden Grundrechte in einer Charta zusammengefasst und dadurch sichtbarer gemacht werden sollten.“ Die vom Konvent daraufhin entworfene *Europäische Grundrechtecharta* wurde dann auf dem EU-Gipfel von Nizza am 7. Dezember 2000 gemeinsam vom Europäischen Parlament, dem Ministerrat und der Kommission feierlich proklamiert. Die *Proklamation der Charta* hatte *allein politische Funktion*; eine rechtliche Verbindlichkeit, die nur durch den Abschluss eines völkerrechtlichen Vertrages hätte herbeigeführt werden können, war zunächst nicht angestrebt.

242 Durch die Bezugnahme in Art. 6 Abs. 1 EUV kommt der Europäischen Grundrechtecharta seit dem Inkrafttreten des Vertrages von Lissabon (2009) die Qualität von Primärrecht zu. Die EU verfügt daher heute über einen modernen und transparenten Grundrechtskatalog, dessen Gewährleistungen nicht nur über die internationalen Grundrechtsverträge, sondern auch über das von den Verfassungen der Mitgliedstaaten geforderte Mindestmaß deutlich hinausgehen.

243 Infolge des von Art. 6 Abs. 2 EUV vorgesehenen Beitritts der EU zur EMRK, der seitens dieser mangels Staatsqualität der EU durch das im Jahr 2010 in Kraft getretene 14. Zusatzprotokoll ermöglicht werden musste, wird eine weitergehende Parallelisierung der Gewährleistungen im europäischen Grundrechts-Mehrebenensystem (mitgliedstaatliche Grundrechte – EU-Grundrechte – EMRK) ermöglicht. Zwar ist auch künftig nicht zu erwarten, dass eine vollständige europaweite Vereinheitlichung des Grundrechtsstandards erfolgen wird, da die grundrechtlichen Gewährleistungsgehalte auf den einzelnen Rechtsebenen nicht übereinstimmen und auch nicht übereinstimmen müssen. Divergierende Interpretationen funktional identischer Grundrechte werden jedoch zunehmend ausgeschlossen; die EMRK wird zum übergreifenden Maßstab. Allerdings enthält Art. 6 Abs. 2 EUV zunächst nur eine Zielvorgabe. Ob und wann der Beitritt der EU zur EMRK erfolgen wird, ist derzeit nicht absehbar.

244 Zumindest bis zu diesem Zeitpunkt sichert Art. 6 Abs. 3 EUV ergänzend zur Geltung der Grundrechtecharta die Bewahrung des in der EU erreichten Grundrechtsstandards ab. In Anknüpfung an die Rechtsprechung des EuGH (→ Rdn. 5/241 ff.) erklärt die Vorschrift grundrechtliche Gewährleistungen, die sich aus der EMRK sowie den gemeinsamen Verfassungsüberlieferungen der Mitgliedstaaten ergeben, zu allgemeinen Grundsätzen des Europarechts. Ohne dass bereits dadurch der EMRK im Recht der EU unmittelbare Verbindlichkeit zukäme, werden deren Gewährleistungsgehalte mit Primärrechtsrang in das Europarecht eingeführt (vgl. auch Art. 52 Abs. 3 und Art. 53 GR-Ch.).

245 Aus der Perspektive des mitgliedstaatlichen, insbesondere des deutschen Verfassungsrechts entsprechen die EU-Grundrechtsgewährleistungen dem gebotenen Standard. Diese bilden daher den relevanten Maßstab für die Kontrolle von Handlungen und Rechtsakten der EU. Eine Heranziehung mitgliedstaatlicher Grundrechte erfolgt insoweit nicht, wenngleich sich insbesondere das BVerfG eine solche im Einzelfall vorbehält.

Das BVerfG (E 73, S. 339/378 – Solange II) hat bereits 1986 festgestellt, dass „im Hoheitsbereich der Europäischen Gemeinschaften ein Maß an Grundrechtsschutz erwachsen [sei], das nach Konzeption, Inhalt und Wirkungsweise dem Grundrechtsstandard des Grundgesetzes im wesentlichen gleichzuachten ist. Alle Hauptorgane der Gemeinschaft haben sich seither in rechtserheblicher Form dazu bekannt, dass sie sich in Ausübung ihrer Befugnisse und im Verfolg der Ziele der Gemeinschaft von der Achtung vor den Grundrechten, wie sie insbesondere aus den Verfassungen der Mitgliedsstaaten und der Europäischen Menschenrechtskonvention hervorgehen, als Rechtspflicht leiten lassen werden. Es bestehen keine durchgreifenden Anhaltspunkte dafür, dass der erreichte gemeinschaftsrechtliche Grundrechtsstandard nicht hinreichend gefestigt und lediglich vorübergehender Natur sei. Dieser Grundrechtsstandard ist mittlerweile insbesondere durch die Rechtsprechung des Gerichtshofs der Europäischen Gemeinschaften inhaltlich ausgestaltet worden, gefestigt und zureichend gewährleistet."

Den deshalb in der sog. *Solange II-Entscheidung* noch bekundeten Verzicht auf die Überprüfung von Gemeinschaftsakten an den Grundrechtsgewährleistungen des Grundgesetzes hat das BVerfG (E 89, S. 155/174) dann 1993 mit dem *Maastricht-Urteil* jedoch teilweise wieder zurückgenommen. Es behält sich seitdem das *Letztentscheidungsrecht* vor für bestimmte *Ausnahmesituationen*, insbesondere wenn der – auch von Art. 23 Abs. 1 S. 1 GG geforderte (→ Rn. 5/234) – Grundrechtsstandard durch den EuGH *generell* nicht mehr sichergestellt wird: „Das BVerfG gewährleistet durch seine Zuständigkeit, dass ein wirksamer Schutz der Grundrechte für die Einwohner Deutschlands auch gegenüber der Hoheitsgewalt der Gemeinschaften generell sichergestellt und dieser dem vom Grundgesetz als unabdingbar gebotenen Grundrechtsschutz im Wesentlichen gleich zu achten ist, zumal den Wesensgehalt der Grundrechte generell verbürgt. Das BVerfG sichert so diesen Wesensgehalt auch gegenüber der Hoheitsgewalt der Gemeinschaft. Auch Akte einer besonderen, von der Staatsgewalt der Mitgliedstaaten geschiedenen öffentlichen Gewalt einer supranationalen Organisation betreffen die Grundrechtsberechtigten in Deutschland. Sie berühren damit die Gewährleistungen des Grundgesetzes und die Aufgaben des Bundesverfassungsgerichts, die den Grundrechtsschutz in Deutschland und insoweit nicht nur gegenüber deutschen Staatsorganen zum Gegenstand haben. Allerdings übt das BVerfG seine Gerichtsbarkeit über die Anwendbarkeit von abgeleitetem Gemeinschaftsrecht in Deutschland in einem ‚Kooperationsverhältnis' zum EuGH aus, in dem der EuGH den Grundrechtsschutz in jedem Einzelfall für das gesamte Gebiet der Europäischen Gemeinschaften garantiert, das BVerfG sich deshalb auf eine generelle Gewährleistung der unabdingbaren Grundrechtsstandards beschränken kann" (BVerfGE 89, S. 155/174 f.).

Eine *Anrufung des BVerfG* (z. B. mit einer Verfassungsbeschwerde oder einer konkreten Normenkontrolle) mit dem Argument, ein bestimmter Rechtsakt der EU (z. B. eine Verordnung) verstoße gegen die nationalen Grundrechtsgewährleistungen, ist danach *grundsätzlich unzulässig*, weil für diese Fragen vorrangig der EuGH zuständig ist, der von natürlichen und juristischen Personen im Rahmen einer Nichtigkeitsklage (Art. 263 Abs. 4 AEUV) oder von nationalen Gerichten durch ein Vorabentscheidungsverfahren (Art. 267 AEUV) mit der Sache befasst werden kann. Eine *Zuständigkeit des BVerfG* ist *nur dann* gegeben, wenn der Beschwerdeführer oder das vorlegende nationale Gericht behauptet und dies zumindest möglich scheint, dass der EuGH *generell* den *unabdingbar gebotenen Grundrechtsstandard unterschreitet* (BVerfGE 102, S. 147/161 ff. – Bananenmarktordnung). Dies hat das BVerfG jedoch bislang nicht feststellen können (vgl. BVerfGE 123, S. 267/334 – Lissabon; E 126, S. 286 – Mangold; dazu *B. Schöbener*, JA 2011, S. 885 ff.).

246 **dd) Insbesondere: Achtung der nationalen Identität der Mitgliedstaaten.** Gemäß Art. 4 Abs. 2 EUV achtet die Union die „nationale Identität [ihrer Mitgliedstaaten], die in ihren grundlegenden politischen und verfassungsmäßigen Strukturen einschließlich der regionalen und lokalen Selbstverwaltung zum Ausdruck kommt. Sie achtet die grundlegenden Funktionen des Staates, insbesondere die Wahrung der territorialen Unversehrtheit, die Aufrechterhaltung der öffentlichen Ordnung und den Schutz der nationalen Sicherheit." Das Schutzgut der nationalen Identität umfasst zunächst die *staatliche Unabhängigkeit* und *Souveränität der Mitgliedstaaten.* Darüber hinaus wird diese Identität geprägt von den fundamentalen mitgliedstaatlichen Verfassungsentscheidungen (*Verfassungsidentität als Teilaspekt der nationalen Identität*), in Deutschland insbesondere durch Art. 79 Abs. 3 GG (*Ewigkeitsklausel*), so dass z. B. auch die Verpflichtung zur Gliederung des Bundes in Länder europarechtlich zu achten ist (vgl. BVerfGE 123, S. 267/344 – Lissabon). Neben der Verfassungsidentität speist sich die nationale Identität aber auch aus einem Mindestbestand an kulturellen und historischen Gemeinsamkeiten, die sich abstrakt kaum bezeichnen lassen. Jeder Mitgliedstaat bestimmt daher letztlich selbst, welche Merkmale sein nationales Selbstverständnis und damit seine Identität ausmachen.

247 **Literatur zu A. (Grundlagen):** *F. Berber*, Das Staatsideal im Wandel der Weltgeschichte, 2. Aufl. 1978; *E.-W. Böckenförde*, Geschichte der Rechts- und Staatsphilosophie (Antike und Mittelalter), 2. Aufl. 2006; *W. Brugger*, Der moderne Verfassungsstaat aus Sicht der amerikanischen Verfassung und des Grundgesetzes, AöR 126 (2001), S. 337 ff.; *H. Dreier*, Idee und Gestalt des freiheitlichen Verfassungsstaates, 2014; *H. Fenske*, Der moderne Verfassungsstaat: eine vergleichende Geschichte von der Entstehung bis zum 20. Jahrhundert, 2001; *A. Gallus/E. Jesse* (Hrsg.), Staatsformen von der Antike bis zur Gegenwart. Ein Handbuch, 2. Aufl. 2007; *M. Imboden*, Die Staatsformen, 1959; *J. Isensee*, Artikel „Staat", in: Görres-Gesellschaft (Hrsg.), Staatslexikon, Bd. 5, 7. Aufl. 1989, Sp. 133 ff.; *E. Küchenhoff*, Möglichkeiten und

Grenzen begrifflicher Klarheit in der Staatsformenlehre, 1967; *M. A. Wiegand/B. Zabel*, Der demokratische Verfassungsstaat zwischen Ideal und Wirklichkeit, Anmerkungen zum Freiheitsverständnis der Moderne, Der Staat 50 (2011), S. 73 ff.; *R. Zippelius*, Allg. Staatslehre, 16. Aufl. 2010, §§ 20 ff.; *ders.*, Geschichte der Staatsideen, 10. Aufl. 2003. – **I.:** *G.J.D. Aalders*, Die Theorie der gemischten Verfassung im Altertum, 1968; *E.-W. Böckenförde*, Geschichte der Rechts- und Staatsphilosophie (Antike und Mittelalter), 2. Aufl. 2006, S. 100 ff.; *O. Höffe*, Aristoteles, 1996; *ders.* Aristoteles Lexikon, 2005; *E. Schütrumpf*, Die Analyse der Polis durch Aristoteles, 1980. – **II.:** *L. Althusser*, Zur politischen Philosophie der Neuzeit. Machiavelli – Montesquieu – Rousseau, 1987; *W. Kersting*, Niccolò Machiavelli, 3. Aufl. 2006; *H. Münkler*, Machiavelli, 2004; *P. Schroeder*, Niccolò Machiavelli, 2004. – **III.2.a.:** *U. Mählert*, Kleine Geschichte der DDR, 2004; *M. Kyung-Bae*, Die Entwicklung des Rechts in der Volksrepublik China, Diss. Freiburg 1999; *R. Zippelius*, Allgemeine Staatslehre, 16. Aufl. 2010, § 44 II 5, 6; *H. Weber*, Die DDR 1945–1990, 2006; *H. Weber*, Geschichte der DDR, 2006. – **III.2.c.:** *G. Krämer*, Gottes Staat als Republik, 1999; *E. Mikunda-Franco*, Das Menschenrechtsverständnis in den islamischen Staaten, JÖR 44 (1996), S. 205 ff.; *ders.*, Der Verfassungsstaat in der islamischen Welt, in: M. Morlok (Hrsg.), Die Welt des Verfassungsstaates, 2001, S. 151 ff; *ders.*, Gemeinislamisches Verfassungsrecht, JÖR 51 (2003), S. 21 ff.; *S. Muckel* (Hrsg.), Der Islam im öffentlichen Recht des säkularen Verfassungsstaates, 2008.

Zu B.I.: *K. Adomeit*, Rechts- und Staatsphilosophie II (Rechtsdenker der Neuzeit), 2. Aufl. 2002, S. 63 ff. (John Locke), 69 ff. (Montesquieu), 81 ff. (Rousseau); *E.-W. Böckenförde*, Mittelbare/repräsentative Demokratie als eigentliche Form der Demokratie – Bemerkungen zu Begriffs- und Bewertungsproblemen der Demokratie als Staats- und Regierungsform, FS für K. Eichenberger, 1982, S. 301 ff.; *ders.*, Geschichte der Rechts- und Staatsphilosophie (Antike und Mittelalter), 2. Aufl. 2006, S. 320 ff. (Marsilius von Padua); *J. Isensee*, Die Friedenspflicht der Bürger und das Gewaltmonopol des Staates, FS für K. Eichenberger, 1982, S. 23 ff.; *R. Weber-Fas*, Staatsdenker der Vormoderne, 2005, S. 177 ff. (Marsilius von Padua). – **II.:** *C. Bickenbach*, Vor 75 Jahren: Die Entmächtigung der Weimarer Reichsverfassung durch das Ermächtigungsgesetz, Jus 2008, S. 199 ff.; *E.-W. Böckenförde*, Geschichtliche Entwicklung und Bedeutungswandel der Verfassung, in: ders., Staat, Verfassung, Demokratie – Studien zur Verfassungstheorie und zum Verfassungsrecht, 2. Aufl. 1992, S. 29 ff.; *ders.*, Der Verfassungstyp der deutschen konstitutionellen Monarchie im 19. Jahrhundert, in: ders. (Hrsg.), Moderne deutsche Verfassungsgeschichte (1815–1918), 1972, S. 146 ff.; *H. Boldt*, Januar 1933, Anmerkungen zu Hans-Ulrich Wehlers Interpretation der „Machtergreifung" aus verfassungstheoretischer Sicht, Der Staat 50 (2011), S. 608 ff.; *D. Grimm*, Deutsche Verfassungsgeschichte, 1776–1866, 1988; *P. Häberle*, Verfassunggebung in Europa, JÖR 54 (2006), S. 629 ff.; *M. Herdegen*, Grenzen der Verfassungsgebung, in: O. Depenheuer/Chr. Grabenwarter (Hrsg.), Verfassungstheorie, 2010, § 9; *E.R. Huber*, Das Kaiserreich als Epoche verfassungsstaatlicher Entwicklung, in: HStR I, 3. Aufl. 2003, § 4; *K. von Lewinski*, Weimarer Reichsverfassung und Grundgesetz als Gesellen- und Meisterstück, JuS 2009, S. 505 ff.; *H. Maurer*, Entstehung und Grundlagen der Reichsverfassung von 1871, in: FS für K. Stern, 1997, S. 29 ff.; *ders.*, Die Verfassungsgewähr im konstitutionellen Staatsrecht des 19. Jahrhunderts, in: FS für C. Link, 2003, S. 725 ff.; *R. Mußgnug*, Zustandekommen des Grundgesetzes und Entstehen der Bundesrepublik Deutschland, in: HStR I, 3. Aufl. 2003, § 8; *C. Schmitt*, Verfassungslehre, 1928 (8. Aufl. 1993); *A. Schlegelmilch*, Die Alternative des monarchischen Konstitutionalismus, eine Neuinterpretation der deutschen und österreichischen Verfassungsgeschichte des 19. Jahrhunderts, 2009; *H. Schneider*, Die Reichsverfassung vom 11. August 1919, in: HStR I, 3. Aufl. 2003, § 5; *R. Wahl*, Die Entwicklung des deutschen Verfassungsstaates bis 1866, in: HStR I, 3. Aufl. 2003, § 2; *Chr. Waldhoff*, Entstehung des Verfassungsgesetzes, in: O. Depenheuer/Chr. Grabenwarter (Hrsg.), Verfassungstheorie, 2010, § 8; *C. Winterhoff*, Verfassung – Verfassunggebung – Verfassungsänderung, 2007. – **III.:** *A. Auer*, Die Ursprünge der schweizerischen direkten Demokratie, 1996; *P. Badura*, Die parlamentarische Demokratie, in: HStR II, 3. Aufl. 2004, § 25, S. 497 ff.; *K. v. Beyme*, Die parlamentarische Demokratie – Entstehung und Funktionsweise, 1789–1999, 3. Aufl. 1999; *G. Brunner*, Vergleichende Regierungslehre, 1979; *L. Canfora*, Eine kurze Geschichte der Demokratie – Von Athen bis zur Europäischen Union, 2006; *M. Elicker*, Gedanken zum Ende der Monarchie vor 90 Jahren, JÖR 57 (2009), S. 207 ff.; *B.J. Hartmann*, Volksgesetzgebung und Grundrechte, 2006; *H.K. Heußner/O. Jung* (Hrsg.), Mehr direkte Demokratie wagen. Volksbegehren und Volksentscheid: Geschichte – Praxis – Vorschläge, 1999; *H. Hofmann*, Über Volkssouveränität, JZ 2014, S. 861 ff.; *H.-D. Horn*, Demokratie, in: O. Depenheuer/Chr. Grabenwarter (Hrsg.), Verfassungstheorie, 2010, § 22; *J. Kersten*, Schwarmdemokratie, 2017; *M. Knauff*, Die Europäische Bürgerinitiative – Juristische Betrachtungen unter besonderer Berücksichtigung der Right2Water-Initiative, in: L.P. Feld/P.M. Huber/O. Jung/H.-J. Lauth/F. Wittreck (Hrsg.), Jahrbuch für direkte Demokratie 2014–2016, 2018, S. 89 ff.; *J. Kühling*, Volksgesetzgebung und Grundgesetz – „Mehr Demokratie wagen"?, JuS 2009, S. 777 ff.; *F. Lehner/U. Widmaier*, Vergleichende Regierungslehre, 4. Aufl. 2002; *G. Leibholz*, Das Wesen der Repräsentation und der Gestaltwandel der Demokratie im 20. Jahrhundert, 3. Aufl. 1966; *ders.*, Strukturprobleme der modernen Demokratie, 3. Aufl. 1967; *W. Luthart*, Direkte Demokratie: ein Vergleich in Westeuropa, 1994; *S. de Matos*, Zum normativen Begriff der Volkssouveränität, 2015; *N. Petersen*, Demokratie und Grundgesetz, JÖR 58 (2010), S. 137 ff.; *M.G. Schmidt*, Demokratietheorien, 3. Aufl. 2000; *W. Schmitt Glaeser*, Wer herrscht in der Demokratie?, JÖR 58 (2010), S. 119 ff.; *W. Steffani*, Parlamentarische und präsidentielle Demokratie, 1979; *R. Steinberg*, Die Repräsentation des Volkes, 2013; *M.A. Wiegand*, Demokratie und Republik. Historizität und Normativität zweier Grundbegriffe des Verfassungsstaates, 2017. *F. Wittreck*, Direkte Demokratie und Verfassungsgerichtsbarkeit, JÖR 53 (2005), S. 111 ff. – **IV.:** *A. v. Bogdandy* (Hrsg.), Europäisches Verfassungsrecht, 2003; *D. Grimm*, Braucht Europa eine Verfassung?, JZ 1995, S. 581 ff.; *F. Hanschmann*, Der Begriff der Homogenität in der Verfassungslehre und Europarechtswissenschaft,

2008; *C. Hillgruber*, Der Nationalstaat in der überstaatlichen Verflechtung, in: HStR II, 3. Aufl. 2004, § 32, S. 929 ff.; *P.M. Huber*, Europäisches und nationales Verfassungsrecht, VVDStRL 60 (2001), S. 194 ff.; *W. Kluth*, Die demokratische Legitimation der Europäischen Union, 1995; *C. Koenig*, Ist die Europäische Union verfassungsfähig?, DÖV 1998, S. 268 ff.; *O. Lepsius*, Souveränität und Identität als Frage des Institutionen-Settings, JöR n. F. 63 (2015), S. 63 ff.; *I. Pernice*, Carl Schmitt, Rudolf Smend und die europäische Integration, AöR 120 (1995), S. 100 ff.; *A. Peters*, Elemente einer Theorie der Verfassung Europas, 2001; *H. Rossen-Stadtfeld*, Demokratische Staatlichkeit in Europa – ein verblassendes Bild, JÖR 53 (2005), S. 45 ff.; *A. Tiedtke*, Demokratie in der Europäischen Union, 2005; *M. Zuleeg*, Demokratie ohne Volk oder Demokratie der Völker? – Zur Demokratiefähigkeit der Europäischen Union, in: J. Drexl u. a. (Hrsg.), Europäische Demokratie, 1999, S. 11 ff.

Zu C. (Grundlagen): *H. Hofmann*, Zur Herkunft der Menschenrechtserklärungen, JuS 1988, S. 841 ff.; *ders.*, Die Grundrechte 1789 – 1949 – 1989, NJW 1989, S. 3177 ff.; *S. Kirste*, Das Fundament der Menschenrechte, Der Staat 52 (2013), S. 119 ff.; *J.-D. Kühne*, Die französische Menschen- und Bürgerrechtserklärung im Rechtsvergleich mit den Vereinigten Staaten und Deutschland, JöR 39 (1990), S. 1 ff.; *H. Maurer*, Idee und Wirklichkeit der Grundrechte, JZ 1999, S. 689 ff.; *B. Pieroth*, Geschichte der Grundrechte, Jura 1984, S. 568 ff.; *U. Scheuner*, Die rechtliche Tragweite der Grundrechte in der deutschen Verfassungsentwicklung des 19. Jahrhunderts, FS für E.R. Huber, 1973, S. 139 ff.; *G. Stourzh*, Die Konstitutionalisierung der Individualrechte in der Amerikanischen und Französischen Revolution, JZ 1976, S. 397 ff.; *S. Tönnies*, Die Menschenrechtsidee. Ein abendländisches Exportgut, 2011; *F. X. v. Weber*, Der Menschenrechtsstaat. Menschenrechte und Rechtsstaat in der globalisierten Welt, 2010; *R. Wahl*, Rechtliche Wirkungen und Funktionen der Grundrechte im deutschen Konstitutionalismus des 19. Jahrhunderts, Der Staat 18 (1979), S. 321 ff.; *E. Wolgast*, Geschichte der Menschen- und Bürgerrechte, 2009 – **I.:** *P. Häberle*, Wechselwirkungen zwischen deutschen und ausländischen Verfassungen, HdGR, Bd. 1, 2004, § 7, S. 313 ff.; *M. Kriele*, Einführung in die Staatslehre, 6. Aufl. 2003; *K. Stern*, Die Idee der Menschen- und Grundrechte, HdGR, Bd. 1, 2004, § 1, S. 3 ff. – **II.1.:** *O. Bachof*, Naturrecht und Gegenwart, AöR 139 (2014), S. 1 ff.; *E.-W. Böckenförde*, Geschichte der Rechts- und Staatsphilosophie (Antike und Mittelalter), 2. Aufl. 2006, S. 22 ff. (Thomas von Aquin), S. 295 ff. (Wilhelm von Ockham); *F. Böckle/E.-W. Böckenförde* (Hrsg.), Naturrecht in der Kritik, 1973; *H. Coing*, Die obersten Grundsätze des Rechts – Versuch zu einer Neubegründung des Naturrechts, 1947; *L. Foljanty*, Recht oder Gesetz, 2013; *G. Gornig*, Menschenrechte und Naturrecht, GS für D. Blumenwitz, 2008, S. 409 ff.; *N. Horn*, Vom jüngeren und jüngsten Naturrecht, FS für M. Kriele, 1997, S. 889 ff.; *W. Maihofer* (Hrsg.), Naturrecht oder Rechtspositivismus, 2. Aufl. 1972; *J. Messner*, Das Naturrecht, 7. Aufl. 1984; *L. Strauss*, Naturrecht und Geschichte, 1953; *S. Tönnies*, Der westliche Universalismus, 1995; *H. Welzel*, Naturrecht und materiale Gerechtigkeit, 4. Aufl. 1962; *D. Willoweit*, Herrschaftsdenken vor dem Zeitalter der Souveränität. Zur Staatstheorie des Wilhelm von Ockham, Der Staat 51 (2012), S. 446 ff.; *E. Wolf*, Das Problem der Naturrechtslehre, 3. Aufl. 1964. – **II.2.:** *K. Adomeit*, Rechts- und Staatsphilosophie II (Rechtsdenker der Neuzeit), 2. Aufl. 2002, S. 148 ff. (Radbruch); *H. Dreier*, Die Radbruchsche Formel – Erkenntnis oder Bekenntnis?, FS für R. Walter, 1991, S. 117 ff.; *ders.*, Gustav Radbruch und die Mauerschützen, JZ 1997, S. 421 ff.; *L. Paulson*, Radbruch on Unjust Laws: Competing Earlier and Later Views?, Oxford Journal of Legal Studies, 1995, S. 489 ff.; *G. Radbruch*, Rechtsphilosophie (Studienausgabe), hrsg. von R. Dreier/L. Paulson, 2. Aufl. 2003; *ders.*, Gesetzliches Unrecht und übergesetzliches Recht, SJZ 1946, S. 105 ff.; *H. Vest*, Gerechtigkeit für Humanitätsverbrechen? Nationale Strafverfolgung von staatlichen Systemverbrechen mit Hilfe der Radbruchschen Formel, 2006. – **III.:** *H. Hofmann*, Zur Herkunft der Menschenrechtserklärungen, JuS 1988, S. 841 ff.; *G. Jellinek*, Die Erklärung der Menschen- und Bürgerrechte, 4. Aufl. 1927 = *R. Schnur* (Hrsg.), Zur Geschichte der Erklärung der Menschenrechte, 1964, S. 1 ff.; *M. Kriele*, Einführung in die Staatslehre, 6. Aufl. 2003. – **IV.:** *W. Frotscher/B. Pieroth*, Verfassungsgeschichte, 11. Aufl. 2012; *H. Goerlich*, 800 Jahre Magna Charta Libertatum Revisited – Mythos und mehr, AVR 2016, S. 153 ff.; *H. Hofmann*, Zur Herkunft der Menschenrechtserklärungen, JuS 1988, S. 841 ff.; *R. Uertz*, Vom Gottesrecht zum Menschenrecht. Das katholische Staatsdenken in Deutschland von der Französischen Revolution bis zum II. Vatikanischen Konzil (1789–1965), 2005.

Zu D.: *A. v. Arnauld*, Rechtsstaat, in: O. Depenheuer/Chr. Grabenwarter (Hrsg.), Verfassungstheorie, 2010, § 21; *E.-W. Böckenförde*, Entstehung und Wandel des Rechtsstaatsbegriffs, FS für A. Arndt, 1969, S. 53 ff.; *ders.*, Staat, Gesellschaft, Freiheit (Studien zur Staatstheorie und zum Verfassungsrecht), 1976, S. 65 ff.; *J. Brand/H. Hattenhauer* (Hrsg.), Der Europäische Rechtsstaat – 200 Zeugnisse seiner Geschichte, 1994; *C. Calliess*, Rechtsstaat und Umweltstaat, 2001; *U. Diederichsen*, Innere Grenzen des Rechtsstaats, Der Staat 34 (1995), S. 33 ff.; *B. Diestelkamp*, Die historischen Wurzeln der deutschen Rechtsstaatskonzeption, Der Staat 51 (2012), S. 591 ff.; *H. Dreier*, Grenzen demokratischer Freiheit im Verfassungsstaat, JZ 1994, S. 741 ff.; *ders.*, Ein Staatsrechtslehrer in Zeiten des Umbruchs: Gerhard Anschütz (1867–1948), ZNR 20 (1998), S. 28 ff.; *R. Grote*, Die Inkorporierung der EMRK in das britische Recht durch den HRA 1998, ZaöRV 58 (1998), S. 309 ff.; *W. Heun*, Die Geburt der Verfassungsgerichtsbarkeit – 200 Jahre Marbury v. Madison, Der Staat 42 (2003), S. 267 ff.; *H. Hofmann*, Geschichtlichkeit und Universalitätsanspruch des Rechtsstaats, Der Staat 34 (1995), S. 1 ff.; *R. Hofmann/J. Marko/F. Merli/E. Wiederin* (Hrsg.), Rechtsstaatlichkeit in Europa, 1996; *H.D. Horn*, Über den Grundsatz der Gewaltenteilung in Deutschland und Europa, JÖR 49 (2001), S. 287 ff.; *H.-R. Horn*, Richter versus Gesetzgeber – Entwicklungslinien richterlicher Verfassungskontrolle in unterschiedlichen Rechtssystemen, JÖR 55 (2007), S. 275 ff.; *P.W. Kahn*, Verfassungsgerichtsbarkeit und demokratische Legitimation, JÖR 49 (2001), S. 571 ff.; *J.H. Klement*, Das Schwinden der Legalität, JÖR 61 (2013), S. 115 ff.; *M. Knauff*, Der Rechtsstaat – Grundlagen, Ausprägungen, Entwicklungen und Gefährdungen, VR 2012, S. 188 ff.; *H. Krüger*, AStL, 2. Aufl. 1966, S. 776 ff.; *Ph. Kunig*, Das Rechtsstaatsprinzip,

1986; *Ph. Kunig*, Der Rechtsstaat, FS 50 Jahre BVerfG, 2001, S. 421 ff.; *C. Link*, Anfänge des Rechtsstaatsgedankens in der deutschen Staatsrechtslehre des 16. bis 18. Jahrhunderts, in: R. Schnur (Hrsg.), Die Rolle der Juristen bei der Entstehung des modernen Staates, 1986, S. 775 ff.; *D.K. Melissas*, The Elaboration of Legal Norms in a State Governed by The Rule of Law, JÖR 49 (2001), S. 145 ff.; *E. Šarčević*, Der Rechtsstaat, 1996; *E. Schmidt-Aßmann*, Der Rechtsstaat, in: HStR II, 3. Aufl. 2004, § 26, S. 541 ff.; *W. Schreckenberger*, Der moderne Verfassungsstaat und die Idee der Weltgemeinschaft, Der Staat 34 (1995), S. 1503 ff.; *K. Sobota*, Das Prinzip Rechtsstaat, 1997; *K.-P. Sommermann*, Staatsziele und Staatszielbestimmungen, 1997; *ders.*, Entwicklungsperspektiven des Rechtsstaates: Europäisierung und Internationalisierung eines staatsrechtlichen Leitbegriffs, in: S. Magiera/K.-P. Sommermann (Hrsg.), Freiheit, Rechtsstaat und Sozialstaat in Europa. Forschungssymposium anlässlich der Emeritierung von Detlef Merten, Berlin 2007, S. 75–90; *Chr. Trentmann*, Die Grundlagen des Rechtsstaatsbegriffs. Zugleich eine Einführung in die Rechtslehre Immanuel Kants und Robert von Mohls, JuS 2017, 979; *R. Wahl*, Der Vorrang der Verfassung, Der Staat 20 (1981), S. 485 ff.; *Th. Weck*, Rechtsstaat und Rechtswirklichkeit, RuP 2017, S. 186 ff.; *M. Wittinger*, Das Rechtsstaatsprinzip – vom nationalen Verfassungsprinzip zum Rechtsprinzip der europäischen und der internationalen Gemeinschaft, JÖR 57 (2009), S. 427 ff.; *F. Wittreck*, Geltung und Anerkennung von Recht, 2014.

Zu E. (Grundlagen): *K. Bayer* (Hrsg.), Solidarität. Begriff und Problem, 1998 (Nachdruck 2000); *J. Becker/J. Eckert/M. Kohli/W. Streeck* (Hrsg.), Transnationale Solidarität: Chancen und Grenzen, 2004; *H. M. Heinig*, Der Sozialstaat im Dienst der Freiheit, 2008; *J. Hruschka/J. Joerden* (Hrsg.), Jahrbuch für Recht und Ethik 22. Themenschwerpunkt: Grund und Grenzen der Solidarität in Recht und Ethik, 2014; *J. Isensee* (Hrsg.), Solidarität in Knappheit. Zum Problem der Priorität, 1998; *W. Kersting*, Theorien der sozialen Gerechtigkeit, 2000; *J. Schmelter*, Solidarität. Die Entwicklungsgeschichte eines sozialethischen Schlüsselbegriffs, 1991; *U. Volkmann*, Solidarität – Programm und Prinzip der Verfassung, 1998. – **II.:** *E.-W. Böckenförde*, Lorenz von Stein als Theoretiker der Bewegung von Staat und Gesellschaft zum Sozialstaat, FS für O. Brunner, 1963, S. 248 ff.; *C. Butterwegge*, Krise und Zukunft des Sozialstaates, 5. Aufl. 2014; *R. Hofmann/P. Holländer/F. Merli/E. Wiederin* (Hrsg.), Armut und Verfassung – Sozialstaatlichkeit im europäischen Vergleich, 1998; *F.-X. Kaufmann*, Varianten des Wohlfahrtsstaates – Der deutsche Sozialstaat im internationalen Vergleich, 2003; *ders.*, Sozialstaat als Kultur, 2015; *T. Kingreen*, Das Sozialstaatsprinzip im europäischen Verfassungsverbund, 2003; *S. Koslowski*, Vom socialen Staat zum Sozialstaat, Der Staat 34 (1995), S. 221 ff.; *J. Martinez Soria*, Das Recht auf Sicherung des Existenzminimums unter europäischem und innerstaatlichem Druck, JZ 2005, S. 644 ff.; *P. Masuch/ W. Spellbrink/ U. Becker/ S. Leibfried* (Hrsg.), Grundlagen und Herausforderungen des Sozialstaats – Denkschrift 60 Jahre Bundessozialgericht, 2014; *G.A. Ritter*, Der Sozialstaat – Entstehung und Entwicklung im internationalen Vergleich, 1991; *ders.*, Bismarck und die Grundlegung des deutschen Sozialstaates, FS für H.F. Zacher, 1998, S. 789 ff.; *K.-P. Sommermann*, Staatsziele und Staatszielbestimmungen, 1997; *F. Meyer zu Wendischhoff*, Revolution und reines Recht – Eine Zerreisprobe, Der Staat 52 (2013), S. 59 ff.; *J.P. Thurn*, Welcher Sozialstaat?, 2013; *A. Voßkuhle/T. Wischmeyer*, Grundwissen – Öffentliches Recht: Das Sozialstaatsprinzip, JuS 2015, S. 693 ff.; *H.F. Zacher*, Das soziale Staatsziel, in: HStR II, 3. Aufl. 2004, § 28, S. 659 ff. – **III.:** *C. Calliess*, Rechtsstaat und Umweltstaat, 2001; *D. Murswiek*, Die staatliche Verantwortung für die Risiken der Technik, 1985; *ders.*, Umweltschutz als Staatszweck, 1995; *R. Steinberg*, Der ökologische Verfassungsstaat, 1998.

Zu F.: *G. Biehler*, Auswärtige Gewalt, 2005; *A. Bleckmann*, Die Völkerrechtsfreundlichkeit der deutschen Rechtsordnung, DÖV 1979, S. 309 ff.; *ders.*, Der Grundsatz der Völkerrechtsfreundlichkeit in der deutschen Rechtsordnung, DÖV 1996, S. 137 ff.; *B. O. Bryde*, Konstitutionalisierung des Völkerrechts und Internationalisierung des Verfassungsrechts, Der Staat 42 (2003), S. 61 ff.; *H. Bungert*, Einwirkung und Rang von Völkerrecht im innerstaatlichen Rechtsraum, DÖV 1994, S. 797 ff.; *C. Calliess* (Hrsg.), Verfassungswandel im europäischen Staaten- und Verfassungsverbund, 2007; *ders.*, Das Demokratieprinzip im europäischen Staaten- und Verfassungsverbund, in: FS für G. Ress, 2005, S. 399 ff.; *ders.*, Die neue Europäische Union nach dem Vertrag von Lissabon. Ein Überblick über die Reformen unter Berücksichtigung ihrer Implikationen für das deutsche Recht, 2010; *P. Cramer*, Artikel 146 Grundgesetz zwischen offener Staatlichkeit und Identitätsbewahrung, 2014; *H.-G. Dederer*, Die Architektonik des europäischen Grundrechtsraums, ZaöRV 66 (2006), S. 575 ff.; *M. Dietrich*, Staatliches Souveränitätsverständnis im Wandel der gesellschaftspolitischen Strukturen, 2011; *O. Dörr*, Rechtsprechungskonkurrenz zwischen nationalen und europäischen Verfassungsgerichten, DVBl. 2006, S. 1088 ff.; *U. Di Fabio*, Das Recht offener Staaten, 1998; *B. Fassbender*, Der offene Bundesstaat, 2007; *M. Herdegen*, Internationalisierung der Verfassungsordnung, in: O. Depenheuer/Chr. Grabenwarter (Hrsg.), Verfassungstheorie, 2010, § 7; *S. Hobe*, Der offene Verfassungsstaat zwischen Souveränität und Interdependenz, 1998; *P. M. Huber u. a.* (Hrsg.), Demokratie in Europa, 2005; *ders.*, Offene Staatlichkeit: Vergleich, in: Handbuch Ius Publicum Europaeum, Bd. II, 2008, § 28; *J. Isensee/P. Kirchhof*, (Hrsg.), HStR VII, 1992, §§ 172–183 (Die Bundesrepublik Deutschland in der Staatengemeinschaft), S. 483 ff.; *R. Graf Kerssenbrock*, Die Vereinigten Staaten von Europa, 2013; *B. C. Kizil*, EU-Grundrechtsschutz im Vertrag von Lissabon, JA 2011, S. 277 ff.; *D. Knop*, Völker- und Europarechtsfreundlichkeit als Verfassungsgrundsätze, 2013; *M. Kotzur*, Kooperativer Grundrechtsschutz – eine Verfassungsperspektive für Europa?, JÖR 55 (2007), S. 337 ff.; *ders.*, Deutschland und die internationalen Beziehungen – „offene Staatlichkeit" nach 60 Jahren Grundgesetz, JÖR 59 (2011), S. 389 ff.; *J.F. Lindner*, Grundrechtsschutz im europäischen Mehrebenensystem – eine systematische Einführung, Jura 2008, S. 401 ff.; *C. Möllers*, Staat als Argument, 2. Aufl. 2011; *J. Menzel*, Internationales Öffentliches Recht – Verfassungs- und Verwaltungsgrenzrecht in Zeiten offener Staatlichkeit, 2009; *M. Nettesheim*, Die konsoziative Föderation von EU und Mitgliedstaaten, ZEuS 2002, S. 507 ff.; *M. Payandeh*, Völkerrechtsfreundlichkeit als Verfassungsprinzip, JÖR 57 (2009), S. 465 ff.; *ders.*,

Grenzen der Völkerrechtsfreundlichkeit. Der Treaty Override-Beschluss des BVerfG, NJW 2016, S. 1279 ff.; *van Ooyen*, Die Staatstheorie des Bundesverfassungsgerichts und Europa. Von Solange über Maastricht zu Lissabon, Euro-Rettung und Europawahl, 6. Aufl. 2016; *T. Rensmann*, Wertordnung und Verfassung, 2007; *V. Röben*, Außenverfassungsrecht, 2007; *C. Sailer*, Der souveräne Verfassungsstaat zwischen demokratischer Rückbindung und überstaatlicher Einbindung, 2005; *U. Schliesky*, Souveränität und Legitimität von Herrschaftsgewalt, 2004; *B. Schöbener*, Verfassungsstaatliche Verantwortung für eine internationale Friedensordnung, in: FS 600 Jahre Würzburger Juristenfakultät, 2002, S. 407 ff.; *ders.*, Das Verhältnis des EU-Rechts zum nationalen Recht der Bundesrepublik Deutschland, JA 2011, S. 885 ff.; *F. Schorkopf*, Grundgesetz und Überstaatlichkeit, 2007; *B. Schriewer*, Zur Theorie der internationalen Offenheit und der Völkerrechtsfreundlichkeit einer Rechtsordnung und ihrer Erprobung am Beispiel der EU-Rechtsordnung, 2017; *P. Tettinger/K. Stern* (Hrsg.), Kölner Gemeinschaftskommentar zur Europäischen Grundrechte-Charta, 2006; *K. Vogel*, Die Verfassungsentscheidung des Grundgesetzes für eine internationale Zusammenarbeit, 1964; *A. Voßkuhle/A.-K. Kaufhold*, Grundwissen – Öffentliches Recht: Offene Staatlichkeit, JuS 2013, S. 309 ff.; *R. Wahl*, Der offene Verfassungsstaat und seine Rechtsgrundlagen, JuS 2003, S. 1145 ff.; *ders.*, Erklären staatstheoretische Leitbegriffe die Europäische Union?, JZ 2005, S. 916 ff.

§ 6. Einheitsstaat und Staatenverbindungen

A. Innerstaatliche Einheit oder Teilung der Staatsgewalt

1 Die Ausübung der Staatsgewalt kann im Staat auf unterschiedliche Art und Weise erfolgen. Dem klassischen Ideal von Staatlichkeit im Sinne der Drei-Elemente-Lehre (→ Rdn. 3/43 ff.) liegt die Vorstellung zugrunde, dass eine einzige Staatsgewalt über ein einheitliches Staatsgebiet und ein einheitliches Staatsvolk herrscht. Dieses Modell wird auch als *Einheitsstaat* bezeichnet. Alternativ kann die Organisation eines Staates als *Bundesstaat* erfolgen. Dabei existieren mehrere Gliedstaaten innerhalb eines Gesamtstaates und bilden zugleich dessen Grundlage.

I. Einheitsstaat

2 Die den *Einheitsstaat* prägende Einheit der Staatsgewalt ist dadurch gekennzeichnet, dass keine Aufteilung der Staatsgewalt nach regionalen Gesichtspunkten erfolgt. Die im Einheitsstaat vorhandene Untergliederung des Staatsgebietes ist rein organisatorischer Natur. Der Einheitsstaat setzt sich – im Unterschied zum *Bundesstaat* (→ Rdn. 6/5 ff.) – nicht aus über eigene Staatlichkeit verfügenden Gliedern zusammen, sondern ist in staatliche Verwaltungsbezirke (Provinzen, Departments) aufgeteilt.

3 Die Organisation von Einheitsstaaten kann gleichwohl voneinander abweichen. Zwei grundlegende Typen sind zu unterscheiden: Neben dem *zentralisierten Einheitsstaat*, bei dem die öffentliche Gewalt in Zentralbehörden zusammengefasst ist und mit Hilfe weisungsabhängiger Mittel- und Unterbehörden ausgeübt wird, sind auch *dezentralisierte Erscheinungsformen* des Einheitsstaates möglich. Diese zeichnen sich dadurch aus, dass die Wahrnehmung öffentlicher Gewalt zum Teil Selbstverwaltungskörperschaften übertragen wird, die lediglich der Aufsicht der Zentralbehörden unterstehen. Der Einheitsstaat tritt somit nicht notwendig nach außen als Mono-

lith in der Wahrnehmung der Staatsgewalt in Erscheinung, auch wenn diese letztlich einheitlich erfolgt.

In der Staatspraxis spielt der Einheitsstaat eine gewichtige Rolle. 4
Vielfach ist die Entscheidung für das Modell des Einheitsstaates historisch begründet. Darüber hinaus ist sie aber auch das Ergebnis konkreter staats- und verfassungspolitischer Entscheidung. Gleiches gilt für die Ausgestaltung der inneren Ordnung des Staates als im Wesentlichen zentralisierter oder dezentralisierter Einheitsstaat.

Beispiele für Einheitsstaaten in Europa sind etwa Frankreich, Italien, Niederlande, Dänemark, Norwegen und Schweden. Deutschland war von 1934 bis 1945 ein (zunächst dezentralisierter, im Laufe der Jahre aber zunehmend zentralisierter) Einheitsstaat. Mit dem Neuaufbaugesetz vom 30. Januar 1934 wurden den Ländern alle Hoheitsrechte genommen und damit das „Einheitsreich“ geschaffen. Die DDR war spätestens nach der formal-gesetzlichen Auflösung der Länder 1952 und ihrer Ersetzung durch Bezirke ein Einheitsstaat. Erst durch das Ländereinführungsgesetz vom 22. Juli 1990 wurden die Länder Mecklenburg-Vorpommern, Brandenburg, Sachsen-Anhalt, Sachsen und Thüringen mit Wirkung vom 3. Oktober 1990 wieder gebildet.

II. Bundesstaat

Staaten können nicht nur – wie in ihren völkerrechtlichen Bezie- 5
hungen – *nebeneinander*, sondern auch *ineinander* existieren. Derartige Staatenverbindungen bilden das Gegenstück zum Modell des Einheitsstaates. Kennzeichnend für Staatenverbindungen ist, dass die öffentliche Gewalt nicht zentral ausgeübt wird, sondern auf verschiedenen Ebenen angesiedelt ist. Die engste Form der Staatenverbindung ist ihre staatsrechtliche Erscheinungsform, der *Bundesstaat.*

1. Grundlagen

Nach einer mittlerweile bereits klassischen Definition von *Gerhard* 6
Anschütz (1867–1948) ist Bundesstaat „ein Gesamtstaat, körperschaftlich zusammengefügt aus einfachen Staaten, die einerseits ihm unterworfen, andererseits beteiligt sind bei der Bildung seines Willens“ (Das System der rechtlichen Beziehungen zwischen Reich und Ländern, 1930, S. 295). Kennzeichnend für einen Bundesstaat ist somit, dass sowohl dem Gesamtstaat als auch den diesen bildenden Gliedstaaten jeweils eigene Staatsqualität zukommt.

Ganz in diesem Sinn spricht das BVerfG in ständiger Rechtsprechung von der „Eigenstaatlichkeit" der Länder (vgl. BVerfGE 6, S. 309/346f.; 34, S. 9/20; 101, S. 158/221). Diese sind Träger eigener, nicht von den Zentralorganen des Bundes abgeleiteter Staatsgewalt. Ihre Staatsgewalt wird allerdings durch das für Bund und Länder gleichermaßen verbindliche Grundgesetz gegenständlich begrenzt. Die Länder verfügen deshalb zwar nicht über Souveränität (→ Rdn. 3/59; 6/12ff.), was aber für ihr Handeln nach außen dadurch kompensiert wird, dass ihnen die Bundesverfassung (Art. 32 Abs. 3 GG) eine beschränkte Beteiligung am völkerrechtlichen Verkehr erlaubt. Ihre Stellung als Völkerrechtssubjekt ist allerdings relativ, besteht mithin nur im Verhältnis zu den Drittstaaten, welche das jeweilige Land (Gliedstaat) als Völkerrechtssubjekt anerkennen.

7 Historisch geht die Entstehung von Bundesstaaten regelmäßig entweder auf den Zusammenschluss bis dahin nicht miteinander verbundener Einzelstaaten oder auf die Zerschlagung eines zuvor bestehenden Einheitsstaates unter Beibehaltung von dessen (Gesamt-) Staatlichkeit zurück.

8 Die bundesstaatsinternen Beziehungen richten sich sowohl im Verhältnis von Gesamt- und Gliedstaaten als auch der Gliedstaaten untereinander nicht nach dem Völkerrecht, sondern nach innerstaatlichem Recht, insbesondere nach dem Staats- bzw. Verfassungsrecht in Form der Bundesverfassung. Diese bedingt zugleich eine *gewisse Homogenität* der beteiligten Staaten (vgl. für die Verfassungslage in Deutschland Art. 28 Abs. 1 GG). Insbesondere ordnet die Bundesverfassung die Staatsgewalt in Form einer Kompetenzordnung den einzelnen Ebenen zu (in Deutschland gem. Art. 30, 70ff., 83ff. GG). In ihre ausschließliche Zuständigkeit fallende Sachfragen können die Gliedstaaten gemeinsam durch *Staatsverträge* regeln. Ein Tätigwerden des Gesamtstaats ist insoweit nach dem Bundesverfassungsrecht regelmäßig ausgeschlossen.

9 Die konkrete Ausgestaltung der bundesstaatlichen Ordnung variiert erheblich. Sie kann einerseits durch eine starke Dezentralisierung und geringe Kompetenzen des Gesamtstaates gekennzeichnet sein. Ein solcher *konföderaler*, zugleich häufig durch einen Wettbewerb der Gliedstaaten untereinander gekennzeichneter *Bundesstaat* kann einem Staatenbund auf völkerrechtlicher Grundlage stark angenähert sein, unterscheidet sich von diesem aber durch die staatsrechtliche Grundlage des Zusammenwirkens der beteiligten Gliedstaaten und die dadurch bedingte Qualifizierung des Zusammenschlusses als Gesamtstaat. Andererseits kann ein *Bundesstaat* auch *unitarisch* mit einer starken Tendenz zur Zentralisierung und einer weitgehenden

Uniformität der Gliedstaaten organisiert werden, die im Übrigen auch durch eine vielfältige Abstimmung der Gliedstaaten untereinander ohne Einbeziehung des Gesamtstaats erfolgen kann. In derartigen Fällen besteht trotz der Staatsqualität der Gliedstaaten eine Ähnlichkeit zum (dezentralisierten) Einheitsstaat. Zwischen diesen beiden Idealtypen sind zahlreiche Erscheinungsformen möglich. Gliedstaaten und Gesamtstaat können insbesondere in ihren Aufgaben strikt voneinander abgegrenzt (Trennsystem) oder vielfältig miteinander verwoben sein (Mischsystem). Jeder Bundesstaat weist daher eine individuelle Prägung auf.

Konföderal geprägte Bundesstaaten sind etwa die USA und die Schweiz. 10
Die Bundesrepublik Deutschland, die sich in eine seit 1867 mit dem Norddeutschen Bund beginnende und nur während des Dritten Reiches unterbrochene Bundesstaatstradition einfügt, weist starke unitarische Elemente auf, die auch durch die Föderalismusreform des Jahres 2006 nur wenig eingeschränkt und zuletzt durch die Begründung einer zunehmenden Zahl von gemeinsamen und im Zusammenwirken wahrnehmenbaren Aufgaben wieder gestärkt wurden. Weitere Beispiele für Bundesstaaten sind Argentinien, Australien, Brasilien, Indien, Kanada, Mexiko und Österreich.

Trotz der erheblichen Unterschiede weisen alle Realtypen des Bun- 11
desstaates einige wesentliche und diese spezifische Form der Staatenverbindung kennzeichnende Gemeinsamkeiten auf. Diese sind durch die Staatsqualität sowohl des Gesamtstaates als auch der Gliedstaaten bedingt. Besondere Bedeutung kommt dabei *gegenseitigen Treue- und Rücksichtnahmepflichten* zwischen dem Gesamtstaat und den Gliedstaaten zu. Zwar bestehen solche wechselseitigen Pflichten auch bei völkerrechtlichen Staatenverbindungen. Ihre Intensität ist jedoch wesentlich geringer als in einem Bundesstaat, bei dem z. B. der Austritt eines Gliedstaates grundsätzlich nicht möglich ist. Dies zeigt sich nicht zuletzt in staatsorganisatorischen Vorkehrungen. So sind Bundesstaaten regelmäßig durch ein Zwei-Kammer-System gekennzeichnet. Neben das primäre Gesetzgebungsorgan des Gesamtstaates, regelmäßig ein Parlament, tritt eine von Vertretern der Gliedstaaten gebildete Versammlung, die ebenfalls an der gesamtstaatlichen Gesetzgebung mitwirkt. Sowohl der Gesamtstaat als auch die Gliedstaaten verfügen über eigene Kompetenzen in Gesetzgebung und Verwaltung, die sie durch eigene Organe wahrnehmen. Im Völkerrechtsverkehr tritt vielfach, nicht aber zwingend, nur der Gesamtstaat in Erscheinung, der sich aber nicht über die staatsrechtlich verankerten Interessen der Gliedstaaten hinwegsetzen darf.

2. Abgrenzung der staatlichen Sphären

12 Die *gestufte Staatlichkeit* des Bundesstaates bedingt vielfältige Regelungen, um Konflikte zwischen den staatlichen Ebenen zu vermeiden. Dies geschieht durch die möglichst eindeutige Zuweisung von Zuständigkeiten.

13 **a) Gesetzgebung.** Diese Zuständigkeiten betreffen insbesondere die *Gesetzgebung*. Nur selten wird es jedoch gelingen, das Auftreten von Konflikten zwischen gesamt- und gliedstaatlichen Normen völlig auszuschließen. Es bedarf daher ergänzender Bestimmungen über deren Lösung. Mit Blick auf diese Problemstellung lässt sich im Bundesstaat kein gleichsam automatischer Vorrang für die gesamt- oder gliedstaatliche Ebene feststellen. Vielmehr sind unterschiedliche Konzeptionen möglich.

14 Ein unbeschränktes Gesetzgebungsrecht sowohl der Gliedstaaten als auch des Gesamtstaats ist zwar im Bundesstaat grundsätzlich nicht ausgeschlossen. Angesichts des damit einhergehenden hohen Konfliktpotentials erfolgt jedoch im Regelfall eine möglichst klare Zuordnung von Regelungskompetenzen zu den Gliedstaaten oder dem Gesamtstaat (in Deutschland durch Art. 70 ff. GG). In welchem Umfang den einzelnen Ebenen Kompetenzen zugewiesen werden, ist wiederum vor allem Gegenstand verfassungspolitischer Entscheidung. Sofern Rechtsetzungskompetenzen eindeutig zugeordnet sind, besteht in dem Fall, dass kompetenzwidrig erlassenes Recht – wie nach der h. M. in Deutschland – als nichtig anzusehen ist, nur ein geringer Bedarf nach weitergehenden Konfliktlösungsregeln. So kommt etwa Art. 31 GG im Hinblick auf einfaches Gesetzesrecht keine rechtspraktische Bedeutung zu. Fehlt es aber an diesen Voraussetzungen, dann sind verfassungsrechtliche Konfliktlösungsmechanismen unverzichtbar, um Klarheit über das anwendbare Recht zu erlangen.

15 **b) Verwaltung.** Neben der Festlegung der Gesetzgebungszuständigkeiten bedarf es im Bundesstaat auch der Zuweisung von *Verwaltungskompetenzen* (in Deutschland durch Art. 83 ff. GG). Diese Zuweisung muss nicht zwingend an den jeweiligen Gesetzgebungskompetenzen anknüpfen. Zwar schließt es das Bundesstaatsmodell aus, dass ausschließlich eine Zentralverwaltung oder nur gliedstaatliche Verwaltungen bestehen. Vielmehr verfügt jede staatliche Ebene im Bundesstaat zumindest über eine rudimentäre Eigenverwaltung, die für ihre politische Funktionsfähigkeit sorgt. Darüber hinaus ist die Bündelung von Verwaltungskompetenzen aber ebenso möglich wie eine strikte Trennung entsprechend den Rechtsetzungszuständigkeiten.

So erfolgt die Wahrnehmung von Verwaltungsaufgaben in Deutschland nahezu ausschließlich durch die Länder, welche bis auf wenige Ausnahmen neben ihrem eigenen Recht die Gesetze des Bundes vollziehen (Art. 83 ff. GG). In den USA orientiert sich der Vollzug dagegen an den Gesetzgebungszuständigkeiten, so dass Bundesbehörden neben gliedstaatlichen Behörden verwaltend tätig werden. 16

c) Staatliche Finanzmittel. Bedeutsam ist auch die Frage der *Einnahme und Verteilung staatlicher Finanzmittel* im Bundesstaat. Als traditionelles Kennzeichen von Staatlichkeit verfügen grundsätzlich sowohl der Gesamtstaat als auch die Gliedstaaten über eine eigene Steuerhoheit. Deren Ausgestaltung und die Verteilung der Einnahmen können jedoch erheblich variieren. Sicherzustellen ist dabei stets die Möglichkeit der Erfüllung der jeweils bundesverfassungsrechtlich vorgesehenen Aufgaben. Nicht erforderlich ist, dass die Gliedstaaten innerhalb des bundesverfassungsrechtlich vorgegebenen Rahmens von ihrer Steuerhoheit in vergleichbarer Art und Weise Gebrauch machen. Gerade die Steuererhebung kann vielmehr als Instrument zur eigenständigen politischen Gestaltung genutzt werden. 17

d) Außenkompetenzen. Neben den Regelungen, welche die innere Ordnung des Bundesstaates betreffen, bedarf es zur Absicherung der Zuständigkeiten der Gliedstaaten einer *Bestimmung der nach außen gerichteten Kompetenzen*. Da die Außenpolitik nahezu ausschließlich dem Gesamtstaat zugewiesen ist, auf internationaler Ebene die staatsorganisatorischen Besonderheiten von Bundesstaaten jedoch keine Rolle spielen, besteht die Gefahr einer zunehmenden Begrenzung der Handlungsmöglichkeiten der Gliedstaaten durch vom Gesamtstaat abgeschlossene völkerrechtliche Verträge. Um dies zu verhindern, findet sich in der Bundesverfassung regelmäßig eine Regelung über die Beteiligung der Gliedstaaten mit Blick auf den Abschluss von in ihre Zuständigkeitsbereiche eingreifenden völkerrechtlichen Verträgen durch den Gesamtstaat. 18

In Deutschland ist das Zusammenwirken von Bund und Ländern im Hinblick auf den Abschluss völkerrechtlicher Verträge wegen Uneindeutigkeit des Zusammenspiels der Art. 32 Abs. 1 und 3 GG durch das Lindauer Abkommen von 1957 ergänzend geregelt. Danach hat der Bund insbesondere dann das Einverständnis der Länder zu erlangen, wenn er auf einem Gebiet einen völkerrechtlichen Vertrag abschließen will, dessen Gegenstand innerstaatlich in die ausschließlichen Gesetzgebungskompetenzen der Länder fällt. Auf solchen Gebieten können die Länder aber auch eigenständig völkerrechtliche Verträge mit Drittstaaten eingehen, müssen dabei aber Rücksicht auf die Be- 19 lange des Bundes nehmen und bedürfen der Zustimmung der Bundesregierung (vgl. Art. 32 Abs. 3 GG).

3. Bewahrung der Staatlichkeit von Gesamtstaat und Gliedstaaten

20 Die Möglichkeiten der staats- und verfassungsrechtlichen Ausgestaltung eines Bundesstaates sind mithin vielfältig. Die spezifische Kombination der jeweiligen Elemente entscheidet über das Gewicht der einzelnen staatlichen Ebenen innerhalb des Bundesstaates und gibt diesem sein besonderes Gepräge. Gleichwohl setzt das bundesstaatliche Modell den Möglichkeiten der Kompetenzzuweisung auch Grenzen, bei deren Überschreitung nicht mehr von einem Bundesstaat gesprochen werden kann. Insbesondere ist die *Bewahrung der Staatlichkeit* sowohl des Gesamtstaats als auch der Gliedstaaten erforderlich. Auch wenn sich gesamt- und gliedstaatliches Recht im Bundesstaat grundsätzlich zu einer einheitlichen Rechtsordnung zusammenfügen und die Funktionsfähigkeit des Bundesstaates eine gewisse Übereinstimmung seiner Glieder zumindest in wesentlichen staatsorganisatorischen Aspekten voraussetzt (Grundsatz der Homogenität), muss die Verfassungsautonomie der staatlichen Ebenen gewahrt bleiben. Die Verfassungsautonomie der Gliedstaaten ist auch insoweit Ausdruck der inneren Souveränität (→ Rdn. 3/56 ff.), die im Bundesstaat jedoch notwendig beschränkt ist durch die verbindlichen Vorgaben der Bundesverfassung (etwa gem. Art. 28 Abs. 1 GG).

21 Schließlich müssen den Ebenen auch über Verfassungsfragen hinaus grundlegende politische Gestaltungsspielräume verbleiben. In Bundesstaaten laufen regelmäßig die Gliedstaaten Gefahr, durch eine weitreichende Gesetzgebung des Gesamtstaates in ihren Kompetenzen erheblich beeinträchtigt zu werden und dadurch letztlich ihre Staatlichkeit einzubüßen.

22 In der Bundesrepublik Deutschland haben die Länder eine besondere Absicherung durch Art. 79 Abs. 3 GG erfahren, der eine Änderung des Grundgesetzes verbietet, durch welche „die Gliederung des Bundes in Länder“ berührt wird. Dazu hat das BVerfG (E 34, S. 9/19 f.) festgestellt: „Die ‚Länder‘ sind hier, wie es dem Begriff und der Qualität des Bundesstaates entspricht, gegen eine Verfassungsänderung gesichert, durch die sie die Qualität von Staaten oder ein Essentiale der Staatlichkeit einbüßen. Ob die Länder der Bundesrepublik ‚Staaten‘ sind oder von Körperschaften ‚am Rande der Staatlichkeit‘ zu ‚höchstpotenzierten Gebietskörperschaften‘ in einem dezentralisierten Einheitsstaat herabsinken, lässt sich nicht formal danach bestimmen, dass sie eine eigene Verfassung besitzen und dass sie über irgendein Stück vom Gesamtstaat unabgeleiteter Hoheitsmacht verfügen, also irgendeinen Rest von Gesetzge-

bungszuständigkeit, Verwaltungszuständigkeit und justizieller Zuständigkeit ihr Eigen nennen. In solcher Sicht könnten die Länder in ihrer Qualität als Staaten durch Grundgesetzänderungen nach und nach ausgehöhlt werden, so dass am Ende nur noch eine leere Hülse von Eigenstaatlichkeit übrig bliebe. Die Länder im Bundesstaat sind nur dann Staaten, wenn ihnen ein Kern eigener Aufgaben als ‚Hausgut' unentziehbar verbleibt. Was immer im Einzelnen dazu gehören mag, jedenfalls muss dem Land die freie Bestimmung über seine Organisation einschließlich der in der Landesverfassung enthaltenen organisatorischen Grundentscheidungen sowie die Garantie der verfassungskräftigen Zuweisung eines angemessenen Anteils am Gesamtsteueraufkommen im Bundesstaat verbleiben."

B. Völkerrechtliche Staatenverbindungen

I. Grundlagen

Von den staatsrechtlichen sind die *völkerrechtlichen Staatenverbindungen* zu unterscheiden. Bei diesen beruht die Verbindung mehrerer Staaten auf einem völkerrechtlichen Vertrag, durch den die Staaten einen Teil der Ausübung ihrer Staatsgewalt auf eine zwischenstaatliche Ebene übertragen. Durch den völkerrechtlichen Vertrag wird jedoch kein neues Staatsgebilde geschaffen. Völkerrechtliche Staatenverbindungen zeichnen sich dadurch aus, dass sich die Staaten dieser Konstruktion bedienen, um bestimmte Zwecke zu verwirklichen, deren Realisierung auf der Ebene des einzelnen Staates kaum möglich ist. 23

Die Mitgliedschaft in einer völkerrechtlichen Staatenverbindung hindert einen Staat grundsätzlich nicht an der Teilnahme an weiteren Staatenverbindungen sowohl völker- als auch staatsrechtlicher Natur. Jeder beteiligte Staat ist in den Grenzen der durch den Beitritt freiwillig eingegangenen völkerrechtlichen Bindungen in seinen Entscheidungen uneingeschränkt souverän. Dementsprechend ist auch regelmäßig ein Austritt aus der Staatenverbindung möglich. 24

Völkerrechtliche Staatenverbindungen können verschiedene Erscheinungsformen aufweisen. Von praktischer Bedeutung sind heute vor allem der Staatenbund und die Bildung Internationaler und Supranationaler Organisationen. Die Personalunion sowie die Realunion von Staaten und das Protektorat spielen dagegen in der Staatspraxis kaum noch eine Rolle. 25

II. Staatenbund

26 In der historischen Dimension ist der typische Fall einer völkerrechtlichen Staatenverbindung der *Staatenbund.* Dabei handelt es sich um einen auf Dauer angelegten Zusammenschluss von selbstständigen Staaten, dem mangels Staatsgewalt und Staatsvolk aber selbst keine Staatsqualität zukommt. Gleichwohl können die auf den Staatenbund übertragenen Aufgaben von erheblicher Bedeutung für die beteiligten Staaten sein. Historisch haben sich Staatenbünde mehrfach als Zwischenschritt auf dem Weg zur Bundesstaatlichkeit erwiesen.

Zu nennen sind insoweit die USA von 1778 bis 1787, die Schweiz von 1815 bis 1848 sowie der Deutsche Bund von 1815 bis 1866, aus dem schließlich unter Ausschluss Österreichs, Luxemburgs und Liechtensteins 1871 das Deutsche Reich hervorging. Dieses baute seinerseits auf dem ebenfalls als Bundesstaat gegründeten Norddeutschen Bund (1867) auf.

27 Der *Deutsche Bund* war gemäß der Wiener Schlussakte von 1820 ein „völkerrechtlicher Verein der deutschen Fürsten und Städte, zur Bewahrung der Unabhängigkeit und Unverletzbarkeit ihrer im Bunde begriffenen Staaten und zur Erhaltung der innern und äußern Sicherheit Deutschlands" (Art. 1). Weiter heißt es dort zur Rechtsnatur des Bundes: „Dieser Verein besteht in seinem Innern als eine Gemeinschaft selbständiger unter sich unabhängiger Staaten, mit wechselseitigen gleichen Vertrags-Rechten und Vertrags-Obliegenheiten, in seinen äußern Verhältnissen aber als eine in politischer Einheit verbundene Gesamt-Macht" (Art. 2) (vgl. den Text bei *W. Frotscher/B. Pieroth*, Verfassungsgeschichte, Rdn. 253). Zu den Besonderheiten des Deutschen Bundes gehörte, dass er auch gewisse Homogenitätsanforderungen an die beteiligten Staaten stellte, insbesondere das *monarchische Prinzip* verbindlich vorschrieb: „Da der deutsche Bund mit Ausnahme der freien Städte, aus souveränen Fürsten besteht, so muss dem hierdurch gegebenen Grundbegriffe zufolge die gesamte Staatsgewalt in dem Oberhaupte des Staats vereinigt bleiben, und der Souverän kann durch eine landständische Verfassung nur in der Ausübung bestimmter Rechte an die Mitwirkung der Stände gebunden werden" (Art. 57). Zuvor hatte bereits die Deutsche Bundesakte von 1815 das im Kontext der Regelung des monarchischen Prinzips in Bezug genommene weitere Homogenitätsgebot, nämlich die Verpflichtung auf eine *landständische Verfassung*, aufgestellt: „In allen Bundesstaaten wird eine Landständische Verfassung stattfinden" (Art. 13). Während das monarchische Prinzip sich noch einige Zeit halten konnte, was sich nicht zuletzt bei der Frage zeigte, ob Fürst oder Volk (Parlament) zur Verfassungsgebung befugt seien (→ Rdn. 5/47 ff.), war eine Rückkehr zu einer ständisch gegliederten Repräsentation des Volkes, ähnlich dem mittelalterlichen System der Landstände (→ Rdn. 2/57 ff.), tatsächlich

nicht mehr möglich. Unter dem Eindruck der Französischen Revolution hatten die Monarchen vor allem im Südwesten Deutschlands bereits den Weg für nicht-ständische, das Volk in seiner Gesamtheit erfassende Repräsentativordnungen ermöglicht. Das führte dazu, dass die Verpflichtung auf eine Errichtung landständisch geprägter Vertretungsorgane weithin ignoriert wurde. Vielmehr setzte sich im Laufe der Zeit die Ansicht durch, dass der Begriff *Landständische Verfassung* auch die seit der Französischen Revolution proklamierte Volksrepräsentation umfasse (vgl. dazu *W. Frotscher*/*B. Pieroth*, Verfassungsgeschichte, Rdn. 260 ff.; *M. Kotulla*, Dt. Verfassungsgeschichte, Rdn. 1369 ff.).

Die staatenbündische Organisationsform entwickelt aber keineswegs zwangsläufig eine auf das Endziel *Bundesstaat* gerichtete Eigendynamik. Mitunter dienen Staatenbünde auch der Verlangsamung des Zerfalls früherer politischer Einheiten, insbesondere von Kolonialreichen, und der Bewahrung der kulturellen Verbundenheit. 28

Wichtige Beispiele sind der aus früheren Bestandteilen des Britischen Weltreichs gebildete *Commonwealth of Nations* und die Gemeinschaft Unabhängiger Staaten (GUS) als Nachfolgeorganisation der Sowjetunion (ohne die baltischen Staaten).

Als schwierig erweist sich der Versuch, den Staatenbund von der vergleichsweise neuen Erscheinung der *Internationalen Organisation* (→ Rdn. 6/32) abzugrenzen. Zwischen beiden Phänomenen gibt es vielfältige Überschneidungen, stellt doch jede Internationale Organisation insofern einen Staatenbund dar, als mehrere Staaten sich auf völkerrechtlicher Grundlage zur gemeinsamen Erfüllung näher bestimmter Aufgaben zusammentun. Während für Internationale Organisationen eine nähere Regelung ihrer spezifischen Zwecksetzungen wesensnotwendig ist (→ Rdn. 6/33), war eine solche Regelung bei den historischen Staatenbünden keineswegs zwingend (vgl. *E. Klein*, in: W. Graf Vitzthum/A. Proelß (Hrsg.), Völkerrecht, 4. Abschn. Rdn. 17). Derartig zweckfreie Zusammenschlüsse existieren zu Beginn des 21. Jahrhunderts jedoch kaum noch, so dass das Kriterium der Zweckbindung für eine Unterscheidung nach Idealtypen untauglich ist. Letztlich zeichnet sich ein „reiner“ Staatenbund dadurch aus, dass er in organisatorischer Hinsicht – Vorhandensein, Art und Befugnisse der Organe – sowie im Grad der wechselseitigen rechtlichen Verpflichtungen der Mitgliedstaaten untereinander und gegenüber dem Bund, sofern man ihm überhaupt eigene Völkerrechtssubjektivität (→ Rdn. 7/17 ff.) einräumt, eine eher lockere Verbindung darstellt. Seine Zwecksetzung obliegt der Vereinbarung der beteiligten Staaten. 29

Vorrangig politisch motivierte Staatenbünde entstanden in neuerer Zeit kaum noch. Der Zweck von Staatenbünden liegt insbesondere in der Intensivierung der wirtschaftlichen Zusammenarbeit.

30 Primär wirtschaftliche Ziele verfolgt seit 1958 etwa die aus Belgien, Niederlande und Luxemburg bestehende Benelux-Wirtschaftsunion. Auch auf eine politische Zusammenarbeit sowie eine gemeinsame Verteidigung ist die Russisch-Weißrussische Union gerichtet, die 1999 gegründet wurde.

III. Zwischenstaatliche Organisationen

31 Neben dem Staatenbund sind *zwischenstaatliche Organisationen* eine besonders wichtige Form der völkerrechtlichen Staatenverbindung. Zu unterscheiden sind dabei *Internationale* und *Supranationale Organisationen.*

1. Internationale Organisationen

32 Unter Internationalen Organisationen versteht man die völkerrechtliche Verbindung mehrerer Staaten zur gemeinsamen Erfüllung bestimmter Zwecke. Die möglichen Zwecke Internationaler Organisationen sind dabei überaus vielfältig.

Diese reichen von der Wahrnehmung sehr spezieller Aufgaben (Weltpostverein, Internationale Fernmeldeunion) über die Verbesserung der wirtschaftlichen Zusammenarbeit (Welthandelsorganisation – WTO) und Verteidigungsbündnisse (Nordatlantikpakt – NATO) bis hin zur Friedenssicherung (Vereinte Nationen – UNO, Organisation für Sicherheit und Zusammenarbeit in Europa – OSZE).

33 Die Gründung Internationaler Organisationen erfolgt durch einen völkerrechtlichen Vertrag. Ihre Mitglieder sind regelmäßig Staaten, deren Souveränität durch die Mitgliedschaft unberührt bleibt. Mitglieder einer Internationalen Organisation können aber auch andere Internationale Organisationen sein, soweit dies im Gründungsstatut der Organisation vorgesehen ist. In räumlicher Hinsicht kann der Wirkungskreis der Internationalen Organisation beschränkt sein. Weithin üblich sind regionale Beschränkungen. In diesem Falle steht eine Mitgliedschaft grundsätzlich nur den der jeweiligen Region zugehörigen Staaten offen (z. B. Beschränkung des Europarats auf Staaten des europäischen Kontinents). Der jeweilige Zweck ist im Gründungsdokument der Internationalen Organisation, das häufig als

Satzung, Charta oder auch als „Verfassung" bezeichnet wird, beschrieben und begrenzt. Im Unterschied zu Staaten verfügen die Internationalen Organisationen nur über eine beschränkte Völkerrechtssubjektivität (zu diesem Begriff → Rdn. 7/17 ff.); ihre Handlungsbefugnisse sind nämlich beschränkt auf die ihnen zugewiesenen Kompetenzen und Zwecke. Gegenüber den Mitgliedstaaten üben sie regelmäßig koordinierende Funktionen aus. Soweit dies im Gründungsdokument vorgesehen ist, kommt ihren Mitarbeitern diplomatische Immunität zu.

Internationale Organisationen sind auf Dauer angelegt und verfügen über permanent operierende Organe. Regelmäßig handelt es sich dabei um eine Mitgliederversammlung und ein mit der ständigen Aufgabenwahrnehmung betrautes Sekretariat, dessen Vorstand die Vertretung der Organisation nach außen wahrnimmt. Gelegentlich tritt eine effektive (Schieds-) Gerichtsbarkeit hinzu, so dass eine Verrechtlichung von zuvor auf politischer Ebene gelösten Konflikten zu beobachten ist. Allerdings ist aufgrund der Vielzahl völkerrechtlicher Verträge und Internationaler Organisationen eine Zersplitterung der gerichtlichen Zuständigkeiten festzustellen. Die Verbindlichkeit und vor allem die Durchsetzbarkeit der Entscheidungen der ständigen internationalen Gerichte bleiben zudem bislang deutlich hinter den auf nationaler Ebene existierenden Standards zurück (→ Rdn. 7/25). 34

Der Internationale Gerichtshof (IGH) als Rechtsprechungsorgan der UNO existiert bereits seit 1946. In neuerer Zeit erfolgten die Gründung des Internationalen Seegerichtshofs durch Ergänzung des Internationalen Seerechtsübereinkommens (SRÜ) um ein entsprechendes Statut, das 1996 in Kraft trat. Die seit 1995 bestehende WTO verfügt mit dem Dispute Settlement Body (DSB) über ein ständiges Streitschlichtungsorgan. Verbessert wurde auch der Rechtsschutz durch den Europäischen Gerichtshof für Menschenrechte (EGMR) im Geltungsbereich der EMRK durch deren 1998 in Kraft getretenes 11. Zusatzprotokoll. Der Internationale Strafgerichtshof (IStGH), dessen Statut im Jahre 2002 in Kraft getreten ist und der im März 2012 gegen den kongolesischen Milizführer *Thomas Lubanga Dyilo* sein erstes Urteil fällte, ist selbst eine Internationale Organisation mit der Aufgabe, Straftatbestände von internationaler Bedeutung, etwa Verbrechen gegen die Menschlichkeit, Völkermord und Kriegsverbrechen, zu verfolgen. 35

2. Supranationale Organisationen

Eine besondere Entwicklungsstufe Internationaler Organisationen bilden Supranationale Organisationen. Diese vergleichsweise neue Form der Staatenverbindung basiert zwar auf völkerrechtlicher 36

Grundlage, ist jedoch ihrerseits nicht auf das völkerrechtliche Instrumentarium beschränkt. Das besondere Charakteristikum Supranationaler Organisationen ist ihre Fähigkeit, Rechtsakte mit *Direktwirkung* zu erlassen.

37 Gemeint ist mit *Direktwirkung*, dass supranationale Rechtsakte zumal der Europäischen Union (EU), nicht nur ihre Mitgliedstaaten binden, sondern geltendes Recht auch insoweit begründen, dass sich auch Einzelpersonen gegenüber dem jeweiligen Mitgliedstaat darauf berufen können. Eines Umsetzungsaktes des nationalen Gesetzgebers in staatliches Recht bedarf es dafür nicht. Explizit vorgesehen ist dies für Verordnungen nach Art. 288 Abs. 2 AEUV; jedoch ist darüber hinaus die unmittelbare Anwendbarkeit sowohl von EU-Primärrecht als auch von Richtlinien nach Art. 288 Abs. 3 AEUV, die nach der normativen Konzeption eigentlich einer Umsetzung bedürfen, unter bestimmten Voraussetzungen anerkannt. Die Souveränität der Mitgliedstaaten wird dadurch erheblich eingeschränkt. Angesichts dessen gibt es außer der EU und der Europäischen Atomgemeinschaft (EAG) bislang keine Beispiele für Supranationale Organisationen mit einem derartig hohen Integrationsgrad.

38 Erste Erscheinungsformen Supranationaler Organisationen waren der weitgehend im Deutschen Reich aufgegangene Deutsche Zollverein (1834) und die Zentrale Rheinkommission (1816). Die Europäische Gemeinschaft für Kohle und Stahl (EGKS) besteht seit 2002 nach Ablauf der 50-jährigen Geltungsdauer des EGKS-Vertrages nicht mehr. Obwohl von deutlich geringerer Bedeutung und auf niedrigerem Entwicklungsstand befindlich als die europäischen Gemeinschaften ist auch die Andengemeinschaft (CAN), derzeit bestehend aus Bolivien, Ecuador, Kolumbien und Peru, als Supranationale Organisation zu qualifizieren. Ebenfalls eine Anlage zur Supranationalität weist seit ihrer grundlegenden Reform im Jahre 2001 die Karibische Gemeinschaft (CARICOM) auf.

39 Ebenso wie Internationale verfügen auch Supranationale Organisationen über eigene Organe. Es bestehen mindestens eine Versammlung der Vertreter der Mitgliedstaaten, ein Sekretariat und oftmals eine eigene Gerichtsbarkeit. Ein Parlament kann hinzutreten. Die Zuständigkeiten der Organe sind klar voneinander abgegrenzt. Die Suprematie eines Organs besteht regelmäßig nicht; vielmehr wird durch spezifische Formen der Gewaltenteilung ein institutionelles Gleichgewicht geschaffen.

40 In der EU nehmen der aus Regierungsvertretern der Mitgliedstaaten zusammengesetzte Rat (Art. 16 EUV) und das die Völker der Mitgliedstaaten repräsentierende Europäische Parlament (Art. 14 EUV) im Wesentlichen die Funktion von Gesetzgebungsorganen wahr (zu der damit verbundenen demokratietheoretischen Legitimationsfrage → Rdn. 5/99 ff.). Die Kommission, eine eigenständige europäische Behörde (Art. 17 EUV), erarbeitet hierfür Vor-

schläge, kann teilweise aber auch selbst Recht setzen und ist für bestimmte Verwaltungsaufgaben zuständig. Dem Gerichtshof der Europäischen Union (Art. 19 EUV) obliegt die Wahrnehmung der gerichtlichen Kontrolle.

Trotz fehlender Kompetenz-Kompetenz, also der Möglichkeit, 41
ohne vorherige Ermächtigung eigenständig die Gebiete der Rechtsetzung zu bestimmen, weisen supranationale Gemeinschaften aufgrund der mit ihnen intendierten vertieften Integration zwischen den beteiligten Staaten tendenziell eine Fülle von Einzelzuständigkeiten auf. Das Verfahren der Rechtsetzung richtet sich nach den dafür in dem völkerrechtlichen Gründungsdokument enthaltenen Vorgaben. Dabei ist die Notwendigkeit einstimmiger Entscheidungen auch in dem die Mitgliedstaaten repräsentierenden Organ nicht zwingend erforderlich. Fortgeschrittene supranationale Gemeinschaften zeichnen sich vielmehr gerade dadurch aus, dass Entscheidungen mit Mehrheit gefasst werden können. Dies gilt auch für den Fall, dass das erlassene Recht unmittelbar in allen Mitgliedstaaten wirkt und nicht nur deren Verpflichtung zur Umsetzung in nationales Recht hervorruft.

Die EU weist heute eine ausdifferenzierte Kompetenzordnung auf. Grund- 41a
sätzlich ist nach Art. 2ff. AEUV zwischen ausschließlichen und mit den Mitgliedstaaten geteilten Zuständigkeiten zu unterscheiden. Nicht davon erfasste Bereiche verbleiben gemäß dem in Art. 5 Abs. 2 EUV explizit normierten Grundsatz der begrenzten Einzelermächtigung in der (ausschließlichen) Zuständigkeit der Mitgliedstaaten. Die Rechtsetzung der EU ist an die in Art. 5 Abs. 3 und 4 EUV geregelten Prinzipien der Subsidiarität und der Verhältnismäßigkeit gebunden. Es erfolgt grundsätzlich in einem „Gesetzgebungsverfahren“, an dem Rat und Europäisches Parlament gleichberechtigt teilnehmen und jeweils mit spezifischer Mehrheit entscheiden, vgl. Art. 16 Abs. 3–5 EUV, Art. 231, 238, 293ff. AEUV.

Die große Kompetenzfülle und die Direktwirkung der Rechtsakte 42
lassen jedoch die Einordnung Supranationaler Organisationen als völkerrechtliche Staatenverbindung fraglich erscheinen und legen eine Qualifikation als *bundesstaatsähnlich* nahe. Dies kann aus Sicht des nationalen Verfassungsrechts der Mitgliedstaaten Schwierigkeiten aufwerfen, da danach die Mitgliedschaft in einer völkerrechtlichen grundsätzlich anders als in einer staatsrechtlichen Staatenverbindung zu beurteilen ist und möglicherweise die Bewahrung der Fundamentalprinzipien der staatlichen Verfassung in Frage steht. Deshalb ist es konsequent, dass die Verfassungen einzelner Mitgliedstaaten entweder (der Supranationalität wesensfremde) besondere Einfluss- und Entscheidungsmöglichkeiten der einzelnen Mitgliedstaaten oder spe-

zifische rechtliche Mindeststandards in der Gemeinschaft voraussetzen (in Deutschland durch Art. 23 GG).

43 Das BVerfG (E 89, S. 155 ff.) hat die durch den Vertrag von Maastricht vertiefte europäische Integration als mit dem Grundgesetz konform angesehen und die EU als „Staatenverbund" bezeichnet (→ Rdn. 5/104). Diese Begriffsschöpfung umschreibt zutreffend eine Entwicklungsstufe zwischen Staatenbund und Bundesstaat ohne eigene Staatsqualität, ist gleichwohl dogmatisch wenig aussagekräftig.

IV. Personal- und Realunion

44 Nur noch historische Bedeutung kommt der Personalunion und der Realunion als weiteren Typen völkerrechtlicher Staatenverbindungen zu. Soweit diese noch heute auftreten, handelt es sich um Ausnahmefälle.

45 Eine *Personalunion* ist dadurch gekennzeichnet, dass eine Person Staatsoberhaupt mehrerer Staaten ist, ohne dass diese darüber hinaus organisatorisch verbunden sind. Sie ist in der Staatspraxis untrennbar mit der monarchischen Staatsform der beteiligten Staaten verbunden.

Nur theoretisch ist eine Personalunion zwischen mehreren Staaten denkbar, ohne dass es sich dabei um Monarchien handelt. Eine solche Möglichkeit würde voraussetzen, dass nach dem Verfassungsrecht aller betroffenen Staaten das jeweilige Staatsoberhaupt dieselbe Funktion zeitgleich in einem anderen Staat wahrnehmen kann. Eine solche Gestaltung widerspricht jedoch der moderne Nationalstaaten prägenden Souveränitätsvorstellung wie auch demokratischen Prinzipien.

46 Die Personalunion kann als politische Entscheidung gezielt durch die Berufung des Herrschers eines anderen Staates auf einen vakanten Thron oder – regelmäßig im Hinblick auf die nachfolgenden Generationen – durch eine parallele dynastische Thronfolgeordnung in den betroffenen Staaten entstehen.

Historische Beispiele für Personalunionen sind Spanien und das Heilige Römische Reich Deutscher Nation unter *Karl V.* (1500–1558) zwischen 1519 und 1556, Sachsen und Polen von 1697 bis 1763, England und Hannover von 1714 bis 1837 sowie Dänemark und Schleswig-Holstein von 1773 bis 1864. Noch heute besteht eine Personalunion zwischen 16 der 53 Staaten des *Commonwealth*, deren gemeinsames – häufig jedoch nur formelles – Staatsoberhaupt die britische Königin ist. In Andorra wird die Funktion des Staatsoberhaupts, die als weltliches und geistliches Kofürstentum ausgestaltet ist, neben dem Bischof von Urgell durch den französischen Staatspräsidenten wahrgenommen.

Eine auf dem Bestehen einer Personalunion aufbauende völkerrechtliche Staatenverbindung ist die *Realunion*. Dabei bestehen neben der Identität des Staatsoberhauptes weitere gemeinsame Institutionen, insbesondere Staatsorgane und Verwaltungseinrichtungen. Nach außen treten die in einer Realunion verbundenen Staaten als Einheit auf. Die Verbindung der beteiligten Staaten ist mithin erheblich intensiver und stärker rechtlich geprägt als bei der Personalunion. Im Unterschied zum Zusammenschluss mehrerer Staaten in einem Bundesstaat wird bei der Realunion jedoch kein zusätzliches, übergeordnetes Rechtssubjekt geschaffen. 47

Beispiele für Realunionen waren Österreich-Ungarn von 1867 bis 1918, Schweden und Norwegen von 1814 bis 1905, Dänemark und Island von 1918 bis 1940 und Italien und Abessinien (heute Äthiopien) von 1936 bis 1941.

V. Protektorat

Das *Protektorat* basiert auf einer vertraglichen Übereinkunft zwischen Staaten, durch die sich einer der Beteiligten – das Protektorat, der *Unterstaat* – in bestimmten Bereichen, typischerweise in auswärtigen Angelegenheiten und Militär, mitunter auch im Wirtschafts- und Währungswesen, dem Schutz des anderen, des *Oberstaates* (Souverän) unterstellt. Im Umfang der Rechtsübertragung geht ein Verlust an Selbständigkeit des Schutzgebietes einher, so dass dieses regelmäßig nicht (mehr) als uneingeschränkt souveräner Staat am Völkerrechtsverkehr teilnimmt. Gleichwohl verliert es seine Völkerrechtsfähigkeit nicht. 48

Die Abgrenzung zwischen Protektoraten und assoziierten Gebieten sowie – fast nur noch in historischem Kontext – Kolonien kann erhebliche Schwierigkeiten aufwerfen. Entscheidend für die Qualifikation eines Gebietes als Protektorat ist seine rechtliche Unabhängigkeit vom Schutzstaat und damit seine staatliche Eigenständigkeit. Die Anforderungen der Drei-Elemente-Lehre einschließlich des Bestehens einer auch vom Schutzstaat unabhängigen Staatsgewalt werden durch das Schutzgebiet erfüllt. Kolonien und „Überseeterritorien" verfügen dagegen nicht über das erforderliche Maß an rechtlicher Selbständigkeit, so dass ihnen keine Staatsqualität zukommt. Gleiches gilt für autonome Gebiete. Diese verfügen innerhalb eines Staates über weitgehende Selbständigkeit, nicht aber über Völkerrechtsfähigkeit. 49

50 Die Bezeichnung eines Gebietes als Protektorat lässt nicht zwingend Rückschlüsse auf seine rechtliche Qualifikation als solches zu. So war das 1939 bis 1945 auf dem Gebiet der damaligen Tschechoslowakei bestehende „Reichsprotektorat Böhmen und Mähren" kein Protektorat im völkerrechtlichen Sinne, da ihm gegenüber dem Deutschen Reich keinerlei staatsrechtliche Selbstständigkeit zukam. Gleiches gilt für das gelegentlich als Protektorat bezeichnete Kosovo, das aber jedenfalls bis zum Februar 2008 Bestandteil der Republik Serbien unter UN-Verwaltung war (zur Frage einer erfolgreichen Sezession des Kosovo → Rdn. 3/99 f.). Beispiele für die wenigen noch bestehenden Protektorate im völkerrechtlichen Sinne sind Grönland, das gegenüber seiner Schutzmacht Dänemark mit weitgehender Autonomie ausgestattet und anders als Dänemark nicht (mehr) Mitglied der EU ist, sowie das Fürstentum Monaco, das aufgrund völkervertraglicher Vereinbarungen sowohl innen- als auch außenpolitisch stark dem Einfluss Frankreichs unterliegt.

C. Abgrenzung von staats- und völkerrechtlichen Staatenverbindungen

51 Die Unterscheidung der einzelnen Formen staatlicher und zwischenstaatlicher Organisation ist häufig schwierig. Dies gilt etwa historisch für die Unterscheidung von Bundesstaat und Staatenbund, aber auch aktuell insbesondere für die Abgrenzung von Staaten und Supranationalen Organisationen, die trotz der Qualifikation als staatsrechtliche bzw. völkerrechtliche Staatenverbindungen aufgrund zahlreicher Gemeinsamkeiten ähnliche Erscheinungsformen aufweisen können. So setzen beide eine gewisse Dauerhaftigkeit voraus. Angesichts der vielfältigen Gestaltungsmöglichkeiten und denkbaren Zwischenformen, wie dem „Staatenverbund" (→ Rdn. 5/104), lässt sich jedoch aus der Intensität der Verbindung keine Aussage über deren Einordnung als staats- oder völkerrechtliche Staatenverbindung entnehmen. Letztlich kann diese Beurteilung nur auf Grundlage einer Gesamtbetrachtung vorgenommen werden, in welche die nachfolgenden Aspekte einzubeziehen sind, ohne dass diese jeweils für sich genommen eine eindeutige Entscheidung ermöglichen. Es handelt sich vielmehr um Indizien, die erst im Rahmen einer typologischen Erfassung eine Zuordnung ermöglichen.

52 Ein formales Unterscheidungskriterium ist die Art der *Gründung der Staatenverbindung*. Die Schaffung des Verbandes durch einen einseitigen Akt, der mit einer Verfassungsgebung verbunden sein kann, spricht eher für einen Bundesstaat, während die Errichtung ei-

ner besonderen zwischenstaatlichen Ebene durch völkerrechtlichen Vertrag die Vermutung einer völkerrechtlichen Staatenverbindung für sich hat. Im Einzelfall ist es aber durchaus möglich, einen Bundesstaat auch durch völkerrechtliche Verträge aus der Taufe zu heben.

Der Deutsche Zollverein (1834–1870) schuf auf völkerrechtlicher Grundlage und unter Einbeziehung der Gesetzgeber der Einzelstaaten zunächst nur ein einheitliches Zollgebiet. Durch den Zollvereinigungsvertrag von 1867 wurde der Zollverein auf eine staatsrechtliche Grundlage gestellt mit der Wirkung, dass das Zollparlament unmittelbar geltende Gesetze erlassen konnte.

Ein materielles Kriterium ist das Bestehen eines *Austrittsrechts.* 53
Während staatsrechtliche Zusammenschlüsse ihrem Wesen nach grundsätzlich unauflöslich sind, so dass im Bundesstaat der einzelne Gliedstaat im Regelfall kein Recht zum Austritt hat, besteht bei völkerrechtlichen Verbindungen regelmäßig ein Austritts- oder Kündigungsrecht der Staaten. Zudem hat der Verband häufig die Möglichkeit zum Ausschluss eines Mitglieds.

Im Recht der Europäischen Gemeinschaft (EG) war allerdings weder ein Austritts-, noch ein Kündigungs- oder Ausschlussrecht vorgesehen. Deshalb war äußerst umstritten, ob ein Mitgliedstaat aus der EU wieder austreten könnte. Das BVerfG (E 89, S. 155/190) bejahte ein Austrittsrecht mit dem Argument, dass es sich bei der EG lediglich um einen „Staatenverbund" handele. Ein derartiges Austrittsrecht ist nunmehr seit dem Inkrafttreten des Vertrags von Lissabon (2009) ausdrücklich in Art. 50 EUV enthalten.

Von wesentlicher Bedeutung ist des Weiteren die Frage der *verfas-* 54
sungsrechtlichen Homogenität der beteiligten Staaten. Eine staatsrechtliche Staatenverbindung setzt regelmäßig eine gewisse Übereinstimmung der Gliedstaaten in Form einer gemeinsamen politisch-inhaltlichen Grundentscheidung voraus. Diese Homogenität bezieht sich zumindest auf den Gleichklang bestimmter verfassungspolitischer Postulate, etwa ein rechtlich verbindliches Bekenntnis zu Demokratie und Rechtsstaat.

Typisches Beispiel ist Art. 28 Abs. 1 S. 1 GG, die sog. Homogenitätsklausel. Durch diese Klausel wird sichergestellt, dass die Länder (Gliedstaaten) bestimmte verfassungsrechtliche (Mindest-) Vorgaben der Bundesverfassung auch in ihrem Staats- und Verfassungsraum verwirklichen.

Demgegenüber ist eine solche Homogenität bei einer Staatenverbindung auf völkerrechtlicher Grundlage nicht zwingend erforderlich. So kann in einer Staatenverbindung unter Umständen neben demokratischen Rechtsstaaten auch ein diktatorisch geführter Staat mitwirken.

Eine weitergehende Frage ist unter demokratietheoretischen Gesichtspunkten, ob neben einer *verfassungsrechtlichen Homogenität* auch eine *Homogenität der Gewaltunterworfenen* erforderlich ist. So meint etwa das BVerfG (E 89, S. 155/186), dass ein Staat eine gewisse geistige, soziale und politische Homogenität seiner Staatsangehörigen voraussetze, wie sie in den modernen Nationalstaaten idealtypisch – vielfach nicht aber tatsächlich – verwirklicht ist (→ Rdn. 5/105 f.).

55 Ein weiterer Anhaltspunkt für die Qualifikation einer Staatenverbindung als Bundesstaat oder Staatenbund kann die *Art der Entscheidungsfindung* sein. Typisch für einen Bundesstaat ist die Geltung des Mehrheitsprinzips. Entscheidungen können also gegen den Willen einzelner Gliedstaaten und gleichwohl mit Geltung auch für diese gefällt werden. Hingegen gilt im Staatenbund grundsätzlich das Einstimmigkeitsprinzip. Die Mitgliedstaaten betonen durch die damit verbundene Möglichkeit eines (unechten) Vetos ihre Selbständigkeit.

Die nur eingeschränkte Tauglichkeit dieses Kriteriums als Abgrenzungsmerkmal zeigt sich anschaulich in der EU, die von der ursprünglichen Konzeption der Einstimmigkeit im Laufe der letzten zwei Jahrzehnte für die meisten Entscheidungen zum Mehrheitsprinzip übergegangen ist.

56 Schließlich kann die *rechtliche Ausgestaltung der Verbandsorgane* zur Qualifizierung der in Frage stehenden Staatenverbindung beitragen. Das oberste Organ einer völkerrechtlichen Staatenverbindung ist in der Regel ein Rat oder eine Versammlung, in welche die Regierungen der einzelnen Mitgliedstaaten ihre weisungsgebundenen Vertreter entsenden. Im Bundesstaat werden die grundlegenden Entscheidungen in der Regel von einem Parlament (z. B. Bundestag), dem die Vertretung des ganzen Staatsvolkes obliegt, und von der Bundesregierung beschlossen. Die Regierungen der Gliedstaaten wirken allein im Rahmen einer mit begrenzten Befugnissen ausgestatteten zweiten Kammer an der Entscheidungsfindung auf Ebene des Bundes mit.

Die Problematik dieses Unterscheidungsmerkmals lässt sich wiederum an der EU verdeutlichen. Diese besitzt als gesetzgebendes Organ neben dem Rat, der aus den jeweiligen Fachministern der Mitgliedstaaten besteht, das Europäische Parlament, das allerdings nicht allein, sondern nur im Zusammenwirken mit anderen Organen, insbesondere dem Rat, rechtlich verbindliche Entscheidungen treffen kann (→ Rdn. 5/97).

57 **Literatur zu A.:** *H. Abromeit*, Der verkappte Einheitsstaat, 1992; *G. Anschütz*, Das System der rechtlichen Beziehungen zwischen Reich und Län-

dern, in: ders./R. Thoma (Hrsg.), Handbuch des Staatsrechts, Bd. 1, 1930, S. 295 ff.; *B. Fassbender*, Auswärtige Zuständigkeiten bundesstaatlicher Gliedstaaten, JÖR 53 (2005), S. 207 ff.; *K. Hesse*, Der unitarische Bundesstaat, 1962; *J. Isensee/P. Kirchhof* (Hrsg.), Bundesstaat, HStR VI, 3. Aufl. 2008; *A. Klafki*, Kooperationsmechanismen im modernen Bundesstaat. Interföderale Rechtsharmonisierung in Deutschland und den USA, VerwArch 2018, S. 96 ff.; *L. Michael*, Der experimentelle Bundesstaat, JZ 2006, S. 884 ff.; *E. Sarcevic*, Das Bundesstaatsprinzip. Eine staatsrechtliche Untersuchung zur Dogmatik der Bundesstaatlichkeit des Grundgesetzes, 2000; *S. Schäller*, Föderalismus und Souveränität im Bundesstaat. Ideengeschichtliche Grundlagen und die Rechtsprechung des Bundesverfassungsgerichts, 2016; *K. Weber*, Kriterien des Bundesstaates. Eine systematische, historische und rechtsvergleichende Untersuchung der Bundesstaatlichkeit der Schweiz, der Bundesrepublik Deutschland und Österreichs, 1980.

Zu B. und C.: *W. Frotscher/B. Pieroth*, Verfassungsgeschichte, 11. Aufl. 2012; *F. Furtak*, Internationale Organisationen, 2015; *W. Graf Vitzthum/A. Proelß* (Hrsg.), Völkerrecht, 6. Aufl. 2013; *D. Grimm*, Braucht Europa eine Verfassung?, JZ 1995, S. 581 ff.; *L. Herbst*, Staatensukzession und Staatsservituten, 1962; *M. Herren*, Internationale Organisationen seit 1865, 2009; *U. Jureit/N. Tietze*, Postsouveräne Territorialität. Die Europäische Union als supranationaler Raum, Der Staat 55 (2016), S. 353 ff.; *J. Klabbers* (Hrsg.), International Organizations, 2005; *H. F. Köck/P. Fischer*, Das Recht der internationalen Organisationen, 3. Aufl. 1997; *M. Kotulla*, Deutsche Verfassungsgeschichte, 2008; *H. Kristoferitsch*, Vom Staatenbund zum Bundesstaat? Die Europäische Union im Vergleich mit den USA, Deutschland und der Schweiz, 2007; *M. Ruffert/C. Walter*, Institutionalisiertes Völkerrecht. Das Recht der Internationalen Organisationen und seine wichtigsten Anwendungsfelder, 2. Aufl. 2015; *H.G. Schermers/N.M. Blokker*, International Institutional Law, Unity Within Diversity, 5. Aufl. 2011; *C. Schönberger*, Die Europäische Union als Bund. Zugleich ein Beitrag zur Verabschiedung des Staatenbund-Bundesstaat-Schemas, AöR 129 (2004), S. 81 ff.; *I. Seidl-Hohenveldern/G. Loibl*, Das Recht der internationalen Organisationen einschließlich der Supranationalen Gemeinschaften, 7. Aufl. 2000; *H. Wagner*, Die Rechtsnatur der EU. Anmerkungen zu einer in Deutschland stattfindenden Debatte, ZEuS 2006, S. 287 ff.

§ 7. Der Staat in der internationalen Rechtsordnung

A. Völkerrecht: von der Koordinations- zur Kooperationsordnung

1 Das *Völkerrecht* (zum Begriff → Rdn. 1/44 f.) ist die Rechtsordnung, welche die Rechtsbeziehungen zwischen den Staaten (und ggf. anderen Subjekten des Völkerrechts → Rdn. 7/18 f.) bestimmt. Um den heutigen Staat in seinen tatsächlichen und rechtlichen Eigentümlichkeiten vollständig erfassen zu können, hat eine Staatslehre auch das Völkerrecht einzubeziehen. Der einzelne Staat ist nämlich kein Solitär, der mit absoluter Souveränität ausgestattet und von allen anderen Staaten völlig unabhängig ist, sondern Teil einer zwischenstaatlichen Rechtsordnung, aus der ihm eine Vielzahl von Rechten und Pflichten erwächst.

I. Rechtsquellen des Völkerrechts

1. Vergleich mit der innerstaatlichen Rechtsquellenlehre

2 Die Rechtsquellenlehre des Völkerrechts steht, vergleicht man sie mit dem innerstaatlichen Recht, vor besonderen Schwierigkeiten. Die innerstaatliche Rechtsquellenlehre findet ihren Ansatzpunkt nämlich regelmäßig in einer Verfassung als rechtlicher Grundordnung des Staates mit Vorschriften u. a. über die Kompetenzverteilung und die Formen der Rechtsetzung (z. B. Gesetz, Verordnung). Die Verfassung markiert aufgrund ihrer Stellung in der Normenhierarchie zudem die Grenzen der Geltung unterverfassungsrechtlicher Normen. Auf eine solche Rechtsquellenlehre kann das Völkerrecht nicht zurückgreifen. Anders als das subordinationsrechtliche innerstaatliche Rechtssystem enthält das koordinationsrechtliche System des Völkerrechts (→ Rdn. 7/20 ff.) kaum Ansatzpunkte für eine positivistische Rechtsquellenlehre. Die Völkerrechtsordnung basiert weitestgehend auf dem Konsensprinzip (→ Rdn. 7/21): Der gemeinsame Wille, ein bestimmtes Verhalten oder einen bestimmten Zustand als rechtlich

verbindlich anzusehen, ist der eigentliche Rechtsgeltungsgrund des Völkerrechts.

Art. 38 Abs. 1 IGH-Statut enthält eine (nicht abschließende) Aufzählung völkerrechtlicher Rechtsquellen. Er ist selbst nicht als Geltungsquelle völkerrechtlicher Normen konzipiert, sondern dient allein der Benennung der vom Internationalen Gerichtshof (IGH) anzuwendenden rechtlichen Maßstäbe. 3

Die Vorschrift lautet: „Der Gerichtshof, dessen Aufgabe es ist, die ihm unterbreiteten Streitigkeiten nach dem Völkerrecht zu entscheiden, wendet an

a) internationale Übereinkünfte allgemeiner oder besonderer Natur, in denen von den streitenden Parteien ausdrücklich anerkannte Regeln festgelegt sind;
b) das internationale Gewohnheitsrecht als Ausdruck einer allgemeinen, als Recht anerkannten Übung;
c) die von den Kulturvölkern anerkannten allgemeinen Rechtsgrundsätze;
d) vorbehaltlich des Art. 59 richterliche Entscheidungen und die Lehrmeinungen der fähigsten Völkerrechtler der verschiedenen Nationen als Hilfsmittel zur Feststellung von Rechtsnormen."

Zu den formellen Rechtsquellen gehören die völkerrechtlichen Verträge, das Völkergewohnheitsrecht und die allgemeinen Rechtsgrundsätze (Art. 38 Abs. 1 lit. a–c IGH-Statut), nicht aber die Entscheidungen internationaler und nationaler Gerichte sowie die völkerrechtlichen Lehrmeinungen (Art. 38 Abs. 1 lit. d IGH-Statut). Diese sind lediglich Hilfsmittel bei der inhaltlichen Erkenntnis des Völkerrechts (sog. Rechtserkenntnisquellen). 4

2. Völkerrechtliche Verträge

Verträge gehören zu den klassischen Quellen des Völkerrechts (Art. 38 Abs. 1 lit. a IGH-Statut: „internationale Übereinkünfte allgemeiner oder besonderer Natur"). Völkerrechtliche Verträge werden oftmals auch als Abkommen, Konventionen, Protokolle, Notenwechsel oder Pakte bezeichnet, ohne dass diesen Begriffsunterschieden allerdings rechtliche Bedeutung zukommt. Beim völkerrechtlichen Vertrag handelt es sich um eine Willenseinigung zwischen (mindestens zwei) Völkerrechtssubjekten mit dem Ziel, das Verhältnis zwischen den beiden (oder noch mehr) Vertragspartnern rechtlich verbindlich zu regeln und/oder eine bestimmte völkerrechtliche Rechtsfolge herbeizuführen. Das völkerrechtliche Vertragsrecht ist heute im Wesentlichen enthalten in der Wiener Konvention über das 5

Recht der Verträge (WVRK) vom 23. Mai 1969. Die WVRK erfasst schriftlich fixierte Verträge zwischen Staaten, einschließlich der Gründungsverträge Internationaler Organisationen und der Verträge, die Staaten im Rahmen Internationaler Organisationen abschließen. Sie regelt hingegen nicht mündlich abgeschlossene völkerrechtliche Verträge oder solche Verträge, an denen andere Völkerrechtssubjekte als Staaten beteiligt sind (z. B. Internationale Organisationen). Doch können die jeweiligen Regelungen der WVRK auf die nicht ausdrücklich erfassten Fälle zumindest von ihrem Rechtsgedanken her Anwendung finden, weil die WVRK in weitem Umfang die Kodifizierung von Völkergewohnheitsrecht darstellt.

6 Damit ein völkerrechtlicher Vertrag zustande kommt, müssen die Vertragspartner den gemeinsamen Willen haben, durch die Vereinbarung rechtliche Bindungen einzugehen (*Rechtsbindungswillen*). Daran *fehlt* es beim *Gentlemen's Agreement* ebenso wie bei *Soft Law*, bei denen lediglich politische Absichtserklärungen abgegeben werden. Die Bindungswirkung ist allein politischer bzw. moralischer Art (z. B. KSZE-Schlussakte von 1975). Derartige Regelungen können im Einzelfall allerdings – sofern sie hinreichend präzise formuliert sind – einen höheren Befolgungs-"Zwang" auslösen als vergleichsweise „weich" formulierte Vereinbarungen mit rechtlicher Verbindlichkeit.

3. Völkergewohnheitsrecht

7 Von besonderer Bedeutung ist im Völkerrecht das Gewohnheitsrecht. Es handelt sich – wie Art. 38 Abs. 1 lit. b IGH-Statut formuliert – um „das internationale Gewohnheitsrecht als Ausdruck einer allgemeinen, als Recht anerkannten Übung". Gewohnheitsrecht ist typischerweise ungeschriebenes Recht, was das Auffinden und die inhaltliche Bestimmung im Gewohnheitsrecht wurzelnder Rechtssätze nicht unerheblich erschwert.

8 **a) Objektives Element: allgemeine Übung (consuetudo).** Die Entstehung von Völkergewohnheitsrecht setzt voraus, dass die beteiligten Staaten über einen längeren Zeitraum ein gleichartiges Verhalten gezeigt haben. Erforderlich ist eine *konstante* und *einheitliche Praxis*, die *nach außen erkennbar* ist. Bei der Ermittlung der Staatenpraxis ist vor allem auf das Verhalten der Staatsorgane abzustellen, die zur Abgabe völkerrechtlicher Erklärungen und zur Vornahme völkerrechtlich relevanter Handlungen zuständig oder ermächtigt sind (insbesondere Staatsoberhaupt, ggf. Regierungsmitglieder oder Staatenvertreter auf internationalen Konferenzen). Daneben kann zum

Nachweis der Staatenpraxis aber auch auf Maßnahmen des Gesetzgebers (z. B. Beschluss des Parlamentes zu einer außenpolitischen Frage) oder auf nationale Gerichtsentscheidungen zurückgegriffen werden. Voraussetzung ist allerdings, dass die Beschlüsse und Entscheidungen unmittelbar völkerrechtlich erheblich sind, z. B. zur Erfüllung einer völkerrechtlichen Verpflichtung oder zur Ausfüllung eines völkerrechtlichen Gestaltungsspielraums dienen (vgl. BVerfGE 46, S. 342/367 f.).

b) Subjektives Element: Rechtsüberzeugung (opinio iuris vel necessitatis). Neben der Staatenpraxis muss die *Rechtsüberzeugung* als ein weiteres Element für die Entstehung von Völkergewohnheitsrecht vorhanden sein. Die Notwendigkeit dieses Kriteriums ergibt sich bereits daraus, dass kein anderes Kriterium zur Verfügung steht, um die (rechtlich nicht verbindlichen) Erscheinungen des *Völkerbrauchs* oder der *Völkersitte*, die auf unverbindlicher Übung oder Courtoisie beruhen, vom Völkergewohnheitsrecht abzugrenzen. 9

Umstritten ist, was man unter Rechtsüberzeugung – d. h. der Überzeugung, ein bestimmtes Handeln sei völkerrechtlich geboten – zu verstehen hat. Nach ganz überwiegender Ansicht ist die Rechtsüberzeugung eine Ausprägung der *Rechtserkenntnis*: Die Staaten gehen davon aus, dass es einen Völkerrechtssatz gibt, der ein bestimmtes Verhalten (Tun oder Unterlassen) gebietet, und verhalten sich dementsprechend. Dabei stellt sich allerdings das Problem, dass das Völkergewohnheitsrecht letztlich auf irrigen Rechtsansichten beruht, weil die Staatenpraxis eine Völkerrechtsnorm voraussetzt, die sie jedoch selbst erst zur Entstehung bringt (vgl. dazu *S. Hobe*, Einführung in das Völkerrecht, S. 213 f.). Nach der Gegenansicht wohnt der Rechtsüberzeugung ein Element der *Rechtsschöpfung* inne: Die Staaten wollen, dass eine bestimmte Staatspraxis nicht nur tatsächlich geübt wird, sondern dass diese Übung auch rechtlich geboten sein soll. Teilweise wird in dieser Konstruktion eine Art stillschweigender Vertrag (*pactum tacitum*) gesehen. 10

Welche Staaten von der Bindungswirkung des Völkergewohnheitsrechts erfasst werden, ist davon abhängig, wie viele Staaten an der Ausbildung des jeweiligen Rechtssatzes beteiligt waren. Als *universelles Völkergewohnheitsrecht* bindet es alle Staaten der Welt. Voraussetzung ist allerdings, dass alle – oder fast alle (Quasi-Universalität) – Staaten entweder ein entsprechendes Verhalten (getragen von der Rechtsüberzeugung) positiv gezeigt haben, oder dass sie der Entstehung des Rechtssatzes zumindest nicht explizit und nachhaltig widersprochen haben (kein *persistent objector*). Daneben gibt es noch *partikuläres* 11

Völkergewohnheitsrecht, wenn nur eine Gruppe von Staaten zu seiner Entstehung beigetragen hat, und nur diese Staaten auch rechtlich gebunden sein sollen, sowie *regionales Völkergewohnheitsrecht*, das z. B. beschränkt ist auf den europäischen, amerikanischen oder afrikanischen Rechtsraum. Regionales Völkergewohnheitsrecht ist ein Unterfall partikulären Völkergewohnheitsrechts mit der Besonderheit der regionalen Beziehung der jeweiligen Staaten. In der Staatenpraxis kaum von Bedeutung ist *bilaterales Völkergewohnheitsrecht*, d. h. wenn nur zwei Staaten in ihren völkerrechtlichen Beziehungen Gewohnheitsrecht ausgebildet haben; auch dies ist ein Unterfall des partikulären Völkergewohnheitsrechts.

4. Allgemeine Rechtsgrundsätze

12 Art. 38 Abs. 1 lit. c IGH-Statut führt als dritte Rechtsquelle „die von den Kulturvölkern anerkannten allgemeinen Rechtsgrundsätze" auf. Die Bezugnahme auf die „Kulturvölker" (*civilized nations*) erklärt sich dadurch, dass nur auf die Rechtsgrundsätze rekurriert werden sollte, die ihre Grundlage in der gemeinsamen Rechtsüberzeugung der Völker mit entwickelter Rechtskultur hatten. Angesichts des Art. 2 Nr. 1 UN-Charta („Die Organisation beruht auf dem Grundsatz der souveränen Gleichheit aller ihrer Mitglieder.") zählen heute alle Staaten zu den Kulturvölkern.

13 Die allgemeinen Rechtsgrundsätze des Völkerrechts sind das Ergebnis *wertender Rechtsvergleichung*, bei der – schon aus tatsächlichen Gründen – zwar nicht alle Staaten herangezogen werden können, die aber zumindest die großen Rechtskreise zu berücksichtigen hat. Es handelt sich um die *Rezeption innerstaatlicher Rechtsgrundsätze* und deren *Übertragung in die Völkerrechtsordnung*. Voraussetzung für die Rezeption ist stets die Übertragungsfähigkeit, d. h. die Rechtsgrundsätze müssen nicht nur in den wesentlichen nationalen Rechtsordnungen niedergelegt, sondern darüber hinaus auch von ihrem Regelungsgehalt her geeignet sein, in der gänzlich anders gearteten Völkerrechtsordnung zu einer dem innerstaatlichen Recht vergleichbaren Konfliktlösung beizutragen.

14 Die in das Völkerrecht zu übernehmenden innerstaatlichen Rechtsgrundsätze können sich aus allen Rechtsbereichen ergeben: neben dem Verfassungsrecht aus dem sonstigen öffentlichen Recht, dem Privatrecht oder sogar dem Strafrecht. Vor allem das Privatrecht hält aufgrund seiner dem Völkerrecht vergleichbaren koordinationsrechtlichen Ausrichtung (→ Rdn. 7/20 ff.) und seiner Rezeption römisch-rechtlicher Rechtsinstitute eine Vielzahl von übertragbaren Rechtsgrundsätzen bereit. Zu den allgemeinen Rechtsgrundsätzen zählen z. B. das Verbot widersprüchlichen Verhaltens (*venire contra factum*

proprium/Estoppel-Prinzip) sowie der Grundsatz *pacta sunt servanda* und der Grundsatz von Treu und Glauben, die mittlerweile aber auch vertragsrechtlich verankert sind (vgl. Art. 26 WVRK).

Die allgemeinen Rechtsgrundsätze kommen im Verhältnis zum Völkervertrags- sowie zum Völkergewohnheitsrecht nur nachrangig zur Anwendung, nämlich dann, wenn sich für eine konkrete Rechtsfrage aus den beiden anderen Quellen keine einschlägigen Rechtsregeln ergeben. Je engmaschiger das Netz der völkerrechtlichen Verträge geknüpft wird und je stärker sich das Völkergewohnheitsrecht entwickelt, desto weniger Lücken enthält das Völkerrecht. Eine Lückenschließung durch allgemeine Rechtsgrundsätze ist dann nicht mehr erforderlich. 15

II. Besonderheiten der Völkerrechtsordnung

Im Vergleich zum innerstaatlichen (nationalen) Recht ist das Völkerrecht durch etliche Besonderheiten gekennzeichnet, deren Kenntnis für das Verständnis der zwischenstaatlichen Rechtsordnung notwendig ist. 16

1. Staatsbezogener Charakter

Das Völkerrecht ist nach wie vor das Recht der Staaten, die seine „geborenen" bzw. originären Rechtssubjekte sind. Daraus rechtfertigt sich auch die Bezeichnung des Völkerrechts als *zwischenstaatliches* (internationales) *Recht* und die ausführliche Befassung mit den völkerrechtlichen Entstehungsvoraussetzungen des Staates (→ Rdn. 3/91 ff.). Die Entwicklung des modernen Völkerrechts hat das Bestehen von Staaten zur notwendigen Voraussetzung. Grundlegende Rechtsbegriffe des Völkerrechts wie etwa Souveränität (→ Rdn. 3/62) oder die grundsätzliche staatliche Allzuständigkeit, verbunden mit dem Anspruch auf Ausübung des Gewaltmonopols auf dem eigenen Staatsgebiet (→ Rdn. 3/64 ff.), sind ohne die Rechtseinrichtung Staat nicht denkbar. 17

Die Staaten sind aber nicht die einzigen Völkerrechtssubjekte, d. h. Träger völkerrechtlich begründeter Rechte und Pflichten. Als Rechtssubjekte traditionell anerkannt sind z. B. auch das Internationale Komitee vom Roten Kreuz (IKRK) und der Heilige Stuhl. Hinzu gekommen ist seit den 1950er Jahren eine unüberschaubare Zahl Internationaler Organisationen (→ Rdn. 6/32 ff.), die von den Staaten auf der Grundlage völkerrechtlicher Verträge ge- 18 schaffen wurden. Das ändert aber im Grundsätzlichen nichts am staatsbezogenen Charakter des Völkerrechts, zumal die Internationalen Organisationen – im Gegensatz zur Allzuständigkeit der Staaten – nur über die ihnen im Gründungsakt verliehenen Kompetenzen verfügen.

19 Im Unterschied zur Völkerrechtsordnung ist im nationalen Recht – jedenfalls der modernen Verfassungsstaaten – das Individuum (Mensch) das zentrale Rechtssubjekt. Es ist Inhaber von innerstaatlich begründeten Rechten und Pflichten, die es auch gegenüber dem Staat selbst geltend machen kann. Im Völkerrecht ist der Mensch hingegen grundsätzlich mediatisiert, d. h. er nimmt nicht selbst als Rechtssubjekt am völkerrechtlichen Verkehr teil, sondern nur sein Heimatstaat. Eine Ausnahme gilt jedoch heute für einzelne Bereiche des völkerrechtlichen Schutzes der Menschenrechte. Diese sind typische Individualrechte, die – jedenfalls teilweise – auch auf der völkerrechtlichen Ebene vom Einzelnen gerichtlich durchgesetzt werden können, z. B. vor dem EGMR (→ Rdn. 7/52).

2. Koordinationsrechtlicher Charakter

20 Ein Fundamentalprinzip der Völkerrechtsordnung ist der Grundsatz der souveränen Gleichheit der Staaten (vgl. Art. 2 Nr. 1 UN-Charta). Nach diesem Grundsatz ist kein Staat befugt, über einen anderen Staat Herrschaft auszuüben, es sei denn, der andere Staat hat ihn dazu ermächtigt. Es gibt keinen den Staaten übergeordneten „Herrscher" oder Herrschaftsverband, der gegen den Willen eines Staates für diesen verbindliches Völkerrecht setzen darf. Man spricht deshalb auch vom *koordinationsrechtlichen Charakter des Völkerrechts.*

21 Damit im Zusammenhang steht die generelle Frage nach dem *Geltungsgrund des Völkerrechts.* Unabhängig von den drei Hauptrechtsquellen des Völkerrechts (→ Rdn. 7/3 ff.) entspricht es der bislang überwiegenden Ansicht, dass der gemeinsame *Wille der Staaten* (Konsens), wie er sich aus den Äußerungen und Handlungen der dazu berufenen Staatsorgane ergibt (z. B. der Regierung), für die Rechtsentstehung und -geltung maßgeblich ist. Die in unterschiedlichen Akzentsetzungen vertretenen *Staatswillenstheorien* sind Ausdruck des *Rechtspositivismus*, der sich in der zweiten Hälfte des 19. Jahrhunderts auch im Völkerrecht durchsetzte (zu den völkerrechtlichen Rechtsgeltungstheorien vgl. *K. Ipsen*, in: ders., Völkerrecht, § 1 Rdn. 20 ff.; *S. Hobe*, Einführung in das Völkerrecht, S. 9 ff.). Ein Staat ist grundsätzlich nur dann an das Völkerrecht gebunden, wenn er diese Bindung willentlich herbeigeführt

(Vertragsrecht) oder der Entstehung der Norm nicht ausdrücklich widersprochen hat (Völkergewohnheitsrecht).

Auch im Verhältnis der Staaten zu den Vereinten Nationen hat das Völkerrecht keine subordinationsrechtlichen Strukturen ausgebildet, d. h. auch die Vereinten Nationen sind den Staaten nicht übergeordnet. Als eine Internationale Organisation (zum Begriff → Rdn. 6/32) sind die Vereinten Nationen entstanden auf der Grundlage eines völkerrechtlichen Vertrags ihrer Mitgliedstaaten und lediglich berechtigt, im Rahmen der ihnen übertragenen Zuständigkeiten zu handeln. 22

Das gilt auch für den Sicherheitsrat der Vereinten Nationen, der weder „Weltregierung" noch gar Inhaber eines zwischenstaatlichen Gewaltmonopols, sondern nur ein mit beschränkten Befugnissen ausgestattetes Organ der Vereinten Nationen ist. Die Mitgliedstaaten bindende Beschlüsse (einschließlich der Ermächtigung zur Anwendung militärischer Gewalt → Rdn. 7/85 ff.) darf auch der Sicherheitsrat nur treffen, wenn die spezifischen Ermächtigungsvoraussetzungen (Art. 39 ff. UN-Charta) vorliegen. Im Rahmen der Ermächtigung des Sicherheitsrates kann aber auch eine Verpflichtung der Staaten gegen ihren Willen erfolgen. 23

3. Dezentraler Charakter

Die Völkerrechtsordnung verfügt nicht über die perfektionierten Organe des innerstaatlichen Rechts. Neben dem bereits angesprochenen Fehlen einer (ohnehin utopischen) „Weltregierung" gibt es auch keine zentrale *Rechtsetzungsinstanz*, wie sie im innerstaatlichen Recht von Verfassungsstaaten normalerweise in Form der Parlamente besteht. Vielmehr sind es die Staaten, von deren Willen und Konsens die Weiterentwicklung des Völkerrechts abhängt (→ Rdn. 7/20 ff.). Überdies kennt das Völkerrecht als Rechtsquelle keine Gesetze, sondern nur das Vertragsrecht, das Gewohnheitsrecht und die allgemeinen Rechtsgrundsätze (→ Rdn. 7/3 ff.). 24

Zudem fehlt es an einer obligatorischen *Rechtsprechungsinstanz*, wie sie im innerstaatlichen Recht durch die Gewährleistung des Rechtsweges und des gesetzlichen Richters gegeben ist (vgl. Art. 19 Abs. 4, Art. 101 Abs. 1 S. 2 GG). Außerdem existiert keine zentrale *Rechtsdurchsetzungsinstanz*, vergleichbar etwa dem Gerichtsvollzieher oder der Polizei im innerstaatlichen Recht, die eine gerichtliche Entscheidung ggf. unter Anwendung von Zwang vollstrecken darf. Der koordinationsrechtliche Charakter des Völkerrechts (→ Rdn. 7/20 ff.) bringt es mit sich, dass die Staaten nur dann einer internationalen Gerichtsbarkeit unterworfen sind, wenn sie in deren Zuständig- 25 keit eingewilligt haben. Die Staaten sind weitgehend „Richter in eigener Sache"; in der Rechtsdurchsetzung spielt deshalb die Selbsthilfe des in seinen Rechten verletzten Staates eine zentrale Rolle. Verglichen mit den staatlichen Rechtsordnungen steht das Völkerrecht deshalb noch auf einer frühen Entwicklungsstufe. Zwar haben die Staaten versucht, der damit heraufbeschworenen Gefahr, dass nur „der Stärkere sein Recht bekommt", durch die Schaffung neuer Streitschlichtungsorgane zu begegnen. Doch gibt es bislang noch kein allseits verbindliches (obligatorisches) System einer justizförmigen friedlichen Streiterledigung. Auch der Internationale Gerichtshof in Den Haag (Niederlande) ist nur dann für die Streitentscheidung zuständig, wenn die streitenden Staaten sich seiner Gerichtsbarkeit unterworfen haben.

26 Aufgrund des dezentralen Charakters des Völkerrechts gibt es aber auch keine Instanz, welche über eine entsprechende Durchsetzungsmacht verfügt, die die faktischen (politischen, militärischen, wirtschaftlichen) Ungleichgewichte zwischen den einzelnen Staaten durch rechtliche Vorkehrungen ausgleichen könnte. Die Verantwortung für seine Fortexistenz trägt jeder Staat selbst.

4. Konkreter und politischer Charakter

27 Die völkerrechtlichen Normen enthalten – wie das innerstaatliche Recht – abstrakt-generelle Rechtssätze. Die Anwendung dieser Rechtssätze ist im Völkerrecht aber oftmals sehr viel schwieriger. Zum einen sind das Gewohnheitsrecht und die allgemeinen Rechtsgrundsätze nicht schriftlich niedergelegt, so dass bereits über die inhaltliche Formulierung des jeweiligen Rechtssatzes häufig keine Einigkeit besteht. Aber auch das Völkervertragsrecht, soweit es schriftlich fixiert ist, lässt sich nicht ohne weiteres wie eine Vorschrift des innerstaatlichen Rechts anwenden, weil es in den zwischenstaatlichen Beziehungen an den sich regelmäßig wiederholenden Situationen fehlt, in denen die Rechtsnormen gleichartig in einer Vielzahl von Fällen herangezogen werden. Der Kreis der originären Völkerrechtssubjekte ist auf etwa 200 Staaten beschränkt, die historisch gewachsen und von einer gewissen Einzigartigkeit auch in ihren rechtlichen Beziehungen untereinander geprägt sind. Die sich dabei stellenden Rechtsfragen sind nicht ohne weiteres unter Rückgriff auf bereits bekannte Präjudizien zu beantworten, weil die konkrete Situation etliche Besonderheiten aufweisen wird. Aufgrund dieses *konkreten Cha-*

rakters des Völkerrechts sind verallgemeinernde Aussagen nur schwer möglich.

Hinzu tritt der spezifisch *politische Charakter* des Völkerrechts. 28
Dieser besteht nicht nur darin, dass besondere, hochpolitische Maßnahmen und Zustände an den Normen des Völkerrechts gemessen werden; dies kann auch das nationale Verfassungsrecht für sich beanspruchen. Er ergibt sich insbesondere daraus, dass politisches Handeln einerseits und die Entstehung und Derogation völkerrechtlicher Normen – zumal im Gewohnheitsrecht – andererseits in unmittelbarem Zusammenhang stehen. Außerdem bringen es die oft vagen Formulierungen in völkerrechtlichen Verträgen mit sich, dass in die Norminterpretation auch politische und ethisch-moralische Überlegungen einfließen, die sich von rechtlichen Argumenten nicht immer klar trennen lassen und zugleich abhängig von der Interessenlage des jeweiligen Staates zu abweichenden völkerrechtlichen Bewertungen bestimmter Situationen führen.

III. Kooperationsnotwendigkeit und -offenheit des modernen Staates

Das rechtliche Verhältnis der Staaten zueinander lässt sich bis zum 29
Ende des Zweiten Weltkriegs als *Koexistenz-* oder *Koordinationsvölkerrecht* bezeichnen. Unter besonderer Betonung ihrer souveränen Hoheitsmacht waren die Staaten um weitgehende Wahrung ihrer politischen und rechtlichen Unabhängigkeit bemüht. Lediglich in einzelnen Bereichen, in denen es der gegenseitigen Abstimmung und rechtlichen Regelung unterschiedlicher Interessen bedurfte, kam es zum Abschluss völkerrechtlicher Verträge, z. B. im Rahmen der Friedenssicherung durch Beistands- oder Nichtangriffspakte oder im wirtschaftlichen Bereich durch den Abschluss von Abkommen über Zoll- und Handelsfragen.

Mit der Gründung der Vereinten Nationen im Oktober 1945 30
wurde erstmals eine weltweit agierende Internationale Organisation (zum Begriff → Rdn. 6/32) ins Leben gerufen, die in ihrer Charta nicht nur ein umfassendes Programm zur Friedenssicherung enthält, sondern der – im Unterschied zum Völkerbund (1920–1946) – auch alle wichtigen Staaten der Welt angehören. 193 Staaten sind heute Mitglieder der Vereinten Nationen. Vollzogen wurde mit der Gründung der Vereinten Nationen auch der erste Schritt hin zum *Koope-*

rationsvölkerrecht, das sich deutlich abhebt vom bis dahin bestehenden Koexistenz- bzw. Koordinationsvölkerrecht. Das Kooperationsvölkerrecht zeichnet sich aus durch eine gezielte Gründung und Inanspruchnahme von (heute mehr als 250) Internationalen Organisationen in den letzten sechzig Jahren (z. B. Weltbank, Internationaler Währungsfonds – IWF, Welthandelsorganisation – WTO, Weltgesundheitsorganisation – WHO), um von den Staaten allein nicht mehr oder nur unzulänglich erfüllbare Aufgaben auf zwischenstaatliche Einrichtungen zu übertragen. Insbesondere bedarf die Friedenssicherung im Rahmen der Vereinten Nationen einer engen inhaltlichen Abstimmung der Mitgliedstaaten, die ihre Partikularinteressen dem Gesamtinteresse aller Staaten möglichst unterordnen sollen (zu Funktionsbedingungen und Grundannahmen des Systems kollektiver Sicherheit → Rdn. 7/85 ff.). Ähnliche Notwendigkeiten der Zusammenarbeit bestehen etwa in den Bereichen des internationalen Umwelt- und Klimaschutzes, dem Schutz der Menschenrechte sowie der Ermöglichung und Reglementierung des internationalen Wirtschaftsverkehrs.

31 Zur Kooperationsoffenheit gehört über die zwischenstaatliche Zusammenarbeit hinaus auch die *Offenheit der nationalen Rechtsordnung* für Einwirkungen der Völkerrechtsordnung (zum „offenen Verfassungsstaat" → Rdn. 5/222 ff.).

B. „Konstitutionalisierung" der zwischenstaatlichen Beziehungen?

32 Seit Mitte der 1990er Jahre wird in der Völkerrechtswissenschaft die Behauptung aufgestellt, die Völkerrechtsordnung befinde sich über ihren Charakter als Kooperationsordnung hinaus in einem Prozess der *Konstitutionalisierung*; aus gewissen Normen des Völkervertragsrechts und des Völkergewohnheitsrechts sei die „Verfassung der internationalen Gemeinschaft" (so *Tomuschat*, ArchVR 33 [1995], S. 1/7) ableitbar. Bemerkenswert ist diese Anknüpfung an den Verfassungsbegriff vor allem wegen der damit zumindest angedeuteten Parallele des Völkerrechts zum innerstaatlichen Recht. Im Einzelnen ist die Verwendung der Begriffe „Verfassung" und „Konstitutionalisierung" für völkerrechtliche Normen jedoch höchst umstritten, zumal noch nicht einmal Konsens über ihre Kernelemente besteht.

I. Typisch „verfassungsrechtliche“ Eigenheiten der Völkerrechtsordnung

Bereits der Begriff „Konstitutionalisierung“ verdeutlicht, dass es sich um einen rechtsnormativen Entwicklungsprozess handelt, über dessen charakteristische Einzelelemente schon allein deshalb keine Einigung zu erzielen ist, weil auch der Verfassungsbegriff höchst unterschiedliche Akzentuierungen zulässt. Ihre Grundlage findet diese Entwicklung in einer immer stärkeren Verrechtlichung der zwischenstaatlichen Beziehungen. Mit der Komplexität der zwischenstaatlich zu bewältigenden Aufgaben geht auch eine zunehmende Komplexität des internationalen Rechtssystems einher. Allein die rechtliche Verdichtung des Normengeflechts trägt aber noch nicht die Begriffe Verfassung oder Konstitutionalisierung. Hinzukommen müssen qualifizierende Elemente, in denen die typisch „verfassungsrechtlichen“ Eigenheiten der Völkerrechtsordnung ihren Ausdruck finden. 33

1. Friedenssicherung und Schutz der Menschenrechte als Grundaxiome des „Verfassungssystems der Staatengemeinschaft“

Während der Frieden innerhalb der Staaten (*innerer Frieden*) durch das staatliche Gewaltmonopol gesichert wird (→ Rdn. 4/87 ff.), ist die Schaffung und Erhaltung des Friedens im Verhältnis zwischen den Staaten (*äußerer Frieden*) eine zentrale Aufgabe des Völkerrechts. Unter der Ägide der Vereinten Nationen hat sich seit 1945 eine Friedensordnung gebildet, die das universelle Gewaltverbot in den Mittelpunkt stellt (→ Rdn. 7/80 ff.) und zwischenstaatliche Gewaltanwendung nur in eng umgrenzten Ausnahmen rechtfertigt, nämlich in den Fällen der Aktivierung des Systems kollektiver Sicherheit (→ Rdn. 7/85 ff.) oder bei Inanspruchnahme des Selbstverteidigungsrechts (→ Rdn. 7/83 f.). Damit hat die Völkerrechtsordnung erstmals eine Systementscheidung im Sinne einer Verpflichtung der Staaten zur Aufrechterhaltung des internationalen Friedens getroffen, die allerdings angesichts der enumerativ aufgeführten Ausnahmetatbestände in ihrer Effektivität deutlich eingeschränkt ist (→ Rdn. 7/82 ff.). 34

Zu den Grundaxiomen gehört auch die Entwicklung des völkerrechtlichen *Schutzes der Menschenrechte* nach 1945 (→ Rdn. 7/47 ff.). Gerade in diesem Bereich rückt der Mensch immer mehr in das bis- 35 lang staatenzentrierte Ordnungsgefüge hinein; teilweise finden sich in völkerrechtlichen Verträgen sogar verfahrensrechtliche Gewährleistungen zur individuellen Rechtsdurchsetzung (→ Rdn. 7/52f.; 7/60ff.). Bei der Gewährleistung grundlegender Menschenrechte durch den Abschluss völkerrechtlicher Verträge stehen nicht staatliche Partikularinteressen im Vordergrund, sondern ein altruistisch inspiriertes *Gemeinschaftsinteresse*, in dem gemeinsame Wertvorstellungen der Staaten, die bis dahin allein in den nationalen Verfassungsordnungen ihren Niederschlag gefunden haben, auch für den zwischenstaatlichen Bereich rechtliche Verbindlichkeit beanspruchen.

36 Sowohl das völkerrechtliche Konzept der Friedenssicherung als auch (in Ansätzen) der internationale Schutz der Menschenrechte sind in der Charta der Vereinten Nationen niedergelegt. Es verwundert deshalb nicht, dass die Charta – auch angesichts des umfassenden Mitgliederbestands der Vereinten Nationen – häufig als *Verfassung der Staatengemeinschaft* bezeichnet wird (zum Begriff der Staatengemeinschaft → Rdn. 7/44). Über die beiden genannten Aspekte hinaus enthält die Charta zudem alle weiteren Grundprinzipien des modernen Völkerrechts, z. B. den Grundsatz der souveränen Gleichheit der Staaten (Art. 2 Nr. 1 UN-Charta) oder das Gebot der friedlichen Streitbeilegung (Art. 2 Nr. 3, VI. Kapitel UN-Charta) sowie das Selbstbestimmungsrecht der Völker (Art. 1 Nr. 2 UN-Charta).

2. Ansätze zur normenhierarchischen Differenzierung im Völkerrecht

37 Eine normenhierarchische Ausdifferenzierung, wie sie für das innerstaatliche Recht regelmäßig besteht (*Normenpyramide*), ist dem Völkerrecht noch weithin unbekannt. Freilich müssen sich die von den Organen Internationaler Organisationen erlassenen Rechtsakte an den Normen des völkerrechtlichen Vertrages, durch den die Organisation ins Leben gerufen worden ist (Gründungsvertrag), messen lassen (zu den Schwierigkeiten bei Beschlüssen des Sicherheitsrates → Rdn. 7/95). Darüber hinaus ist Art. 103 UN-Charta zu beachten, der eine ausdrückliche Kollisionsregel zugunsten des Rechts der Vereinten Nationen enthält („Widersprechen sich die Verpflichtungen von Mitgliedern der Vereinten Nationen aus dieser Charta und ihre Verpflichtungen aus anderen internationalen Übereinkünften, so haben die Verpflichtungen aus dieser Charta Vorrang.“). Auch dies ist ein Grund, wieso man der UN-Charta einen gewissen Verfassungscharakter zusprechen kann.

Seit den 1960er Jahren ist eine besondere Normkategorie hinzugetreten, das zwingende Völkerrecht (*ius cogens*). Eingang gefunden hat das *ius cogens* sowohl in das Völkervertragsrecht (vgl. Art. 53, Art. 64 WVRK) als auch in die Rechtsprechung des IGH (*Barcelona Traction*-Fall, ICJ Rep. 1970, S. 3ff.). Bis in die Mitte des 20. Jahrhunderts ging man in der Völkerrechtslehre hingegen noch ganz selbstverständlich davon aus, dass alle Normen des Völkerrechts durch völkerrechtliche Verträge, in Abhängigkeit vom Willen der Vertragspartner, inhaltlich umfassend gestaltbar seien (abdingbares Recht, *ius dispositivum*). 38

Welche Voraussetzungen erfüllt sein müssen, um heute von einer zwingenden Norm des Völkerrechts sprechen zu können, ist indes nicht abschließend geklärt. Nach der Definition der Wiener Vertragsrechtskonvention handelt es sich um „eine Norm, die von der internationalen Staatengemeinschaft in ihrer Gesamtheit angenommen und anerkannt wird als eine Norm, von der nicht abgewichen werden darf und die nur durch eine spätere Norm des allgemeinen Völkerrechts derselben Rechtsnatur geändert werden kann“ (Art. 53 S. 2 WVRK). Diese Definition ist teilweise zirkelschlüssig, teilweise lediglich ein Hinweis darauf, dass es entscheidend auf die gemeinsame Rechtsüberzeugung vom zwingenden Charakter der jeweiligen Völkerrechtsnorm ankommt. Die Formulierung, wonach die Norm „von der internationalen Staatengemeinschaft *in ihrer Gesamtheit* angenommen und anerkannt“ wird, belegt, dass – zumindest nach der Konzeption der WVRK – nur universell geltende Völkerrechtsnormen *ius cogens*-Charakter aufweisen können. 39

Durch die Anerkennung eines Kernbereichs als *ius cogens* erhält die Völkerrechtsordnung ein Fundament unabdingbarer Normen, die eine ähnlich prägende Wirkung entfalten wie in innerstaatlichen Rechtsordnungen das Verfassungsrecht. Deshalb ist aber auch der Bestand von *ius cogens*-Normen recht klein. Dazu gehören das universelle Gewaltverbot (Aggressionsverbot), das Verbot des Völkermordes, das Verbot der Sklaverei, das Verbot der Rassendiskriminierung, das Verbot der Folter sowie das Verbot der systematischen und willkürlichen Verfolgung und Verletzung von Leib und Leben. Man spricht insoweit auch von einem *menschenrechtlichen Mindeststandard*. In der Diskussion befindet sich das Selbstbestimmungsrecht der Völker. 40

Über das *ius cogens* hat sich auch im Völkerrecht eine gewisse Normenhierarchie gebildet. Im Widerspruch zu *ius cogens* stehendes 41

Völkervertragsrecht ist von Anfang an nichtig (Art. 53 S. 1 WVRK); entsteht die Norm des zwingenden Völkerrechts erst nach Vertragsabschluss, dann führt dies zum (nachträglichen) Erlöschen des Vertrages (Art. 64 WVRK). Dasselbe gilt für Völkergewohnheitsrecht, das mit völkerrechtlichem *ius cogens* nicht zu vereinbaren ist.

42 Eine zweite, ebenfalls erst in den letzten Jahrzehnten hervorgetretene Normkategorie stellen Völkerrechtsnormen mit *erga omnes*-Wirkung dar (auch dazu grundlegend *Barcelona Traction*-Fall, ICJ Rep. 1970, S. 3 ff.). Ihre Besonderheit besteht darin, dass sie nicht – wie bislang üblich – Rechte und Pflichten nur zwischen einzelnen Staaten zur Entstehung bringen (Grundsatz der Relativität der völkerrechtlichen Rechtsverhältnisse), sondern zwischen allen Staaten gelten mit der Konsequenz, dass jeder Staat von einem anderen Staat, der seine Pflichten verletzt, ein völkerrechtsgemäßes Verhalten verlangen kann. Es handelt sich bei beiden Normkategorien – verglichen mit der Jahrhunderte langen Ausbildung des Völkerrechts – um neuartige Phänomene, durch die Struktur und Systematik der internationalen Rechtsordnung eine nachhaltige Veränderung erfahren.

43 Die Unterscheidung von *ius cogens*-Normen und solchen mit *erga omnes*-Wirkung ist nicht einfach. Das Verwobensein beider Normkategorien wird deutlich in der Definition, die das *BVerfG* (E 18, S. 441/448 f.) den zwingenden Normen des Völkerrechts gibt. Danach wird die „Qualität solcher zwingenden Normen […] nur jenen in der Rechtsüberzeugung der Staatengemeinschaft fest verwurzelten Rechtssätzen zuerkannt werden können, die für den Bestand des Völkerrechts als einer internationalen Rechtsordnung unerlässlich sind und deren Beachtung alle Mitglieder der Staatengemeinschaft verlangen können." Zum Merkmal der „gemeinsamen Rechtsüberzeugung" (vgl. Art. 53 S. 2 WVRK) tritt hier das Merkmal der *erga omnes*-Wirkung („deren Beachtung alle Mitglieder der Staatengemeinschaft verlangen können"). Nur *erga omnes* wirkende Normen können somit unter Zugrundelegung der Ansicht des BVerfG zwingende Normen des Völkerrechts sein. In ihrem allseits anerkannten Kernbereich sind *ius cogens*- und *erga omnes*-Normen des Völkerrechts weitgehend identisch (→ Rdn. 7/40). Wie sich das Verhältnis beider Normkategorien darüber hinaus darstellt, ist jedoch ebenso wie der Kreis der weiteren von der jeweiligen Kategorie erfassten materiellen Rechte und Pflichten höchst umstritten (vgl. den Überblick bei *A. Paulus*, Die internationale Gemeinschaft im Völkerrecht, S. 413 ff.).

3. „Staatengemeinschaft"

44 Die Herausbildung der besonderen Normkategorie des *ius cogens* und von Normen mit *erga omnes*-Wirkung steht in einem engen Zusammenhang mit dem Begriff der „Staatengemeinschaft". Bereits 1612 vertrat der spanische Völkerrechtler *Francisco Suárez* (1548–1617, Tractatus de Legibus ac de Deo Legislatore) die Ansicht, die

Menschheit bewahre stets eine gewisse „moralische und politische Einheit“, aus der sich bestimmte Grundverpflichtungen aller Staaten ergäben. In zahlreichen völkerrechtlichen Dokumenten (v. a. in den Präambeln völkerrechtlicher Verträge) wird auf die „Staatengemeinschaft“, die „internationale Gemeinschaft“ oder die „Menschheit“ (als Gesamtheit der menschlichen Individuen) Bezug genommen (vgl. auch Art. 53 S. 2 WVRK). Diese Begriffe erscheinen „als Hüter von Grundwerten, deren Respektierung eine Bedingung für die Fortexistenz der Menschheit als einer gesitteten und friedlichen Gesellschaftsformation darstellt“ (so *Tomuschat*, ArchVR 33 [1995], S. 1/6).

Anknüpfend an den Begriff der *Staatengemeinschaft* wird zudem ein *Staatengemeinschaftsinteresse* behauptet, das sich dadurch auszeichnen soll, dass es für die Entstehung völkerrechtlicher Normen nicht mehr auf den Willen der einzelnen Staaten ankommt, sondern es bestimmte *Interessen* und *Grundwerte* gebe, die der staatlichen Willensentschließung voraus lägen und von den Staaten nicht beeinflussbar seien. Gemeint ist damit ein Grundbestand an völkerrechtlich begründeten Rechten und Pflichten, der weder durch völkerrechtliche Verträge noch durch das Entstehen gegenteiligen Gewohnheitsrechts verändert oder gar aufgehoben werden könne. Diese völkerrechtlichen Normen und Prinzipien seien dem zwingenden Völkerrecht (*ius cogens*) zuzurechnen und gälten unabhängig von ihrer vertraglichen oder gewohnheitsrechtlichen Rechtsquelle zwischen allen Staaten (*erga omnes*) (zu den Einzelgewährleistungen → Rdn. 7/40). 45

Mit dem Abstellen auf die *Staatengemeinschaft* und das dieser eigentümliche *Gemeinschaftsinteresse* kappt das Völkerrecht aber jedenfalls zum Teil seine voluntaristischen Wurzeln (zu den Geltungstheorien des Völkerrechts → Rdn. 7/21), soll es sich beim *Staatengemeinschaftsrecht* im Sinne eines *internationalen ordre public* doch um einen vom Willen einzelner Staaten unabhängigen, *objektiv* zu ermittelnden *Normenbestand* handeln. Gleichzeitig aber fehlt es nach wie vor an zentralen obligatorischen Rechtsprechungs- und Rechtsdurchsetzungsinstanzen. Es sind die Staaten, die trotz der oben dargelegten Entwicklungen auch heute noch primär für Normsetzung und Normerkenntnis im Völkerrecht verantwortlich sind. Die neuere Staatspraxis legt zudem nahe, dass eine umfassende Bereitschaft zur Anerkennung einer Staatengemeinschaft mit einem gemeinsamen Interesse nicht besteht. Vielmehr gewinnen nationale Egoismen wieder an Bedeutung. Dies gilt für die protektionistische und isolationistische Politik des US-Präsidenten Trump („America 46 first") und die darauf folgenden Reaktionen anderer Staaten (insbesondere die Spirale wechselseitiger Erhebung von „Strafzöllen") in gleicher Weise wie für als unverhohlene Machtpolitik zu qualifizierende territoriale Übergriffe auf Nachbarregionen durch Russland (Abchasien, Südossetien, Krim und Ostukraine) und die Volksrepublik China (Südchinesisches Meer), die zudem „westliche" politische und rechtliche Denkmuster tendenziell ablehnen. Auch in den EU-Mitgliedstaaten haben integrationskritische und für eine Abschottung nach außen stehende Positionen erhebliche (Wahl-)Erfolge erzielt. Der mit dem Begriff der Konstitutionalisierung des Völkerrechts bezeichnete Prozess ist gleichwohl damit nicht beendet. Er steht jedoch vor bedeutenden Herausforderungen. Ob und wie er diese bewältigen wird, ist derzeit nicht absehbar.

46a Es wäre deshalb jedenfalls vorschnell, über die Begriffe „Konstitutionalisierung" oder sogar „Verfassung" inhaltliche Parallelen zur Staatlichkeit allgemein (z. B. zum Gewaltmonopol) und zur Verfassungsstaatlichkeit im Besonderen (z. B. für die Verwirklichung von Grundrechten und der Rechtsstaatlichkeit) ziehen zu wollen. Gleichwohl sind die damit verbundenen Einzelphänomene aufgrund ihrer Auswirkungen auf das rechtliche Selbstverständnis der Staaten gerade für eine Staatslehre von besonderer Relevanz. Das gilt vor allem für den internationalen Schutz der Menschenrechte (→ Rdn. 7/47 ff.) und die internationale Friedens- und Sicherheitsordnung (→ Rdn. 7/73 ff.).

II. Internationalisierung des Schutzes der Menschenrechte

1. Von der staatlichen zur internationalen Gewährleistung der Menschenrechte

47 Der Schutz von Grund- und Menschenrechten war – ausgehend von den amerikanischen *Bills of Rights* und der französischen Erklärung der Menschen- und Bürgerrechte (→ Rdn. 5/135 ff.) – bis zum Ende des Zweiten Weltkriegs eine alleinige Angelegenheit der staatlichen Verantwortung. Insbesondere der moderne Verfassungsstaat westlicher Prägung ist ohne die effektive Gewährleistung von Grund- und Menschenrechten nicht denkbar (→ Rdn. 5/110). Sieht man von etwaigen naturrechtlichen Menschenrechtsverbürgungen ab (zu dieser Problematik → Rdn. 5/113 ff.), dann oblag es aber ausschließlich den Staaten zu entscheiden, ob und in welchem Umgang eine innerstaatliche Grundrechtsbindung bestehen sollte. Eine zwischenstaatli-

che (internationale) Bindung an Grund- und Menschenrechte war bis zur Gründung der Vereinten Nationen (1945) nicht vorhanden.

Auch die völkerrechtlichen Verträge über die Abschaffung des Sklavenhandels stellten keine menschenrechtlichen Gewährleistungen im modernen Sinn dar. Dazu gehörten z. B. die „Erklärung gegen den Negerhandel" (Annex zur Wiener Kongressakte, 1815) und die Brüsseler „Antisklavereiakte" (1890) sowie weitere bi- und multilaterale Abkommen (Überblick bei *A. Haratsch*, Die Geschichte der Menschenrechte, S. 56). Die Beweggründe für die völkervertragliche Ächtung des Sklavenhandels waren keineswegs nur humanitärer Natur. Vor allem auf britischer Seite kamen eigene wirtschaftliche und politische Interessen hinzu, die in dem Bestreben lagen, die zu Beginn des 19. Jahrhunderts von der Sklaverei ökonomisch profitierenden Vereinigten Staaten zu schwächen (dazu ausführlich *Grewe*, Epochen der Völkerrechtsgeschichte, 2. Aufl. 1988, S. 651 ff.). Zudem handelte es sich um reine Staatenverpflichtungen; die betroffenen Sklaven hatten weder selbst noch als Gruppe ein materielles Recht auf Einhaltung ihrer völkerrechtlichen Verpflichtungen durch die Staaten oder sogar eine Möglichkeit der gerichtlichen Durchsetzung. Dasselbe galt für die zahlreichen Abkommen gegen den Frauen- und Mädchenhandel zu Beginn des 20. Jahrhunderts (vgl. *A. Haratsch*, a. a. O., S. 56 f.). 48

Die Internationalisierung der Grund- und Menschenrechte nimmt, wenn auch noch äußerst vage, ihren Anfang in der UN-Charta. Bereits die Präambel proklamiert den „Glauben an die Grundrechte des Menschen, an Würde und Wert der menschlichen Persönlichkeit, an die Gleichberechtigung von Mann und Frau". Art. 1 Nr. 3 UN-Charta nennt als Ziel der Vereinten Nationen, „die Achtung vor den Menschenrechten und Grundfreiheiten für alle ohne Unterschied der Rasse, des Geschlechts, der Sprache oder der Religion zu fördern und zu festigen". Auch in weiteren Vorschriften finden sich Bezugnahmen auf die Menschenrechte und Grundfreiheiten (vgl. Art. 55 lit. c, Art. 62 Abs. 2 UN-Charta). Unter der Ägide der Vereinten Nationen wurde in der Folgezeit eine Reihe menschenrechtlicher Kodifikationen abgefasst. 49

Programmatisch grundlegend war insoweit die *Allgemeine Erklärung der Menschenrechte* (1948), die zwar lediglich als rechtlich unverbindliche Beschlussfassung der UN-Generalversammlung gilt, die aber den in den folgenden Jahrzehnten verbindlich normierten Menschenrechtsstandard bereits im Wesentlichen enthält. Einzelne Gewährleistungen der Menschenrechtserklärung gehören heute zum völkergewohnheitsrechtlich begründeten menschenrechtlichen Mindeststandard (insb. Sklaverei- und Folterverbot, Verbot der Rassendiskriminierung → Rdn. 7/40). Im selben Jahr wurde zudem die Konvention über die Verhütung und Bestrafung des Völkermordes (sog. *Genozid-Konvention*) angenommen, die zu Beginn des Jahres 1951 in Kraft trat; 50

auch das Genozid-Verbot ist heute Bestandteil des universell geltenden Völkergewohnheitsrechts.

51 Meilensteine des Menschenrechtsschutzes auf globaler Ebene waren die beiden UN-Menschenrechtspakte von 1966, nämlich der *Internationale Pakt über bürgerliche und politische Rechte* (IPbpR) sowie der *Internationale Pakt über wirtschaftliche, soziale und kulturelle Rechte* (IPwskR), die 1976 in Kraft traten und an die heute etwa 160 Staaten gebunden sind. Weitere Abkommen zum Schutz der Menschenrechte kamen hinzu. Über die Jahrzehnte ist auf diese Weise ein sich zunehmend verdichtendes Netz des internationalen Menschenrechtsschutzes entstanden, eine internationale Grundrechtscharta (*International Bill of Rights*). Dadurch gibt das Völkerrecht heute „den verfassungsstaatlichen Prinzipien eine menschheitlich-planetarische Dimension" (*J. Isensee*, JZ 1995, S. 421). Im Zuge dieser Entwicklung hat sich der Menschenrechtsschutz immer stärker aus dem Bereich der inneren Angelegenheiten der Staaten gelöst und obliegt nunmehr (auch) der Verantwortung der Staatengemeinschaft als Ganzes.

52 Mehr noch als auf der universellen Ebene findet der völkerrechtliche Menschenrechtsschutz seine Verwirklichung, vor allem im Hinblick auf die internationale Gewährleistung der gerichtsförmigen Rechtsdurchsetzung, in regionalen Abmachungen, zumal der Europäischen Konvention zum Schutze der Menschenrechte und Grundfreiheiten (EMRK) von 1950, die mittlerweile um mehrere Zusatzprotokolle ergänzt worden ist. Neben der Zahl der Rechtsgewährleistungen zeichnet sich das EMRK-System vor allem dadurch aus, dass mit dem Europäischen Gerichtshof für Menschenrechte (EGMR) ein besonderer Menschenrechtsgerichtshof geschaffen worden ist, an den sich jedermann mit der Behauptung wenden kann, durch einen der 47 Vertragsstaaten in einem seiner Konventionsrechte verletzt worden zu sein (sog. *Individualbeschwerde*). Der EGMR ist ein auf völkervertraglicher Grundlage geschaffenes internationales Gericht mit Sitz in Straßburg (Frankreich). Zulässigkeitsvoraussetzung für die Individualbeschwerde ist allerdings die Erschöpfung des innerstaatlichen Rechtsweges (in Deutschland einschließlich Verfassungsbeschwerde zum BVerfG) und die Einhaltung einer Frist von sechs Monaten nach der endgültigen innerstaatlichen Entscheidung (Art. 34 f. EMRK).

53 Die Amerikanische Menschenrechtskonvention (AMRK) ist dem EMRK-System in vielerlei Hinsicht sehr ähnlich, bleibt bei der Verwirklichung des In-

dividualrechtsschutzes in Form einer eigenständigen Beschwerdemöglichkeit aber hinter dem mittlerweile in Europa erreichten Standard zurück. Deutlich anders ausgestaltet ist die Afrikanische Charta der Menschenrechte und Rechte der Völker (Banjul-Charta), in der nicht die Individualrechte dominieren, sondern Kollektivrechte (→ Rdn. 7/56 ff.). Zwar ist 2004 durch ein Zusatzprotokoll zur Banjul-Charta ein Afrikanischer Menschenrechtsgerichtshof geschaffen worden. Die Möglichkeit einer Beschwerdeeinlegung durch Individuen und NGOs ist jedoch von der Akzeptanz der jeweiligen Vertragsstaaten abhängig. Bislang haben acht von 30 Staaten eine entsprechende Erklärung abgegeben. Hinzu kommt die im Jahre 2008 in Kraft getretene Arabische Charta der Menschenrechte. (Zu den regionalen Menschenrechtspakten s. *S. Hobe*, Einführung in das Völkerrecht, S. 427 ff.)

2. Menschenrechtsdimensionen

Die Gesamtheit der völkerrechtlich gewährleisteten Grund- und Menschenrechte wird seit einiger Zeit in verschiedenen Kategorien (bzw. *Generationen/Dimensionen*) systematisch erfasst, anhand deren die Entwicklung des internationalen Menschenrechtsschutzes deutlich wird. Die Einteilung der Menschenrechte in *Generationen* (entwicklungsgeschichtliche Perspektive) bzw. in *Dimensionen* (völkerrechtsdogmatische Perspektive) hat allerdings nur begrenzte Aussagekraft. Zwischen den drei Kategorien gibt es nämlich weder ein Rangverhältnis noch eine strikte Abgrenzung; auch haben sie sich keineswegs in einer festen zeitlichen Reihenfolge herausgebildet, wie die Bezeichnung als „Generationen“ unterstellt. Trotz aller Unschärfen ist dieser Einteilung aber – unter dem Gesichtspunkt des Idealtypus – eine gewisse Plausibilität nicht abzusprechen. 54

Als *Menschenrechte der ersten Generation* (bzw. Dimension) bezeichnet man die Menschenrechte in ihrer klassischen abwehrrechtlichen Funktion zur Sicherstellung staatsbürgerlicher und politischer Freiheitsrechte. Hinzu kommen justizielle Rechte (z. B. auf ein faires Verfahren). Es handelt sich um *Individualrechte i. w. S.*, d. h. um Rechte, die den Einzelnen schützen sollen, ohne Rücksicht darauf, ob sie ein Individualrecht i. e. S. begründen oder dem Einzelnen nur reflexartig zugutekommen. Von einem *Individualrecht i. e. S.* spricht man dann, wenn dem Einzelnen durch das Völkerrecht auch das nötige *Rechtsdurchsetzungsinstrumentarium* zur Verfügung gestellt wird. Typische Beispiele für Menschenrechte der ersten Generation enthält der Rechtekatalog des IPbpR. 55

Mit *Menschenrechten der zweiten Generation* (bzw. Dimension) sind Solidar- und Teilhaberechte gemeint, wie sie z. B. im IPwskR niedergelegt sind. Sie sind oftmals nicht nur Rechte des Einzelnen (Individualrechte i. w. S.), sondern stehen auch Gruppen von Menschen (Kollektivrechte) zu. 56

57 *Menschenrechte der dritten Generation* (bzw. Dimension) umfassen solche Rechte, die den Menschen typischerweise nur als Gruppe zustehen können (Kollektivrechte) oder sogar den Staat selbst berechtigen. Dazu gehören das Recht auf Frieden, das Recht auf Entwicklung (das v. a. von den ehemaligen Kolonialstaaten reklamiert wird), das Recht auf eine geschützte und lebenswerte Umwelt (das v. a. in den dichtbesiedelten Industriestaaten der westlichen Hemisphäre von ökologisch orientierten Interessengruppen gefordert wird) und die Teilhabe am gemeinsamen Erbe der Menschheit (*common heritage of mankind*). Insbesondere in der Afrikanischen Charta der Menschenrechte und Rechte der Völker (Banjul-Charta) finden sich derartige Kollektivrechte der dritten Generation.

58 Während am völkerrechtlich verbindlichen Charakter der beiden ersten Generationen kein Zweifel besteht, soweit die einzelnen Grund- und Menschenrechte völkervertraglich oder völkergewohnheitsrechtlich verankert sind, ist dies bei den Menschenrechten der dritten Generation nicht ohne weiteres der Fall. Es handelt sich regelmäßig um eigene Rechte des Staates, nicht aber um Rechte des Individuums gegen den Staat. Mit dem klassischen, individuumbezogenen Menschenrechtsverständnis hat dies nichts mehr zu tun. Man sollte diese „Dimension" deshalb – unabhängig von der Frage der völkerrechtlichen Geltung – aus dem Kontext des völkerrechtlich gebotenen Menschenrechtsschutzes herausnehmen und dem Bereich der rein zwischenstaatlichen Beziehungen zuordnen.

59 In Einzelbereichen sind diese Kollektivrechte aber auch schon völkervertraglich und durch das Völkergewohnheitsrecht erfasst. So ist der inhaltlich identische Art. 1 Abs. 2 IPbpR/IPwskR Ausdruck des Rechts auf Entwicklung und der Teilhabe am gemeinsamen Erbe der Menschheit: „Alle Völker können für ihre eigenen Zwecke frei über ihre natürlichen Reichtümer und Mittel verfügen, unbeschadet aller Verpflichtungen, die aus der internationalen wirtschaftlichen Zusammenarbeit auf der Grundlage des gegenseitigen Wohls sowie aus dem Völkerrecht erwachsen. In keinem Fall darf ein Volk seiner eigenen Existenzmittel beraubt werden." Und Art. 20 IPbpR normiert Teilaspekte des Rechts auf Frieden: „(1) Jede Kriegspropaganda wird durch Gesetz verboten. (2) Jedes Eintreten für nationalen, rassischen oder religiösen Hass, durch das zu Diskriminierung, Feindseligkeit oder Gewalt aufgestachelt wird, wird durch Gesetz verboten." Der Frieden ist seinerseits unabdingbare Grundlage für die wirksame Wahrnehmung der Menschenrechte durch das menschliche Individuum (zum Friedensbegriff → Rdn. 7/90 ff.). Der Frieden ist allerdings kein subjektives Recht des menschlichen Individuums, sondern ein im Interesse der Menschheit in ihrer Gesamtheit anzustrebender Zustand. Nicht zuletzt die Vereinten Nationen selbst finden ihren Ursprung im Streben der Staaten nach Frieden; sie sind überdies dem Friedensziel nachdrücklich verpflichtet (vgl. Präambel, Art. 2 Nr. 4; Art. 55; VI. und VII. Kapitel UN-Charta).

3. Internationale Rechtsschutzverfahren zur Durchsetzung der Menschenrechte

Die internationale Gewährleistung der Menschenrechte ist nur dann praktisch wirksam, wenn sie auch von einem zwischenstaatlichen Mechanismus zur Durchsetzung dieser Rechte flankiert wird. Die Aufgabe der innerstaatlichen Durchsetzung der auf nationaler Ebene verbürgten Rechte nehmen typischerweise unabhängige Gerichte wahr. Zur Durchsetzung von Grund- und Menschenrechten können insbesondere die Verfassungsgerichte angerufen werden. Auf der internationalen Ebene fehlt hingegen weithin eine obligatorische Gerichtsbarkeit. Lediglich die Zuständigkeit des EGMR ist für die Mitgliedstaaten des Europarates verbindlich. Während aber die Anrufung des EGMR durch jedermann, der sich in seinen Konventionsrechten verletzt glaubt, im Rahmen der sog. Individualbeschwerde grundsätzlich möglich ist (→ Rdn. 7/52), fehlt es zumal für die beiden UN-Pakte an einer vergleichbaren gerichtlichen Beschwerdemöglichkeit. Dies soll nachfolgend anhand der Rechtsschutzvarianten des IPbpR sowie des dazu ergangenen Fakultativprotokolls (FP) erläutert werden. Ein gerichtliches Verfahren zur Durchsetzung der im IPbpR garantierten Menschenrechte ist dort nicht vorgesehen. Vielmehr sind dort allein Möglichkeiten für eine Art administratives Kontrollverfahren im Rahmen der Vereinten Nationen geregelt. 60

a) Organ: Ausschuss für Menschenrechte, Art. 28 ff. IPbpR. Für alle Verfahren ist der Ausschuss für Menschenrechte (Art. 28 ff. IPbpR, kurz: Ausschuss) zuständig. 61

Der Ausschuss besteht aus 18 Mitgliedern (Art. 28 Abs. 1), die in geheimer Wahl gewählt werden (Art. 29 Abs. 1). Die Wahl erfolgt in einer vom Generalsekretär der Vereinten Nationen einberufenen Versammlung der Vertragsstaaten (Art. 30 Abs. 4 S. 1). Dem Ausschuss darf nicht mehr als ein Angehöriger desselben Staates angehören (Art. 31 Abs. 1). Die Wahl der Ausschussmitglieder erfolgt für die Dauer von vier Jahren; einmalige Wiederwahl ist möglich (Art. 32 Abs. 1). Die Mitglieder des Ausschusses sollen „Persönlichkeiten von hohem sittlichen Ansehen und anerkannter Sachkenntnis auf dem Gebiet der Menschenrechte“ sein (Art. 28 Abs. 2). Die Mitglieder des Ausschusses werden in ihrer persönlichen Eigenschaft gewählt und sind in dieser Eigenschaft tätig (Art. 28 Abs. 3). Sie sind unabhängig von jeglichen Weisungen und haben ihr Amt unparteiisch und gewissenhaft auszuüben (Art. 38).

Außerdem weisen alle nachfolgend aufgeführten Verfahren (obligatorisches Berichtsverfahren, Staatenbeschwerde, Individualbe- 62 schwerde) die Gemeinsamkeit auf, dass die Untersuchungsergebnisse – neben der Mitteilung an den Antragsteller und den betroffenen Staat – lediglich in vom Ausschuss angefertigte „Berichte“ einfließen (vgl. Art. 40 Abs. 4, Art. 41 Abs. 1 S. 4 lit. h IPbpR, Art. 6 FP). Eine rechtlich verbindliche Entscheidung ist nicht vorgesehen. Dies ist die naheliegende Konsequenz daraus, dass es sich beim Ausschuss um kein Gericht handelt.

63 **b) Obligatorisches Berichtsverfahren, Art. 40 IPbpR.** Art. 40 IPbpR sieht eine Berichtspflicht der Vertragsstaaten vor. Die Berichte „über die Maßnahmen, die sie zur Verwirklichung der in diesem Pakt anerkannten Rechte getroffen haben, und über die dabei erzielten Fortschritte“, sind dem Generalsekretär der Vereinten Nationen zu übermitteln, der sie dem Ausschuss zur Prüfung zuleitet. Jeder Vertragsstaat hat einen Bericht innerhalb eines Jahres nach Wirksamkeit des Beitritts zum IPbpR vorzulegen, danach jeweils auf Anforderung des Ausschusses. Das Berichtsverfahren ist für jeden Vertragsstaat obligatorisch.

64 Pakt und FP enthalten allerdings keine Sanktionsregelungen für den Fall, dass ein Staat seine Pflichten aus dem IPbpR verletzt hat. Der Ausschuss prüft die von den Vertragsstaaten eingereichten Berichte und übersendet den Vertragsstaaten seine eigenen Berichte „sowie ihm geeignet erscheinende allgemeine Bemerkungen“. Der Begriff der „allgemeinen Bemerkungen“ (*general comments*) impliziert, dass in den Berichten weder bestimmte Staaten noch bestimmte Fälle angesprochen werden. Es geht primär um „Bewertungen“ genereller Art, nicht um konkrete Fakten. Da der IPbpR kein eigenes Sanktionssystem enthält, lässt er sich nicht als *self contained regime* bezeichnen. Das „normale“ völkerrechtliche Sanktionsinstrumentarium bei Verstößen eines Vertragsstaates gegen seine völkerrechtlichen Pflichten bleibt damit aufrechterhalten.

65 **c) Staatenbeschwerde, Art. 41 IPbpR.** Im Unterschied zum obligatorischen Berichtsverfahren ist das Verfahren der *Staatenbeschwerde* gem. Art. 41 IPbpR für die Vertragsstaaten nicht verbindlich (fakultatives Staatenbeschwerdeverfahren). Das Staatenbeschwerdeverfahren wird nur dann eingeleitet, wenn beide Staaten (der sich „beschwerende“ Staat und der durch den Vorwurf der Vertragsverletzung „beschwerte“ Staat) eine sog. Unterwerfungserklärung abgeben. In dieser Erklärung stellt der jeweilige Staat fest, „dass er die Zuständigkeit des Ausschusses zur Entgegennahme und Prüfung von Mitteilungen anerkennt, in denen ein Vertragsstaat geltend macht, ein anderer Vertragsstaat komme seinen Verpflichtungen

aus diesem Pakt nicht nach“ (Art. 41 Abs. 1 S. 1). Durch die Staatenbeschwerde wird ein mehrere Stufen umfassendes Verfahren ausgelöst, das zunächst nur Konsultationen der involvierten Staaten, später auch – wenn sich die Angelegenheit nicht innerhalb eines Zeitraumes von sechs Monaten „zur Zufriedenheit der beiden beteiligten Vertragsstaaten“ geregelt hat (vgl. Art. 41 Abs. 1 S. 4 lit. b) – eine Einschaltung des Ausschusses vorsieht.

Der Ausschuss darf allerdings erst dann tätig werden, wenn „alle in der Sache zur Verfügung stehenden innerstaatlichen Rechtsbehelfe in Übereinstimmung mit den allgemein anerkannten Grundsätzen des Völkerrechts eingelegt und erschöpft worden sind“ (Art. 41 Abs. 1 S. 4 lit. c). Der Ausschuss stellt den beteiligten Vertragsstaaten seine „guten Dienste“ zur Verfügung, um eine gütliche Regelung der Sache auf der Grundlage der Achtung der in diesem Pakt anerkannten Menschenrechte und Grundfreiheiten herbeizuführen (Art. 41 Abs. 1 S. 4 lit. e). Der Ausschuss legt innerhalb von zwölf Monaten einen Bericht vor, der neben der Darstellung des Sachverhalts die erzielte Regelung beinhaltet oder aber – wenn eine Regelung nicht zustande gekommen ist – die schriftlichen Stellungnahmen und das Protokoll über die mündlichen Stellungnahmen enthält (Art. 41 Abs. 1 S. 4 lit. h). 66

Wird eine dem Ausschuss nach Art. 41 unterbreitete Sache nicht zur Zufriedenheit der beteiligten Vertragsstaaten geregelt, dann kann der Ausschuss mit vorheriger Zustimmung der beteiligten Vertragsstaaten eine Ad hoc-Vergleichskommission einsetzen. Diese Kommission stellt den beteiligten Staaten ihre „guten Dienste“ zur Verfügung, um auf der Grundlage der Achtung dieses Paktes eine gütliche Regelung der Sache herbeizuführen (Art. 42 Abs. 1). Die Kommission legt innerhalb von zwölf Monaten dem Vorsitzenden des Ausschusses einen Bericht zur Übermittlung an die beteiligten Vertragsstaaten vor (Art. 42 Abs. 7). 67

d) Individualbeschwerde (Fakultativprotokoll zum IPbpR). Erweitert werden die dem Ausschuss durch den Pakt eingeräumten Prüfungsmöglichkeiten noch durch das Fakultativprotokoll zum IPbpR vom 19. Dezember 1966 (FP). Der Ausschuss wird darin ermächtigt, nach Maßgabe des Protokolls auch Mitteilungen von Einzelpersonen, die behaupten, Opfer einer Verletzung eines in dem Pakt niedergelegten Rechts zu sein, entgegenzunehmen und zu prüfen. Eine *Individualbeschwerde* ist nur dann zulässig, wenn der Staat, gegen den sich die Beschwerde richtet, (1) Vertragsstaat des Paktes und (2) Vertragsstaat des Fakultativprotokolls ist (Art. 1 FP), (3) alle zur Verfügung stehenden innerstaatlichen Rechtsbehelfe ausgeschöpft wurden (*local remedies rule*) und (4) die Beschwerde nicht rechtsmissbräuchlich erscheint (Art. 2 und Art. 3 FP). Die Individualbe- 68 schwerde wird erhoben durch eine schriftliche Mitteilung; sie muss den Beschwerdeführer erkennen lassen (Art. 2 und Art. 3 FP). Sie ist nicht nur subsidiär gegenüber dem innerstaatlichen Rechtsschutzverfahren; sie ist zudem ausgeschlossen, wenn dieselbe Sache bereits in einem anderen internationalen Untersuchungs- oder Streitbeilegungsverfahren geprüft wird (Art. 5 Abs. 2 FP). Die abschließende Entscheidung ergeht als an den betroffenen Staat gerichtete Mitteilung über die „Auffassung" des Ausschusses (Art. 5 Abs. 4 FP), die für den Staat aber keinerlei unmittelbare rechtliche Verbindlichkeit beansprucht.

68a **e) Verfahrensrechtliche Defizite des universellen Schutzes der Menschenrechte.** Missverständlich ist die für den Menschenrechtsausschuss oftmals verwendete Bezeichnung als „quasi-gerichtliches" Organ. Im Unterschied zu einem förmlichen Gerichtsverfahren erhebt der Ausschuss nämlich keine Beweise in einer öffentlichen und mündlichen Verhandlung; es handelt sich um ein ausschließlich schriftliches Verfahren. Überdies entfalten die „Auffassungen" (*views*) des Ausschusses – im Unterschied zu gerichtlichen Urteilen – keine rechtliche Verbindlichkeit. Das gilt selbst im Individualbeschwerdeverfahren, das von seiner Funktion her eigentlich ganz besonders darauf ausgerichtet sein sollte, in einem konkreten Fall zugunsten eines individuellen Beschwerdeführers eine definitive Rechtsentscheidung zu treffen. Deshalb laufen die vom Ausschuss genannten Abhilfemaßnahmen regelmäßig ins Leere.

68b Auch die Überwachung der Einhaltung der anderen UN-Menschenrechtsabkommen ist – wie beim IPbpR – besonderen *Expertenausschüssen* bzw. *Fachausschüssen* (*Treaty Bodies*) zugewiesen. Ihre Zuständigkeit beschränkt sich allerdings auf das jeweilige Abkommen, was zu einer nicht unerheblichen Zersplitterung bei der Aufgabenwahrnehmung führt. Angesichts der Vielzahl von Ausschüssen, Komitees und sonstigen Gremien und ihrer fehlenden Befugnis zum Erlass rechtlich verbindlicher Entscheidungen (Urteile) erscheint ein effektiver Schutz der Menschenrechte auf der universellen Ebene oder sogar die Gründung eines „Weltgerichtshofs für Menschenrechte" z. Z. noch utopisch.

68c Nicht zu unterschätzen ist allerdings die normkonkretisierende und präventive Rechtsschutzfunktion der Ausschüsse, die ihren praktischen Ausdruck insb. in den „Allgemeinen Bemerkungen" (*General Comments*) findet, die zwar – wie die Auffassungen (*views*) – ebenfalls nicht unmittelbar rechtlich verbindlich, wohl aber mit einer gewissen Organautorität ausgestattet sind. Aufgrund dessen tragen sie maßgeblich zu einer inhaltlichen Präzisierung der oftmals höchst abstrakt formulierten menschenrechtlichen Gewährleistungen bei. Ob zukünftig auch die nötigen völkerrechtlichen Verträge zur Gründung universell judizierender Menschenrechtsgerichtshöfe abgeschlossen werden, die solche Präzisierungen dann in ihren Urteilen umzusetzen in der Lage sind, ist aber angesichts der weltweiten kulturellen Ausdifferenzierung eher nicht anzunehmen.

4. Internationaler Menschenrechtsschutz und Islam

Die internationale Anerkennung der Menschenrechte gehört zwar 69
für moderne Verfassungsstaaten westlicher Prägung mittlerweile zum Allgemeingut, wird aber in etlichen anderen Staaten auch noch mit Skepsis betrachtet, teilweise sogar abgelehnt. Das gilt vor allem für solche Staaten, in denen der Islam eine große Rolle spielt. In den Staaten des Nahen Ostens, in Nordafrika sowie Zentral- und Südostasien ist der Islam weit verbreitet (ca. 1,3 Milliarden Gläubige). Die Organisation für Islamische Zusammenarbeit (OIC, früher: Organisation der Islamischen Konferenz), eine Internationale Organisation, die sich als Repräsentant der Staaten versteht, in denen der Islam entweder Staatsreligion ist oder ihm die Mehrheit der Bevölkerung angehört, umfasst heute 57 Staaten. Vermehrt in den Blickpunkt der Öffentlichkeit kamen die Menschenrechte in der Anfangsphase des „arabischen Frühlings" (→ Rdn. 4/107). Dabei ließen sich in einigen Staaten Entwicklungen hin zu einer vermehrten Achtung der Menschenrechte beobachten. Diese Entwicklung hat sich jedoch in den betroffenen Staaten in der Regel nicht fortgesetzt. Zwar besteht seit 2011 eine Unabhängige Permanente Menschenrechtskommission, die allerdings weder Menschenrechtsverletzungen in den OIC-Mitgliedstaaten untersuchen noch verbindliche Entscheidungen treffen darf.

In der islamischen Welt sieht man die Allgemeine Erklärung der 70
Menschenrechte (→ Rdn. 7/50) und die beiden UN-Pakte (→ Rdn. 7/51) als zu sehr vom westlichen, in seinen Wurzeln christlichen Menschenbild geprägt an, weshalb die Mitgliedstaaten der Organisation der Islamischen Konferenz 1990 die *Kairoer Erklärung der Menschenrechte im Islam* verabschiedet haben. Die Deklaration geht schon im Grundansatz in eine andere Richtung, weil sie die Menschenrechte nicht auf die Würde des Menschen zurückführt, sondern sie als gottgegeben ansieht.

So wird in der Präambel ausdrücklich hervorgehoben, „dass die grundlegenden Rechte und Freiheiten im Islam ein integraler Bestandteil der islamischen Religion sind und dass grundsätzlich niemand das Recht hat, sie ganz oder teilweise aufzuheben, sie zu verletzen oder zu missachten, denn sie sind verbindliche Gebote Gottes [...]. Ihre Einhaltung ist deshalb ein Akt der Verehrung Gottes und ihre Missachtung oder Verletzung eine schreckliche Sünde, und deshalb ist jeder Mensch individuell dafür verantwortlich, sie einzuhalten – und die Umma trägt die Verantwortung für die Gemeinschaft."

71 Betont wird in der Deklaration zudem „die kulturelle und historische Rolle der islamischen Umma, die von Gott als die beste Nation geschaffen wurde und die der Menschheit eine universale und wohlausgewogene Zivilisation gebracht hat, in der zwischen dem Leben hier auf Erden und dem im Jenseits Harmonie besteht und in der Wissen mit Glauben einhergeht" (Präambel). In dieser Vorstellung besteht ein untrennbarer Zusammenhang zwischen islamischer Religion und staatlicher Rechtsordnung. Auch die Gewährleistung der Menschenrechte, soweit diese überhaupt Anerkennung finden, steht unter dem generellen Vorbehalt der Scharia, d. h. der Lehrentscheidungen und religiösen Gutachten islamischer Rechtsschulen oder Rechtsgelehrter.

72 Bereits einzelne Menschenrechte enthalten einen konkreten Scharia-Vorbehalt, z. B. Art. 2 lit. c: „Das Recht auf körperliche Unversehrtheit ist garantiert. Jeder Staat ist verpflichtet, dieses Recht zu schützen, und es ist verboten, dieses Recht zu verletzen, außer wenn ein von der Scharia vorgeschriebener Grund vorliegt." In den beiden Schlussartikeln wird der generelle Scharia-Vorbehalt noch einmal unmissverständlich bekräftigt: „Alle Rechte und Freiheiten, die in dieser Erklärung genannt wurden, unterstehen der islamischen Scharia" (Art. 24). „Die islamische Scharia ist die einzig zuständige Quelle für die Auslegung oder Erklärung jedes einzelnen Artikels dieser Erklärung" (Art. 25).

III. Internationale Friedens- und Sicherheitsordnung

73 Zu den zentralen Anliegen des Völkerrechts gehört seit jeher die Errichtung und Sicherung einer *internationalen Friedensordnung*. Die rechtlichen Instrumente haben sich in den letzten Jahrzehnten jedoch erheblich gewandelt. Waren es bis weit ins 20. Jahrhundert hinein vor allem bi- und multilaterale Abkommen in Form von Nichtangriffs- und Beistandspakten, die in Europa ein machtpolitisches Gleichgewicht zwischen den Staaten ermöglichen sollten, so brach sich mit der Gründung des Völkerbundes (1920–1946) nach dem

Ende des Ersten Weltkriegs eine neue Idee Bahn: das System kollektiver Sicherheit.

1. Vom ius ad bellum zum ius contra bellum

a) Zeit des klassischen Völkerrechts. Bis zum Ersten Weltkrieg entsprach es allgemeiner Überzeugung, dass die Staaten berechtigt seien, zur Durchsetzung ihrer Interessen im äußersten Fall auch das Mittel des Krieges einzusetzen. Der Krieg war, in den Worten des preußischen Generals *Carl von Clausewitz* (1780–1831) die „bloße Fortsetzung der Politik mit anderen Mitteln“, um den unterlegenen Gegner dann „zur Erfüllung unseres Willens zu zwingen“ (Vom Kriege, 1832). Das Völkerrecht trug der Legalität des Krieges Rechnung, indem es ihn als einen zwischen Staaten bestehenden konkreten Rechtszustand auffasste. Damit einher ging die strikte Trennung zwischen dem Kriegsrecht einerseits und dem Friedensrecht andererseits. 74

Anschaulich wird diese Differenzierung beim „Vater“ des klassischen Völkerrechts, *Hugo Grotius* (1583–1645), und dessen „Drei Bücher(n) vom Recht des Krieges und des Friedens“ (De iure belli ac pacis libri tres, 1625). Zuvor hatte man – geprägt von der antiken Philosophie und der Moraltheologie (*Augustinus* [354–430] und *Thomas von Aquin* [1225–1274]) – noch die *Lehre vom gerechten Krieg* diskutiert, die letztlich in die Einsicht mündete, dass ein Krieg auch auf beiden Seiten gerecht sein könne (so *Alberico Gentili* [1552–1608], De iure belli libri tres, 1598). Der Kriegsgrund (*iusta causa*) trat als Kriterium für die Unterscheidung von gerechten und ungerechten Kriegen immer stärker in den Hintergrund, bis er aus dem Vokabular ganz verschwunden war. 75

Hinzu kam die Entwicklung moderner Staatlichkeit (→ Rdn. 2/62 ff.), verbunden mit dem Attribut der Souveränität (→ Rdn. 3/53 ff.) und geschaffen im Geist der Säkularisation (→ Rdn. 2/70 ff.), der in letzter Konsequenz zur Auflösung der Idee von der christlichen Einheit des Abendlandes (*res publica christiana*) führte. Es gab keine allseits anerkannte Institution mehr, die über Recht und Unrecht eines Krieges hätte verbindlich entscheiden können. In dieser historischen Situation nahm das sog. *klassische Völkerrecht* seinen Anfang, dessen kennzeichnendes Merkmal darin bestand, dass die Freiheit zum Kriege (*liberum ius ad bellum*) keiner Einschränkung mehr unterworfen war. 76

Eine Abwendung vom Recht zum Krieg setzte erst gegen Ende des 19. Jahrhunderts ein. Zwar hatten die beiden Haager Friedenskonferenzen von 1899/1907 nur zum Ziel, das *ius in bello* (Kriegsrecht i. e. S.) näher zu regeln und inhaltlich zu humanisieren, nicht aber die Beseitigung des *ius ad bellum*. Dennoch enthielten die seinerzeit ausgearbeiteten völkerrechtlichen Abkommen bereits erste Ansätze 77 in diese Richtung. Das II. Haager Abkommen (Drago-Porter-Konvention, 1907) untersagte die Anwendung von Waffengewalt zur Eintreibung von Vertragsschulden. Das sollte aber dann nicht gelten, wenn der Schuldnerstaat sich weigerte, den Streit einem Schiedsgericht vorzulegen oder dessen Schiedsspruch zu erfüllen. In der Konvention zur friedlichen Erledigung internationaler Streitfälle (I. Haager Abkommen, sog. Friedensabkommen) verpflichteten sich die Vertragsstaaten zudem, „im Falle einer ernsten Meinungsverschiedenheit oder eines Streites, bevor sie zu den Waffen greifen, die guten Dienste oder die Vermittlung einer befreundeten Macht oder mehrerer befreundeter Mächte anzurufen, soweit dies die Umstände gestatten werden“. Eine vorherige, erfolglose Anrufung internationaler Schiedsinstanzen war hingegen noch nicht Voraussetzung für die Rechtmäßigkeit des Krieges, da die Unterscheidung zum rechtswidrigen Krieg noch nicht vorgenommen wurde.

78 **b) Übergang zum modernen Völkerrecht (Völkerbund-Ära).** Eingeleitet wurde eine neue Epoche des Völkerrechts erst durch den *Völkerbund*, in dessen Rahmen die Staaten nach den Leiden des Ersten Weltkriegs versuchten, das freie Kriegsführungsrecht zumindest verfahrensrechtlich einzugrenzen. Damit begann zugleich der *Übergang* vom klassischen *zum modernen Völkerrecht*. Grundlegend für das mit dem Völkerbund begründete System der kollektiven Sicherheit war die Regelung, „dass jeder Krieg und jede Bedrohung mit Krieg [...] eine Angelegenheit des ganzen [Völker-] Bundes ist, und dass dieser die zum wirksamen Schutz des Völkerfriedens geeigneten Maßnahmen zu treffen hat.“ Der Krieg war damit nicht mehr die „Privatangelegenheit“ der betroffenen Staaten, sondern eine „Angelegenheit des ganzen Bundes“, der damit auch die kollektive Verantwortung für die Aufrechterhaltung oder Wiederherstellung des Friedens übernahm. Diese inhaltliche Neuausrichtung bedeutete zwar die Abwendung vom *ius ad bellum*, sie mündete aber keineswegs unmittelbar in ein *ius contra bellum*.

79 Die in die Satzung des Völkerbundes aufgenommenen Regeln begründeten in ihrer Gesamtheit allenfalls ein partielles Kriegsverbot. Vor Eröffnung der Kriegshandlungen waren die Staaten lediglich verpflichtet, eine friedliche Streitbeilegung zu versuchen und eine gewisse Frist einzuhalten (Cooling-off-Phase). Außerdem durfte kein Krieg gegen einen Staat unternommen werden, der sich einem Schiedsspruch oder einer Empfehlung des Völkerbundrates gefügt hatte (vgl. dazu *B. Schöbener*, Die Nachkriegsordnung des Völkerbundes, S. 39/53 f.). Es waren deshalb insbesondere verfahrensrechtliche

Maßgaben, die es vor der Eröffnung eines (rechtmäßigen) Krieges zu beachten galt. Hinzu kam, dass der Rechtsbegriff „Krieg“ hinreichend Möglichkeit zu einer restriktiven Interpretation gab. Neben der Anwendung von Waffengewalt setzte der Begriff nämlich auch den Willen der betroffenen Staaten voraus, den Kriegszustand herbeizuführen (animus belli gerendi). So konnte es – in Ermangelung des Kriegsführungswillens – dazu kommen, dass zwischenstaatliche militärische Gewaltanwendung nicht die Schwelle zum Kriegszustand überschritt und die einschlägigen Vorschriften des (partiellen) Kriegsverbots deshalb auch keine Anwendung fanden (z. B. im Mandschureikonflikt zwischen Japan und China, 1931–1933). Auch der bekannte Briand-Kellogg-Pakt (Kriegsächtungspakt) von 1928 konnte dieses Defizit nicht überwinden (vgl. dazu *B. Schöbener*, a. a. O., S. 39/64 ff.).

c) Universelles Gewaltverbot als Grundaxiom des modernen Völkerrechts (UN-Ära). Was unter der Ägide des Völkerbundes angefangen hatte, wurde erst Jahrzehnte später unter dem Eindruck der schrecklichen Erfahrungen des Zweiten Weltkriegs im Rahmen der Vereinten Nationen (seit 1945) vollendet: die generelle völkerrechtliche Anerkennung des *ius contra bellum* in Form des *universellen Gewaltverbots*. Art. 2 Nr. 4 UN-Charta lautet: 80

> „Alle Mitglieder [der Vereinten Nationen] unterlassen in ihren internationalen Beziehungen jede gegen die territoriale Unversehrtheit oder die politische Unabhängigkeit eines Staates gerichtete oder sonst mit den Zielen der Vereinten Nationen unvereinbare Androhung oder Anwendung von Gewalt.“

Es handelt sich um ein striktes, rechtlich verbindliches Verbot nicht nur der Kriegführung, sondern der militärischen Gewaltanwendung und Gewaltandrohung in den zwischenstaatlichen Beziehungen schlechthin. Neben dem Völkervertragsrecht (UN-Charta) ergibt sich das Verbot heute auch aus dem universellen Völkergewohnheitsrecht. Bewusst vermieden wurde bei der Formulierung des Art. 2 Nr. 4 UN-Charta nach den Erfahrungen aus der Völkerbundära das Wort „Krieg“. Auch militärische Repressalien, die nicht von einem Kriegswillen getragen werden, unterfallen der Verbotsnorm; dasselbe gilt für *measures short of war* und *low intensity conflicts*. Voraussetzung ist aber stets die Gewaltanwendung oder -androhung in den *internationalen Beziehungen*. Die rein innerstaatliche Gewaltanwendung wird von der Verbotsnorm grundsätzlich nicht erfasst, ist sie doch – soweit es sich um Ausübung von Staatsgewalt handelt – Ausdruck des staatlichen Gewaltmonopols (→ Rdn. 3/49 ff.; 4/87 ff.). Keine eigenständige Bedeutung haben die Merkmale „territoriale Unversehrtheit“, „politische Unabhängigkeit“ und „sonst mit den Zielen 81 der Vereinten Nationen unvereinbare“ Androhung oder Anwendung von Gewalt. Diese Merkmale wurden auf Drängen kleiner Staaten in den Wortlaut der Verbotsnorm aufgenommen, um dem Gewaltverbot den erforderlichen Nachdruck zu verleihen; sie sollen das universelle Gewaltverbot hingegen nicht einschränken.

2. Ausnahmen vom ius contra bellum

82 Das *universelle Gewaltverbot* gilt jedoch nicht ausnahmslos. Die UN-Charta trägt der Realität der zwischenstaatlichen Beziehungen, in der es immer wieder zu militärischen Maßnahmen kommt, ausdrücklich durch zwei Tatbestände Rechnung, deren Vorliegen eine Anwendung militärischer Maßnahmen rechtfertigt.

83 **a) Recht der individuellen und kollektiven Selbstverteidigung.** Grundlegend ist zunächst das *Recht der Selbstverteidigung*, das in Art. 51 S. 1 UN-Charta geregelt ist:

> „Diese Charta beeinträchtigt im Falle eines bewaffneten Angriffs gegen ein Mitglied der Vereinten Nationen keineswegs das naturgegebene Recht zur individuellen oder kollektiven Selbstverteidigung, bis der Sicherheitsrat die zur Wahrung des Weltfriedens und der internationalen Sicherheit erforderlichen Maßnahmen getroffen hat.“

84 Dass das Selbstverteidigungsrecht ein „naturgegebenes Recht“ ist, ist als Hinweis auf seinen naturrechtlichen Ursprung zu verstehen (allgemein zum Naturrecht → Rdn. 5/114 ff.; zur beschränkten Geltung des Notwehrrechts im innerstaatlichen Recht → Rdn. 4/89). Es berechtigt nicht nur den angegriffenen Staat zur *individuellen Selbstverteidigung* (Notwehr), sondern auch andere Staaten, dem angegriffenen Staat militärisch beizustehen (*kollektive Selbstverteidigung*, Nothilfe). Voraussetzung ist allerdings, dass der sich verteidigende Staat einem „bewaffneten Angriff“ (*armed attack*) ausgesetzt ist. Gemeint ist damit eine Militäraktion durch einen anderen Staat. Nicht jeder Verstoß gegen das universelle Gewaltverbot (Art. 2 Nr. 4 UN-Charta) ist aber zugleich als bewaffneter Angriff gem. Art. 51 S. 1 UN-Charta zu qualifizieren. Erforderlich für einen „bewaffneten Angriff“ ist immer eine gewisse *Angriffsintensität*, so dass bloße Grenzscharmützel und *low intensity conflicts* das Selbstverteidigungsrecht nicht auslösen. Weitere (ungeschriebene) Voraussetzung einer rechtmäßigen Wahrnehmung des Selbstverteidigungsrechts ist die Gegenwärtigkeit des Angriffs, die Unmittelbarkeit der Verteidigungs-

handlung im Anschluss an den Angriffsakt sowie die Beachtung des Grundsatzes der Verhältnismäßigkeit (zu den Einzelheiten vgl. *S. Hobe*, Einführung in das Völkerrecht, S. 258 ff.).

b) UN-System kollektiver Sicherheit (VII. Kapitel). Die Selbstverteidigung ist aber nur solange zulässig, bis der UN-Sicherheitsrat die „erforderlichen Maßnahmen“ getroffen hat (vgl. Art. 51 S. 1 UN-Charta). Bezug genommen wird damit auf den zweiten Grund zur Rechtfertigung militärischer Maßnahmen, nämlich das *System kollektiver Sicherheit* nach dem VII. Kapitel der UN-Charta (Art. 39 ff.). 85

aa) Eingriffsvoraussetzungen und mögliche Maßnahmen. Das System beruht – wie schon beim Völkerbund (→ Rdn. 7/78 f.) – auf dem Gedanken des gemeinsamen (kollektiven) Vorgehens gegen den Staat, der einen Friedensbruch begangen hat. Das wird besonders deutlich in Art. 39 UN-Charta, wo die Eingriffsvoraussetzungen genannt sind: 86

„Der Sicherheitsrat [der Vereinten Nationen] stellt fest, ob eine Bedrohung oder ein Bruch des Friedens oder eine Angriffshandlung vorliegt; er gibt Empfehlungen ab oder beschließt, welche Maßnahmen aufgrund der Art. 41 und 42 zu treffen sind, um den Weltfrieden und die internationale Sicherheit zu wahren oder wiederherzustellen.“

Zu diesen Maßnahmen können neben gewaltlosen Sanktionen (Art. 41 UN-Charta, z. B. Errichtung des Internationalen Strafgerichtshofs für das ehemalige Jugoslawien, 1993) auch militärische Sanktionen gehören, die auf der Grundlage des Art. 42 UN-Charta vom Sicherheitsrat ergriffen werden. Die Vorschrift lautet: 87

„Ist der Sicherheitsrat der Auffassung, dass die in Art. 41 vorgesehenen Maßnahmen unzulänglich sein würden oder sich als unzulänglich erwiesen haben, so kann er mit Luft-, See- oder Landstreitkräften die zur Wahrung oder Wiederherstellung des Weltfriedens und der internationalen Sicherheit erforderlichen Maßnahmen durchführen. Sie können Demonstrationen, Blockaden und sonstige Einsätze der Luft-, See- oder Landstreitkräfte von Mitgliedern der Vereinten Nationen einschließen.“

bb) Verantwortung des Sicherheitsrates. Im Mittelpunkt des Systems der kollektiven Sicherheit steht der *Sicherheitsrat*, der als Organ der Vereinten Nationen die Hauptverantwortung für die Wahrung des Weltfriedens und der internationalen Sicherheit trägt (Art. 24 Abs. 1 UN-Charta) und allein befugt ist, über das Vorliegen der Eingriffsvoraussetzungen (Art. 39 UN-Charta) und die Art der Maß- 88 nahme (u. a. Art. 42 UN-Charta) zu entscheiden. Dem Sicherheitsrat gehören insgesamt 15 Staaten an; Zehn Staaten werden jeweils für zwei Jahre von der UN-Generalversammlung in den Sicherheitsrat gewählt (vgl. Art. 23 UN-Charta). Außerdem verfügt der Sicherheitsrat über fünf ständige Mitglieder (Volksrepublik China, Frankreich, Russland, das Vereinigte Königreich Großbritannien und Nordirland sowie die Vereinigten Staaten von Amerika), von denen jedes ein Vetorecht hat, das es ihm erlaubt, Maßnahmen auf der Grundlage des VII. Kapitels zu verhindern (vgl. Art. 27 Abs. 3 UN-Charta). Diese Konstruktion ist den machtpolitischen Ergebnissen des Zweiten Weltkriegs geschuldet. In der Zeit nach dem Ende des Zweiten Weltkriegs bis zum politischen Zusammenbruch der sozialistischen Staaten in der zweiten Hälfte der 1980er Jahre führte die Ausübung (teilweise reichte bereits die Androhung) des Vetorechts zu einer weitgehenden Paralyse des Sicherheitsrates, in deren Folge das System der kollektiven Sicherheit nicht die ihm zugedachte Rolle spielen konnte. Nach der Überwindung des Ost-West-Konflikts hat das System seit den 1990er Jahren an politischer Stabilität gewonnen, da Russland zumindest zeitweise seine über das Veto ermöglichte Blockadepolitik aufgegeben hat. Das ändert aber nichts daran, dass jedes der fünf ständigen Mitglieder des Sicherheitsrates rechtlich in der Lage ist, einen Beschluss im Rahmen des Systems kollektiver Sicherheit zu verhindern und das gesamte System dadurch in seiner Funktionsweise massiv zu beeinträchtigen. Zuletzt wurde dies im Zusammenhang mit dem Syrien-Konflikt deutlich, bezüglich dessen Russland und die USA mehrfach die Verabschiedung von Resolutionen durch den Sicherheitsrat verhinderten.

89 Das Vetorecht der fünf ständigen Mitglieder ist aber keineswegs nur negativ zu sehen. Es verhindert insbesondere auch allzu voreilige Beschlüsse zur Anwendung militärischer Gewalt gegenüber bestimmten Staaten. Die Vetostaaten sind vielmehr gehalten, zusammen mit den zehn anderen Mitgliedstaaten des Sicherheitsrates intensive Konsultationen zu pflegen und sich über die Hintergründe bestimmter internationaler Konfliktlagen einen umfassenden Überblick zu verschaffen. Damit besitzt das Vetorecht eine gewisse Rationalisierungsfunktion, ohne dass es die Erhebung des Vetos aus nationalem Eigeninteresse auszuschließen vermag. Politische Vorstöße, das Vetorecht abzuschaffen oder weiteren Staaten einen ständigen Sitz im Sicherheitsrat zukommen zu lassen (z. B. Deutschland und Japan), ohne dass damit zwangsläufig auch ein Vetorecht verbunden sein müsste, haben zurzeit keine Aussicht auf Verwirklichung.

90 **cc) Begriff des „Friedens“ in der UN-Charta.** Der Kernbegriff des Art. 39 S. 1 UN-Charta ist der des *Friedens*. Ausgelöst wird das

System der kollektiven Sicherheit danach nur unter der Bedingung einer „Angriffshandlung“, einer „Bedrohung“ oder des „Bruchs des Friedens“. Die Angriffshandlung ist der typische Fall eines Friedensbruches. Doch erst über den Begriff der „Friedensbedrohung“ erhält das System kollektiver Sicherheit eine besondere Dimension, die es dem Sicherheitsrat erlaubt, ggf. schon vor dem Einsatz von Waffengewalt durch einen Staat das Instrumentarium des VII. Kapitels der UN-Charta einzusetzen. Damit das System kollektiver Sicherheit überhaupt als Rechtssystem funktionieren kann, bedarf es einer spezifisch völkerrechtlichen Bestimmung des „Friedens“. Gemeint ist damit allein der *internationale* Frieden. Die auf der Grundlage räumlich-staatlicher Betrachtung vorgenommene Trennung von innen und außen, von innerstaatlichem und zwischenstaatlichem Recht, von Innen- und Außenpolitik, findet ihre Fortsetzung in der *Unterscheidung* von *innerem* und *äußerem Frieden*. In grundsätzlicher Anerkennung des staatlichen Gewaltmonopols im Innern und der damit verbundenen Verantwortung für die innere Befriedung des staatlichen Territoriums nimmt sich das *System der kollektiven Sicherheit* allein des *äußeren* (internationalen) *Friedens* an.

Damit ist aber noch keine Aussage getroffen über den Inhalt des 91
äußeren Friedens. Insoweit hat sich in den letzten Jahrzehnten eine bedeutsame Wandlung vollzogen. War man noch zu Beginn der Ära der Vereinten Nationen der Ansicht, der Begriff „Frieden“ erfasse eine internationale Lage, in der keine militärische Gewalt angewendet werde, ergebe sich also unmittelbar aus der Beachtung des universellen Gewaltverbots (sog. *negativer Friedensbegriff*), so hat sich die Ausbreitung insbesondere des völkerrechtlichen Schutzes der Menschenrechte mittlerweile auch auf den Friedensgriff ausgewirkt. Heute definiert man Frieden nicht nur als Abwesenheit militärischer Gewaltausübung zwischen Staaten, sondern man hat den negativen Friedensbegriff um zusätzliche Elemente angereichert (sog. *positiver Friedensbegriff*), insbesondere um die Achtung fundamentaler Menschenrechte. Auf diese Weise werden auch die Begriffe der *Friedensbedrohung* und des *Friedensbruchs* automatisch erweitert.

In der Praxis des Sicherheitsrates führt dies dazu, dass nicht nur die zwi- 92
schenstaatliche Anwendung militärischer Gewalt (Art. 2 Nr. 4 UN-Charta) als Bedrohung des Friedens qualifiziert wird, sondern im Einzelfall auch innerstaatliche Vorgänge, die eine grenzüberschreitende politische Destabilisierung befürchten lassen. Erfasst werden davon insbesondere massive, von staatlicher Seite veranlasste oder vorgenommene Menschenrechtsverletzungen

in einem Staat (z. B. die systematische Verfolgung von Minderheiten im Irak durch Saddam Hussein, 1991). Auch die Terrorakte der Al Qaida vom 11. September 2001 auf das World Trade Center (New York) und das Pentagon (Washington) hat der Sicherheitsrat als Friedensbedrohung i. S. v. Art. 39 UN-Charta angesehen, indem er bereits in seiner ersten Resolution am Tag der terroristischen Angriffe (Resolution 1368) und dann in seiner Resolution 1373 vom 28. September 2001 formulierte, „dass jede Handlung des internationalen Terrorismus eine Bedrohung des Weltfriedens" sei (ausführlich zur Bedrohung des internationalen Friedens: *S. Hobe*, Einführung in das Völkerrecht, S. 270 ff.).

93 **dd) Funktionsbedingungen und Grundannahmen des UN-Sicherheitssystems.** Ein System kollektiver Sicherheit beruht auf einer Mehrzahl von *Funktionsbedingungen* (vgl. *B. Schöbener*, Die Nachkriegsordnung des Völkerbundes, S. 39/45 ff.): Das System muss universell ausgerichtet sein, um jedem Friedensbruch weltweit wirksam begegnen zu können. Außerdem bedarf es einer organisatorisch-institutionellen Verselbstständigung, wie sie zunächst in Form des Völkerbundes und heute der Vereinten Nationen gegeben ist. Dadurch haben die Staaten die Möglichkeit, gemeinsam und mit einheitlichen Maßnahmen den zwischenstaatlichen Frieden zu sichern. Um die Wirksamkeit der Maßnahmen zu gewährleisten, müssen diese auch militärische Zwangsmaßnahmen umfassen (wie etwa Art. 42 UN-Charta). Für ein nach völkerrechtlichen Regeln handelndes System ist es zudem erforderlich, dass die Einsatzvoraussetzungen kollektiver militärischer Maßnahmen inhaltlich so genau definiert sind, dass man sie auch in politisch prekären Lagen zur Anwendung bringen kann. Das setzt im UN-System eine hinreichend klare Bestimmung insbesondere des Begriffs der Friedensbedrohung (Art. 39 UN-Charta) voraus. Das System sollte zudem ein obligatorisches Verfahren zur friedlichen Austragung zwischenstaatlicher Streitigkeiten vorsehen, das die Staaten verpflichtet, im Vorfeld militärischer Maßnahmen zumindest den ernsthaften Versuch einer friedlichen Streitbeilegung zu unternehmen.

94 Zu diesen notwendigen rechtlichen Funktionsbedingungen treten einzelne *Grundannahmen* über das Verhalten der in dem System kollektiver Sicherheit verbundenen Staaten. Um die *Universalität des Systems* zu garantieren, ist es erforderlich, dass möglichst alle politisch, wirtschaftlich und militärisch einflussreichen Staaten in ihm vertreten sind. Denn nur dann lässt sich ein Machtpotential aufbauen, wie es für ein einheitliches und effektives System unerlässlich ist. Weit entfernt von diesem Ziel blieb der Völkerbund, weil die USA ihm

niemals beitraten und Deutschland (1926–1933) und die Sowjetunion (1934–1940) ihm nur kurzzeitig angehörten. Anders ist dies heute bei den Vereinten Nationen, zu denen von ganz wenigen Ausnahmen (z. B. Taiwan) abgesehen alle Staaten der Welt gehören. Um ein *gemeinsames Vorgehen* zu ermöglichen, ist es notwendig, dass die Staaten (zumindest diejenigen, die auch bereit sind, die militärischen Zwangsmaßnahmen durchzuführen) ihre eigenen politischen, ggf. auch wirtschaftlichen und militärischen Interessen einem „gemeinsamen Interesse“ unterordnen. Dies setzt voraus, dass alle Mitgliedstaaten der Organisation auf eine einheitliche Anwendung des Eingriffsinstrumentariums vertrauen können und das System nicht von einzelnen Staaten missbraucht wird.

Diese idealtypischen Grundannahmen sind in der Wirklichkeit 95
aber erheblichen Einschränkungen ausgesetzt. Staaten stellen nach wie vor ihre Partikularinteressen in den Vordergrund; diese Partikularinteressen stehen nur selten mit dem gemeinsamen Interesse aller anderen Staaten in Übereinstimmung. Dies ist aber auch gar nicht erforderlich, weil in den Vereinten Nationen nicht die Generalversammlung (in der alle Mitgliedstaaten vertreten sind) die Hauptverantwortung für das Funktionieren des Systems kollektiver Sicherheit trägt, sondern der nur aus 15 Staaten sich zusammensetzende Sicherheitsrat (→ Rdn. 7/88). Doch kann jede der fünf Vetomächte durch ihre Gegenstimme den Einsatz des Systems kollektiver Sicherheit oder auch nur das Ergreifen einzelner (z. B. militärischer) Maßnahmen verhindern. Ein Einsatz gegenüber einer Vetomacht ist damit von vornherein ausgeschlossen. Die einheitliche Anwendung des Systems kollektiver Sicherheit ist deshalb gar nicht möglich. Es entspricht zudem den Mechanismen dieses Systems, dass der Einsatz des Sanktionsinstrumentariums *nicht* dem *Legalitätsprinzip* unterliegt, in dem ein Einschreiten rechtlich zwingend geboten ist, sobald eine Friedensbedrohung oder ein Friedensbruch vorliegt. Ein solches Prinzip könnte die Leistungsfähigkeit des gesamten Systems innerhalb kürzester Zeit völlig überfordern. Deshalb unterliegen die Entscheidungen des Sicherheitsrates dem *Opportunitätsprinzip*, das besagt, dass es sich – trotz des Vorliegens der Eingriffsvoraussetzungen – letztlich um nach Maßgabe der *politischen Zweckmäßigkeit* zu treffende Entscheidungen handelt. Diese Erwägungen sind juristisch-inhaltlich nicht fassbar; d. h. sie sind einer Rechtmäßigkeitskontrolle nicht zugänglich. Bei realistischer Betrachtung sind diese Schwächen – gemessen am Idealtypus eines wirksamen Systems kollektiver Si-

cherheit – systemimmanente und deshalb unvermeidbare Erscheinungen, will man nicht das gesamte System durch Überforderung zerstören.

3. Aktuelle Herausforderungen und Veränderungen der internationalen Sicherheitsordnung

96 Die internationale Friedens- und Sicherheitsordnung befindet sich in ständiger Bewegung: Neue Bedrohungsszenarien erfordern regelmäßig auch eine Anpassung der politischen und militärischen Strategien sowie des Instrumentenarsenals. Dies führt nicht selten zu erheblichen Spannungen im Verhältnis zu den völkerrechtlichen Anforderungen, insbesondere zum universellen Gewaltverbot. Im Unterschied zur Dynamik der tatsächlichen Entwicklungen ist das Völkerrecht nämlich weithin gekennzeichnet durch seinen statischen Charakter. Nur so gewinnt es aber auch erst die Stabilität und wahrt die Eigenständigkeit, die es benötigt, um als Rechtsmaßstab für politische Entscheidungen und Maßnahmen dienen zu können.

97 **a) Humanitäre Interventionen.** Bis zum Ende des Zweiten Weltkriegs war der Schutz der Grund- und Menschenrechte eine allein innerstaatliche Angelegenheit. Andere Staaten waren völkerrechtlich nicht berechtigt, sich in diese inneren Angelegenheiten einzumischen. Dies änderte sich dann grundlegend mit der Internationalisierung der Menschenrechte, insbesondere durch ihre universelle völkervertragliche und (teilweise) völkergewohnheitsrechtliche Anerkennung (→ Rdn. 7/47 ff.). Jedenfalls die Beachtung des menschenrechtlichen Mindeststandards gehört heute zum zwingenden Völkerrecht (*ius cogens*) und besitzt *erga omnes*-Wirkung (→ Rdn. 7/40 ff.). Deshalb kann jeder andere Staat von dem Staat, der diesen Mindeststandard auf seinem Territorium missachtet, indem er selbst massive Menschenrechtsverletzungen gegenüber den dort lebenden Menschen begeht, die Einhaltung der völkerrechtlichen Verpflichtungen verlangen.

98 Fraglich ist, ob dieses Recht der anderen Staaten auch so weit geht, dass man es notfalls (ultima ratio) sogar militärisch gegen den Verletzerstaat durchsetzen darf. Mit anderen Worten: Ist der Einsatz militärischer Gewalt völkerrechtlich zulässig, um einen Staat, der den menschenrechtlichen Mindeststandard verletzt, zu einem menschenrechtskonformen Verhalten zu zwingen? Bei der Antwort auf diese Frage sind zwei Konstellationen zu unterscheiden, nämlich die

sog. *kollektive humanitäre Intervention* und die sog. *uni- oder multilaterale humanitäre Intervention.*

Mit der Bezeichnung *kollektive humanitäre Intervention* wird die Konstellation erfasst, in der im Rahmen des Systems kollektiver Sicherheit (→ Rdn. 7/85 ff.) der Sicherheitsrat einzelne Staaten ermächtigt, gegen den Verletzerstaat militärisch vorzugehen. Angesichts des positiven Friedensbegriffs, der die Gewährleistung des menschenrechtlichen Mindeststandards einschließt (→ Rdn. 7/91), ist die kollektive humanitäre Intervention völkerrechtlich als Anwendungsfall des VII. Kapitels der UN-Charta gerechtfertigt. 99

Anders ist dies bei der *uni-* oder *multilateralen humanitären Intervention*, bei der ein oder mehrere Staaten *ohne Ermächtigung des Sicherheitsrates* in einem Drittstaat militärisch eingreifen. Dies stellt zunächst einen Verstoß gegen das universelle Gewaltverbot (Art. 2 Nr. 4 UN-Charta → Rdn. 7/80 ff.) dar. Unerheblich ist insoweit der Beweggrund der eingreifenden Staaten, nämlich der Schutz der Menschenrechte, weil das universelle Gewaltverbot nicht zwischen gerechten und ungerechten Kriegen nach Maßgabe einer *iusta causa* unterscheidet. Bei der Formulierung der UN-Charta hat man zudem ganz bewusst die Ausnahmen vom Gewaltverbot auf das Selbstverteidigungsrecht und das System kollektiver Sicherheit beschränkt, um jegliche Umgehung auszuschließen. 100

Ein Fall des Selbstverteidigungsrechts liegt schon deshalb nicht vor, weil Art. 51 S. 1 UN-Charta einen „bewaffneten Angriff“ voraussetzt. Der die Menschenrechte auf seinem eigenen Territorium verletzende Staat unternimmt aber keinen Angriff auf einen anderen Staat. Um eine uni- oder multilaterale Intervention dennoch zu rechtfertigen, werden unterschiedliche Argumente herangezogen, z. B. eine immanente Einschränkung des Gewaltverbotes selbst oder eine Gleichstellung der massiven Menschenrechtsverletzungen mit einem bewaffneten Angriff i. S. v. Art. 51 S. 1 UN-Charta (vgl. den Überblick bei *B. Schöbener*, ZfP 2000, S. 293/299 ff.). Ob sich insoweit seit den 1990er Jahren eine neue völkerrechtliche Doktrin herausgebildet hat, lässt sich angesichts der lang andauernden Rechtsentstehungsprozesse im zwischenstaatlichen Bereich bislang nicht eindeutig beantworten, zumal eine einheitliche Handhabung nicht ersichtlich ist. So haben die Menschenrechtsverletzungen (Folter, Einsatz von Fassbomben und Chemiewaffen gegen die Zivilbevölkerung) durch den syrischen Diktator Assad nur zu vereinzelten Luftangriffen durch die USA und einige verbündete Staaten geführt. Dass diese nicht geeignet sind, die Menschenrechtslage in Syrien zu verbessern, 101 ist ebenso offenkundig wie die aktive militärische Unterstützung Assads durch Russland, das damit als Vetomacht zugleich der Wirkung der Menschenrechte als Maßstab für politisches Handeln eine offene Absage erteilt hat. Auch die Volksrepublik China lehnt die Zulässigkeit humanitärer Interventionen ab und hat dies bei ihrem Abstimmungsverhalten im Sicherheitsrat wiederholt deutlich gemacht. Die Diskussion über die humanitäre Intervention belegt allerdings, dass die Ächtung der militärischen Gewaltanwendung im Völkerrecht nicht isoliert beurteilt werden kann, weil auch andere völkerrechtliche Grundentscheidungen zu berücksichtigen sind. Wie sich deren Verhältnis im Einzelfall gestaltet (Vorrang des Gewaltverbotes oder Vorrang des Menschenrechtsschutzes, ggf. auch unter Anwendung militärischer Gewalt), ist vor allem eine politische Entscheidung, die kaum justitiabel ist.

102 Völkerrechtlich und politisch höchst umstritten war der Einsatz von NATO-Luftstreitkräften 1999 gegen die damalige Bundesrepublik Jugoslawien zur Unterbindung der von serbischen Behörden durchgeführten Verfolgung der albanischstämmigen Bevölkerung des Kosovo. China und Russland hatten zuvor im Sicherheitsrat eine Mandatierung der NATO-Staaten verhindert. Um dennoch militärisch eingreifen zu können, berief sich die NATO darauf, eine humanitäre Intervention sei völkerrechtlich gerechtfertigt. Zur Begründung verwies der damalige Bundesaußenminister Kinkel auf ein angeblich in Europa in der Entstehung befindliches, dem Schutz der Menschenrechte besonders verpflichtetes regionales Völkergewohnheitsrecht (vgl. *B. Schöbener*, ZfP 2000, S. 293/312 ff.). Besonders brisant war der Kosovo-Einsatz der Bundeswehr auch nach innerstaatlichem Verfassungsrecht, weil ein „Angriffskrieg" (und dessen Vorbereitung) von Art. 26 Abs. 1 GG als verfassungswidrig gebrandmarkt und durch § 80 StGB unter Strafe gestellt wird. Der Generalbundesanwalt lehnte jedoch mit durchaus fragwürdiger Begründung die Einleitung strafrechtlicher Ermittlungen ab (vgl. dazu *B. Schöbener*, FS 600 Jahre Würzburger Juristenfakultät, S. 407/436 ff.).

103 Das Dilemma zwischen universellem Gewaltverbot einerseits und effektivem Schutz der Menschenrechte andererseits wird völkerrechtlich auch nicht durch die neue politische Konzeption einer *Responsibility to Protect* beseitigt. Auf dem Weltgipfel der Vereinten Nationen 2005 verabschiedete die UN-Generalversammlung in ihrem Abschlussdokument diese Konzeption, die seit einer Initiative des damaligen Generalsekretärs *Kofi Annan* 1998 ausgearbeitet worden war. Verbunden ist damit ein Perspektivwechsel, der unter dem Begriff der Souveränität nicht mehr nur die den Staaten verbliebenen Handlungsspielräume betont, sondern gleichzeitig auf die Grundfunktion

der Staaten verweist, den auf ihrem Gebiet lebenden Menschen Schutz und Sicherheit zu geben (zu diesem Staatszweck → Rdn. 4/53 ff.). Zu den aus dem Völkerrecht erwachsenden Grundpflichten der Staaten gehört mittlerweile aber auch die Einhaltung des menschenrechtlichen Mindeststandards (→ Rdn. 7/40), für dessen Schutz darüber hinaus auch die Staatengemeinschaft als solche eintritt (zu den Rechtspflichten *erga omnes* → Rdn. 7/42 f.). Jedenfalls für Völkermord, Kriegsverbrechen, „ethnische Säuberung“ und Verbrechen gegen die Menschlichkeit sind Kriterien aufgestellt worden, deren Beachtung eine primär regelgeleitete und weniger politisch-diskretionär ausgestaltete Entscheidung des Sicherheitsrates über ein militärisches Eingreifen ermöglichen soll. Es handelt sich aber um ein ausschließlich politisches Dokument, das keine rechtliche Bindungswirkung für den Sicherheitsrat oder die Mitgliedstaaten der Vereinten Nationen entfaltet. Vielmehr wird in dem Dokument ausdrücklich betont, dass ein Eingreifen auch aus humanitären Gründen allein nach Maßgabe der bestehenden UN-Charta zulässig ist.

b) Selbstverteidigung gegen terroristische Gewalt. aa) Neuartiges Bedrohungsszenario. Aktuelle Entwicklungen des grenzüberschreitenden Terrorismus stellen den Staat als Friedens- und Machteinheit (→ Rdn. 4/53 ff.; 4/87 ff.) in Frage. Der durch das staatliche Gewaltmonopol gesicherte innere Frieden (auf dem eigenen Staatsgebiet) ist dann in Gefahr, wenn die innerstaatliche Anwendung des Gewaltmonopols nicht mehr ausreicht, um den Zustand der Gewaltlosigkeit privater Akteure aufrecht zu erhalten oder wiederherzustellen. Das Beispiel der Terroranschläge vom 11. September 2001 auf das World Trade Center (New York) und das US-amerikanische Verteidigungsministerium (Washington) macht deutlich, dass jedenfalls in solchen Extremsituationen die Anwendung des Gewaltmonopols auf dem eigenen Territorium möglicherweise nicht mehr ausreicht, und die Aufrechterhaltung der staatlichen Schutz- und Friedensordnung ein militärisches Einschreiten auf dem Staatsgebiet eines dritten Staates erforderlich macht. 104

Man kann insoweit von einer Internationalisierung oder Globalisierung sprechen, nämlich von einer „Globalisierung von Schutz und Sicherheit“, von der Suche nach einer neuen internationalen Sicherheitsordnung. Ob und inwieweit die bisherige internationale Sicherheitsordnung angesichts der aktuellen Bedrohungsszenarien noch funktionsfähig ist, wird erst die Zukunft erweisen. Das Problem 105 liegt auf der Hand: Das Völkerrecht verbietet grundsätzlich jegliche Anwendung militärischer Gewalt in den zwischenstaatlichen Beziehungen (sog. äußerer Frieden) (Art. 2 Nr. 4 UN-Charta).

106 **bb) Anwendbarkeit von Art. 51 UN-Charta.** Das völkerrechtliche Selbstverteidigungsrecht (Art. 51 UN-Charta) ist ausweislich der Voraussetzung eines „bewaffneten Angriffs" (*armed attack*) am klassischen Kriegsbegriff ausgerichtet, der eine militärische Auseinandersetzung zwischen (mindestens) zwei Staaten verlangt (→ Rdn. 7/84). Der Einsatz militärischer Gewalt ist heute aber nicht mehr auf solche zwischenstaatlichen Konfrontationen beschränkt. Im Vordringen begriffen sind vielmehr – im Gegensatz zu den *symmetrischen Kriegen* zwischen Staaten – die *asymmetrischen Kriege*, an denen auf der einen Seite private Akteure beteiligt sind, sei es als Terroristen, als Warlords oder als Guerillaverbände. Dadurch werden nicht nur die Grenzen zwischen innerstaatlichen Kriegen (Bürgerkriegen) und internationalen Kriegen (zwischen Staaten) erheblich eingeebnet; auch die Anwendung der völkerrechtlichen Normen zur internationalen Friedens- und Sicherheitsordnung steht in Frage. Das gilt ganz besonders für die militärische Gewaltanwendung durch internationale Terrornetzwerke, wie sie seit dem 11. September 2001 zu den aktuellen Bedrohungsszenarien gehört. Neben der Ungleichartigkeit der Gegner (Asymmetrie) zeichnen sich diese „Kriege" aus durch die „Entstaatlichung beziehungsweise Privatisierung kriegerischer Gewalt" sowie eine „sukzessive Verselbständigung oder Autonomisierung vordem militärisch eingebundener Gewaltformen" (*H. Münkler*, Die neuen Kriege, S. 11).

107 Der Begriff „Krieg" wird in diesem Zusammenhang nicht im völkerrechtlichen, sondern in einem politischen Sinn verwendet und als jede Form der grenzüberschreitenden Anwendung von Waffengewalt verstanden. Dies entspricht inhaltlich weitgehend dem völkerrechtlichen Begriff der „Anwendung von Gewalt" in den internationalen Beziehungen i. S. v. Art. 2 Nr. 4 UN-Charta. Während aber im Kontext des universellen Gewaltverbotes nur Staaten angesprochen sind, kann sich der Begriff des Krieges politikwissenschaftlich auch auf rein staatsinterne Gewaltmaßnahmen beziehen (insbesondere Bürgerkriege).

108 Völkerrechtlich ist damit die Frage verbunden, ob Art. 51 UN-Charta dem in seiner weltumspannenden Tragweite neuartigen terroristischen Bedrohungsszenario dadurch Rechnung tragen kann, dass nun auch grenzüberschreitende militärische Gegenmaßnahmen des

betroffenen Staates von dieser Norm erfasst werden. Dann müsste es sich bei dem Terrorakt um einen „bewaffneten Angriff" handeln. Art. 51 S. 1 UN-Charta verlangt ausdrücklich nur den bewaffneten Angriff *gegen* einen Staat, *nicht* aber *durch* einen Staat. Dies lässt sich als Indiz für ein umfassendes Verständnis der Vorschrift auffassen, wonach auch von Terroristen ein bewaffneter Angriff auf einen Staat ausgehen kann. Voraussetzung ist allerdings, dass der Terrorakt in seiner Intensität und seinen Auswirkungen einem bewaffneten Angriff durch einen anderen Staat im Wesentlichen entspricht. Ein solch weites Verständnis des Art. 51 UN-Charta unter Einbeziehung auch terroristischer Gewaltmaßnahmen wird von Wissenschaft und Praxis aber noch ganz überwiegend abgelehnt. Unter Anknüpfung an das überlieferte Verständnis des Selbstverteidigungsrechts bedarf es zumindest einer rechtlichen Zuordnung des Gewaltaktes zu einem Staat. Unproblematisch ist dies dann, wenn ein Staat die Terroristen beauftragt oder ihnen Unterschlupf (*safe haven*) gewährt hat. Im Übrigen kann auch eine *effektive Kontrolle* der Terroristen durch einen Staat für die Zurechnung ausreichen (zu den Zurechnungskriterien vgl. *M. Scholz*, Staatliches Selbstverteidigungsrecht gegen terroristische Gewalt, S. 29ff., 56ff.).

Ist eine solche Zurechnung im Einzelfall möglich, dann dürfen sich auch die militärischen Gegenmaßnahmen gegen den Staat richten, dem die Handlungen der Terroristen zugeordnet werden. Eine Verletzung des universellen Gewaltverbotes (Art. 2 Nr. 4 UN-Charta) ist darin nicht zu sehen, weil die Maßnahmen von Art. 51 S. 1 UN-Charta gedeckt sind. Deshalb waren auch die militärischen Maßnahmen der USA gegen Afghanistan nach dem 11. September 2001 grundsätzlich über das Selbstverteidigungsrecht gerechtfertigt, weil das damalige islamisch-fundamentalistische Taliban-Regime den Terrorgruppen der Al Qaida auf dem afghanischen Territorium eine gesicherte Zufluchtsstätte einschließlich Ausbildungslagern etc. gewährte. Auch der Sicherheitsrat hat dies anerkannt und schon am 12. September 2001 in seiner Resolution 1368 die Terrorakte der Al Qaida in New York und Washington nicht nur als Bedrohung des internationalen Friedens (→ Rdn. 7/92), sondern auch als „bewaffneten Angriff" i. S. v. Art. 51 UN-Charta qualifiziert, der für die USA das Selbstverteidigungsrecht auslöse. 109

Große rechtliche Schwierigkeiten bereitet die Situation, in der eine derartige Zurechnung terroristischer Handlungen zu einem bestimmten Staat nicht möglich ist, weil dieser Staat z. B. über das Territorium, auf dem sich die Terroristen befinden, keine effektive Herrschaftsgewalt ausübt. Militärische Maßnahmen des von den Terroristen angegriffenen Staates gegen den die Terroristen beherbergenden Staat sind dann nämlich prima facie als Verstoß gegen das universelle Gewaltverbot (Art. 2 Nr. 4 UN-Charta) zu qualifizieren. Eine 110

Rechtfertigung unmittelbar über Art. 51 UN-Charta ist (jedenfalls nach überwiegender Auffassung → Rdn. 7/84) mangels staatlichen Angriffs nicht möglich. Diskutiert wird deshalb, ob und unter welchen Voraussetzungen aus dem allgemeinen Rechtsgedanken des Art. 51 UN-Charta oder anderen Normen des Völkerrechts eine Duldungspflicht des Aufenthaltsstaates der Terroristen besteht, die zur Ausschaltung der Terroristen erforderlichen militärischen Maßnahmen hinzunehmen (vgl. dazu ausführlich *M. Scholz*, Staatliches Selbstverteidigungsrecht gegen terroristische Gewalt, S. 125 ff.).

111 **c) Präventive und präemptive Selbstverteidigung.** Eine dritte Konstellation, durch die das mit der UN-Charta konstituierte internationale Friedens- und Sicherheitssystem in den letzten Jahren konfrontiert wurde, betrifft die Frage nach der Rechtmäßigkeit von Maßnahmen, die zwar mit der Absicht der Selbstverteidigung vorgenommen werden, denen aber noch kein bewaffneter Angriff vorangegangen ist. Wenn Art. 51 UN-Charta von einem „bewaffneten Angriff" spricht, so setzt dies die *Gegenwärtigkeit des Angriffs* voraus (engl. Fassung: *„if an armed attack occurs"*). Dass zukünftig möglicherweise ein Angriff zu erwarten ist, reicht grundsätzlich nicht aus. Dennoch gibt es in der internationalen Politik ein unabweisbares Bedürfnis, dem zukünftigen Aggressor zuvorzukommen, um ihm gar nicht erst die Möglichkeit eines militärischen Erfolges zu eröffnen. Zumindest teilweise wird das Völkerrecht auch diesem Bedürfnis gerecht.

112 Schon traditionell anerkannt ist nämlich die *präventive Selbstverteidigung*, die teilweise auch als *antizipatorische Selbstverteidigung* bezeichnet wird. Ihre Anerkennung geht zurück auf einen Rechtsfall aus dem Jahre 1837 zwischen den USA und dem Vereinigten Königreich (Caroline-Fall), der fünf Jahre später zwischen den beiden Staaten gütlich beigelegt wurde. Der amerikanische Außenminister *Daniel Webster* (1782–1852) formulierte damals die Voraussetzungen für ein präventives militärisches Eingreifen, die von der britischen Seite akzeptiert wurden und später als allgemeine Rechtsregel Eingang in das Völkerrecht fanden: „Respect for the inviolable character of the territory of independent states is the most essential foundation of civilization. […] Undoubtedly it is just, that, while it is admitted that exceptions growing out of the great law of self-defense do exist, those exceptions should be confined to cases in which the necessity of that self-defense is instant, overwhelming, and leaving no choice of means, and no moment of deliberation." Indem Art. 51 S. 1 UN-Charta ausdrücklich das „naturgegebene Recht" der Selbstverteidi-

gung in Bezug nimmt, knüpft er an das bei Gründung der Vereinten Nationen bereits geltende Völkergewohnheitsrecht an, das seinen prägnanten Ausdruck in der *Caroline*-Formel findet. Erforderlich ist aber immer das Vorliegen der *konkreten Gefahr* eines bewaffneten Angriffs.

Anders ist dies, wenn ein Staat sein Selbstverteidigungsrecht auch 113
für solche Situationen in Anspruch nimmt, in denen allenfalls die *abstrakte Gefahr* eines bewaffneten Angriffs gegeben ist (sog. *präemptives Selbstverteidigungsrecht*, *pre-emptive self-defence*). Diskutiert wird diese Konstellation seit den Terroranschlägen 2001 und dem Versuch einzelner Staaten, Massenvernichtungsmittel zu entwickeln (Nordkorea, Iran). Ihren programmatischen Ausdruck findet diese Konzeption in der *National Security Strategy* (NSS) der USA, wie sie erstmals im September 2002 formuliert und als *Bush-Doktrin* bekannt wurde. Dahinter steht die Erkenntnis, dass eine Bedrohung der USA und ihrer Verbündeten nicht durch andere Staaten zu erwarten ist, sondern durch die mit traditionellen militärischen Mitteln kaum zu bekämpfenden Terroristen (asymmetrische Kriege → Rdn. 7/106) sowie durch den Besitz von Massenvernichtungswaffen, zumal Atomwaffen, durch „Schurkenstaaten“ (*rogue states*).

So heißt es in der NSS 2002: „We must be prepared to stop rogue states and their terrorist clients before they are able to threaten or use weapons of mass destruction against the United States or our allies and friends.“

Kernelement dieser neuen Strategie ist der „Präemptivschlag“ (*pre-emptive strike*), der lediglich eine *abstrakte Gefahr* voraussetzt. Da- 114
mit wird die Realisierungsschwelle deutlich vorverlagert und das völkerrechtliche Fundament der Caroline-Formel verlassen. Die *Unmittelbarkeit* der *Gefahr* wird einem sehr viel großzügigeren Verständnis unterworfen, was – so die Bush-Doktrin – angesichts der Weiterentwicklung der Waffentechnologie seit 1842 dringend geboten sei. Insbesondere die kurze Vorlaufzeit für den Einsatz von Massenvernichtungswaffen und die mit diesen verbundenen verheerenden Folgen für den angegriffenen Staat und seine Bevölkerung ließen dem angegriffenen Staat überhaupt keine Gelegenheit mehr für wirksame Verteidigungsmaßnahmen.

Die völkerrechtliche Umsetzung dieser politischen Doktrin betrifft 115
jedoch keineswegs nur die Anpassung der Caroline-Formel an geänderte tatsächliche Umstände. Letztlich geht es der Bush-Doktrin darum, sowohl das Erfordernis der *Unmittelbarkeit des Angriffs* als

auch die *Angriffsabsicht* – die bei „Schurkenstaaten" per definitionem unterstellt wird – als das Selbstverteidigungsrecht reglementierende Kriterien zu eliminieren. Ohne diese Kriterien aber entbehrt das Selbstverteidigungsrecht auch noch seiner letzten Konturen, so dass es zum Missbrauch – zu Lasten des universellen Gewaltverbotes (Art. 2 Nr. 4 UN-Charta) – geradezu einlädt. Ein derartig ausuferndes Verständnis des individuellen Selbstverteidigungsrechts stünde zudem im Gegensatz zum Stellenwert des Systems kollektiver Sicherheit (VII. Kapitel der UN-Charta), dem ausweislich der einschränkenden Regelung in Art. 51 S. 1 UN-Charta („bis der Sicherheitsrat die zur Wahrung des Weltfriedens und der internationalen Sicherheit erforderlichen Maßnahmen getroffen hat") ein grundsätzlicher Vorrang zukommt. Dies muss erst recht für solche Situationen gelten, in denen die unmittelbare (konkrete) Angriffsschwelle noch nicht zu erkennen ist, so dass zunächst das Instrumentarium des Sicherheitsrates (→ Rdn. 7/87) der Aktivierung bedarf.

116 Der in der Irak-Invasion der US-Armee und ihrer Verbündeten („Koalition der Willigen") im März/April 2003 liegende Verstoß gegen das universelle Gewaltverbot war deshalb einer Rechtfertigung durch Art. 51 UN-Charta nicht zugänglich. Die USA beriefen sich entsprechend der Bush-Doktrin auf angeblich im Irak hergestellte Massenvernichtungswaffen und eine Verstrickung Saddam Husseins in die terroristischen Anschläge vom 11. September 2001. Später erwiesen sich beide Gründe als unzutreffend. Den Sicherheitsrat der Vereinten Nationen hatten die USA trotz der angeblichen Beweise schon zuvor nicht für eine Aktivierung des kollektiven Sicherheitssystems gewinnen können. Das anschließende einseitige militärische Vorgehen gegen den Irak trägt damit alle Züge eines Angriffskrieges.

117 **Literatur zu A.:** *W. Benedek*, Grundlagen und Rahmenbedingungen der Steuerungskraft des Völkerrechts, ZaöRV 76 (2016), S. 345; *F. Berber*, Lehrbuch des Völkerrechts I (Allg. Friedensrecht), 2. Aufl. 1975; *M. Herdegen*, Völkerrecht, 17. Aufl. 2018; *S. Hobe*, Einführung in das Völkerrecht, 10. Aufl. 2014; *K. Ipsen* (Hrsg.), Völkerrecht, 7. Aufl. 2018; *B. Kempen/C. Hillgruber*, Völkerrecht, 2. Aufl. 2012; *M. Krajewski*, Völkerrecht, 2016; *B. Schöbener* (Hrsg.), Völkerrecht – Lexikon zentraler Begriffe und Themen, 2014; *T. Stein/Chr. v. Buttlar /M. Kotzur*, Völkerrecht, 14. Aufl. 2017; *W. Graf Vitzthum/A. Proelß* (Hrsg.), Völkerrecht, 7. Aufl. 2016; *C. Walter*, Grundlagen und Rahmenbedingungen der Steuerungskraft des Völkerrechts, ZaöRV 76 (2016), S. 363 ff.

Zu B.I.: *G. Biaggini*, Die Idee der Verfassung – Neuausrichtung im Zeitalter der Globalisierung?, Zeitschrift für Schweizerisches Recht (ZSR) 119 (2000), S. 445 ff.; *B.-O. Bryde*, Konstitutionalisierung des Völkerrechts und Internationalisierung des Verfassungsrechts, Der Staat 42 (2003), S. 1 ff.; *C. Damm*, Die Europäische Union im universellen Völkergewohnheitsrecht, 2016; *F.*

Ehm, Das völkerrechtliche Demokratiegebot, 2013; *B. Fassbender*, Grund und Grenzen der konstitutionellen Idee im Völkerrecht, in: FS für J. Isensee, 2007, S. 73 ff.; *T. Franck*, Is the U.N. Charter a Constitution?, in: FS für T. Eitel, 2003, S. 95 ff.; *U. Haltern*, Internationales Verfassungsrecht? – Anmerkungen zu einer kopernikanischen Wende, AöR 128 (2003), S. 511 ff.; *A. Haratsch*, Die Vereinten Nationen als Konstituierung der Völkerrechtsgemeinschaft – wäre Locarno heute möglich?, in: M. Breuer/N. Weiß (Hrsg.), Das Vertragswerk von Locarno und seine Bedeutung für die internationale Gemeinschaft nach 80 Jahren, 2007, S. 163 ff.; *C. Hillgruber*, Dispositives Verfassungsrecht, zwingendes Völkerrecht: Verkehrte juristische Welt?, in: JÖR N. F. 54 (2006), S. 57 ff.; *P. Hilpold*, Solidarität als Prinzip des Staatengemeinschaftsrechts, ArchVR 51 (2013), S. 239 ff.; *S. Kadelbach/T. Kleinlein*, Überstaatliches Verfassungsrecht. Zur Konstitutionalisierung im Völkerrecht, ArchVR 44 (2006), S. 235 ff.; *M. Knauff*, Konstitutionalisierung im inner- und überstaatlichen Recht – Konvergenz oder Divergenz?, ZaöRV 68 (2008), S. 453 ff.; *M. Kotzur*, Konstitutionelle Momente? Gedanken über den Wandel im Völkerrecht, in: A. v. Arnauld (Hrsg.), Völkerrechtsgeschichte(n). Historische Narrative und Konzepte im Wandel, 2017. S. 99 ff.; *K.-H. Ladeur*, Ein Recht der Netzwerke für die Weltgesellschaft oder Konstitutionalisierung der Völkergemeinschaft?, ArchVR 49 (2011), S. 246 ff.; *N. Meisterhans*, Menschenrechte als weltgesellschaftliche Herrschaftspraxis. Zur Konstitutionalisierung und Demokratisierung des Weltrechts, 2010; *K. Odendahl*, Wer ist der „Hüter des Völkerrechts"?, JÖR N.F. 55 (2007), S. 1 ff.; *C. Ohler*, Verfassung im Völkerrecht: Konstitutionelle Elemente jenseits des Staates?, DVBl. 2015, 1091 ff.; *A. Paulus*, Die internationale Gemeinschaft im Völkerrecht, 2001; *M. Payandeh*, Internationales Gemeinschaftsrecht. Zur Herausbildung gemeinschaftsrechtlicher Strukturen im Völkerrecht der Globalisierung, 2010; *J. Rauber*, Verhältnismäßigkeit und völkerrechtliche Systembildung, ZaöRV 75 (2015), S. 259 ff.; *B. Schöbener*, Die humanitäre Intervention im Konstitutionalisierungsprozess der Völkerrechtsordnung, KJ 2000, S. 557 ff.; *ders.*, Verfassungsstaatliche Verantwortung für eine internationale Friedensordnung, in: FS 600 Jahre Würzburger Juristenfakultät, 2001, S. 407 ff.; *C. Tomuschat*, Die internationale Gemeinschaft, ArchVR 33 (1995), S. 1 ff.; *C. Tomuschat/J.M. Thouvenin* (Hrsg.), The Fundamental Rules of the International Legal Order: Jus Cogens and Obligations Erga Omnes, 2006; *R. Uerpmann*, Internationales Verfassungsrecht, JZ 2001, S. 565 ff.; *U. Vosgerau*, Staatliche Gemeinschaft und Staatengemeinschaft. Grundgesetz und Europäische Union im internationalen öffentlichen Recht der Gegenwart, 2016; *R. Wahl*, Konstitutionalisierung – Leitbegriff oder Allerweltsbegriff?, in: FS für W. Brohm, 2002, S. 191 ff. – **II.:** *A. Barthel*, Die Menschenrechte der dritten Generation, 1991; *A. Bayevsky*, The UN Human Rights Treaty System, 2001; *T. Buergenthal*, The normative and institutional Evolution of International Human Rights, HRQ 19 (1997), S. 703 ff.; *ders.*, The Evolving International Human Rights System, AJIL 100 (2006), S. 783 ff.; *ders./D. Thürer*, Menschenrechte. Ideale, Instrumente, Institutionen, 2010; *H.-G. Dederer*, Die Durchsetzung der Menschenrechte, HdGR, Bd. VI/2, 2009, § 176, S. 303 ff.; *B. Fassbender*, Der Schutz der Menschenrechte als zentraler Inhalt des völkerrechtlichen Gemeinwohls, EuGRZ 2003, S. 1 ff.; *D.P. Forsythe*, The internationalization of human rights, 1991; *N. Gaus*, Materiell-rechtliche Gewährleistungen und verfahrensrechtliche Durchsetzbarkeit völkerrechtlich garantierter Menschenrechte. Zur rechtlichen Stellung des Einzelnen im Völkerrecht, 2011; *W. Grewe*, Epochen der Völkerrechtsgeschichte, 1984; *A. Haratsch*, Die Geschichte der Menschenrechte, 4. Aufl. 2010; *H. Henninger*, Menschenrechte und Frieden als Rechtsprinzipien des Völkerrechts, 2013; *J. Isensee*, Weltpolizei für Menschenrechte, JZ 1995, S. 421 ff.; *S. Joseph/J. Schultz/M. Castan*, The International Covenant on Civil and Political Rights, 3. Aufl. 2013; *I. Kanalan*, Begründung und Geltungsgrund sozialer Menschenrechte, ARSP 103 (2017), S. 42 ff.; *T. Kayaoglu*, The OIC's Independent Permanent Human Rights Commission. An Early Assessment, Matters of Concern, Human Rights Research Papers 2015/3, Kopenhagen (https://www.humanrights.dk/sites/humanrights.dk/files/working_papers/2015%20matters_of_concern_kayaoglu_2015.pdf); *E. Klein*, „Allgemeine Bemerkungen" der UN-Menschenrechtsausschüsse, HdGR, Bd. VI/2, 2009, § 177, S. 395 ff.; *M. Kotzur*, Theorieelemente des internationalen Menschenrechtsschutzes, 2001; *G. Krämer*, Gottes Staat als Republik, 1999; *L. Kühnhardt*, Die Universalität der Menschenrechte, 2. Aufl. 1991; *S. Méndez Escobar*, Komplementärer Grundrechtsschutz im internationalen Mehrebenensystem. Die Unionsgerichte als Hüter des unionalen und internationalen Verfassungsrechts, 2016; *E. Mikunda-Franco*, Das Menschenrechtsverständnis in den islamischen Staaten, JÖR N. F. 44 (1996), S. 205 ff.; *ders.*, Der Verfassungsstaat in der islamischen Welt, in: M. Morlok (Hrsg.), Die Welt des Verfassungsstaates, 2001, S. 151 ff.; *S. Muckel* (Hrsg.), Der Islam im öffentlichen Recht des säkularen Verfassungsstaates, 2008; *M. Nowak*, U.N. Covenant on Civil and Political Rights – CCPR-Commentary, 2. Aufl. 2005; *M.J. Petersen*, Islamic or Universal Human Rights? The OIC,s Independent Permanent Human Rights Commission, DIIS Report 2012:03, Kopenhagen (http://pure.diis.dk/ws/files/66504/RP2012_03_Islamic_human_rights_web.pdf); *E. Riedel*, Menschenrechte der dritten Dimension, EuGRZ 1989, S. 9 ff.; *S. Schiedermair*, Der Schutz des Privaten als internationales Grundrecht, 2012; *T. Schilling*, Internationaler Menschenrechtsschutz. Das Recht der EMRK und des IPbpR, 3. Aufl. 2016; *J.J. Vasel*, Regionaler Menschenrechtsschutz als Emanzipationsprozess. Grundlagen, Strukturen und Eigenarten des europäischen und interamerikanischen Menschenrechtsschutzsystems, 2017; *C. Vedder*, Die allgemeinen UN-Menschenrechtspakte und ihre Verfahren, HdGR, Bd. VI/2, 2009, § 174, S. 237 ff. – **III.:** *D. Blumenwitz*, Die amerikanische Präventionsstrategie im Lichte des Völkerrechts, in: FS für D. Fleck, 2004, S. 23 ff.; *G. Evans*, From Humanitarian Intervention to the Responsibility to Protect, Wisconsin International Law Journal 24 (2006), S. 703 ff.; *T. Franck*, Recourse to Force – State Action against Threats and Armed Attacks, 2003; *ders.*, The Use of Force in International Law, Tulane Journal of International and Comparative Law 11 (2003), S. 7 ff.; *ders.*, Rethinking Collective Security, International Law and Armed Conflict 6 (2006), S. 21 ff.; *S.B. Gareis/J. Varwick*, Die Vereinten Nationen – Aufgaben,

Instrumente und Reformen, 5. Aufl. 2014; *C. Gray*, International Law and the Use of Force, 2. Aufl. 2004; *dies.*, A Crisis of Legitimacy for the UN Collective Security System?, ICLQ 56 (2007), S. 157 ff.; *F. Grube*, Menschenrechte als Ideologie. Die Rolle der Menschenrechte bei der Legitimation militärischer Interventionen, 2010; *M. Herdegen*, Die Befugnisse des UN-Sicherheitsrates – Aufgeklärter Absolutismus im Völkerrecht?, 1998; *S. Hobe*, NATO-Intervention im Kosovo: Rückkehr zur Lehre vom gerechten Krieg?, in: FS für H. Schiedermair, 2001, S. 819 ff.; *H. Hofmeister*, Preemptive Strikes, ArchVR 44 (2006), S. 187 ff.; *J. Hoock*, Jus Publicum Europaeum, Zur Praxis des europäischen Völkerrechts im 17. und 18. Jahrhundert, Der Staat 50 (2011) S. 422 ff.; *A. Husain*, The United States and the Failure of the UN Collective Security, AJIL 101 (2007), S. 581 ff.; *H. Kleinschmidt*, Legitimität, Frieden und Völkerrecht. Eine Begriffs- und Theoriegeschichte der menschlichen Sicherheit, 2010; *C. Kreuter-Kirchhof*, Völkerrechtliche Schutzverantwortung bei elementaren Menschenrechtsverletzungen. Die Responsibility to Protect als Verantwortungsstruktur, ArchVR 48 (2010), S. 338 ff.; *N. Krisch*, Selbstverteidigung und kollektive Sicherheit, 2001; *M. Kunde*, Der Präventivkrieg – Geschichtliche Entwicklung und gegenwärtige Bedeutung, 2007; *J. Lohmann*, Entwicklungslinien des humanitären Völkerrechts, AL 2017, S. 181 ff.; *G. Molier*, Humanitarian Intervention and the Responsibility to Protect after 9/11, NILR 53 (2006), S. 37 ff.; *H. Münkler*, Die neuen Kriege, 2002; *H. Münkler/K. Malowitz* (Hrsg.), Humanitäre Intervention: Ein Instrument außenpolitischer Konfliktbearbeitung, 2007; *D. Murswiek*, Die amerikanische Präventivstrategie und das Völkerrecht, NJW 2003, S. 1014 ff.; *M. Probst*, Die humanitäre Interventionspflicht, 2006; *C.-W. Neubert*, Dilemmata der Völkerrechtsordnung. Zu dem bewaffneten Auslandseinsatz der Bundeswehr in Syrien, RuP 2016, S. 100 ff.; *W. Reisman/A. Armstrong*, Claims to Pre-emptive Uses of Force: Some Trends and Projections and Their Implications for World Order, in: Liber Amicorum Y. Dinstein, 2007, S. 79 ff.; *G. Roellecke*, Kriegsrecht, Kriegskunst und Kriegsbegriff, Zum Problem der asymmetrischen Kriege, Der Staat 50 (2011), S. 567 ff.; *B. Schöbener*, Schutz der Menschenrechte mit militärischer Gewalt: die humanitäre Intervention zwischen Völkerrecht und internationaler Politik, ZfP 47 (2000), S. 293 ff.; *ders.*, Die humanitäre Intervention im Konstitutionalisierungsprozess der Völkerrechtsordnung, KJ 2000, S. 557 ff.; *ders.*, Verfassungsstaatliche Verantwortung für eine internationale Friedensordnung, in: FS 600 Jahre Würzburger Juristenfakultät, 2001, S. 407 ff.; *ders.*, Die Nachkriegsordnung des Völkerbundes – Potential und Grenzen, in: M. Breuer/N. Weiß (Hrsg.), Das Vertragswerk von Locarno und seine Bedeutung für die internationale Gemeinschaft nach 80 Jahren, 2007, S. 39 ff.; *M. Scholz*, Staatliches Selbstverteidigungsrecht gegen terroristische Gewalt, 2006; *A. Skordas*, Hegemonic Intervention as Legitimate Use of Force, Minnesota Journal of International Law 16 (2007), S. 407 ff.; *C. Stahn*, Responsibility to Protect, AJIL 101 (2007), S. 99 ff.; *H. Steiger*, Die Nachkriegsordnung des Völkerbundes – Potential und Grenzen, in: M. Breuer/N. Weiß (Hrsg.), Das Vertragswerk von Locarno und seine Bedeutung für die internationale Gemeinschaft nach 80 Jahren, 2007, S. 9 ff.; *J. Varwick/A. Zimmermann* (Hrsg.), Die Reform der Vereinten Nationen – Bilanz und Perspektiven, 2006; *C. Wandscher*, Internationaler Terrorismus und Selbstverteidigungsrecht, 2006; *J.H. Westra*, International Law and the Use of Force: the UN Charter and the Major Powers, 2007; *I. Winkelmann*, „Responsibility to Protect": Die Verantwortung der Internationalen Gemeinschaft zur Gewährung von Schutz, in: FS für C. Tomuschat, 2006, S. 449 ff.

Sachverzeichnis

Die erste Angabe bezieht sich auf den jeweiligen Paragraphen, die zweite Angabe auf die dort einschlägige Randnummer